再版前言 Preface

　　《国际贸易实训教程》出版至今已近五年了。作为高等院校国际经贸专业学生的专业教材和进出口贸易从业人士的业务工具书,以其内容的实用性和新颖性受到广大读者喜爱。

　　本着与时俱进、不断创新的原则,我们结合教学使用中的实践经验,并吸取教师们及广大读者的意见,对《国际贸易实训教程》进行了修订。本次修订,主要考虑完善书中的内容。鉴于进口和出口的操作区别,将进出口价格核算分开来叙述。另外,除了修改了原书中的一些错误外,这次还去除了一些重复内容,增加了一些必要的资料(用扫描二维码的方式即可阅读),使此书保持兼有工具书的特性。本书中的金额计算结果尽量保留至小数点后两位,以便结算。

编　者
2016 年 6 月

高等院校经济管理类专业应用型系列教材

国际贸易实训教程
（第2版）

叶　波　主编

孙睦优　刘　颖　副主编

清华大学出版社

北　京

内容简介

本书融汇作者多年从事国际贸易工作实践和丰富的教学经验,以培养应用型国际贸易人才为目标,着重把握国际货物贸易理论和实际操作能力训练,运用大量进出口贸易实例,使之兼具教材与工具书的功能。全书内容分为十三章:国际贸易操作流程和单证;进出口货物的价格核算;国际贸易合同;信用证的开立、审核及修改;进出口许可证;国际运输保险;商品检验;货物运输;海关报关;进出口贸易结算;外汇结汇和核销业务;出口退税;贸易融资。

本书可作为高等院校国际经济与贸易专业本科教学用书,也可作为国际贸易从业人员的业务培训教材。

图书在版编目(CIP)数据

国际贸易实训教程/叶波主编. --2版. --北京:清华大学出版社,2016(2020.1重印)

高等院校经济管理类专业应用型系列教材

ISBN 978-7-302-44600-2

Ⅰ. ①国… Ⅱ. ①叶… Ⅲ. ①国际贸易-高等学校-教材 Ⅳ. ①F74

中国版本图书馆 CIP 数据核字(2016)第 175386 号

责任编辑:刘翰鹏
封面设计:宋　彬
责任校对:袁　芳
责任印制:杨　艳

出版发行:清华大学出版社

　　　　网　　　址:http://www.tup.com.cn,http://www.wqbook.com
　　　　地　　　址:北京清华大学学研大厦 A 座　　　邮　　编:100084
　　　　社 总 机:010-62770175　　　邮　　购:010-62786544
　　　　投稿与读者服务:010-62776969,c-service@tup.tsinghua.edu.cn
　　　　质 量 反 馈:010-62772015,zhiliang@tup.tsinghua.edu.cn

印 装 者:北京九州迅驰传媒文化有限公司

经　　销:全国新华书店

开　　本:185mm×260mm　　　印　　张:23.75　　　字　　数:543 千字

版　　次:2011 年 11 月第 1 版　　2016 年 9 月第 2 版　　印　　次:2020 年 1 月第 3 次印刷

定　　价:48.00 元

产品编号:071116-01

为了适应国际贸易发展的新形势,培养符合国际贸易结构转型的应用型人才,在总结多年来从事国际贸易具体实践和教学经验的基础上,吸取了众多高等院校国际贸易专业师生对教学改革的意见,满足开设国际贸易实务实验课程的需求,我们编写了《国际贸易实训教程》一书。

全书共分十三章:国际贸易操作流程和单证;进出口货物的价格核算;国际贸易合同;信用证的开立、审核及修改;进出口许可证;国际运输保险;商品检验;货物运输;海关报关;进出口贸易结算;外汇结汇和核销业务;出口退税;贸易融资。

在编写内容上,我们强调国际货物贸易理论和实际操作的兼容性,突出理论知识与实际操作相结合的特点,避免理论知识与实际应用相脱节的现象。

为了保持内容的新颖性,我们在编写时,增加了与进出口贸易密切相关的"贸易融资"理论和操作内容,充实了一些进出口贸易实际操作资料,使本书兼有工具书的作用。

本书可作为高等院校国际经贸专业本科学生的专业教材,也可作为进出口贸易从业人员的业务培训用书。

全书由华中师范大学汉口学院、武汉大学东湖分校、湖北工业大学的部分老师联合编写而成,叶波、孙睦优任主编,刘颖、常艳、叶旋任副主编。

参加本书各章编写的老师分工如下:叶波编写第一章和第九章;刘颖编写第二章和第三章;叶旋编写第四章和第六章;刘宇编写第五章和第七章;孙睦优编写第八章;常艳编写第十章;黄娟编写第十一章;冯萍编写第十二章和第十三章。全书由叶波负责策划、编纂、统稿,孙睦优负责审阅。

在本书编写过程中,我们参考了国内相关著作、文献,并得到了中国电子进出口湖北公司何光明总经理、武汉兄弟国际贸易有限公司任小川副总经理的大力支持,在此表示衷心的感谢!由于编者水平所限,书中难免会有错误和不足之处,衷心欢迎广大读者批评、指正。

编　者
2011 年 9 月

目 录 Contents

第一章 国际贸易操作流程和单证

【学习目标】

- 了解国际货物买卖合同履约操作流程；
- 掌握进出口贸易流程的各主要操作环节；
- 建立进出口贸易单证流转的概念；
- 掌握单证缮制、审核的基本原则和要求。

进出口贸易操作流程，反映了国际贸易理论与政策、国际贸易法律与惯例、国际运输与保险、国际金融等多学科知识的综合运用，是顺利履行国际货物买卖合同的基本保证，也是国际货物买卖合同履约的科学表现。

通过对进出口贸易操作流程的学习，有助于我们正确地理解掌握进出口合同履约的各个操作步骤，熟悉各操作环节之间的关系，安排操作环节的先后顺序，了解各个操作环节的工作内容，构建不同贸易术语的进出口合同履约时各步骤衔接的路线图。

进出口贸易操作流程与贸易单证的流转是密不可分的。不同的操作环节伴随着不同的贸易单证，在进出口合同履约的过程中，贸易单证的流转贯穿其中。

本章主要以信用证付款方式、采用 CIF 或 FOB 术语的货物买卖合同为例，来说明进出口贸易操作流程以及贸易单证的流转。

第一节　出口货物贸易流程

出口货物贸易流程可以分为三个阶段，即磋商成交、履约、收汇。采用 CIF 贸易术语，按信用证支付方式的出口货物贸易操作流程，如图 1-1 所示。

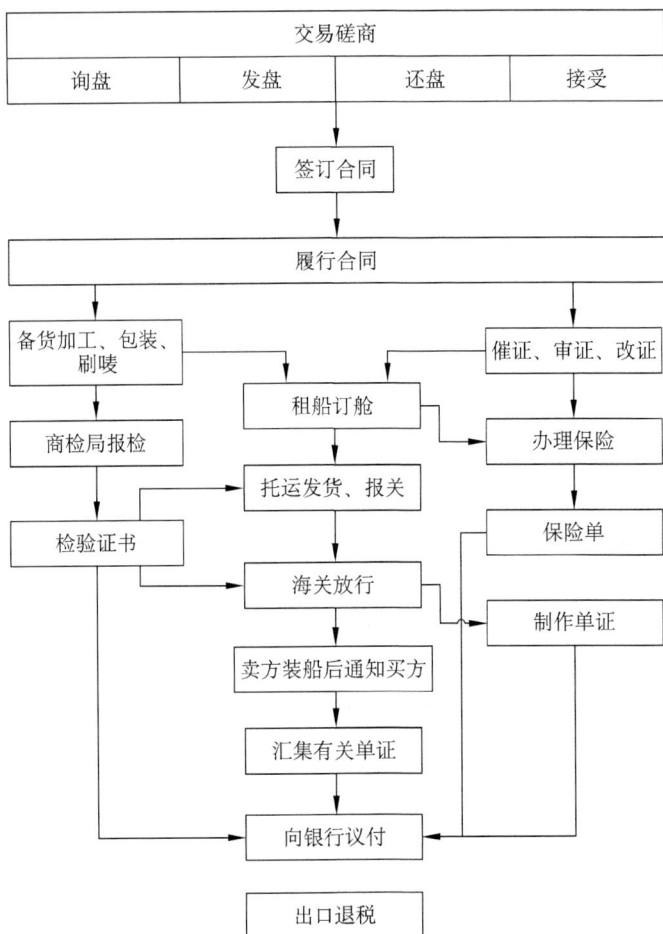

```
┌─────────────────────────────────────────────┐
│                  交易磋商                      │
├──────────┬──────────┬──────────┬─────────────┤
│   询盘    │   发盘    │   还盘    │    接受      │
└──────────┴──────────┴──────────┴─────────────┘
                        │
                ┌───────────────┐
                │    签订合同     │
                └───────────────┘
                        │
┌─────────────────────────────────────────────┐
│                  履行合同                      │
└─────────────────────────────────────────────┘
```

图中主要节点：备货加工、包装、刷唛；催证、审证、改证；租船订舱；办理保险；商检局报检；托运发货、报关；保险单；检验证书；海关放行；制作单证；卖方装船后通知买方；汇集有关单证；向银行议付；出口退税。

图 1-1　出口货物贸易操作流程

在形成合同之前，买卖双方往往从产品的询价、报价作为贸易的开始。通过询盘、发盘、还盘、接受，完成交易的磋商。对出口产品的报价主要包括产品的名称、质量等级、规格型号、包装方式、数量、交货时间等内容。

如果进口商对出口商的发盘满意，还盘的过程就可以略过，进口商可以直接接受。双方草拟合同，通过面洽、信函、传真、电子邮件等方式完成会签合同的工作。进出口贸易买卖双方常用的书面合同，大都以"销售合同"（Sales Contract）、"售货确认书"（Sales Confirmation）等形式出现。

大多数出口合同用 CIF 或 CFR 贸易术语成交,采用信用证支付货款,整个合同的履行主要有以下环节。

1. 备货

备货即出口商向厂家采购货物或自己备货。在整个贸易流程中,备货有举足轻重的地位,须按照合同逐一落实。备货的主要内容包括如下。

(1) 货物品质。型号、规格,应严格按合同的要求进行核实。

(2) 货物数量。对数量的计量单位、实际交货量等,要保证满足合同或信用证对数量的要求。

(3) 备货时间。应根据支付要求或信用证规定,结合托运安排,合理安排备货时间,以利于货物运输衔接。

(4) 包装要求。按照合同要求完成货物的销售、运输包装。注意根据货物的不同,来选择包装形式(如纸箱、木箱、编织袋等)。

对于一般出口包装标准的货物,可根据贸易出口通用的标准进行包装。对于特殊出口包装标准的货物,要根据买方的特殊要求,进行包装。

(5) 货物的唛头(运输标志)。应对照合同,进行认真检查核实唛头(有规定的情况下),还要严格符合信用证(有要求时)的规定。

遵照《联合国国际货物销售合同公约》的规定,按合同交付货物、移交货物单证、转移货物所有权是卖方的基本义务。因此,做好备货工作意味着为履行合同奠定了坚固的物质基础。

2. 确认货款

出口商在出货前,要严格核实进口商是否按照合同支付条款,履行了付款义务。如果买方未能履行付款义务(如未开证等),出口商要及时催促对方尽快履行支付义务,切不可盲目出货。一般贸易项下,常用的国际付款方式有三种:信用证付款、汇付、托收付款。其中,跟单信用证付款方式是进出口贸易中使用最为普遍的一种支付方式。

采用信用证支付的一般贸易,通常在合同订立后十五天内,进口商会完成信用证的开立。出口商收到信用证之后,要协同银行对照合同审核信用证各项条款,发现有不符点,应及时通知进口商修改信用证。尤其是要确认信用证的到期日和地点,要给自己留出足够的时间来完成备货、装运工作。

总之,对于采用信用证付款方式的交易,出口商一定要严格把握催证、审证、改证的各项工作环节,为出口收汇创造良好条件。

(1) 催证。出货前,出口商要配合银行完成对信用证的催证工作。

出口商在合同签订之后的备货期间,未收到进口商银行开出的信用证,要向进口商催证,目的是及时备货和安排装运。通知行接到开证行传来的信用证后,要对信用证进行密押,然后通知出口商,告知信用证已到。

买方按时开证,是履行合同应尽的义务。如果买方不能按时开证,卖方在催证未果后,有权撤销合同并要求赔偿损失。

(2) 审证。出口商接到银行信用证后,要会同银行依据双方签订的合同,对信用证内容进行全面审核(信用证上,一定要有通知行加盖的 ORIGINAL 字样的签章)。

对信用证的审核是出口操作全过程中的首要环节。在以信用证为付款方式的出口业务中,确认信用证的有效性,直接关系到出口商的根本利益是否能获得有效保障。

对信用证的审核主要是看信用证与合同是否存在不符点,包括金额、货物描述、装箱信息、港口信息、客户公司信息、开证行信誉、所需单据、信用证有效期、有效地、分批装运、信用证号、开证日期等内容。

(3)改证。通过审核,如果发现信用证中条款与合同不符,或进口商要求太苛刻,出口商有权要求进口商修改信用证。

出口商要先在信用证修改单上进行修改,然后将信用证修改单发给进口商,要求其修改信用证。修改过程可反复多次,直至收到的信用证修改书符合出口商的要求为止。

采用信用证支付方式,买卖双方和银行都要严格遵守《跟单信用证统一惯例》(简称UCP600)中的各项规定。

3. 申领出口许可证、收汇核销单

对于受到国家控制管理的出口货物,出口商要向本地经贸部门申领出口许可证。无须出口许可证的出口商品,可省略这一环节。

在许可证申领办理过程中,出口商要如实填写"进出口许可证申请表",并将"进出口许可证申请表"与出口合同副本递交本地的经贸部门。该部门收到申请表与出口合同副本后,按照进出口许可证的发放标准和申报单位的申报情况办理审批。

我国对外出口货物收汇管理,采取的是外汇核销制度(新近实施的人民币出口结算除外)。出口商在办理货物出口业务时,必须到当地外汇管理部门申领出口收汇核销单。出口收汇核销单,一张三联,从左到右依次是存根联、出口收汇核销单、出口退税专用联(未经核销,不得撕开)。

出口商要按国家外汇管理局制定的《出口收汇核销管理办法》规定,填制出口收汇核销单,办理出口收汇核销业务。

4. 商检

有些出口商品,如列入《进出口商品检验种类表》的商品、买卖合同或信用证中规定要检验的出口商品,出口商要向商检部门申请商品检验。

在办理商检过程中,出口商要根据信用证、合同及进口商的要求,填写"出口商品检验申请单"。同时,还要向商检部门提供商检所需单据(合同、信用证、厂检单、出口许可证、磅码单、封样出口货物包装性能检验结果单等)。

商检部门收到出口商品检验申请单及相关单据后,根据出口商提供的单据对出口商品进行检验。检验合格后,签订"商品检验证书"和"出境货物通关单"。如果信用证要求议付时要有原产地证,那么出口商还要到商检局去办产地证书。

属法定检验的出口商品须办理出口商品检验证书。目前我国进出口商品检验工作主要有四个环节。

(1)接受报验。货物出口商或对外贸易关系人,到商检机构对出口货物报请检验。

(2)抽样。商检机构接受报验之后,及时派员赴货物堆存地点进行现场检验、鉴定。

(3)检验。商检机构接受报验之后,认真研究申报的检验项目,确定检验内容,并仔细审核合同(信用证)对品质、规格、包装的规定,弄清检验的依据,确定检验标准、方法。

检验方法有抽样检验、仪器分析检验、物理检验、感官检验、微生物检验等。

（4）签发证书。报检的出口商品，在完成以上检验程序并经检验合格后，商检机构签发放行单（或在"出口货物报关单"上加盖放行章，以代替放行单）。

商检证书，是经过出入境检验检疫部门或其指定的检验机构，对出口货物检验合格后签发的；是各种进出口商品检验证书、鉴定证书和其他证明书的统称；也是对外贸易有关各方履行契约义务、处理索赔争议和仲裁、诉讼举证，具有法律依据的有效证件，同时也是海关验放、征收关税和优惠减免关税的必要证明。

出口商或代理报检单位，对所报检出口货物的品名、规格、数（重）量、启运港、目的港、H.S.编码等信息要如实填报，对于所提供文件、信息的真实性、合法性要承担法律责任。商检过程中，出口商要负责缴纳检验费及其他相关费用。

5. 托运

出口货物托运，是国际货物买卖合同履约的重要环节。出口商往往将货物的承运工作交给国际物流企业或货物代理公司来完成。

出口货物采用的运输方式有很多，其中包括海、陆、空等运输方式。CIF 或 CFR 术语成交的出口合同，出口商要按照合同及信用证要求，办理货物运输业务，支付运输费用。

出口商委托运输公司装运货物时，要根据合同或信用证要求，缮制一份"货物出运委托书"给运输公司或货运代理，委托其装运出口货物，确定舱位。

对江海货运而言，运输公司收到货物出运委托书后，安排船只和仓位（如果本公司没有船就要负责租船定仓），然后填写"装货单"、"收货单"和"提单"（B/L），发送给出口商。

出口商收到运输公司发来的提单后，向进口商发"装运通知"，以便进口商能及时安排下一步商品进口事宜。

6. 投保

以 CIF 术语成交的合同，出口商要向保险公司或保险代理办理货物运输保险。在货物尚未装船前，出口商填制"出口货物运输投保单"，发送给保险公司，向保险公司申请货物运输保险。

保险公司收到货物运输投保单后，办理此项货物运输保险，然后填写"出口货物保险单"，发送给出口商。经保险公司签署后的保险单，即成为出口商向银行进行议付货款的重要单证之一。

7. 报关

出口货物出境时，出口商要向海关申请报关。按照海关规定填写"出口货物报关单"，提交出口货物的单据、文件（合同、信用证、发票、装箱单、出口许可证、出口收汇核销单、出境货物通关单等），向海关申报货物通关。

口岸海关收到出口货物报关单后，根据出口商提供的单据，决定是否准予通关。如果出口货物和单据符合通关要求，通过对出口货物的检验、征税后，海关就签订"出口货物报关单"放行出口货物。

8. 制单结汇

完成出口货物的通关后，出口商要备齐全套出口货物的议付单据（要经过审核以保证单据无误），把所有单据提交给议付银行，要求议付行议付货款。

作为托收结汇方式，议付行要对照信用证审核全套单证，核查无误后，将单据移交境外付款银行索取货款，待收到付款，银行将货款汇入议付行账户的贷汇通知书后，即按当日牌价转换成人民币，划入出口商账户，并填写出口结汇收账通知（结汇水单）一式四联，并盖章，交出口方记账、核销、退税。结汇时，出口商需提供出口收汇核销单号码，由银行在结汇水单上注明。

9. 出口收汇核销和退税

货物报关出境后，出口商要到外汇管理局办理外汇核销手续。出口商要将出口货物的增值税发票整理后，申报国税局进行发票认证，以便办理出口退税。

按照出口退税业务的办理规定，出口商财务办税人员要将退税所需的单据，收集齐全装订成册，并在退税申报软件中，逐条录入进货明细及申报退税明细。录入完毕核对无误后，打印并生成退税机关所需要的表格，将表格及电子存储介质（如软盘、U盘等），连同"外贸企业出口货物退税汇总申报审批表"送交国税局待批。审批结束后，申报的退税额返还到出口商退税账户。

至此，整个出口货物业务工作顺利完成。

第二节　进口货物贸易流程

进口货物贸易流程，分为进口准备、对外洽谈、进口履约三个阶段。图1-2所示为进口货物贸易流程图，就是用FOB术语成交，信用证支付方式的进口合同履约操作流程。整个进口程序分为进口准备申请（进口许可证等）、交易磋商及签订合同、准备资金、开立信用证、托运、投保、付款赎单、报检、通关等主要环节。

1. 申请进口许可证（无须进口许可证的货物可省略）

在进口准备阶段，首先须明确进口货物是否要办理进口许可证等相关证件。对于需要办理进口许可证的进口货物，要向当地经贸部门申请办理进口许可证。

进口商要根据进口业务实际情况，如实填写"进口许可证申请表"，并递交当地经贸部门审批。经贸部门收到申请表后，依据进出口许可证配额的发放标准及申报单位的申报情况办理审批。进口商只有申领进口许可证后，才能凭证向海关办理进口货物的报关验放。

2. 交易磋商及签订合同

进口商在办理进口许可证的同时（无须进口许可证的商品可省略），向海外询盘或定向发盘境外出口商，以便寻求自己满意的卖家，建立业务关系，购进商品。

出口商收到询盘后，经报价核算再向进口商发盘。如果进口商对出口商的发盘内容不满意，可进行还盘。出口商收到进口商的还盘后，进行还价核算，如果不满意也可以再还盘。双方可以进行多次还盘，直到其中一方接受另一方还盘。这一过程称为交易磋商。进出口贸易双方通过交易磋商，最后达成交易，签订合同。

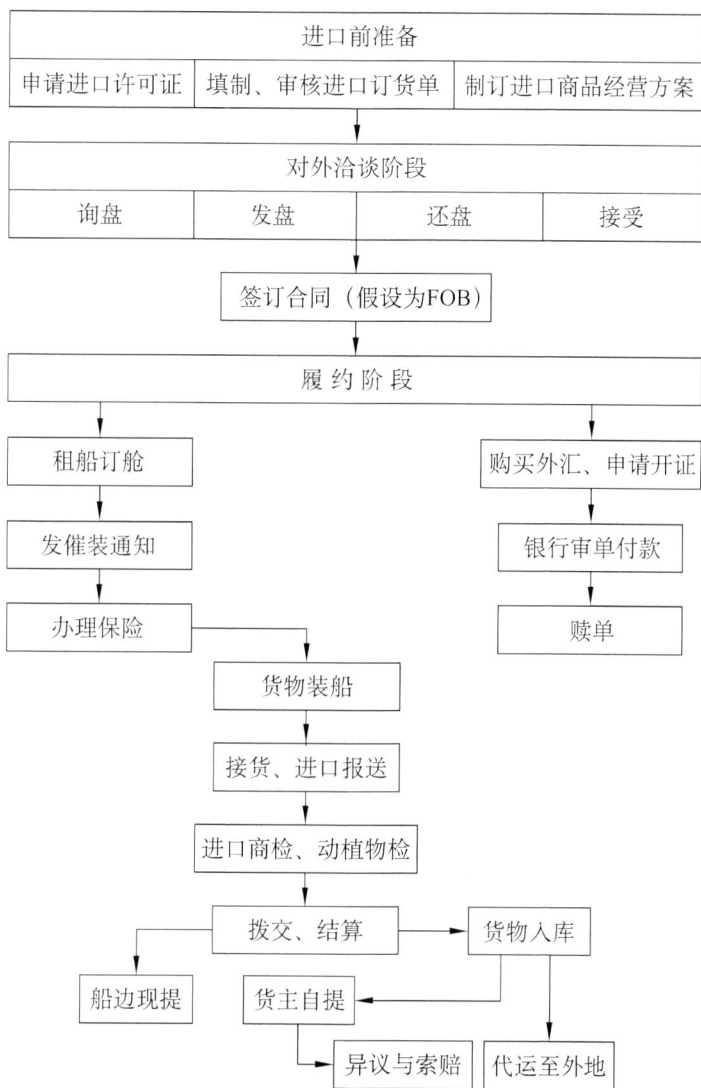

图 1-2　进口货物贸易流程图

3. 准备资金（申请外汇）

在我国进口海外商品，进口商首先要向国家外汇管理局申请外汇（新近的人民币结算业务除外），并向开证行领取"进口付汇核销单"，填写后向主管海关领取付汇核销用的IC卡，而后到指定银行领取《付汇核销单（代申报单）》，凭以办理付汇手续，落实进口货物的资金准备工作。没有被列入名录中的进口单位不得直接到外汇指定银行办理进口付汇。

4. 开立信用证

进口商在准备好进口货物所需外汇后，要根据买卖双方签订的合同，填制信用证开证申请书，向开证行（即负责开立信用证的银行，一般是进口地银行）申请开立信用证，以信用证支付方式向出口商支付货款。同时交开证抵押金（开证抵押金一般为信用证金额的 100%，进口商购入外汇存入开证行，以便开证）。进口商最好在合同订立后十五天内办理开证。出口商在收到信用证之后，要与买卖双方签订的合同进行对照，审核是否有不符点。如果开立的信用证与合同不符或进口商要求太苛刻，出口商有权要求进口商修改信用证（即改证），直至其发回的信用证修改书符合出口商的要求为止。

5. 托运（租船订舱）

在完成信用证的开立后，进口商还要落实货物的运输或接货工作。如果是 FOB 贸易术语成交，就由进口商来租船订舱。如果进口商有指定的货代，出口商也可以接受其委托帮忙租船订舱，但一切费用和风险还是由进口商来承担。如果是 CFR 和 CIF 贸易术语，就要由出口商来租船订舱。

进口商在办理货运时，要按照信用证规定的船期，提前派船到达指定装运港口并给出口商发装船指示，指明船舶预计到达时间，要求出口商及时报关，按时装船。

6. 投保

用 FOB、FCA、CFR 术语成交的合同，由进口商负责向保险公司办理货物的运输保险。进口货物运输保险的投保分统保和逐笔投保两种方式。

（1）统保。凡是与保险公司签有预保合同的进口商，一旦获悉投保货物在海外港口起运后，应立即将出口商发来的货物装船通知书、进口商品货款结算单等单证提交保险公司作为投保凭证，办理投保手续。

（2）逐笔投保。进口商在没有与保险公司签订预约保险合同情况下，对进口货物就需逐笔投保。进口商在接到卖方的发货通知后，要立即向保险公司索取填写《进口运输预约保险起运通知书》并交保险公司，完成投保手续。否则，货物于投保之前在运输途中发生损失时，保险公司是不负赔偿责任的。

保险公司对海运货物保险的责任期限，一般是从货物在国外装运港装船时起开始生效，到保险单据载明的国内目的地收货人仓库或储存处所为止，即"船至仓"。若未抵达上述仓库或储存处所，则以被保险货物在最后卸离海轮后 60 天为止，如果不能在此期限内转运，可向保险公司申请延期，延期最多为 60 天。

7. 付款赎单

在收到出口地银行发来的全套进口货物单据后，开证银行（此时为付款银行）和进口商要共同对进口货物全套单据进行审核。在货物单据符合信用证及合同条款的条件下，开证银行及进口商履行付款责任。开证行向议付行偿付货款后，把全套货运单据转交给进口商，由进口商付款赎单。

进口商对偿付行提供的全套货物单据审核无误后，向偿付行付清全部货款。

8. 报检

进口商在付款赎单之后，便可着手准备报关接货了。如果进口货物属于法定检验检疫商品，那么货物进口报关前，还需向报关地的检验检疫机构报检。只有通过货物的进口报检后，才可进行货物的进口报关提货工作。

进口商填写"进口商品检验申请单"，并连同其他所需单据发送给当地的商检部门，向该部门申请进口货物商品检验。

商检部门收到进口商品检验申请单后，根据进口商提供的单据对进口商品进行检验，检验合格后签订"商品检验证书"，进口商凭该证书办理货物的进口报关业务。

9. 报关

进口货物到货后，由进口商或委托货运代理公司或报关行根据进口单据填具"进口货物报关单"向海关申报，并随附发票、提单、装箱单、保险单、进口许可证及审批文件、进口合同、产地证和所需的其他证件。若属法定检验的进口商品，还须随附商品检验证书。货、证经海关查验无误，才能放行。自此，进口货物的通关工作结束，进口商完成提货工作。

第三节　进出口贸易单证

一、单证的重要性

单证（Documents）是在进出口贸易中应用的文件与凭证的统称，凭借其处理国际买卖货物的交付、运输、保险、商检、报关、结汇等工作。

单证作为履行合同的必要手段，既是国际结算的基本工具，又是融资的手段。在进出口贸易操作流程中，每一操作环节，都有相应的单证流转。单证的流转贯彻整个进出口贸易过程。

进出口货物贸易特别是在象征性交货情况下，卖方交单就意味着交货，而买方付款则是以得到物权凭证为前提，即凭单证付款。正如《跟单信用证统一惯例》（第六次修订版，简称 UCP600 规定）所述："Banks deal with documents and not with goods, services or performance to which the documents may relate."（银行处理的是单据，而不是单据可能涉及的货物、服务或履约行为。）在信用证业务中，各有关当事人处理的是单据而不是有关的货物、服务或其他行为。

因此，单证业务的处理好坏，关系到进出口贸易的成败，与买卖双方的根本利益休戚相关。

二、单证的种类

国际贸易通常所涉及的单证有 400 多种，它们包括一般贸易单证、出口单证、进口单证、运输单证、银行单证、特殊单证等。国际商会在 1995 年 1 月 1 日起施行的 522 号出版物《托收统一规则》中对单证作了如下分类。

金融单证，包括汇票、本票、支票或其他用于取得付款或款项的单据。

商业单证，包括发票、运输单证、所有权单证或其他类似单证，或者一切不属于金融单证以外的其他单证。

由于不同的贸易方式以及不同国家的贸易政策，每笔进出口交易所需的单证不尽相同。为了便于说明进出口贸易流程中单证的流转，这里将一些常用的进出口单证按用途性质分类如下。

（1）资金单据，包括汇票（Draft）、本票（Promissory）、支票（Cheque）。

（2）商业单据，包括商业发票（Commercial Invoice）、形式发票（Proform Invoice）、装箱单（Packing List）、重量单（Weight List/Certificate）、数量单（Quantity Certificate）、尺码单（Measurement List）。

（3）货运单据，包括海运提单（Bill of Lading）、海运单（Sea Way Bill）、铁路运单（Rail Waybill）、航空运单（Air Waybill）、陆运单（Road List-SMGS）、邮包收据（Post Receipt）、承运货物收据（Cargo Receipt）、提货单（Delivery Order）、集装箱提单（Container B/L）、装货单（Shipping Order）、船运公司证明（Shipping Company's Certificate）、货物托运书（Shipper's Letter of Instruction）、托运单（Booking Note）。

（4）保险单据，包括保险单（Insurance Policy）、预约保险单（Open Policy）、保险凭证（Insurance Certificate）、联合保险凭证（Combined Insurance Certificate）。

（5）官方单据，包括进出口许可证（Export/Import License）、海关发票（Customs Invoice）、领事发票（Consular Invoice）、中华人民共和国原产地证明书（Certificate of Origin of the People's Republic of China）、产地证明书（Certificate of Origin）、普惠制产地证（Generalized System of Preferences Certificate of Origin From A）、外汇核销单（Verifying and Writing-off of Export Proceeds In Foreign Exchange）、出口货物报关单（Goods Declaration for Exportation）、进口货物报关单（Goods Declaration for Importation）、海关放行通知（Customs Delivery Note）、商检证书（Inspection Certificate）、品质检验证书（Quality Certificate）、数量检验证书（Quantity Certificate）、重量检验证书（Weight Certificate）、植物检疫证书（Phytosanitary Certificate）、兽医检验证书（Veterinary Certificate）。

（6）随附单据，包括受益人证明（Beneficiary's Certificate）、电报抄本（Cable Copy/Telex/Fax）、装运通知（Shipping Adivce）、船籍证明（Certificate of Vessel's Nationality）、航运路线证明（Itinerary Certificate）、船长收据（Captain's Receipt）、运费收据（Freight Receipt）、出口退税单（Export Drawback）、银行水单（Bank Statement/Note/Receipt）。

三、单证的作用

现代国际贸易和国际结算，大多是由经办国际结算业务的银行，通过票据、单据等结算工具转移和传递的。随着货物交接的逐步单证化，商品的买卖也要通过单证的买卖来完成。因此，单证作为贸易货款结算的基本工具和履行贸易合同的必要手段，越来越受到业界人士的广泛重视。

单证的缮制和流转涉及进出口贸易流程的各个环节，服务于国际贸易业务的整个过程。可以说，在单证的业务处理过程中，形成了一个完整的进出口贸易单证流转系统。

为了说明贸易流程中单证的使用，以信用证支付出口合同的履行为例，将出口贸易流程各环节所对应的主要单证，用表 1-1 来表示。

表 1-1　出口贸易流程中对应的单证

序号	流程环节	工作内容	主要单证
1	交易磋商	询盘、发盘、还盘、受盘	报价单
2	签订买卖合同	买卖双方起草贸易合同或销售确认书	销售合同或销售确认书、形式发票
3	催证、审证、改证	催、开、审、改信用证	信用证通知书、修改书、信用证
4	备货	完成货物运输包装、唛头制作、报检等工作	商业发票、增值税发票、出境货物报检单、品质合格证书、检验检疫合格证等
5	商检	应向商品检验局申请检验,取得商检局发给检验合格证书	出境货物报检单、品质合格证书、原产地证书、检验检疫合格证等
6	托运	办理货物托运、货物装运、支付运费、取得运输单证、发出装运通知	船公司证明、托运单、装船通知书、海运提单、铁路运单、公路运单、航空运单、装船通知书、邮报收据、承运货物收据、联合运输单据等
7	投保	投保、确定保险险别、申报保险金额、填制投保单、支付保险费	保险单、保险凭证、联合凭证、预约保险单
8	报关	办理货物报关并取得相关许可证;准备全套货物单证,提交银行议付	出具代理报关委托书或其他政府批文、报关单、合同、商业发票、装箱单、装运单、载货清单、商检证明、收汇核销单等
9	制单结汇	制单、审单、持全套货物单据递交银行议付、获取水单	汇票、商业发票、运输单据、保险单、原产地证明、检验证书、包装单据、银行结汇水单等
10	收汇核销	持海关验章的收汇核销单及其他文件到外汇管理局,加盖"已核销",并与报关单一起退回出口企业	出口报关单(出口收汇专用联)、银行结汇水单、出口收汇核销单、出口收汇核销表
11	出口退税	向主管出口退税的税务机关申报出口退税、通过审查、获得出口退税	出口合同、进项发票(已认证)、出口报关单(退税专用联)、银行结汇水单、出口收汇核销单(退税专用联)、出口退税通知书

四、单证的缮制和流转

在进出口合同的履行过程中,单证与货款的对流原则,已成为国际贸易中商品买卖的普遍原则。无论使用何种支付方式,买卖交易双方都要发生单证的交接。因此,单证的缮制和流转成为进出口合同的履行的核心工作。

在信用证支付的进出口业务中,信用证成为单证工作的中心,制单、审单、交单等单证的操作,都是围绕着信用证来展开的。图 1-3 所示是出口合同履行单证操作的过程。

单证操作流程,包括审证、制单、审单、交单、归档五个环节。这里详细介绍一下审单过程中单证审核依据、标准、要点。

需要强调的是,制作单据的规范是"四一致",即证同(合同)一致、单证(信用证)一致、单单(单据间)一致、单货(货物)一致;"五要求",即单据缮制过程中要求做到正确、完整、及时、简明、整洁。

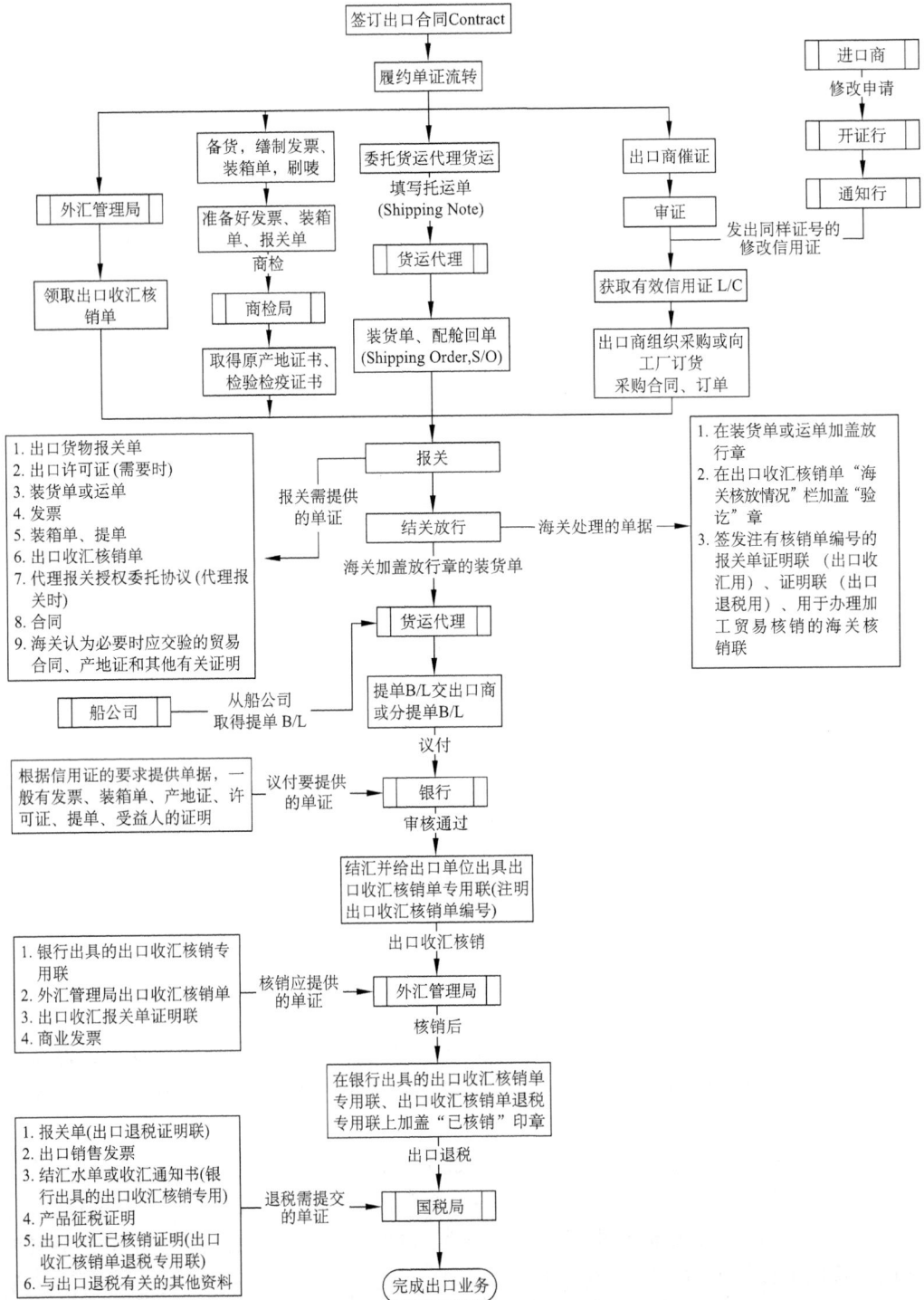

图1-3　出口贸易单证流转图

1. 审证

审证指出口方对进口方开来信用证的审核,是单证工作中的基础部分。对于来自不同国家和地区的银行信用证,应依据买卖双方签订的合同和《跟单信用证统一惯例》(UCP600),进行认真核对与审查。

一旦收到买方开来的信用证,银行就要会同出口商尽快审核。银行的审核重点应放在对有关信用证开证行的资信情况、信用证上的签字或印签的真伪、电开信用证的密押是否相符、偿付条款的合理性等方面的核查。

出口商则主要对照合同的各项条款,对信用证的装运货物、金额、运输、相关日期、提供单据等条款,逐次严格详细审核。在审证过程中,一经发现有不符点,应及时向开证申请人提出修改要求。

2. 制单

出口合同的履行与单证紧密相连,"制单"是出口单证业务的基础。尤其是信用证支付方式,整个业务操作处理的是单证,而非货物或其他履约行为,开证银行只是"凭符合信用证条款规定的单据"向受益人付款。

由此可见,单证的正确、完整、真实是卖方收款的关键,能否做好制单工作关系到出口合同的履行成败。一套合格的单证缮制必须以出口合同为依据,符合信用证的条款要求。整个制单工作的基本要求可以用"正确、完整、及时、简明、整洁"这十个字来归纳。

(1) 正确/准确

正确(Correctness)是所有单证工作的前提,单证不正确就不能安全结汇。①各种单据必须做到"四相符",即单据与信用证相符、单据与单据相符、单据与贸易合同相符、单据与货物相符。②各种单据应符合国际贸易惯例、各国及行业法律和规则的要求。③单据还应与所代表的货物无出入。

(2) 完整

单据的完整(Completeness)主要是指一笔业务所涉及全部单据的完整性。其含义包括三个方面:内容完整;份数上完整;种类完整。

单证完整的意义,是要求每一种单据的本身内容必须完备齐全。

此外,由于单证在通过银行议付或托收时,一般都是成套、齐全而不是单一的。因此,单证完整的另一意义,是指在通过银行议付时单证群体的完整性。

同时,完整还要求出口商所提供的各种单据的份数要如数交齐,不能短缺。尤其是象征性交货的买卖合同,买方开立的信用证里都会明确要求出口方需提交哪些单据、提交几份、有无正副本要求、需否背书及应在单据上标明的内容,所有这些要求都必须得到满足。

(3) 及时

及时(Intime;Punctuality)是指单据制作不能迟延,即可以理解为:及时制单、及时审单、及时交单、及时收汇。各种单据的出单日期必须合理、可行,也就是说,每一种单据的出单日期不能超过信用证规定的有效期限或按商业习惯的合理日期。及时出单还反映在交单议付上,即指向银行交单的日期不能超过信用证规定的交单有效期(交货后21天)。

缮制单据是个复杂的工作,多数单据由出口方完成,有些需要相关部门配合完成。

因此，单据的缮制工作要协调配合，保证在规定的时间内，把全部合格单据向有关方面提交。及时交单也就意味着能及时收汇，及时收汇表明出口业务的顺利完成。

（4）简明

简明（Conciseness）是指所制作的单据简单、明了。《跟单信用证统一惯例》中明确规定，"为了防止混淆和误解，银行应劝阻在信用证或其任何修改书中加注过多的细节内容"。同时，还要求单证格式的规范化，单据中不应出现与单据本身无关的内容。

（5）整洁

整洁（Tidiness）是指单据应清楚、干净、美观、大方，单据的格式设计合理、内容排列主次分明、重点内容醒目突出，不应出现涂抹现象，应尽量避免或减少加签修改。

3. 审单

单据的审核是对已经缮制、备妥的单据，根据信用证（在信用证付款情况下）或合同（非信用证付款方式）的有关内容进行审核。审核的内容包括种类、格式、内容、出具日期、签署五个方面。

对信用证项下交易单据的审核，是银行和进出口商的共同责任。在审核时要汇集各项单据以货物发票为中心，对单据的种类、份数、内容逐项核对，"单单一致"（单据间）。整个审单过程要重点掌握审单的依据、方法、标准、要点这四个方面。

（1）单据审核的主要依据。用信用证支付的各单证审核依据如下。

* 有效信用证。
* 《跟单信用证统一惯例》（UCP600 第六次修订版）。
* 《审核跟单信用证项下单据的国际标准银行实务》（即 ISBP681）、《托收统一规则》。

（2）单据审核的基本方法，主要有纵向审核法和横向审核法两种方法。

纵向审核法是指以信用证或合同（在非信用证付款条件下）为基础对规定的各项单据进行逐一审核，要求有关单据的内容严格符合信用证的规定，做到"单证一致"。

横向审核法是在纵向审核的基础上，以商业发票为中心审核其他规定的单据，要求有关的内容相互一致，即单据与单据之间必须"单单一致"。

（3）单据审核的标准。对于提交单证的审核，包括种类、格式、内容、出具日期、签署等内容。《跟单信用证统一惯例》（UCP600）第十四条对信用证支付单据的银行审核标准做出了以下具体规定。

① 银行责任——银行负有对提交单据进行审核的责任。按照指定行事，被指定银行仅以单据为基础，审核单据在表面上看来是否构成相符提示。

② 审单时间——被指定银行自其收到提示单据的翌日起算，应拥有不超过 5 个工作日的时间以决定提示是否相符。该期限不因单据提示日适逢信用证有效期或最迟提示期或在其之后而被缩减或受到其他影响。

因此，作为商品出口受益人应尽早提交单据，避免银行审单时期内信用证已经到期。

③ 交单期限——一份或多份符合《跟单信用证统一惯例》（UCP600）条款要求出具的正本运输单据，则必须由受益人或其代表按照相关条款，在不迟于装运日后的 21 个公历日内提交，但无论如何不得迟于信用证的到期日。

④ 单证相符——单据中内容的描述不必与信用证、信用证对该单据的描述以及国际

标准银行实务完全一致,但不得与该项单据中内容、其他规定的单据或信用证相冲突。

⑤ 货物描述——除商业发票外,其他单据中的货物、服务或行为描述若须规定,可使用统称,但不得与信用证规定的描述相矛盾。

⑥ 其他单据——如果信用证要求提示运输单据、保险单据和商业发票以外的单据,但未规定该单据由何人出具或单据的内容。如果信用证对此未做规定,只要所提交单据的内容看来满足其功能需要且其他方面与 14 条(d)款相符,银行将对提示的单据予以接受。

提示信用证中未按要求提交的单据,银行将不予置理。如果收到此类单据,可以退还提示人。

⑦ 单据日期要求——单据的出单日期可以早于信用证开立日期,但不得迟于信用证规定的提示日期。

⑧ 单据中联系地址——当受益人和申请人的地址显示在任何规定的单据中时,不必与信用证或其他规定的单据中显示的地址相同,但必须与信用证中述及的各自地址处于同一国家内。用于联系的资料(电传、电话、电子邮箱及类似方式)如构成受益人或申请人地址的组成部分将被不予置理。然而,当申请人的地址及联系信息作为按照 19 条、20 条、21 条、22 条、23 条、24 条或 25 条出具的运输单据中收货人或通知方详址的组成部分时,则必须按照信用证规定予以显示。

⑨ 托运人、发货人——显示在任何单据中的货物的托运人或发货人不必是信用证的受益人。

(4) 单证审核的要点。单证审查的要点繁多,其审核重点归纳起来可分为综合审核要点和分类审核要点这两类。

综合审核要点主要包括以下内容。

* 检查规定的单证是否齐全,所需单证的份数是否符合规范。
* 检查所提供的文件名称和类型是否符合规范要求。
* 检查单证是否按规定进行了认证。
* 检查单证之间的货物描述、数量、金额、重量、体积、运输标志等是否一致。
* 单证出具或提交的日期是否符合要求。

分类审核要点主要包括汇票、运输单据、其他单据。

* 检查汇票的付款人名称、地址是否正确。
* 检查汇票上金额的大、小写是否一致。
* 检查付款期限是否符合信用证或合同(非信用证付款条件下)的规定。
* 检查出票人、受款人、付款人是否符合信用证或合同(非信用证付款条件下)的规定。
* 货币名称应与信用证和发票上的相一致。
* 检查汇票金额是否超出信用证金额,对于有些信用证金额前有"大约"一词时,可按 10% 的增减幅度掌握金额。
* 提供单证的正、副本的数量应符合信用证的要求。
* 运输单据上不应有不良批注。

- 唛头必须与其他单据相一致。
- 包装件数必须与其他单据相一致。
- 全套正本都必须有承运人的印章及签发日期章。

其他单据,如装箱单、重量单、产地证书、商检证书等,都必须与信用证的条款一一核对后,再与其他有关单据核对,保证单证一致,单单一致。

4. 交单

交单是指全套出口货物单据准备完毕后,由受益人签署议付申请书,申请议付、承兑或付款。为了尽快安全结算货款,必须将审核无误、正确的、完整的单据交至银行,承兑或付款。

对提交单证的要求是提交单证要齐备,即对信用证规定的单据要齐备;每种单据的份数要符合信用证中所提要求;单据提交要及时,要符合《跟单信用证统一惯例》(UCP600)第 14 条要求。

单据提交时是全套提交的,在实际操作中可以有以下两种提交方法。

两次交单,即予审交单。在运输单据未签发时,如果其他单据已齐备,可以先送银行予审,待运输单据签发后再送交。这是从时间和工作效率上考虑的。

一次交单,即全单交单。待所有单据完全齐备后,一次全套送交银行。

上述两种交单方法中,两次交单的好处是充分利用有限的时间,为银行审单、出口商改单更正提供了时间,达到了加快对外寄单尽快收汇的目的。

各种单据的签发日期,应符合逻辑性和国际贸易惯例。一整套进出口货物贸易单证,如果在出单的时间顺序上混乱、矛盾,显然违反了单证银行对提示的单证进行审核,"并仅以单证为基础,以决定单证在表面上看来是否构成相符提示"的要求,即违反了"单证相符"和"单单相符"的要求,是直接造成结汇失败的原因。

因此,我们必须对单据的出单时间、单据间的时间顺序有一个科学的规定,适应国际上对单据的标准化要求。进出口贸易的主要单据的时间顺序如下所述。

所有发票日期应在各单据日期之首。

货物的提单日期是确定各单据日期的关键,汇票日期应晚于提单、发票等其他单据,但不能晚于 L/C 的有效期。提单日期不能超过 L/C 规定的装运期限,也不得早于 L/C 的最早装运期。

保险单的签发日应早于或等于提单日期(一般早于提单 2 天),不能早于发票;装箱单应等于或迟于发票日期,但必须在提单日之前。

产地证不早于发票日期,不迟于提单日。

商检证日期不晚于提单日期,但也不能过分早于提单日,尤其是鲜货,容易变质的商品,受益人证明等于或晚于提单日。

装船通知,等于或晚于提单日后三天内。

船公司证明,等于或早于提单日。

5. 归档

进出口贸易单证是贸易活动的重要资料,是商品流通的原始凭证,它反映了整个商品流转过程。单证归档管理是国际贸易交易中一项非常重要的存档备查工作。

　　出口单证,是反映出口业务活动的重要凭证。确切地来说,货物的出运,单据的交付,甚至外汇的收妥,只是表示出口交易过程的结束,并不意味对交货品质、数量等因素的法律责任终结。例如,进口商对货物品质、数量的异议及索赔要求,运输纠纷起诉、进口清关对单证内容提出异议、中间商对佣金事项的查询、开证行提出单证不符,拒绝付款,出口退税的异议,诸如此类的情形一经发生,就需要对相应单证展开查证。单证副本的归档保存,满足了进出口贸易事后异议及索赔依据查证的需要。

　　出口单证副本归档方法,有"分散归档"和"集中归档"两种。所谓"分散归档",就是按业务环节各自将本环节缮制的副本单据分类归档。例如,提单属于运输环节单据,就按运输环节分船归档。商业发票,属于制单环节单据,就按发票顺序号码在制单环节中归档。

　　而"集中归档",就是交单后将全套单据副本集中进行归档保管。一般来说,业务量大,部门多、分工细的单位适宜分散式归档保管。业务量不大,工作线条比较简单的单位适宜于"集中归档"方法。

　　总之,贸易单证的归档管理,要以查找方便为原则进行档卷的编排保存。考虑到一些国际公约的诉讼时效,单据副本的保存时限以 3～4 年为宜。

第四节　实训操作

一、操作目的

　　(1) 通过本实训练习,进一步熟悉国际货物买卖合同的履约流程。

　　(2) 掌握流程中的各主要环节。

　　(3) 熟悉不同支付条件和不同贸易术语买卖合同的履约流程。

　　(4) 掌握对信用证的审核原则和对单据审核的"四个一致"要求。

二、操作要求

　　按表 1-2 的格式和实训操作练习给出的补充资料,完成练习。

三、操作内容

1. 流程练习

　　表 1-2 是信用证支付方式,用 CIF 术语成交的合同履约流程。其主要反映了进出口买卖双方、进出口地银行(开证/付款行、通知/议付行),在流程中各环节的操作过程。现要求按此表格方式,绘制以下流程表。

表 1-2　L/C 支付 CIF 合同履约流程

步骤	出口商(受益人)	进口商(开证申请人)	出口地银行(通知/议付行)/进口地银行(开证/付款行)
1	起草外销合同送进口商		
2		签字并确认外销合同	
3		到银行领取并填写"核销单"	
4		填写并发送"开证申请书"	
5			进口地行开立"信用证"送进口商
6		对照合同查看信用证确认	
7			通知出口地银行
8			出口地银行审证、填写信用证通知书通知出口商
9	对照合同审核信用证、接受信用证		
10	起草国内"购销合同"送工厂		
11	填写"货物出运委托书"指定船公司洽订舱位		
12	填写"报检单"、"商业发票"、"装箱单"进行出口报检		
13	填写"产地证明书"到相关机构申请产地证		
14	填写"投保单"到保险公司投保		
15	到外管局申请并填写"核销单"		
16	到海关办理核销单的口岸备案		
17	填写"报关单"进行出口报关		
18	货物装运后到船公司取"提单"		
19	填写并发送"装船通知"		
20	填写"汇票"向银行交单结汇		出口地银行审单后发送进口地银行
21			进口地银行审单后通知进口商取单
22		到银行付款赎回单据	进口银行向出口银行付汇
23	填写"出口收汇核销单送审登记表"到外管局办理核销		
24	到国税局办理出口退税	到船公司换"提货单"	
25		填写"报检单"进行进口报检	
26		填写"报关单"进行进口报关、缴税	
27		提货	
28		填写"进口付汇到货核销表"到外管局办理进口付汇核销	

（1）信用证支付方式，FOB 术语成交的合同履约流程。

（2）托收支付即期付款交单（D/P），CIF 术语成交的合同履约流程。

2. 单证练习

湖北 HWY 贸易公司与加拿大 AKD 公司，订立的服装布料买卖的销售合同（S/C NO. H1223），如下所示。

销售合同
Sales Contract

合同编号：S/C NO. H1223

日期（Date）：2009/10/23

签约地点（Signed at）：武汉（WUHAN CHINA）

卖方（Sellers）：湖北 HWY 贸易公司（HUBEI HWY TRADING COPORATION）

地址（Address）：NO. 69 HONGBO ROAD WUHAN CHINA

电话（Tel）：(027)266777993   传真（Fax）：(027)266777885

买方（Buyers）：AKD CO. ,VANCOUVER,CANADA

地址（Address）：23 BOEN STREET VANCOUVER CANADA

电话（Tel）：(0016)526321771   传真（Fax）：(0016)526321662

买卖双方同意按下列条款由卖方出售，买方购进下列货物。

The sellers agrees to sell and the buyer agrees to buy the undermentioned goods on the terms and conditions stated below.

1. 货号（Article No. ）：AKD. 1106

2. 品名及规格（Description & Specification）：

深蓝色，全棉 8 盎司深蓝斜纹布。82×50/14S×14S——幅宽 58/59   二次水洗后不超过 3%～4%。

100PCS COTTON DENIM-8 OZ-ROPE DYED INDIGO（CT-121），COLOR：INDIGO

DOUBLE P/SHRUNK RESIDUAL AHRINKAGE NOT MORE THAN 3−4PCS 82×50/14S×14S；WIDTH：58/59

3. 数量（Quantity）：2 920YDS（Net Weight：1 960 Kgs；Gross：2 680 Kgs）

4. 单价（Unit Price）：USD 1. 80/YD CIF VANCOUVER

5. 总值：5 256. 00 美元

数量及总值均有__10__%的增减，由卖方决定。

Total Amount：US DOLLARS FIVE THOUSAND TWO HUNDRED FIFTY SIX ONLY

With __10__% more or less both in amount and quantity allowed at the sellers option.

6. 生产国和制造厂家（Country of Origin and Manufacturer）：CHINA

7. 包装（Packing）：

货物必须用标准出口包装，适合海运、防湿、防潮、防震、防锈、耐粗暴搬运。由于包装不良所产生的损失以及由于采用不充分或不妥善的防护措施而造成的任何锈损，卖方应承担由此而产生的一切费用。

Export standard packing suitable for sea transportation and well protected against dampness, moisture, shock, rust and rough handing. The Seller shall be liable for any damage to the goods on account of improper packing and for any rust damage anttibutable to inadequate or improper protective measures taken by the seller, and in such a case or cases all expenses incurred in consequence there of shall be borne by the Seller.

8. 唛头（Shipping Marks）: AKD. VANCOUVER. S/C NO. H1223 R/NO. 1-UP.

9. 装运期限（Time of Shipment）: 不迟于 2010 年 1 月 31 日（Not later than January 31, 2010）

10. 装运口岸（Port of Loading）: SHANGHAI

11. 目的口岸（Port of Destination）: VANCOUVER

12. 转运（Transshipment）: 允许（Allowed）

13. 保险（Insurance）: 由卖方按发票全额 110% 投保一切险，另加保战争险。

To be covered by the Sellers for 110% of full invoice value covering All Risks addtional War Risks.

14. 付款条件:

买方须于 ___2009___ 年 ___11___ 月 ___16___ 日将保兑的，不可撤销的，可转让可分割的即期信用证开到卖方。信用证议付有效期延至上列装运期后 15 天在中国到期，该信用证中必须注明允许分运及转运。

Payment:

By confirmed, irrevocable, transferable and divisible L/C to be available by sight draft to reach the sellers before ___2009/11/16___ and to remain valid for negotiation in China until 15 days after the aforesaid time of shipment. The L/C must specify that transhipment and partial shipments are allowed.

15. 所需单据（Documents Required）:

（1）全套清洁已装船海运提单 3 份正本。

Full set of clean on board ocean Bills of Lading in 3 originals.

（2）商业发票二正三副。

Commercial invoice issued in 2 original and 3 copies.

（3）装箱单二正二副。

Packing list issued in 2 original 2 copies.

（4）由中国国际贸易促进委员会签发的产地证一正二副。

Certificate of origin in 1 original and 2 copies by CCPIT.

（5）保险单一正二副。

Insurance policy in 1 original and 2 copies.

16. 品质与数量的异义与索赔（Quality/Quantity Discrepancy and Claim）:

如买方提出索赔，凡品质异议须于货到目的口岸之 30 天内提出；凡数量异议须于货到目的口岸之 60 天内提出。对于货物所提出的任何异议应由保险公司、运输公司或邮递机构负责的,卖方不负任何责任。

The claims, if any regarding to the quality of the goods, shall be lodged within 30 days after arrival of the goods at the destination, if any regarding to the quantities of the goods, shall be lodged within 60 days after arrival of the goods at the destination.

The sellers shall not take any responsibility if any claims concerning the shipping goods is up to the responsibility of Insurance Company/Transportation Company/Post Office.

17. 人力不可抗拒因素:

由于水灾、火灾、地震、干旱、战争或协议一方无法预见、控制、避免和克服的其他事件导致不能或暂时不能全部或部分履行本协议,该方不负责任。但是,受不可抗力事件影响的一方须尽快将发生的事件通知另一方,并在不可抗力事件发生 15 天内将有关机构出具的不可抗力事件的证明寄交对方。

Force Majeure:

Either party shall not be held responsible for failure or delay to perform all or any part of this agreement due to flood, fire, earthquake, draught, war or any other events which could not be predicted, controlled, avoided or overcome by the relative party. However, the party affected by the event of Force Majeure shall inform the other party of its occurrence in writing as soon as possible and thereafter send a certificate of the event issued by the relevant authorities to the other party within 15 days after its occurrence.

18. 仲裁:

在履行协议过程中,如产生争议,双方应友好协商解决。若通过友好协商未能达成协议,则提交中国国际贸易促进委员会对外贸易仲裁委员会,根据该会仲裁程序暂行规定进行仲裁。该委员会决定是终局的,对双方均有约束力。仲裁费用,除另有规定外,由败诉一方负担。

Arbitration:

All disputes arising from the execution of this agreement shall be settled through friendly consultations. In case no settlement can be reached, the case in dispute shall then be submitted to the Foreign Trad Arbitration Commission of the China Council for the Promotion of International Trade for Arbitration in accordance with its Provisional Rules of Procedure. The decision made by this commission shall be regarded as final and binding upon both parties. Arbitration fees shall be borne by the losing party, unless otherwise awarded.

19. 文字:

本合同中、英两种文字具有同等法律效力,在文字解释上,若有异议,以中文解释为准。

Versions:

These contract is made out in both Chinese and English of which version is equally effective. Conflicts between these two languages Arising therefrom, if any, shall be subject to Chinese version.

本合同共 2 份，自双方代表签字（盖章）之日起生效。

This contract in duplicate, effective since being signed/sealed by both parties.

卖方（Sellers）：湖北 HWY 贸易公司　　买方（Buyers）：AKD CO. , VANCOUVER, CANADA

签字（Signature）：任捷　　　　　　　签字（Signature）：Mack Olive

3. 实训练习题

练习 1

按照补充资料销售合同（S/C NO. H1223），审查加拿大 AKD 公司开出的信用证（部分内容）。信用证中有三处错误，由学生审查后改正。

信用证（部分内容）

DOC. CREDIT NUMBER：AK09-1263

APPLCANT BANK：RBC ROYAL BANK OF CANADA.

APPLCANT：AKD CO. , VANCOUVER, CANADA

BENEFICIARY：HUBEI WUHAN HWY TRADING COPORATION NO. 69 HONGBO ROAD WUHAN, CHINA.

UNIT PRICE：USD 1. 80/YD CIF VANCOUVER.

AMOUNT CURRENCY：USD 5 256. 00（US DOLLARS FIVE THOUSAND TWO HUNDRED FIFTY SIX ONLY）.

AVAILIABLE WITH/BY：FREELY NEGOTIABLE AT ANY BANK BY NEGOTIATION

LOADING IN CHARGE：CHINA

FOR TRANSPORT TO：VANCOUVER VIA HONGKONG

LATEST DATE OF GOODS：21/01/2010

DOCUMENTS REQUIRED：

FULL SET OF CLEAN ON BOARD OCEAN BILLS OF LADING IN 4 ORIGINALS.

COMMERCIAL INVOICE ISSUED IN 2 ORIGINAL AND 3 COPIES.

PACKING LIST ISSUED IN 2 ORIGINAL 2 COPIES.

CERTIFICATE OF ORIGIN IN 1 ORIGINAL AND 2 COPIES BY CCPIT.

INSURANCE POLICY IN 1 ORIGINAL AND 2 COPIES.

DESCRIPTION OF GOODS：

2 920YDS OF 100PCS COTTON DENIM-8 OZ-ROPE DYED INDIGO（CT-121）

DOUBLE P/SHRUNK RESIDUAL AHRINKAGE NOT MORE

THAN 3—4PCS 82×50/14S×14S；WIDTH：58/59

COLOR：INDIGO

AT USD 1. 80/YD CIF VANCOUVER, AS CONTRACT S/C NO. H1223.

DOCUMENTS REQUIRED:SIGNED COMMERCIAL INVOICE IN TRIPLICATE.

练习 2

湖北 HWY 贸易公司开出的商业发票有三处错误,要求学生对照合同(S/C NO. H1223)和经过审核修改的信用证(AK09-1263)审查商业发票并改错。

HUBEI HWY TRADING COPORATION

COMMERCIAL INVOCE

TO MESSRS. :AKD CO. ,VANCOUVER ,CANADA   INVOCE NO. :HW09-2063

DATE:16/10/2009   L/C NO. :AK89-1263

    S/C NO. :H1223

SHIPPED FROM SHANG HAI TO VANCOUVER VIA HONGKONG

MARKS & NOS.   DESCRIPTION QUANTITY UNIT PRICE AMOUNT

AKD. VANCOUVER.

S/C NO. H1223.

R/NO. 1-up

2 920 YARDS USD 1. 80/YARD USD 5 256. 00

100PCS COTTON DENIM-8 OZ-ROPE DYED INDIGO(CT-121)

DOUBLE P/SHRUNK RESIDUAL AHRINKAGE NOT MORE THAN 3—4PCS 82×50/14S×14S;WIDTH:58/59

AS SALES CONFIRMATION:S/C NO. H1223

TOTAL:US DOLLARS FIVE THOUSAND TWO HUNDRED FIFTY SIX ONLY

HUBEI HWY TRADING COPORATION

NO. 69 HONGBO ROAD WUHAN CHINA

任捷

(受益人签章)

E. & O. E.

第二章 进出口货物的价格核算

【学习目标】

- 了解进出口货物价格的组成,价格核算的详细操作步骤和程序;
- 掌握进出口货物核算成本、费用的方法;
- 能按不同贸易术语的特点进行出口货物成本核算,并合理报出商品价格。

　　进出口货物的商品价格是国际买卖合同的核心。合理报价是磋商的重要步骤,也是进出口业务的关键环节,它直接影响到买卖双方的利益。由于国际贸易货物的报价比国内贸易要复杂得多,掌握正确的计算方法,才能保证进出口货物的成本和报价的准确性。

第一节　出口货物的价格核算

要完成出口货物的价格核算,首先要确定出口货物的价格。出口货物的价格通常由货物成本、费用和利润三部分构成,并用国际贸易术语来表示。

一、出口货物的价格

出口货物的价格通常由货物成本、出口费用和预期利润这三部分构成,这三部分的数额之和即为货物的出口价格。

(一)出口货物的成本

出口货物的成本可分为生产成本、加工成本和购货成本这三种类型。

(1)生产成本是指货物制造商生产货物所需的投入金额。

(2)加工成本是指加工商对成品或半成品进行加工所需的投入金额。

(3)购货成本是指贸易商向供应商采购货物的价格,即进货成本。对于专门从事出口业务的商人来说,货物成本主要指购货成本,它在出口价格构成中所占比重最大。

通常,购货成本中包含增值税,这类成本价格称为出口货物的含税价。在实施出口退税制度的情况下,出口货物成本价格中剔除了含税成本中的税收部分即为实际购货成本。

出口成本包括货物本身的成本和货物直至装运出前的所有费用,即

$$出口成本＝货物成本＋国内费用$$

(二)出口货物的费用

出口货物的总费用通常分为国内和国外两部分。

1. 国内费用

国内费用通常用本币计价,主要有:国内运输费、仓储费、港区杂费、认证费、商检费、报关费、业务费、银行费用等。

2. 国外费用

所谓国外费用,是指以外币计价的费用,主要包括以下3种。

(1)运费:货物出口时支付的海运、陆运或空运费用。

(2)保险费:出口商向保险公司购买保险或信用保险所支付的费用。

(3)佣金:出口商向中间商支付的为介绍交易提供服务的酬金。

(三)预期利润

(1)预期利润与报价关系

利润是交易的最终目的,是价格的重要组成部分,也是交易者最为关心的要素。出

口成本、运费和保险费及佣金构成了出口商的支出,预期利润为出口商的收益。

综上所述,货物的成本、费用和预期利润这三部分构成了出口货物的价格。即

出口货物的价格=出口货物的成本+出口货物总费用+预期利润

用 FOB 术语表示出口价格时有:

出口 FOB 价格=出口货物的成本+国内费用+预期利润

用 CIF 术语表示出口价格时有:

出口 CIF 价格=出口货物的成本+国内费用+国外费用+预期利润

(2) 利润核算方法

核算利润数额,通常以一定的百分比作为经营的利润率来核算利润额。用利润率来核算利润额时,可以用货物某一成本(生产成本、购货成本或出口成本)作为计算利润的基数,也可以用销售价格作为计算利润的基数。

【例 2-1】 某贸易公司产品的出口包括运费在内的总支出总成本为 100 欧元,假设预期利润率为 15%,计算出口价格和利润额(出口报价已含有预期利润的除外)。

(1) 以出口成本为计算利润的基数时:

利润额=出口成本×利润率

出口价格=出口成本+利润额

=出口成本+出口成本×利润率

=出口成本×(1+利润率)

代入数值有:出口价格=100×(1+15%)=115(欧元)

利润额为 15 欧元。

(2) 以出口销售价格为计算利润的基数时:

出口价格=出口成本+利润率=出口成本+出口价格×利润率

出口价格-出口价格×利润率=出口成本

出口价格×(1-利润率)=出口成本

出口价格=出口成本/(1-利润率)

=100/(1-15%)=85(欧元)

利润额=出口报价×利润率

=85×15%=12.75(欧元)

通过以上两种不同的利润计算方法我们看到,由于计算利润的基础不同,出口报价和利润大小也不同。因此,在进行价格核算时应特别注意利润核算的方法,以免报价失误,造成不必要损失。

二、出口货物的价格核算

进出口货物的价格核算是建立在货物构成基础上的,即确定了货物的各项成本、费用、预期利润的数额后,进出口货物的价格也就确定了。

(一)出口货物的成本核算

我们以出口商的购货为例,来说明出口货物的成本核算。在有出口退税情况下,出

口商在核算出口成本时,往往要分别核算出购货成本(含税价)和实际购货成本(净价)。

（1）购货成本

以贸易公司为例,所谓购货成本即出口商的货物采购支出,是出口成本的主要构成。

$$出口成本＝购货成本＋国内费用$$

在有出口退税情况下,购货成本要扣除退税部分。因此有：

$$出口成本＝实际购货成本＋国内费用$$

（2）实际购货成本

在实施出口退税制度的情况下,出口商在核算价格时,往往会将含税的购货成本中的出口退税部分予以扣除,从而得出实际购货成本。

$$实际成本＝购货成本－出口退税额$$

【例 2-2】　某出口公司采购一批足球,每只足球的购货成本是人民币 165 元,其中包括 17％的增值税,若足球出口可以有 8％的退税,故每只足球的实际购货成本是多少?

解：

$$实际成本＝购货成本－出口退税额$$
$$购货成本＝购货净价(不含税价)＋增值税$$
$$＝购货净价＋购货净价×增值税率$$
$$＝购货净价×(1＋增值税率)$$
$$购货净价＝购货成本/(1＋增值税率)$$
$$出口退税额＝购货净价×出口退税率$$
$$＝购货成本/(1＋增值税率)×出口退税率$$

最后有：

$$实际购货成本＝购货成本－出口退税额$$
$$＝购货成本－购货成本/(1＋增值税率)×出口退税率$$
$$＝购货成本×(1＋增值税率－出口退税率)/(1＋增值税率)$$

所以这批足球的实际购货成本为

$$实际购货成本＝165×(1＋17％－8％)/(1＋17％)$$
$$＝153.72(元/只)$$

（二）出口货物国内费用的核算

出口货物涉及的各种国内费用在报价时大部分还没有发生,因此该费用的核算实际是一种估算。其方法有两种。

第一种是将货物装运前的各项费用根据以往的经验进行估算并叠加,然后除以出口商品数量获得单位商品装运前的费用。即

$$每单位出口商品国内总费用＝国内总费用/出口货物数量$$

第二种是因为该类费用在货价中所占比重较低,而且项目繁杂而琐碎,贸易公司根据以往经营各种商品的经验,采用定额费用率的做法。所谓定额费用率,是指贸易公司在业务操作中对货物装运前发生的费用按公司年度支出规定一个百分比,一般为公司购货成本的 3％～10％。

实际业务中,该费率由贸易公司按不同的商品、交易额大小、竞争的激烈程度自行

确定。

【**例2-3**】　某出口公司出口某冷冻水产品17t,每吨的进货价格为人民币5 600元,估计该批货物国内运杂费共计人民币1 200元,出口商检费人民币300元,报关费人民币100元,港区港杂费人民币950元,其他各种费用共计人民币1 500元,另银行手续费为人民币800元,求该水产品国内费用。

解:上例中已估算了装运前各项费用,故采用第一种方法。

每吨冷冻水产品国内费用=各项装运前费用之和/出口数量

$$=(1\ 200+300+100+950+1\ 500+800)/17$$

$$=285.29(元/吨)$$

若采用第二种方法,假定定额费率为进货价的5.5%,则

每吨货物国内总费用$=5\ 600\times5.5\%=308(元/吨)$

究竟采用哪一种方法来确定单位产品国内费用,应以所采数据的准确性、价格的竞争性及定价策略等综合考虑来决定。

在实践中,因出口费用涉及项目繁杂,单位众多,各项费用不易精确估算,故常用定额费率的方法来核算货物的国内总费用。

在确定了出口货物的实际成本、国内费用、预期利润后,将这三者相加便可形成对外的FOB报价。

(三)国外费用的核算

1. 出口货物海运费核算

在采用CFR、CIF价格术语时,办理运输并支付运费是出口商的责任。这时,运费就构成出口货价的要素之一。

在海运方式中,根据承运货物船舶的不同营运方法可以分为班轮运输和租船运输两种。进出口交易中除大宗初级产品的交易外,多数采用班轮运输的方式。在班轮运输中,根据托运货物是否装入集装箱又可分为件杂货物与集装箱货物两类,现将这两类货物海运费用的计算方法分述如下。

1) 件杂货物海运费核算

海运费用是船公司为运输货物向货主收取的费用,通常分班轮运费和租船运费两类,以下主要介绍班轮运费。

(1) 海运费构成

班轮件杂货物海洋运输费,主要由基本运费和附加运费两部分构成。基本运费一般不常发生变动,而附加费则因构成海运运费的各种因素会经常发生变化。因此,各船公司就采取征收各种附加费的办法以维护其营运成本。

班轮海运费的组成:

海运费=基本运费+附加费

其中,基本运费是指货物在预定港口间进行运输规定的运输价格,是构成海运费的主要部分。

附加费包括:超重、超长附加费,选择卸货港附加费,燃油附加费,港口拥挤附加费,转船附加费,直航附加费等,其具体额按班轮运价表所示计算。

（2）运费计算标准

班轮基本运费的计收标准，按不同货物分为以下几种。

① 重量法：按货物毛重来计算，以每公吨（tonne/metric ton，即国内常用的"吨"）为运费计算单位，又称重量吨（Weight Ton），吨以下取三位小数。费率表上用 W 表示。

② 体积法：按货物的体积来计算，以每立方米为运费计算单位，又称尺码吨（Measurement Ton），立方米以下取三位小数。费率表上以 M 表示；以重量吨或尺码吨计算运费的，统称为运费吨（Freight Ton）。

③ 从价法：按货物 FOB 总值的一定百分比作为运费计算标准，费率表上以 AD VAL 表示。

④ 选择法：有以下四种选择方法。

W/M 为最为常见的选择方法，即在重量法与体积法之间选择。

W or AD VAL 在重量法与从价法之间选择。

M or AD VAL 在体积法与从价法之间选择。

W/M or AD VAL 在重量法、体积法和从价法之间由承运人根据不同的货物，决定具体的选择方法，择高收取运费。

⑤ 综合法：按重量吨或尺码吨计收运费外，再加收从价运费，即 W&AD VAL；M&AD VAL。

⑥ 按件法：按每件为一单位计收。

⑦ 议价法：临时议定运费。

对于大宗低值货物，由船货双方临时商议定价。

（3）件杂货物（general cargo）海运费计算的一般步骤

第一步，根据货物名称，在运价表中的货物分级表上查到货物的等级和运费计费标准。

例如：

货物名称	计费标准	等级
Agricultural Machine	W	10
Beans	W	5
Clocks	W/M	8
...		

第二步，按货物的装运港、目的港，查航线费率表。根据货物等级和计费标准，在航线费率表中查出货物的基本运费费率。

例如：

广州——伦敦航线费率表

货物等级	基本费率（美元/每运费吨）
1	50
5	100
10	200
⋮	⋮

第三步，查附加费率（额）表，根据基本运价和附加费算出实际运价（单位运价），最后根据货物的托运数量算出应付的运费总额。

班轮运费的计算公式：

$$单位运费 = 基本运费率 \times \left(1 + \sum 附加费率\right) + \sum 附加费额$$

$$总运费 = 单位运费 \times 总运费吨$$

【例 2-4】　HWY 贸易公司采用班轮运输出口货物 100 箱，每箱体积 30cm×60cm×50cm，毛重 50kg，查运费表知该货为 9 级，计费标准为 W/M，基本运费为每运费吨 109 美元，另加收燃油附加费 20%，货币贬值附加费 10%。请计算该批货物的总运费。

① 确定计费标准：$30 \times 60 \times 50 = 90\ 000(cm^3) = 0.09(m^3)$；$0.09m^3/0.05t > 1$。积载系数大于 1，故按体积计算，即以 M 为标准计征运费。

② 计算运费：总运费 $= 109 \times (1 + 20\% + 10\%) \times 0.09 \times 100 = 1\ 275.3$（美元）

【例 2-5】　某公司拟向日本出口冻牛肉 30t，共需装 1 500 箱，每箱毛重 25kg，每箱体积为 20cm×30cm×40cm，日商来电要求该公司报 CFR 神户价格，问：应如何计算这批货物的运费和 CFR 价格？（设原为每公吨 900 美元 FOB 上海，该航线运费吨的运价为 144 美元。）

解：按冻牛肉的英文（Frozen beef）的字母顺序查得该商品为 8 级货物，征收标准为 W/M。又查知该航线没有其他附加费。所以

$$积载系数 = 货物体积/货物重量$$

带入数值有：$(0.2 \times 0.3 \times 0.4)/0.025 = 0.96$（积载系数小于 1，故按重量计算，即以 W 为标准计征运费）

$$每箱运费 = 144\ 美元 \times 0.025 = 3.6\ 美元$$

$$总运费 = 3.6\ 美元/箱 \times 1\ 500\ 箱 = 5\ 400\ 美元$$

这批货物的运费为 5 400 美元。

因为 CFR 价＝FOB 价＋F（运费）

所以 CFR 价为 27 000 美元＋5 400 美元＝32 400 美元

最后货物的单价为：每公吨 1 080 美元 CFR 神户。

2）集装箱货物运费核算

（1）集装箱的种类及装箱数量

国际标准化组织为了统一集装箱的规格，推荐了三个系列十三种规格的集装箱，而在国际货物运输中经常使用的是 20ft 和 40ft 集装箱，集装箱尺寸基本情况见表 2-1～表 2-3。

表 2-1　普通箱 20ft 货柜内部尺寸

普通箱 20ft×8ft6in		钢	
		毫米	英尺
内部尺寸	长	5 898	19′4 13/64″
	宽	2 352	7′8 19/32″
	高	2 393	7′10 7/32″
门径	宽	2 340	7′8 1/8″
	高	2 280	7′5 49/64″

续表

重量		千克	磅
	最大毛重	30 480	67 200
	皮重	2 180	4 810
	最大载重量	28 300	62 390
内部容量		立方米	立方英尺
		33.2	1 170

表 2-2　普通箱 40ft 货柜内部尺寸

普通箱 40ft×8ft×8ft6in		钢	
		毫米	英尺
内部尺寸	长	12 032	39′5 45/64″
	宽	2 352	7′8 19/32″
	高	2 393	7′10 7/32″
门径	宽	2 340	7′8 1/8″
	高	2 280	7′5 49/64″
重量		千克	磅
	最大毛重	30 480	67 200
	皮重	3 650	8 050
	最大载重量	26 830	59 150
内部容量		立方米	立方英尺
		67.7	2 390

表 2-3　高箱 40ft 货柜内部尺寸

高箱 40ft×8ft×9ft6in		钢	
		毫米	英尺
内部尺寸	长	12 032	39′5 45/64″
	宽	2 352	7′8 19/32″
	高	2 698	8′10 7/32″

三种常用干货集装箱的外尺寸和内容积如下。

① 20ft 集装箱:简称 20 尺货柜(20GP)

外尺寸为 6.1m×2.44m×2.59m(20ft×8ft×8ft6in)。

内容积为 5.69m×2.13m×2.18m。

这种集装箱一般配装重货,配货毛重一般不允许超过 17.5t,能容纳货物体积约为 24～26m^3。

20 尺可折叠平台用货箱:内部尺寸 5.946m×2.216m×2.233m,配货毛重 27.1t。

② 40ft 集装箱:简称 40 尺货柜(40GP)

外尺寸为 12.2m×2.44m×2.59m(40ft×8ft×8ft6in)。

内容积为 11.8m×2.13m×2.18m。

这种集装箱一般配装轻泡货,配货毛重一般不允许超过 22t,能容纳货物体积约为 54m^3。

③ 40ft 加高集装箱:简称 40 尺高柜(40HQ)

外尺寸为 12.2m×2.44m×2.9m(40ft×8ft×9ft6in)。

内容积为 11.8m×2.13m×2.72m。

这种集装箱也配装轻泡货,配货毛重同样不允许超过 22t,能容纳货物体积约为 68m³。

40ft 可折叠平台用货箱:内部尺寸 12.080m×2.126m×2.043m,配货毛重 29.2t。

45ft 高柜:内容积 13.58m×2.34m×2.70m,配货毛重一般为 29t,体积为 86m³。

集装箱类型的选用,对于贸易商减少运费开支起着很大的作用。货物外包装箱的尺码、重量、货物在集装箱内的配装,排放以及堆叠都有一定的讲究。这里,我们以一个理论算法来确定 20ft 和 40ft 集装箱的装箱数量。

20ft 集装箱的载重量为 17 500kg;40ft 集装箱的载重量为 24 500kg。

20ft 集装箱的有效容积为 25m³;40ft 集装箱的有效容积为 55m³。

【例 2-6】 某种货物装箱方式是 8 台装 1 纸箱,纸箱的尺码是 54cm×44cm×40cm,毛重为每箱 53kg,试计算该货物集装箱运输出口时的装箱数量。(根据 20ft、40ft、重量和体积分别计算装箱的最大数量。)

解:如果按重量计算,每个 20ft 集装箱可装数量为

$$17\ 500/53 = 330.19(箱)$$

取整数为 330 箱,计 2 640 台。

每个 40ft 集装箱可装数量为

$$24\ 500/53 = 462.26(箱)$$

取整数为 462 箱,计 3 696 台。

如果按体积计算,每个 20ft 集装箱可装数量为

$$25/(0.54×0.44×0.4) = 263.07(箱)$$

取整数为 263 箱,计 2 104 台。

每个 40ft 集装箱可装数量为

$$55/(0.54×0.44×0.4) = 578.70(箱)$$

取整数为 578 箱,计 4 624 台。

由上述计算我们不难看出,以重量法计费的货物通常用 20ft 集装箱;而以体积计费的货物则用 40ft 集装箱更能节省运费。

(2) 集装箱货物运费

① 集装箱货物运费的构成

集装箱货物运输主要通过多种运输方式,完成门到门的运输服务。在整个运输过程中船公司承担了全部费用,因此,集装箱货物运输的运费构成应包括:海上运输、内陆运输、各种装卸、搬运、人工手续、服务等费用。

把这些费用构成作为运费计收标准,以保证船公司的支出获得相应补偿,这就形成了集装箱货物运费。

② 集装箱货物运费的计算

集装箱货物海运费用根据货量的大小、按拼箱和整箱货分为不同的计算方法。

a. 整箱(Full Container Load,FCL)货运费

整箱货物采用包箱费率,即以每个集装箱为计费单位,通常有以下三种形式。

- FAK 包箱费率(FREIGHT FOR ALL KINDS)即对每一集装箱不分货物级别统一收取费率。
- FCS 包箱费率(FREIGHT FOR CLASS)是按不同货物等级制定的费率。
- FCB 包箱费率(FREIGHT FOR CLASS & BASIS)是按不同货物等级或货类以及计算标准制定的费率。

整箱货运费计算步骤如下。

- 确定货物装箱数量。
- 按货名称在运价表中货物分级表上查得货物等级和运费计算标准。
- 按货物的装运及目的港口查找对应航线的整箱费率,再除以装箱件数和每个包装箱中的货物数量,即可得到单位货物的出口运费。

【例 2-7】　武汉 HWY 公司向法国 F 公司出口电子玩具汽车,其包装单位是 CAR-TON(箱),最小销售单位是 PC(件),F 公司要求每箱装 60 件玩具,每箱体积为 0.164m³。HWY 公司从天津发货,现计算用 20ft、40ft 集装箱运输出口时,最大包装数量和报价数量及平均单件海运费如下。

按上述资料每 20ft 集装箱:

包装数量＝25/0.164＝152.439,取整为 152 箱。

$$报价数量＝152×60＝9\ 120(件)$$

每 40ft 集装箱:

包装数量＝55/0.164＝335.365,取为整 335 箱。

$$报价数量＝335×60＝20\ 100(件)$$

查得天津至马赛的集装箱海运价格为(不含其他杂费):

20GP	40GP
USD 1 375	USD 2 650

故出口:一个 20ft 柜玩具平均每件海运费为:0.15 美元/件。

一个 40ft 柜玩具平均每件海运费为:0.13 美元/件。

b. 拼箱货运费

拼箱(Less Than Container Load,LCL)是指装货量在集装箱容积的 75% 以下的不同货主的小票货,按货物性质和目的地分类整理后,集中一定数量拼装在一起,即为拼箱。

拼箱货的分类整理、装、拆箱工作,都是由承运人在码头集装箱货运站或转运站完成的。

当拼箱货的运费按其等级和计费标准收取时,不足一吨者,按货物等级的一吨运费吨计收运费。

按货物价格(Ad Val)为计费标准的货物,其拼箱货运费按箱内货物的 FOB 价格的从价货运费计费。

2. 保险费的核算

确定保险费，首先要确定保险金额。因为，保险费是按照货物的保险金额乘以一定的百分比（保险费率）来计算的。保险人通常以 CIF（或 CIP）术语价格来进行保险费的核算。

$$保险费＝保险金额×保险费率$$
$$保险金额＝CIF（或 CIP）货价×（1＋保险加成率）$$

保险加成率亦称投保加成率，一般为 10%、20% 和 30%，实践中使用最多的是 10%，一般不超过 30%。

$$保险费＝CIF（或 CIP）货价×（1＋保险加成率）×保险费率$$

由于保险金额一般是以 CIF 或 CIP 价格为基础加成确定的，当合同采用 CFR 和 CPT 价格时，需要折算成 CIF 和 CIP 价：

$$CIF（或 CIP）＝CFR（或 CPT）价/[1－（1＋投保加成率）×保险费率]$$

当合同采用其他贸易术语价格时，就要将合同术语价转换成 CIF（或 CIP）价后再来确定保险费用。

【例 2-8】　上海某公司向日本出口直行车，已知 CFR 价为 80 000 美元大阪，现日商要求改报 CIF 价，投保一切险，到日本的一切险费率为 0.5%，投保加成为 10%，试计算 CIF 价和保险费。

按上所述保险费计算如下：

$$CIF＝80\ 000\ 美元/[1－（1＋10\%）×0.5\%]＝80\ 442.43\ 美元$$
$$保险费＝80\ 442.43\ 美元×（1＋10\%）×0.5\%＝442.43\ 美元$$

通过对出口货物的实际成本、国内费用、国外费用、预期利润的核算，依据不同的价格组合，我们便可用贸易术语对外报出不同价格。

表 2-4 为中国出口一般货物保险费率表。

表 2-4　中国出口一般货物保险费率表

海运

洲别	目　的　地	险　别		
		平安险 F.P.A.	水渍险 W.A.	一切险 A.R.
亚洲	中国香港、中国澳门、中国台湾、日本、韩国	0.08	0.12	0.25
	约旦、黎巴嫩、巴林、阿拉伯联合酋长国、菲律宾	0.10	0.20	1.00
	巴基斯坦、印度、孟加拉、马来西亚			1.25
	尼泊尔、阿富汗、也门			1.50
	泰国、新加坡等其他国			0.60
欧洲、美国、加拿大、大洋洲		0.15	0.20	0.50
中、南美洲		0.15	0.25	1.50
非洲	埃塞俄比亚、坦桑尼亚、赞比亚、毛里求斯、布隆迪、象牙海岸、贝宁、刚果、安哥拉、佛得角群岛、卢旺达	0.20	0.30	2.50
	加拿利群岛、毛里塔尼亚、冈比亚、塞内加尔、尼日利亚、利比里亚、几内亚、乌干达			3.50
	其他地区			1.00

续表

陆运

目的地	险　别		备　注
	陆运险	一切险	
中国香港、中国澳门	0.05	0.20	自广东起
	0.07	0.30	自其他省(市)起
世界各地	0.12	0.45	包括大陆桥运输

空运

目　的　地	险　别	
	航空运输险	一切险
中国香港、中国澳门、中国台湾、日本、韩国	0.07	0.25
世界各地	0.12	0.35

邮包运输

目　的　地	险　别	
	邮包险	一切险
中国香港、中国澳门、中国台湾、日本、韩国	0.10	0.25
世界各地	0.15	0.40

3. 佣金的核算

佣金(Commission)是买方或卖方付给中间商的报酬。计算佣金有不同的方法,最常见的是以买卖双方的成交额或发票金额为基础计算佣金。

我们常把交易合同中,包含佣金的价格称含佣价,价格中不包括佣金则称为净价。净价与含佣价之间的换算关系是:

净价＝含佣价－佣金

佣金＝含佣价×佣金率＝报价×佣金率

净价＝含佣价－含佣价×佣金率＝含佣价×(1－佣金率)

含佣价＝净价/(1－佣金率)

用贸易术语价格表述时则有:

FOB 含佣价＝FOB 净价/(1－佣金率)

CFR 含佣价＝CFR 净价/(1－佣金率)

CIF 含佣价＝CIF 净价/(1－佣金率)

考虑到 CIF 术语的特殊性,上述 CIF 含佣价的公式也可以表述如下:

CIF 含佣价＝CIF 净价/[1－佣金率－(1＋投保加成率)×保险费率]

【例 2-9】　设 CFR 为 840 美元,加成 10%投保,保险费率为 1.2%,如客户要求改报 CIFC5,试求其含佣价格。

解：　　　CIFC5 ＝CFR/[1－(1＋投保加成率)×保险费率－佣金率]

＝840/[1－(1＋10%)×1.2%－5%]

＝896.67(美元)

即含佣价格约为 896.67 美元。

4. 盈亏核算

买卖的盈亏、利润的大小往往根据货物、行业、市场需要以及企业的价格策略来确定。因此,没有一个统一的标准。一般情况下,贸易商通常在成本加费用后乘以一定的百分数,作为预期利润。

(1) 出口换汇成本核算

出口货物利润的核算要比内贸货物利润的核算复杂得多,这是因为出口结算常常涉及两种不同的货币。为了对出口交易有一个一目了然的盈亏分析,人们引入了出口换汇成本这一概念。

所谓换汇成本,是指每出口某一货物换回一单位外汇所需的人民币成本。其计算公式为

出口换汇成本=出口货物总成本(人民币)/出口销售外汇净收入(外币)

需要注意的是:

① 出口货物总成本(退税后)=出口货物购进价(含增值税)+定额费用-出口退税收入。

② 出口外汇净收入为 FOB 价净收入(扣除佣金、运、保费费用后的外汇净收入)。

【例 2-10】 武汉 HWY 公司出口货物 1 000 箱,该货物每箱收购人民币价为 100 元,国内费用为收购价的 15%,出口后每箱可退税 7 元人民币,外销价为每箱 19.00 美元 CFR 大阪,每箱货应付海运运费 1.20 美元,当日人民币兑美元银行牌价是 6.27 元人民币/美元,试计算该商品的出口换汇成本,分析盈利情况。

解:① 出口成本=1 000×100×(1+15%)-1 000×7=108 000(元)

② 出口销售外汇净收入=每箱外销价-海运运费

$$=1 000×(19.00-1.20)=17 800(美元)$$

③ 出口换汇成本=出口总成本(人民币)/出口外汇净收入(美元)

$$=108 000 元/17 800 美元=6.07 元/美元$$

盈利分析:把该货物的换汇成本 6.067 元/美元,对比当日银行牌价可知,该公司此单交易,每换一美元便盈利人民币 0.2 元。

(2) 盈亏换汇比

如果将算出的出口换汇成本与当日银行外汇牌价比较,便知本次交易的盈利情况。把出口换汇成本数值设定为当日银行外汇买入价时,那么该数值称为盈亏换汇比平衡点,当核算出的换汇成本数额大于该点为亏损,反之为盈利。有出口退税时计算盈亏换汇比公式如下:

$$盈亏换汇比=\frac{银行外汇买入价}{1-\dfrac{退税率}{1+增值税率}}$$

【例 2-11】 若当前银行外汇买入价为 8.25 元人民币/美元,其增值税率为 17%,退税率为 13% 的纺织品盈亏换汇比。设 Y 为要求的盈亏换汇比,代入以上公式得

$$Y=\frac{8.25}{1-\dfrac{0.13}{1+0.17}}=9.28$$

　　计算结果说明,考虑到退税因素,在 8.25 的银行外汇买入价下,当时的纺织品盈亏换汇比为 9.28。如果核算出的出口换汇成本数值大于该换汇比时,该笔纺织品交易会出现亏损。

5. 盈亏率的核算

　　出口货物盈亏率的核算,类似于内贸货物的盈亏核算。即求货物的买卖差价用百分比来表示。也就是:出口销售人民币净收入与出口人民币总成本的差额。差额为正即为盈利,为负则亏损。可有以下表示:

$$出口货物盈亏额＝出口销售人民币净收入－出口人民币总成本$$

$$出口货物盈亏率＝\frac{出口销售人民币净收入－出口人民币总成本}{出口人民币总成本}\times100\%$$

【**例 2-12**】　按例 2-10 所示,已知出口人民币总成本为 108 000 元人民币(以下简称元),出口销售人民币净收入为:出口外汇净收入(美元)×当日人民币兑美元银行牌价。

$$17\,800\times6.27＝111\,606(元)$$

算得出口货物盈亏额:

$$111\,606－108\,000＝3\,606(元)$$

出口货物盈亏率:

$$3\,606/108\,000\times100\%＝3.33\%$$

可见在例 2-10 所示贸易中,武汉 HWY 公司盈利甚微,主要是起到换取外汇的作用。

6. 出口创汇率

　　出口创汇率也称外汇增值率,通常用来考核对外加工企业经济效益的一项指标。其计算方法是:用加工后成品出口的外汇净收入减去进口原料所支出的外汇,算出成品出口外汇增值的数额,即创汇额,再将其与原料外汇成本相比,即可看出成品出口创汇情况。

　　当使用国产原料的出口业务时,也可以计算创汇率,此时要以该原料的 FOB(离岸价格)出口价格作为原料外汇成本。而原材料是进口时,则要按该原料的 CIF 价来计算。出口创汇率计算公式为

$$出口创汇率＝\frac{成品出口外汇净收入－原料外汇成本}{原料外汇成本}\times100\%$$

三、常用贸易术语的价格组成和换算

(一)常用的六种术语价格构成

　　进出口货物的价格,通常是用国际贸易术语来表示的,不同的术语其价格组成不同。由于货物所在环境地点不同,出于对运输、保险等费用的支付考虑,交易方往往会要求另一方按不同的贸易术语报出价格。因此,需要把不同的术语所对应的各价格构成表示出来。

在《2010 贸易术语通则》中，常用的六种术语价格构成如下：

FOB 价＝实际购货成本＋国内费用＋净利润

CFR 价＝实际购货成本＋国内费用＋国外运费＋净利润

CIF 价＝实际购货成本＋国内费用＋国外运费＋国外保险费＋净利润

FCA 价＝实际购货成本＋国内费用＋净利润

CPT 价＝实际购货成本＋国内费用＋国外运费＋净利润

CIP 价＝实际购货成本＋国内费用＋国外运费＋国外保险费＋净利润

（二）常用六种贸易术语的价格换算

在实际操作中 FOB 术语价格通常作为一种基本价格（离岸成本价），并通过其价格按实际需要再换算成其他术语价格。常用六种贸易术语的价格换算关系如下。

适合水上运输方式的三种常用贸易术语，相互间的转换如下。

（1）FOB 价的转换：

CFR 价＝FOB 价＋国外运费

CIF 价＝（FOB 价＋国外运费）/（1－投保加成×保险费率）

（2）CFR 价的转换：

FOB 价＝CFR 价－国外运费

CIF 价＝CFR 价/（1－投保加成×保险费率）

（3）CIF 价的转换：

FOB 价＝CIF 价×（1－投保加成×保险费率）－国外运费

CFR 价＝CIF 价×（1－投保加成×保险费率）

适合于任意运输方式的三种常用贸易术语，相互间的转换如下。

（1）FCA 价的转换：

CPT 价＝FCA 价＋国外运费

CIP 价＝（FCA 价＋国外运费）/（1－投保加成×保险费率）

（2）CPT 价的转换：

FCA 价＝CPT 价－国外运费

CIP 价＝CPT 价/（1－投保加成×保险费率）

（3）CIP 价的转换：

FCA 价＝CIP 价×（1－投保加成×保险费率）－国外运费

CPT 价＝CIP 价×（1－投保加成×保险费率）

【例 2-13】 上海某公司在对日本 NHK 公司的出口报价为每公吨 CFR 大板 800 美元，NHK 公司要求该报价为 CIF 价，按 CIF 价 110％投保水渍险，设保险费率为 1.5％，求上海公司的 CIF 价格。

CIF 价＝CFR 价/（1－投保加成×保险费率）

代入已知数据得

CIF 价＝800/（1－110％×1.5％）＝813.42（美元）

上海公司的最后报价为每公吨 CIF 大板 813.42 美元。

第二节　进口货物的价格核算

一、进口货物的价格

与出口相似,进口货物的价格通常由货物的进口成本和进口费用决定。即

货物的进口成本＝进口合同价＋进口费用

（一）进口合同价

进口合同价来自出口商报价,是询盘或对发盘的回应,作为合同的估价在买卖双方通过磋商,形成意见一致的合同价格后即为进口商的货物基本价格,也称为基价。

（二）进口费用

进口费用与合同所用价格术语有关,在 FOB 价格条件下进口商的费用主要包括:

（1）国外运输费用:货物从离岸(出口国)港口、机构或边境至到岸(进口国)边境、港口、机场等的海、陆、空的运输费用。

（2）运输保险费:上述运输途中的保险费用。当进口商自行办理运输保险时,可按以下公式计算保险金额及费用。

① 按 CFR 价格进口的计算公式为

保险金额＝CFR 价格×(1＋保险费率)

② 按 FOB 价格进口的计算公式为

保险金额＝FOB 价格×(1＋平均运费率＋保险费率)

③ 按 CFR 价格进口的计算公式为

保险金额＝CFR 价格×(1＋保险费率)

④ 按 FOB 价格进口的计算公式为

保险金额＝FOB 价格×(1＋平均运费率＋保险费率)

（3）卸货费用:货物的费用包括码头卸货费、起重机费、驳船费、码头建设费、码头仓租费等。

（4）货物进口税:货物在进口环节由海关征收(包括代征)的税种包括关税、产品税、增值税、工商统一税及地方附加税、盐税、进口调节税、车辆购置附加费等。

其中:

① 关税:是货物在进口环节由海关征收的一个基本税种。

关税的计算公式为

进口关税税额＝完税价格(合同的到岸价)×关税税率

② 产品税、增值税、工商统一税、地方附加税,都是在货物进口环节中由海关代征的

税种。要计算这些税额需确定货物的完税价格、应纳税额,其计算公式为

$$完税价格＝(到岸价格＋关税)/(1－税率)$$

$$应纳税额＝完税价格×税率$$

③ 进口调节税是对国家限制进口的商品或其他原因加征的税种。其计算公式为

$$进口调节税税额＝到岸价格×进口调节税税率$$

④ 车辆购置附加费:进口大、小客车、通用型载货汽车、越野车、客货两用车、摩托车、牵引车、半挂牵引车以及其他运输车,均由海关代征车辆购置附加费,费率是 15%。其计算公式为

$$计费组合价格＝到岸价＋关税＋增值税$$

$$车辆购买附加费＝计费组合价格×15\%$$

到岸价统一定为 CIF 价,上述各种税金均以人民币计征。

(5) 银行费用:货物买卖过程中银行要收取有关手续费,如开证费、结汇手续等。

(6) 进口商品的检验费和其他公证费。

(7) 报关提货费。

(8) 国内运输费。

(9) 利息支出。即从开证付款至收回货款之间所发生的利息。

(10) 外贸公司代理进口费。

(11) 其他费用,如杂费等。

以上各项税费之和即为进口费用。

二、进口货物的成本核算

按上所述,将货物的采购价和发生的税费通过以下公式计算,便可获得进口货物总成本。

$$进口货物总成本＝Ratel×CIF×(1＋A＋D＋V＋D×V)＋P＋F1$$

式中,Ratel 是当日外汇汇率;CIF 是货物到岸价(当货物价格为其他术语价格条件时,需转换成 CIF 价格);A 为外贸公司的进口代理费费率;D 为海关进口关税税率;V 为海关代征增值税税率;P 是到岸港口的港杂费;$F1$ 为港口或机场到仓库(货主地)的内陆运费。

【例 2-14】 上海某公司向美国 A 公司购买一批医疗器械,进口合同总价为 30 万美元,价格条款为 CIF 上海。外贸公司的进口代理费为 1%,海关关税税率为 30%,增值税税率为 17%,港口港杂费为 600 元,内陆运费需要 1 000 元,当日外汇汇率为 6.5 元/美元。

按公式有:

$$
\begin{aligned}
器械进口总成本 &＝Ratel×CIF×(1＋A＋D＋V＋D×V)＋P＋F1\\
&＝6.5×300\,000×(1＋0.01＋0.3＋0.17＋0.3×0.17)＋600＋1\,000\\
&＝1\,950\,000×1.531＋600＋1\,000\\
&＝2\,987\,050(元)
\end{aligned}
$$

第三节 应 用 实 例

一、出口货物成交核算实例

交易双方对货物的交易达成初步一致后,出口商应对合同价格准确核算。

(一)核算内容

(1)购货成本
(2)出口各项费用
(3)预期利润

(二)实例资料

上海 HWY 公司向美国 A 公司出口服装达成合同资料如下。
货物名称:男式衬衫
购货单价:180 元/件(含税价)
包装:50 件/箱
包装纸箱:60cm×60cm×50cm
出口单价:USD 31.5/SET,CIF NEWYORK
出口数量:3 000 件
出口总额:USD 94 500
其他资料:出口退税率为 8%,上海至温哥华 20ft 柜包厢运费为 2 000 美元,保险按 CIF 价加一成投保一切险,费率为 0.8%;当日美元兑人民币汇率为 6.26 元人民币/美元,国内费用有如下几种。
(1)运杂费:2 000 元
(2)商检报关费合计:800 元
(3)港口杂费:600 元
(4)出口业务费用:2 000 元
(5)银行手续费率:0.5%
核算如下。
(1)外销合同收入为 94 500 美元
折合人民币为 31.5×3 000×6.26=591 570(元)
(2)出口退税数额为 180×3 000×8%/(1+17%)=36 923.08(元)
(3)实际购货成本为 540 000-36 923.08=503 706.92(元)
(4)国内总费用为

$2\,000+800+600+2\,000+(31.5\times6.26\times3\,000\times0.5\%)=5\,400+(591\,570\times0.005)$
$$=5\,400+2\,957.85=8\,357.85(元)$$

(5) 国外总费用为

海运费+保险费$=2\,000+31.5\times3\,000\times110\%\times0.8\%=2\,831.6$(美元)

共计人民币:$2\,831.6\times6.26=17\,725.82$(元)

(6) 预期利润为

$$591\,570-503\,706.92-8\,357.85-17\,725.82=61\,779.41(元)$$

二、进口货物成交核算实例

上海 M 玩具公司从加拿大进口 A 玩具,加拿大出口商报盘如下:FOB 价每只 0.8 美元,CFR 价每只 0.97 美元,CIF 价每只 0.98 美元;每纸箱装 60 只,每箱体积为 0.165m³,用 20ft 集装箱运输;以 L/C 方式成交。

上海 M 玩具公司认为,如 A 玩具市场零售价定为每只 12.5 元,现需分析进口 1 个 20ft 集装箱的 A 玩具,加拿大出口商的报价是否可行?

案例评析如下。

准确核算 FOB、CRF、CIF 价格,将更利于询盘、还盘或接受。进口价格核算并不深奥,其中的关键是掌握各项内容的计算基础并细心地加以汇总。在计算价格时,首先需要明确价格的构成,即价格中将有哪些组成部分,然后需清楚地了解各组成部分和计算方法,也就是成本、各项费用以及利润的计算依据,最后将各部分加以合理的汇总即可。

第一步,货物相关资料。

经整理和收集,本案中的相关资料如下。

商品名称:A 玩具

商品资料:每纸箱装 60 只,每箱体积 0.165m³

市场零售价:12.5 元

供货价格:出口商报 FOB 价每只 0.8 美元

CRF 价:每只 0.97 美元

CIF 价:每只 0.98 美元

税率:查得毛绒玩具的进口关税率 7%

业务费用:报检费 200 美元,报关费 200 美元,公司综合业务费 500 美元

银行费用:查得开证费 100 美元,赎单费 100 美元

海运费:从加拿大蒙特利尔港口至上海,1 个 20ft 集装箱的费用为 1 350 美元

货运保险:投保中国人民保险公司海运货物保险条款中的一切险(费率 0.8%)和战争险(费率 0.08%)

公司预期利润:进口成本的 20%

第二步,进行进口价格核算。

(1) 进口数量的核算

在国际货物运输中,经常使用的是 20ft 集装箱和 40ft 集装箱,20ft 集装箱的有效容

积为 $25m^3$，40ft 集装箱的有效容积为 $55m^3$，上海 M 玩具公司想进口 1 个 20ft 集装箱的 A 玩具，A 玩具每纸箱装 60 只，每箱体积为 $0.165m^3$，则

$$20ft 集装箱包装件数＝25÷0.165＝151.515(箱)，取整为 152 箱$$
$$进口数量＝152×60＝9\ 120(只)$$

（2）购货价格核算

$$FOB 价＝0.8×9\ 120＝7\ 296(美元)$$
$$CRF 价＝0.97×9\ 120＝8\ 846.4(美元)$$
$$CIF 价＝0.98×9\ 120＝8\ 937.6(美元)$$

（3）支出费用核算

① 进口关税。

$$进口关税＝商品价格×进口关税率$$
$$FOB 进口关税＝7\ 296×7\%＝510.72(美元)$$
$$CRF 进口关税＝8\ 846.4×7\%＝619.248(美元)$$
$$CIF 进口关税＝8\ 937.6×7\%＝625.632(美元)$$

② 业务费用：本案例的业务费用主要包括进口报检费、报关费、公司综合业务费等。

$$业务费用＝200＋200＋500＝900(美元)$$

③ 银行费用（以 L/C 方式成交）。

$$银行费用＝开证费＋赎单费$$
$$银行费用＝100＋100＝200(美元)$$

④ 海运费：进口交易中，在采用 FOB 贸易术语成交的条件下，进口商需核算海运费。正确选用集装箱类型和货物的装箱方法，对于进口商减少运费开支起着很大的作用。在核算海运费时，进口商首先要根据进口数量算出产品体积，再查找到对应该批货物目的港的运价。如果进口数量正好装够整箱（20ft 或 40ft），则直接取其运价为海运费；如果不够装整箱，则用"产品总体积×拼箱的价格"来算出海运费。上海 M 玩具公司想进口 1 个 20ft 集装箱的 A 玩具，宜采用 20ft 集装箱整箱运输，查得：

$$海运费＝1\ 350 美元$$

⑤ 保险费：进口交易中，在以 FOB、CFR 术语成交的情况下，进口商需要查询保险费率，用以核算保险费。公式如下：

$$保险费＝保险金额×保险费率$$

保险金额以进口货物的 CIF 价格为准，若要加成投保，以加成 10% 为宜。若按 CFR 或 FOB 条件进口，保险金额则按保险费率和平均运费率直接计算，公式如下。

按 CFR 进口时：保险金额＝CFR 价格×(1＋保险费率)

按 FOB 进口时：保险金额＝FOB 价格×(1＋平均运费率＋保险费率)

本案例中：

$$FOB 保险费＝7\ 296×(1＋1\ 350÷9\ 120×100\%＋0.88\%)×0.88\%＝74.27(美元)$$
$$CFR 保险费＝8\ 846.4×(1＋0.88\%)×0.88\%＝78.53(美元)$$

综合①②③④⑤，预计进口总成本如下：

$$FOB 进口＝FOB 价＋进口关税＋业务费用＋银行费用＋海运费＋保险费$$

$$=7\ 296+510.72+900+200+1\ 350+74.27$$

$$=10\ 330.99(美元)$$

CFR 进口＝CFR 价＋进口关税＋业务费用＋银行费用＋保险费

$$=8\ 846.4+619.248+900+200+78.53$$

$$=10\ 644.178(美元)$$

CIF 进口 ＝CIF 价＋进口关税＋业务费用＋银行费用

$$=8\ 937.6+625.632+900+200$$

$$=10\ 663.232(美元)$$

平均每只玩具的进口成本为

FOB 进口＝10 330.99÷9 120＝1.132 8(美元/只)

CFR 进口＝10 644.178÷9 120＝1.167 1(美元/只)

CIF 进口＝10 663.232÷9 120＝1.169 2(美元/只)

加上利润,每只玩具的零售价应为

FOB 进口＝1.132 8×(1+20%)＝1.359 3(美元/只)

CFR 进口＝1.167 1×(1+20%)＝1.400 5(美元/只)

CIR 进口＝1.169 2×(1+20%)＝1.403 0(美元/只)

第三步,价格比较分析。

因此,当 A 玩具市场零售价格为每只 12.5 元人民币时,按外汇牌价 1 美元兑 6.2 元人民币折算,则市场零售价为每只 2 美元。根据以上核算结果得出,加拿大出口商所报三种价格均在可接受价格范围之内。上海 M 玩具公司最好选择 FOB 报价。

上述的进口核算可以说是一个比较精确的核算范例,在实际交易中,进口商往往会采用一些简单粗略或简化的计算方法以使核算更为快捷。

第四节   实 训 操 作

一、操作目的

通过实训操作,使同学们掌握进出口货物的成本核算技巧,能够运用不同贸易术语对外报价,学会进出口贸易的盈亏预算,把握进出口货物贸易的整个操作过程。

二、操作要求

训练出口货物达成合同前,根据出口商与国外客户形成的交易条件,做出详细的出口货物价格组成明细,按此选择最佳盈利的术语报价,完成出口货物报价。

在货物进口达成交易前,核算出口商的货物报价,汇总货物进口总成本、测算利润数额,选择合适的价格条件,形成最终进口货物合同价格。

三、操作内容

1. 出口报价核算实训

武汉×公司出口一批货到美国洛杉矶,查运输公司运价表(见表 2-5)的分类,该货物属 7 级,货物总尺码 4.5m³,总毛重 4 600kg,装运港收购价为 710 000.00 元(含17%增值税),该货物出口退税率为 14%,×公司定额管理费用以出口成交价为基础,按 0.30 元/美元计算。×公司结汇时,银行的美元买入价为 6.5 元,卖出价为 6.6 元,如要求退税后换汇成本不高于 6.30 元,请计算 CFR 洛杉矶条件下的出口成交价不低于多少美元? 将核算结果填入表 2-6 中。

表 2-5　运价表

等级	计算标准	20'(CY/CY)	40'(CY/CY)	LCL Per W	LCL Per M
1～7	W/M	11 900.00	22 610.00	131.00	100.00
8～13	W/M	12 600.00	23 940.00	133.00	102.00

表 2-6　出口货物报价核算与分析表

编号:
日期:

货物名称及规格:
供货单位:＿＿＿＿＿＿＿＿　　出口国家(地区):
买方:＿＿＿＿＿＿＿＿　　　出口报价:
成交数量:＿＿＿＿＿＿＿　　当日汇率:
装卸口岸/地点:从＿＿＿＿＿到＿＿＿＿＿经由

收入栏	J 合同金额:(外币) V 汇率: S 成交金额:
成本栏	收购价(含税进货价) 含增值税率:＿＿＿＿% 扣除出口退税收入: 退税率:＿＿＿＿% A 实际采购成本:(本币)
费用栏	进货费用: 仓储费: 国内运杂费: 包装费: 港杂费: 商检费: 报关费: 其他: B 国内费用:(本币)

续表

费用栏	出口总成本 C（FOB 成本）（本币） $C=A+B$
	出口费用 F（外币）（本币） 计算标准和费率：
	$C\&F$ 成本（本币）：$（=C+F）$
	出口保险 I：（外币/本币） 投保险别和相应保险费率： 总保险率： 加＿＿＿＿成投保金额：
	CIF 成本（本币）：$（=C+F+I）$
	佣金 C：（本币） 佣金率：＿＿＿＿％ 计拥基数：
	CIFC 成本（外币/本币）： $（=C+F+I+C）$
利润栏	L 成交利润额 $S-CIFC$； 成交利润率：$L/J/V$

复核：　　　主管部门意见：　　　财务部门意见：　　　总经理批示：

2. 进口成本核算实训

（1）背景资料

出口商：法国马赛 FVH 贸易有限公司；进口商：上海宏波进出口有限公司

双方经协商达成以下交易。

① 货号 No.：16001

② 货物名称：男式上衣

③ 数量：10 000 件

④ 价格：EUR 16.94/PC CIF Shanghai

⑤ 运输：马赛到上海船运

⑥ 支付方式：L/C

（2）进口税费相关资料

该货物的增值税率为 17％，退税率为 15％，进口优惠关税税率为 10％。该项货物消费税设为 0。银行费用为 1 459 元。投保费率为 0.88％。

商检费：3 648 元，报关费：100 元。

该产品国内市场销售价为 226.5 元。

人民币与欧元汇率为 1 元＝0.116 068 欧元。

请核算该货物的进口成本及预期盈亏率，并将结果填入表 2-7 中。

表 2-7 进口货物价格核算与分析表

编号：

日期：

货物名称及规格：

供货单位：＿＿＿＿＿＿＿＿＿＿ 出口国家（地区）：

买方：＿＿＿＿＿＿＿＿＿＿ 出口报价：

成交数量：＿＿＿＿＿＿＿＿＿＿ 当日汇率：

装卸口岸/地点：从＿＿＿＿＿到＿＿＿＿＿经由

标号	项 目	
1	FOB 成交价	
2	外国运费	
	包装	
	毛重	
	尺码	
	计费标准和费率	
3	CFR 成交价	
4	外国保险费	
	投保险别及相应保率	
	总保险	
	加（）成投保金额	
5	CIF 成交税	
6	进口税	
	完税价格	
	关税税率	
7	完税成本（＝5＋6）	
8	手续费（含佣金）	
	佣金率	
	代办进口手续费率	
9	银行费用	
	开证保险金比例及数额	
	开证行	
	开证渠道	
	远程付款下开证利息	
	付款方式	
	银行利率	
	汇票贴现利息	
	发票款	
	贴现期	
	贴现利率	
	L/C 不符点费用	
10	总成本	
11	预期盈利率	
12	汇率	
13	备注	

第三章 国际贸易合同

【学习目标】

- 通过学习，掌握贸易磋商和签订合同的方法和技巧；
- 能够熟练撰写询盘、发盘、还盘、接受函；
- 能根据要求拟订进出口贸易合同。

在国际货物买卖过程中，交易当事人往往要经过反复磋商，才能达成一笔交易。在达成交易之后，为了明确买卖双方的权利和义务，规范交易当事人的买卖行为，为磋商、交易结果提供有效证据，买卖双方必需签订一份有效的国际货物买卖合同。

第一节　询盘、发盘、还盘和接受函编写

进出口贸易合同的订立是国际贸易活动中的重要环节,直接影响到交易双方的经济利益。在合同订立之前,交易磋商成为一项非常重要的工作,直接影响到合同的签订和履行。买卖双方往往通过书面信函或是口头磋商。各项交易条件达成一致后,交易即告达成,双方当事人即存在合同关系。在进出口贸易合同洽谈的过程中,一笔交易先后经历询盘(Enquiry)、发盘(Offer)、还盘(Counter-offer)、接受(Acceptance)环节,最后达成交易,拟订进出口贸易合同。其中,发盘和接受是不可缺少的两个必需的环节。具体流程如图 3-1 所示。

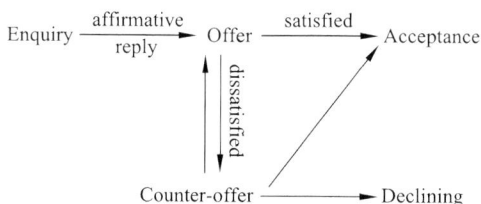

图 3-1　贸易合同签订流程图

一、询盘(Enquiry)

询盘是有购买意图或是销售意图的商人向潜在的供货商或是买方询问该商品交易条件的业务行为。询盘的内容可以涉及商品的品质、规格、数量、包装、价格及装运等成交条件,也可以索取样品。其中,大多是对于价格条件进行询问,因此在实际业务中,询盘也被称为询价。询盘多由买方发出,询问有关交易条件,称为"邀请发盘"或"索盘"。询盘也可由卖方发出,提出对交易条件有保留的建议,称为"邀请递盘"。询盘是邀请对方发盘的一种意思表示,因此对询盘人和被询盘人均无法律约束力。询盘也不是每笔交易必经的程序,如果双方彼此了解情况,可以直接向对方做出发盘。

询盘函的拟订以简洁、清楚、切题为原则,不要过早暴露采购数量和销售价格的意图,一般包括说明意愿购买或销售的商品和邀请对方发盘两个部分即可。一封完整的询盘函通常从陈述感兴趣的商品开始,继而询问各项交易条件,索取商品目录、样品、价目表等,有时进口商会在询盘函中要求交货期限。在信函结尾,询盘人一般会对即将开展的交易表示期待和展望,以引起对方的注意,促使对方发盘。

二、发盘(Offer)

发盘又称为报盘、发价、报价,是买方或卖方向对方提出各项交易条件,愿意按这些交易条件达成交易并订立合同的肯定的意思表示,在法律上称为"要约"。在实际业务操

作中,在收到卖方询盘函后,由买方提出的发盘,或不经卖方邀请而直接发盘,被称为"递盘"或"购货发盘",而由卖方在收到买方询盘后做出,也可由卖方不经过买方询盘而主动发出,这种由卖方向买方做出的发盘被称为"售货发盘"。

一项有效的发盘必须满足的条件包括发盘应向一个或一个以上的特定的人做出;发盘的内容必须十分确定;发盘应表明经受盘人接受,发盘人即受约束的意思;发盘应传达到收盘人。

进行发盘时应注意下列问题。

(1) 发盘时要遵循有关的法律规范。我国及世界上许多国家都是《联合国国际货物销售合同公约》(以下简称《公约》)的缔约国,我国《合同法》规定:凡是我国缔约和参加的与合同有关的国际公约,除保留条款外,应适用国际条约的规定。对于发盘撤销的问题,我们应按照《公约》的规定,即在有效期内,不得随意撤销发盘,这样有利于提高我国进出口公司在国际市场上的商业信用,稳定和增强国外客户的信心,也有利于我国对外贸易的发展。

(2) 发盘时要慎重,切忌盲目对外发盘。发盘是对发盘人具有法律约束力的行为,因此在交易磋商中,对外发盘要根据自身情况、市场行情以及受盘人的情况进行慎重考虑。有些情况下可以选择询盘的方式,因为询盘的灵活性较强,并且不受法律的约束,保留了最后确认的权利,在市场行情变化时可以及时调整,有较大的回旋余地。相比而言,发盘具有约束力,它比询盘更能引起对方的重视,有利于迅速达成交易。所以具体使用询盘还是发盘要根据具体情况综合考虑,慎重做出,切忌盲目对外发盘,以免在交易中陷入被动局面而造成损失。

(3) 发盘要确定合理的有效期。在正确理解和把握发盘有效期的基础上,我们还要合理地确定发盘有效期的长短。发盘有效期的长短应综合考虑货物的种类、国际市场行情及交易额大小等诸多因素。对于市价稳定、交易额小的商品,如小批量的电子元器件等,有效期可适当长一些;但对于如原料、初级产品等行情波动频繁及交易额大的商品,有效期则应规定得相对较短为好。另外,对于发盘的有效期不应轻易延长,以免外商坐等良机而使我方风险增加,甚至造成巨大损失。

(4) 要正确区分发盘和邀请发盘。发盘是交易磋商的一方向另一方发出的表示愿意按照某些交易条件订立合同的表示。作为发盘,必须有明确的订约旨意和十分确定的内容,它要受到法律的约束。而邀请发盘只是一种订约的建议,在内容上,它往往不是十分确定的,不具备发盘的构成要件,或者保留了最终确认的权利,所以邀请发盘不必受法律的约束。在收到有关的函件或电报时要正确区分是发盘还是邀请发盘,避免盲目表示接受,使自己在交易中处于不利的境地。

在有效期之内,发盘不得任意撤销或修改,一经对方接受,发盘人即受约束,承担与之订立合同的法律责任。因此,发盘函件应该做到用词谨慎,表达清楚明白,不能有丝毫含糊。以售货发盘为例,发盘函通常应包含下列几个方面的内容。

(1) 首先感谢收到对方询盘,特别要注明所收到来函的日期和涉及的内容。

(2) 明确答复对方询问的信息,准确阐明品名、规格、质量、价格、支付、装运等各项主要交易条件,以供对方参考。

（3）声明此发盘的有效期或其他约束条件及事项。

（4）希望对方尽早接受发盘条件订购货物。

三、还盘（Counter-offer）

还盘是受盘人对发盘中的交易条件不完全同意而提出修改或变更的表示。还盘可以是还价，也可以是对于其他交易条件的变更，如改变贸易术语、变更支付条件等，目的是使各项交易条件能对己方更有利。还盘在法律上有如下的性质。

（1）还盘是对原发盘的拒绝。发盘一经对方还盘，原发盘即失去效力，即使在发盘的有效期内，对发盘人也不再具有法律上的约束力。

（2）还盘中还盘方也确实存在订立合同的旨意，且在还盘中提出了新的交易条件，并愿意按其所提出的交易条件订立合同，所以还盘是一项对还盘人有约束力的新发盘。在交易磋商中，由于双方需要磋商的交易条件很多，因此在还盘时一般只对发盘中不同意的部分提出修改的表示，而对于表示同意的部分，则不必在还盘中提出。即使是对某一项交易条件，有时候双方也可能要反复磋商多次才能达成一致，因此在一方还盘后，另一方往往会做出再还盘。经过反复的还盘（再还盘）才能达成一笔交易。但有时当发盘直接被受盘人所接受时，一笔交易可以不经过还盘而达成。因此，还盘是交易磋商中一个非必经环节。

一般来说，撰写还盘信函包括以下几个部分。

（1）感谢发盘人的发盘，特别注明所收报盘的日期及涉及的内容。

（2）对由于某项原因无法接受发盘表示遗憾，同时列举理由（如原料上涨、订单已满、利润已降至最低等）。

（3）提出自己的建议或条件，希望对方让步。

（4）进一步表明对达成交易的渴望，以激励对方接受己方的条件。

四、接受（Acceptance）

接受在法律上称为"承诺"，是指受盘人在发盘规定的时限内，以声明或行为表示同意发盘提出的各项条件，它是进出口交易磋商达成过程中必不可少的一个环节。缄默或不行动本身不等于接受。构成接受的要件包括以下因素。

（1）接受必须由特定受盘人做出。

（2）接受方必须无条件同意发盘所提出全部交易条件。

（3）接受必须在发盘规定的有效期内做出。

（4）接受通知的传递方式应符合发盘的要求。

撰写接收函时一般包括以下内容。

（1）感谢对方所做的让步并表示愿意按信中条件成交订货。

（2）重复交易条件并请对方确认。

（3）附合同或销售确认书请对方会签。

（4）有必要时,进一步强调合同履行中的一些注意事项。

（5）表达合同达成的喜悦心情,并对未来交易作进一步展望。

第二节　进出口贸易合同内容与格式

通过交易磋商的讨价还价,一方发盘经另一方表示接受后,双方之间的合同关系即告成立,那么书面磋商中的往来函电和口头磋商中的人证物证就是合同的证明。虽然法律承认载有发盘和接受内容的函电可以构成有效的书面合同,甚至有些国家承认口头合同,但由于国际货物买卖涉及的环节多、过程复杂,为了更好地明确买卖双方的权利和义务,便于双方履行各自的责任义务,在实际业务中,交易双方还是应该在磋商达成交易后签订书面合同,以此作为表示买卖双方意思完全一致的证明文件和处理争议的主要依据。

一、合同的内容

在国际贸易中,对于书面合同的名称和形式没有特定的限制。书面合同的内容通常包括以下三个部分。

1. 约首

约首包括了合同名称、合同号、合同订立日、合同订立地点、合同双方当事人的详细地址及联系方式等信息。在规定这部分内容时要十分认真、仔细对待,如其中的合同双方当事人的名称、地址等均要真实、正确,不能出现错误,否则会带来不必要的麻烦。所编的合同号最好能用代码反映出签约部门和客户、签约年份和编号,以便管理和查证。另外,合同的订立地点也值得注意,因为合同中若没有规定合同适用何种法律时,据有些国家的规定是适用合同订立地所在国法律的。

2. 合同正文

合同正文即合同的主干部分。这部分规定了双方的各项权利和义务,包括合同的各项条款,如货物的品名、品质、数量、包装、价格、交货期、装运港、目的港、支付条款、保险条款、检验条款、索赔条款、仲裁条款及不可抗力条款等。另外,还可能出现根据不同货物情况加列的其他条款,如溢短装条款、罚金条款、品质公差条款等。

3. 约尾

合同的约尾即合向结尾部分。合同的结尾部分包括合同的份数、合同的文字和效力,以及买卖双方的签字等。

二、合同的格式

在国际贸易业务中,书面合同一般可采用合同、确认书、协议、备忘录等形式。在实践中,订购单和委托订购单也可作为书面合同使用。在我国外贸业务中,主要使用确认书、合同两种形式。

确认书是合同的简化形式,一般只包括交易的主要条件,如货物名称、品质、规格、数量、包装、单价、总值、装运港和目的港、交货期、支付方式、运输标志、商品检验等条款。确认书的法律效力与合同完全相同,适用于金额不大、批次较多的交易,或已订有包销、代理等长期协议的交易。由出口商出具的确认书是"售货确认书"(或称"销售确认书"),由进口商出具的确认书是"购货确认书"。

合同的内容比较全面详细,对买卖双方的权利义务及争议的处理均有明确的规定。由出口商草拟的合同称为"销售合同"或"售货合同",由进口商草拟的合同称为"购货合同"。对于大宗商品或成交金额较大的交易适宜采用这种形式的合同。

合同的主要条款包括以下内容。

1. 品质与规格条款

货物的品质与规格是指商品所具有的内在质量与外观形态。品质条款的主要内容是品名、规格或牌名。合同中规定品质规格的方法有以下两种。

(1)凭样品买卖。有些货物的质量难以用文字说明来表示,如部分工艺品、服装、土特产品、轻工产品等,则可用样品表示。用样品表示质量是指买卖双方同意根据样品进行磋商和订立合同,并以样品作为交货质量的依据。这种做法又称"凭样买卖"或"凭样销售"(Sale by Sample)。凭样买卖的卖必须承担交货质量与样品相同的责任。为避免发生争议,合同中应注明"品质与样品大致相同"。商品凭样品成交适用于从外观上即可确定商品品质的交易。根据样品提供者的不同,凭样品买卖可分为凭卖方样品买卖和凭买方样品买卖两种形式。

(2)凭文字说明买卖。其包括凭规格、等级或标准的买卖,凭说明书的买卖以及凭商标、牌号或产地的买卖。对于附有图样、说明书的合同要注明图样、说明书的法律效力。在凭标准买卖中,对于一些农副产品及品质构成条件复杂的某些工业制成品,交易双方有时还常用 FAQ 和 GMQ 两种标准成交。所谓 FAQ,即 Fair Average Quality,是指由同业工会或检验机构在一定时期或季节从某地装船的各批货物中分别抽取少量实物加以混合拌制,并由该机构封存保管,依此实物所显示的平均品质水平作为该季节同类商品的品质标准。GMQ,即 Good Merchantable Quality,是指卖方只要保证货物的品质良好,适宜于销售即可。

【例 3-1】(1)9371 中国绿茶,特眉一级

9371 China Green Tea Special Chunmee Grade 1

(2)芝麻 水分(最高)8%

杂质(最高)2%

含油量(最低)52%

Sesames Moisture(MAX)8%

Admixture(MAX)2%

Oil Content(MIN)52%

(3)C708 中国灰鸭绒,含绒量为 90%,允许 1%上下。

C708 Chinese Grey Duck's down with 90% down content,1% more or less all-owed.

2. 数量条款

数量条款包括计量单位、商品数量或者再加上数量机动幅度的规定。使用溢短装条款时，应订明溢短装部分的选择权及其作价办法。通常使用的计量单位有重量、个数、长度、面积、体积和容积。计算重量一般按净重、毛重、公量、理论重量等方法。对一些价值不高的商品通常采用"以毛作净"的方法计算重量。常见数量条款示例如下。

【例 3-2】 中国花生 2 000t，以毛作净，卖方可溢短装 5%，溢装部分按合同价格计算。

Chinese Peanut，2 000m/t，gross for net.

5% more or less at the seller's option at contract price.

3. 包装条款

包装条款包括外包装的种类、方式及件数。必要时还要列明货物的包装标志以及包装费用由谁承担。外箱唛头通常由买卖双方协商确定。若由买方提供，则应订明须于定做外包装之前提供，否则卖方有权自行决定。常见的合同包装条款示例如下。

【例 3-3】 纸箱装，每箱净重 60kg，10 箱一托盘，10 托盘装一集装箱，共 800 个纸箱。

In cartons of 60kg net each，10 cartons on a pallet，10 pallets in a FCL container. Total 800 cartons.

4. 价格条款

合同价格分为单价和总值两部分。其中单价应由四部分构成，即计价货币、单位计价金额、计价数量和贸易术语。有时使用含佣价，计算通常以发票总值作为计算佣金的基数。若合同中列有溢短装条款，则总金额也须有相应的增减规定。常见的合同价格条款示例如下。

【例 3-4】 每套 100 美元 FOB 上海在 FOB 基础上包含 5% 佣金，共 90 万美元整。

USD 100.00 per set FOB Shanghai including 5% commission on FOB basis.

Say U.S. Dollars Nine Hundred Thousand Only.

5. 装运条款

国际贸易是一种象征性交货，尤其是 FOB、CIF、CFR 术语，采用推定交货，装运期即为交货期，装船地点即为交货地点。合同的装运条款通常包括装运时间及批次、装运港和卸货港、运输方式、分批装运和转运条款、溢短装条款。常见的合同价格条款示例如下。

【例 3-5】 2009 年 1 月 31 日或以前装运，由中国连云港到美国长滩，允许转运和分批装运。

Shipment on or before Jan 31st，2009，from Lian Yungang to Long Beach USA，allowing partial shipments and transshipment.

6. 支付条款

由于各种结算方式各有利弊，我们在进出口贸易中可以综合利用多种不同的付款方式，取长补短，做到既能加快资金周转，又能确保安全收汇，以利于达成交易，扩大贸易。进出口贸易中常用的结算方式为三种：汇付、跟单托收和跟单信用证。

（1）汇付,应规定汇款的时间、汇款方法及汇款金额。

【例 3-6】 买方要将全部货款不晚于 2008 年 9 月 25 日电汇付至卖方。

The buyer shall pay 100% of the sales proceeds in advance by T/T to reach the sellers not later than Sep. 25,2008.

（2）跟单托收,应规定银行交单的条件、买方付款的期限。

【例 3-7】 买方将在卖方第一次提示时,凭卖方提交开立的即期跟单汇票支付货款。

Upon first presentation the buyer shall pay against documentary draft drawn by the sellers at sight,the shipping documents are to be delivered against payment only.

（3）跟单信用证,通常包括开证银行、开证日期、信用证金额以及信用证的有效期和到期地点。

【例 3-8】 买方应通过一家卖方可以接受的银行于装运月份 30 天前开立并送达卖方不可撤销即期信用证,装运日后 21 天在中国议付有效。

The buyer shall open through a bank acceptable to the seller an irrevocable letter of credit payable at sight to reach the seller 30 days before the month of shipment,valid for negotiation in China until the 21st day after the date of shipment.

7. 保险条款

合同中保险条款必须明确、合理,包括投保人、保险险别、保险金额、投保依据的保险条款并注明保险条款的生效日期。常见保险条款示例如下。

【例 3-9】 根据 1981 年 1 月 1 日生效的中国人民保险公司海洋货物保险条款,由卖方按照发票金额的 110% 投保一切险和战争险。

To be covered by the seller for 110% of total invoice value against all risk subject to the relevant ocean marine clauses of the People's Insurance Company of China(PICC) dated 01/01/1981.

8. 检验条款

销售合同中的检验条款通常与其他一般条款（诸如索赔条款、仲裁条款、不可抗力条款等）一样,事先印制在合同里。如果买卖双方对货物的检验条款有特别约定,可在合同中订明。检验条款包括检验人、检验时间、检验地点和复验地点与时间。常见检验条款示例如下。

【例 3-10】 以中国商品检验检疫局所签发的品质/数量/重量/包装/合格证书作为卖方的交货依据。

The Inspection Certificate of Quality/Quantity/Weight/Packing/issued by The Inspection Commodity Quality Certification of China shall be regarded as evidence of the Sellers' delivery.

9. 异议与索赔条款

索赔条款是买卖合同的一方当事人因另一方当事人违约致使其遭受损失而向另一方当事人提出损害赔偿的行为。索赔条款是双方在订立买卖合同时,约定出现违约情况后的索赔时间、依据、办法及索赔的受理范围等事项,并在合同中明确加以规定。合同中的索赔条款通常采用"异议索赔条款",有些国家主要是大陆法系国家还会用"罚金条款"

的形式规定。常见索赔条款示例如下。

【例 3-11】 货物到达目的地后,买方若对货物的质量/数量/重量有异议,应在货物到达目的地后 15 天内凭卖方承认的公众鉴定人出具的检验证明向卖方提出,否则卖方将不承担责任。对由不可抗力造成的损失,或属于承运人或保险人责任范围内的,卖方不予赔偿。任何一方未按上述规定的期限履约,无论是卖方没有发运还是买方没有开证,或者信用证不符合合同条款而买方又没有及时修改,对方都有权解除合同,并向另一方索赔补偿直接损失。遭受不可抗力除外。

In case any discrepancy on quality/quantity/weight of the goods is found by the Buyers after the goods arrive at the port of destination, claim which should be loaded with the Sellers within 15 days after the goods arrive at the port of destination, otherwise the sellers will not undertake the responsibility. However, the Sellers shall not be held responsible either for compensation of loss(es) due to natural cause(s) or for that (those) within the responsibility of the Ship owners or Underwriters. In the event either the Sellers fail to effect the shipment or the Buyers fail to establish the relevant L/C within the respective time limits as set forth in the above, or the L/C does not correspond with the Contract terms and the Buyers fail to amend it in time, the Complaining Party shall have the right to cancel this contract and to claim on the Party at fault for compensation of direct losses, if any, sustained there from, unless in cases where Force Majeure is applicable.

10. 仲裁条款

进出口合同中的仲裁条款一般包括仲裁机构、仲裁地点、仲裁程序规则、仲裁效力、仲裁费用等。常见仲裁条款示例如下。

【例 3-12】 在履行协议过程中,如产生争议,双方应友好协商解决。若通过友好协商未能达成协议,则提交中国国际贸易促进委员会对外贸易仲裁委员会,根据该会仲裁程序暂行规定进行仲裁。该委员会决定是终局的,对双方均有约束力。仲裁费用,除另有规定外,由败诉一方负担。

All disputes arising from the execution of this agreement shall be settled through friendly consultations. In case no settlement can be reached, the case in dispute shall then be submitted to the Foreign Trade Arbitration Commission of the China Council for the Promotion of International Trade for Arbitration in accordance with its Provisional Rules of Procedure. The decision made by this commission shall be regarded as final and binding upon both parties. Arbitration fees shall be borne by the losing party, unless otherwise awarded.

11. 不可抗力条款

不可抗力条款一般应规定的内容包括不可抗力事件的范围、事件发生后通知对方的期限,出具证明文件的机构以及不可抗力事件的后果。我国进出口合同中的不可抗力条款,按对不可抗力条款的规定,主要有概括式、列举式、综合式三种方式,其中综合式是最为常用的一种方式。常见不可抗力条款示例如下。

【例 3-13】 因人力不可抗拒事故使卖方不能在本售货合约规定期限内交货或不能交货,卖方不负责任,但是卖方必须立即以电报通知买方。如果买方提出要求,卖方应以挂号函向买方提供由中国国际贸易促进委员会或有关机构出具的证明,证明事故的存在。买方不能领到进口许可证,不能被认为系属人力不可抗拒范围。

The Sellers shall not be held responsible if they fail, owing to Force Majeure cause or causes, to make delivery within the time stipulated in this Sales Contract or cannot deliver the goods. However, the Sellers shall inform immediately the Buyers by cable. The Sellers shall deliver to the Buyers by registered letter, if it is requested by the Buyers, a certificate issued by the China Council for the Promotion of International Trade or by any competent authorities, attesting the existence of the said cause or causes. The Buyers' failure to obtain the relative Import License is not to be treated as Force Majeure.

第三节　应用实例

一、询盘函

Dear Mr. Chen,

We are impressed by the selection of overcoats that were displayed in your showroom at the 5th China Textiles & Clothing Manufacture Industry Exhibition that was held in Jiaxing City of Zhejiang Province in November 2007.

We are a leading importer of fashion clothes that enjoys a high reputation in Britain. Currently, we are looking for a manufacturer who could supply us with a wide range of overcoats for the British market. If these conditions interest you, and you can meet orders that cover 500 overcoats at one time, please send us your latest catalogue and price list.

We look forward to receiving your early reply.

Yours faithfully,

Levi Parker

尊敬的陈先生:

2007 年 11 月,浙江省嘉兴市举行了第五届中国纺织及制衣工业展览会。我们对贵方展台上展示的大衣系列服装很感兴趣。

我们是英国一家主要的时装进口商,在国内享有很高的声誉。目前,我方正在寻找能提供各种款式大衣的生产商。如贵方对这些条件感兴趣并能一次提供超过 500 件的订货商品,请惠寄你们的现行商品目录及价格表。

希望能尽早得到答复。

列维·帕克　敬上

二、发盘函

Dear Sirs，

We thank you for your inquiry of July 16th，and now we are making you an offer subject to your answer reaching us by 5：00 P. M. ，our time，July 20th as follows：

Commodity：Man's shirt

Specification：As per attached list

Packing：Standard export packing

Quantity：1 000 dozen

Price：USD 50. 00 per dozen CIF New York

Shipment：Aug. /Sept. ，2001

Payment terms：Confirmed，irrevocable letter of credit payable by draft at sight to be opened 30 days before the time of shipment.

Under separate cover，we have sent you sample of various kinds of our other products. Please let us know if you are interested any of them.

We are looking forward to your early order.

Yours faithfully，
Levi Parker

敬启者：

感谢贵方 7 月 16 日的询盘，我方现发盘如下。本发盘于我方时间 7 月 20 日 5 点前复到有效。

品名：男式衬衫

规格：如附页所示

包装：标准出口包装

数量：1 000 打

价格：每打 50 美元 CIF 纽约

船期：2001 年 8 月/9 月

支付条件：凭装船前 30 天开立的保兑的、不可撤销的即期信用证支付。

我们现寄上我方其他各式产品，若贵方对其中的任何产品感兴趣的话，请通知我方，期望早日收到贵方的订单。

列维·帕克　敬上

三、还盘函

Dear Sirs，

We refer to your offer of July 18th for 1 000 dozen of the man's shirts. As our customs urgently need the goods，they request us to telex you to shift your shipment time from "August/September，2001" to "the end of August，2001"，or they will get the goods from other resources.

In order to prompt your business，please accept this un-harsh condition. We await your pleasant reply.

Yours faithfully，

Levi Parker

敬启者：

　　兹谈及贵方 7 月 18 日关于 1 000 打男式衬衫的发盘。由于我方客户急需此货，要求我方电传通知贵方将装运时间由原来的"2001 年 8 月/9 月装运"改成"2001 年 8 月底前装运"，否则，他们会从其他渠道购入货物。

　　为了促进贵方的业务发展，恳请接受这一不太苛刻的条件。我们期待贵方回复。

列维・帕克　敬上

四、接受函

Dear Sirs，

Thank you for your fax of Oct. 18th offering 5 000 KGS Vitamin E at USD 7.00 per KG CIF Hamburg for immediate shipment，which is paid by irrevocable L/C at sight and effected by you for 110% of full invoice value covering All Risks.

We are pleased to inform you that all the terms and conditions are acceptable to us. So we confirm your offer and place an order with you.

Please send us a copy of your Sales Confirmation for our counter-signature，and we will have our relative L/C established through ABC Bank once receive it.

Please note that the goods must be shipped within the validity of the L/C.

Yours faithfully，

Levi Parker

敬启者：

　　感谢贵方 10 月 18 日的电传，对 5 000kg 维生素 E 作出的发盘，每千克 CIF 汉堡价为 7 美元，立即装运，货款凭不可撤销的即期信用证支付，由贵方按发票金额的 110% 投保一切险。

　　我们很高兴地告知贵方，所有条件都被我方接受。因此我们确认贵方发盘，并向贵方下订单。

　　请向我方发送一份贵方的销售确认书供我方会签，一旦收到销售确认书，我们将通过 ABC 银行开立相关信用证。

　　请注意货物必须在信用证的有效期内发运。

列维・帕克　敬上

五、销售合同

销 售 合 同

SALES CONTRACT

合同编号：06KCSJ-109

Contract No.：06KCSJ-109

签订地点：浙江温州

Signed at：WENZHOU ZHEJIANG，CHINA

签订日期：2006 年 9 月 25 日

Date：September 25，2006

卖方：浙江宁夏自行车制造有限公司

The Sellers：ZHEJIANG NINGXIA BICYCLE MAKING CO.，LTD.

Address：No.6 SHUANGTA ROAD DONGFENG INDUSTRIAL ZONE OUBEI TOWN

WENZHOU ZHEJIANG PROVINCE，PEOPLE'S REPULIC OF CHINA

买方：纽约贸易总公司

The Buyers：GERENAL TRADING COMPANY，NEW YORK

Address：No.133，TRANDING MANDION，WASHINGTON STREET

NEW YORK，AMERICA

双方同意按下列条款由买方售出下列商品。

The Buyers agree to buy and the Sellers agree to sell the following goods on terms and conditions as set forth below.

1. 商品名称、规格及包装 Name of Commodity，Specifications and Packing	2. 数量 Quantity	3. 单价 Unit Price	4. 总值 Total Value
BICYCLE BMX06-03 24M×20M RED IN CONTAINERS OF 100 SETS EACH. INNER PACKING SHOULD BE CORRUGATED CARTON OF EACH SET.	3 000 SETS	USD 109/辆 CIF 纽约 USD 109PER SET CIF NEWYORK	USD 327 000.00 USD 327 000.00（SAY US DOLLARS THREE HUNDRED AND TWENTY SEVEN THOUSAND ONLY）
	（装运数量允许有 0% 的增减） （Shipment Quantity 0% more or less allowed）		

5. 装运期限：2006 年 10 月 31 日前

Time of Shipment：BEFORE OCTOBER 31，2006

6. 装运口岸：中国上海

Port of Loading：SHANGHAI，CHINA

7. 目的口岸:美国纽约

Port of Destination:NEW YORK,USA

8. 保险:由卖方负责,按本合同总值 110％投保中国人民保险公司海洋货物运输保险条款<u>一切险和战争险</u>。

Insurance:To be covered by the <u>Sellers</u> for 110％ of the invoice value against <u>All Risks and War Risk</u> as per ocean marine cargo clause of the people's insurance company of china.

9. 付款:凭不可撤销的、即期/见票/<u>15</u> 天期付款信用证,信用证以<u>浙江宁夏自行车制造有限公司</u>为受益人并允许分批装运和转船。该信用证必须在<u>2006 年 10 月 5 日</u>前开到卖方,信用证的有效期应为上述装船期后第 15 天,在中国<u>温州</u>到期,否则卖方有权取消本售货合约,不另行通知,并保留因此而发生的一切损失的索赔权。

Terms of Payment:By irrevocable letter of credit in favor of <u>Zhejiang Ningxia Bicycle Making Co.,Ltd.</u>,payable at sight with <u>15</u> days'/sight allowing partial shipment and transshipment. The covering Letter of Credit must reach the Sellers before <u>October 5, 2006</u> and is to remain valid in <u>Wenzhou</u>. China until the 15th day after the aforesaid time of shipment,failing which the Sellers reserve the right to cancel this Sales Contract without further notice and to claim from the Buyers for losses resulting therefrom.

10. 商品检验:以<u>中国商品检验检疫局</u>所签发的品质/数量/重量/包装/合格证书作为卖方的交货依据。

Inspection:The Inspection Certificate of Quality/Quantity/Weight/Packing/issued by <u>The Inspection Commodity Quality Certification of China</u> shall be regarded as evidence of the Sellers' delivery.

11. 装运唛头:N/M

Shipping Marks:N/M

12. 其他条款:

OTHER TERMS:

(1) 异议。品质异议须于货到目的口岸之日起 30 天内提出,数量异议须于货到目的口岸之日起 15 天内提出,但均须提供经卖方同意的公证行的检验证明。如责任属于卖方者,卖方于收到异议 20 天内答复买方并提出处理意见。

Discrepancy:In case of quality discrepancy,claim should be lodged by the Buyers within 30 days after the arrival of the goods at the port of destination,while for quantity discrepancy,claim should be lodged by the Buyers within 15 days after the arrival of the goods at the port of destination. In all cases,claims must be accompanied by Survey Reports of Recognized Public Surveyors agreed to by the Sellers. Should the responsibility of the subject under claim be found to rest on the part of the Sellers,the Sellers shall,within 20 days after receipt of the claim,send their reply to the Buyers together with suggestion for settlement.

(2) 信用证内应明确规定卖方有权可多装或少装所注明的百分数,并按实际装运数量议付(信用证之金额按本售货合约金额增加相应的百分数)。

The covering Letter of Credit shall stipulate the Sellers' option of shipping the indicated percentage more or less than the quantity hereby contracted and be negotiated for the amount covering the value of quantity actually shipped(The Buyers are requested to establish the L/C in amount with the indicated percentage over the total value of the order as per this Sales Contract).

(3) 信用证内容须严格符合本售货合约的规定,否则修改信用证的费用由买方负担,卖方并不负因修改信用证而延误装运的责任,并保留因此而发生的一切损失的索赔权。

The contents of the covering Letter of Credit shall be in strict conformity with the stipulations of the Sales Contract. In case of any variation there of necessitating amendment of the L/C,the Buyers shall bear the expenses for effecting the amendment. The Sellers shall not be held responsible for possible delay of shipment resulting from awaiting the amendment of the L/C and reserve the right to claim from the Buyers for the losses resulting therefrom.

(4) 除经约定保险归买方投保者外,由卖方向中国的保险公司投保。如买方需增加保险额及/或需加保其他险,可于装船前提出,经卖方同意后代为投保,其费用由买方负担。

Except in cases where the insurance is covered by the Buyers as arranged,insurance is to be covered by the Sellers with a Chinese insurance company. If insurance for additional amount and/or for other insurance terms is required by the Buyers,prior notice to this effect must reach the Sellers before shipment and is subject to the Sellers' agreement,and the extra insurance premium shall be for the Buyers' account.

(5) 因人力不可抗拒事故使卖方不能在本售货合约规定期限内交货或不能交货,卖方不负责任,但是卖方必须立即以电报通知买方。如果买方提出要求,卖方应以挂号函向买方提供由中国国际贸易促进委员会或有关机构出具的证明,证明事故的存在。买方不能领到进口许可证,不能被认为系属人力不可抗拒范围。

The Sellers shall not be held responsible if they fail,owing to Force Majeure cause or causes,to make delivery within the time stipulated in this Sales Contract or cannot deliver the goods. However,the Sellers shall inform immediately the Buyers by cable. The Sellers shall deliver to the Buyers by registered letter,if it is requested by the Buyers,a certificate issued by the China Council for the Promotion of International Trade or by any competent authorities,attesting the existence of the said cause or causes. The Buyers' failure to obtain the relative Import License is not to be treated as Force Majeure.

(6) 仲裁:凡因执行本合约或有关本合约所发生的一切争执,双方应以友好方式协商解决;如果协商不能解决,应提交中国国际经济贸易仲裁委员会,根据该会的仲裁规则进行仲裁。仲裁裁决是终局的,对双方都有约束力。

Arbitration:All disputes arising in connection with this Sales Contract or the execution thereof shall be settled by way of amicable negotiation. In case no settlement can be reached，the case at issue shall then be submitted for arbitration to the China International Economic and Trade Arbitration Commission in accordance with the provisions of the said Commission. The award by the said Commission shall be deemed as final and binding upon both parties.

（7）附加条款：本合同其他条款如与本附加条款有抵触时，以本附加条款为准。

Supplementary Condition(s)：Should the articles stipulated in this Contract be in conflict with the following supplementary condition(s)，the supplementary condition(s) should be taken as valid and binding.

卖方(Sellers)：　　　　　　　　　　　　　买方(Buyers)：

ZHEJIANG NINGXIA BICYCLE MAKING CO.，LTD.　　GERENAL TRADING COMPANY，NEW YORK

六、销售确认书

销售确认书
SALES CONFIRMATION

确认书号：03DA001301
S/C NO.：03DA001301
日期：2007年2月21日
DATE：Feb. 21，2007
签约地点：中国长春
SIGNED AT：CHANGCHUN，CHINA

卖方(Seller)：HONGQI IMPORT & EXPORT CORPORATION
地址（Address）：A12，YUEYANG STREET，NANGUAN DISTRICT，CHANG-CHUN，CHINA
电话(Tel)：0431-8206901　　　传真(Fax)：83049 CCLICN
电子邮箱(E-mail)：JILIGHT@ SINA. COM
买方(Buyer)：THE ABC IMPORT & EXPORT CORPORATION
地址(Address)：MANAMA，BAHRAIN
传真(Fax)：973-98763215
电子邮箱(E-mail)：BLSH@HOTES. BN

经买卖双方同意，按下列条款成交。

THE UNDERSIGNED SELLERS AND BUYERS HAVE AGREED TO CLOSE THE FOLLOWING TRANSACTIONS ACCORDING TO THE TERMS AND CONDITIONS STIPULATED BELOW.

货号 ART. NO.	品名及规格 DESCRIPTION	数量 QUANTITY	单价 UNIT PRICE	总值 TOTAL AMOUNT
NH301	SAFETY BOOTS	6 624 PAIRS	USD 17. 60	CIF C5％ Bahrain USD 116 582. 40

1. 数量及总值均有　0　％的增减，由卖方决定。

WITH　0　％ MORE OR LESS BOTH IN AMOUNT AND QUANTITY ALLOWED AT THE SELLERS OPTION.

2. 包装（PACKING）：PACKING IN CARTONS OF 12 PAIRS EACH ONLY.（IN WHITE BOX）SOLID PACKING.

3. 装运唛头（SHIPPING MARK）：TO BE DESIGNATED BY THE SELLERS.

4. 装运期（TIME OF SHIPMENT）：DURING JUNE/JULY，2007.

5. 装运口岸和目的地（LOADING ＆ DESTINATION）：中国大连 FROM DALIAN, CHINA.

6. 保险由卖方按发票全额 110％投保至巴林为止的平安险。

INSURANCE：TO BE EFFECTED BY BUYERS FOR 110％ OF FULL INVOICE VALUE COVERING FPA UP TO BAHRAIN ONLY.

7. 付款条件（PAYMENT）：买方须于 2007 年 3 月 1 日将保兑的，不可撤销的，可转让可分割的即期信用证开到卖方。信用证议付有效期延至上列装运期后 15 天在中国到期，该信用证中必须注明允许分运及转运。

BY COFIRMED，IRREVOCABLE，TRANSFERABLE AND DIVISIBLE L/C TO BE AVAILABLE BY SIGHT DRAFT TO REACH THE SELLERS BEFORE MARCH 1，2007（DATE）AND TO REMAIN VALID FOR NEGOTIATION IN CHINA UNTIL 15 DAYS AFTER THE AFORESAID TIME OF SHIPMENT. THE L/C MUST SPECIFY THAT TRANSIMENT AND PARTIAL SHIPMENTS ARE ALLOWED.

8. 仲裁条款（ARBITRATION CLAUSES）：凡因本合同引起的或与本合同有关的争议，均应提交中国国际经济贸易仲裁委员会，按照申请仲裁时该会实施的仲裁规则进行仲裁，仲裁裁决是终局的，对双方均有约束力。

ANY DISPUTE ARISING FROM OR IN CONNECTION WITH THIS CONTRACT SHALL BE REFERRED TO CHINA INTERNATIONAL ECONOMIC AND TRADE ARBITRATION COMMISSION FOR ARBITRATION IN ACCORDANCE WITH ITS RULES IN EFFECT AT THE TIME OF APPLYING FOR ARBITRATION. THE ARBITRAL AWARD IS FINAL AND BINDING UPON BOTH PARTIES.

9. 本合同用中英文两种文字写成，两种文字具有同等效力。本合同共两份，自双方代表签字（盖章）之日起生效。

THIS CONTRACT IS EXECUTED IN TWO COUNTERPARTS EACH IN CHINESE AND ENGLISH, EACH OF WHICH SHALL DEEMED EQUALLY AUTHENTIC. THIS CONTRACT IS IN TWO COPIES，EFFECTIVE SINCE BEING

SIGNED/SEALED BY BOTH PARTIES.

　　备注(REMARK)：

　　卖方:红旗进出口公司　　　　　　买方:ABC 进出口公司
　　　　（签字）　　　　　　　　　　　（签字）
Seller:HONGQI IMPORT & EXPORT　Buyer:THE ABC IMPORT & EXPORT
　　　　CORPORATION　　　　　　　　CORPORATION
　　　　刘明里　　　　　　　　　　　AMY SARA

第四节　实 训 操 作

一、实训一

1. 操作名称

签订销售确认书。

2. 操作要求

根据下述资料,以闵华公司业务员的身份,缮制一份销售确认书,要求格式完整、内容正确,并要签署。

3. 操作说明

卖方:SHANGHAI MINHUA IMP. /EXP. CO. ,LTD.
　　　RM. 9 012,UNION BUILDING 1 202,ZHANGSHAN ROAD(N)
　　　SHANGHAI,CHINA
买方:FUJIDA TRADING CO. ,LTD.
　　　TOKYO FUJIDA BUILDING 11-2,FUJIDA1-CHOME
　　　CHIYODAKU,TOKYO 102,JAPAN
　　　TEL:9981 04 5266256
货名:Chinese Ceramic

数量:　商品	货号	成交数量	价格
			CIF Yokohama
15pc Tea Set	NF91115	3 160sets	USD 13. 80/set
220cc Cup & Saucer	NC904	4 264boxes	USD 7. 60/box
16pc Kitchenware	NY10 216/408	2 104sets	USD 11. 50/set
20pc Dinner Set	NH91 120	1 242sets	USD 12. 80/set

包装:NF91115 1 套装 1 盒子,4 盒装 1 纸箱。

NC904 半打装 1 盒子,8 盒装 1 纸箱。

NY10216/408 和 NH91120 1 套装 1 彩色盒子,2 盒装 1 纸箱。

交货:货物用集装箱整柜,于 2008 年 5 月从中国装船运至日本 Yokohama 港,不允许分批和转运。

支付方式:用不可撤销的见票 30 付款的信用证结算。

保险:由卖方按成交金额加成 10% 投保中国人民保险公司海运货物水渍险、碰损破碎险和战争险。

4. 操作解答

上海闵华进出口有限公司

SHANGHAI MINHUA IMP. /EXP. CO. ,LTD.

RM. 9012,UNION BUILDING 1202,ZHANGSHAN ROAD(N),SHANGHAI,CHINA

销售确认书

SALES CONFIRMATION

The Buyer:FUJIDA TRADING CO. ,LTD.　　确认书号:MH-FJDSC0008

Address:TOKYO FUJIDA BUILDING 11-2　　S/C NO. :MH-FJDSC0008

FUJIDA1-CHOME,CHIYODAKU　　日期:2008 年 4 月 2 日

TOKYO 102,JAPAN　　DATE:April 2nd,2008

签约地点:中国上海

SIGNED AT:SHANGHAI,CHINA

经买卖双方同意,按下列条款成交。

THE UNDERSIGNED SELLERS AND BUYERS HAVE AGREED TO CLOSE THE FOLLOWING TRANSACTIONS ACCORDING TO THE TERMS AND CONDITIONS STIPULATED BELOW.

货号 ART. NO.	品名及规格 DESCRIPTION	单位 UNIT	数量 QUANTITY	单价 UNIT PRICE	金额 AMOUNT
1	CHINESE CERAMIC 15PC TEA SET ART. NO. NF91115	SET	3 160	CIF Yokohama	
				USD 13. 80	USD 43 608. 00
2	220CC CUP & SAUCER ART. NO. NC904	BOX	4 264	USD 7. 60	USD 32 406. 40
3	16PC KITCHENWARE ART. NO. NY10216/408	SET	2 104	USD 11. 50	USD 24 196. 00
4	20PC DINNER SET ART. NO. NH91120	SET	1 242	USD 12. 80	USD 15 897. 60
				TOTAL:	USD 116 108. 00

1. 数量及总值均有 0% 的增减,由卖方决定。

MORE OR LESS CLAUSE: WITH ___0___% MORE OR LESS BOTH IN AMOUNT AND QUANTITY ALLOWED AT THE SELLERS OPTION.

2. 包装:NF91115 1 套装 1 盒子,4 盒装 1 纸箱;

    NC904 半打装 1 盒子,8 盒装 1 纸箱;

    NY10216/408 和 NH91120 1 套装 1 彩色盒子,2 盒装 1 纸箱。

PACKING:NF91115 1 SET/BOX,4 BOXES/CTN,395 CTNS/20'FCL.

    TOTAL 790 CTNS IN TWO 20'FCL

    NC904 HALF DOZ. /BOX,8 BOXES/1CTN,533 CTNS/20' FCL.

    TOTAL 533 CTNS IN ONE 20'FCL

    NY10216/408 1 SET/COLAR BOX, 2 BOXES/CTN, 526 CTNS/20'FCL.

    TOTAL 1 052 CTNS IN ONE 20'FCL

    NH91120 1 SET/COLAR BOX,2 BOXES/CTN,621 CTNS/20'FCL.

    TOTAL 621 CTNS IN ONE 20'FCL

    TOTAL 2 996 CARTONS ONLY.

3. 装运口岸和目的地:从中国装船运至日本 YOKOHAMA 港

LOADING & DESTINATION:FROM SHANGHAI TO YOKOHAMA,JAPAN

4. 装运:由卖方于 2008 年 5 月从中国装船运至日本 Yokohama 港,不允许分批和转运。

SHIPMENT:TO BE EFFECTED BY THE SELLER DURING MAY 2008 WITH PARTIAL SHIPMENTS AND TRANSSHIPMENT PROHIBITED.

5. 保险:由卖方按成交金额加成 10% 投保中国人民保险公司海运货物水渍险、碰损破碎险和战争险。

INSURANCE:TO BE COVERED BY THE SELLER FOR 110% OF FULL INVOICE VALUE AGAINST WAP,RISKS OF CLASH & BREAKAGE AND WAR RISK.

AS PER OR SUBJECT TO RELEVANT OCEAN MARINE CARGO CLAUSE OF THE PEOPLE'S INSURANCE COMPANY OF CHINA DATED 01/01/1981.

6. 付款条件:买方须通过卖方可接受的银行开立不可撤销的见票 30 日付款的信用证,信用证于 2008 年 4 月 25 日前到达卖方,信用证议付有效期延至上列装运期后 15 天在中国上海到期。

PAYMENT:BY IRREVOCABLE L/C AT 30 DAYS' SIGHT OPENED BY THE BUYER. THROUGH A BANK ACCEPTABLE TO THE SELLER. TO REACH THE SELLER BEFORE APRIL 25TH 2008 AND REMAIN VALID FOR NEGOTIATION IN SHANGHAI UNTILTHE 15TH DAY AFTER THE AFORESAID TIME OF SHIPMENT.

7. 仲裁条款:凡因本合同引起的或与本合同有关的争议,均应提交中国国际经济贸易仲裁委员会华南分会,按照申请仲裁时该会实施的仲裁规则进行仲裁,仲裁裁决是终局的,对双方均有约束力。

ARBITRATION CLAUSES:ANY DISPUTE ARISING FROM OR IN CONNECTION WITH THIS CONTRACT SHALL BE REFERRED TO CHINA INTERNATIONAL ECONOMIC AND TRADE ARBITRATION COMMISSION,SOUTH CHINA SUB-COMMISSION FOR ARBITRATION IN ACCORDANCE WITH ITS RULES IN EFFECT AT THE TIME OF APPLYING FOR ARBITRATION. THE ARBITRAL AWARD IS FINAL AND BINDING UPON BOTH PARTIES.

8. 本合同用中英文两种文字写成,两种文字具有同等效力。本合同共<u>两份</u>,自双方代表签字(盖章)之日起生效。

THIS CONTRACT IS EXECUTED IN TWO COUNTERPARTS EACH IN CHINESE AND ENGLISH, EACH OF WHICH SHALL DEEMED EQUALLY AUTHENTIC. THIS CONTRACT IS IN <u>TWO</u> COPIES,EFFECTIVE SINCE BEING SIGNED/SEALED BY BOTH PARTIES.

备注:

REMARK:

卖方:<u>上海闵华进出口有限公司</u>　　买方:<u>FUJIDA 贸易有限公司</u>
　　　　唐建华　　　　　　　　　　　　　　JONE BELL
Seller:<u>SHANGHAI MINHUA</u>　　　　Buyer:<u>FUJIDA TRADING CO. ,LTD.</u>
　　　　<u>IMP. /EXP. CO. ,LTD.</u>　　　　　　JONE BELL
　　　　JIANHUA TANG

二、实训二

1. 操作名称

签订销售合同。

2. 操作要求

根据下述交易双方往来函件,缮制一份销售合同,要求格式完整,内容正确,并要签署。

3. 操作背景材料

Mail 1

Mar. 3,2008

Beijing Light Industrial Products Imp. & Exp. Corp.

Dear Mr. Wang,

　　Thank you very much for your hospitality in your booth at the Ampiente Fair 2008 in Frankfurt.

　　I am interested in candles Art. No. 501 in the packing of 25-pc paper boxes. The quality will be one 20-foot container for the start.

Therefore, you kindly requested to give your best price rather than USD 0.72 per box quoted at the Fair so that I can send you my order for prompt shipment.

Awaiting your reply with best regards.

John Hendry

Boston Trading Co., Ltd., USA

Mail 2

Mar. 5,2008

Boston Trading Co., Ltd., USA

Dear Mr. Hendry,

It was a great pleasure to meet you at the Ampiente Fair 2008 and to receive your enquiry for our candles.

In fact, the price I quote at the Fair is already the most favorable one. However, in order to save time and to start business, I'll further lower my price as follows:

CANDLES ART. NO. 501, USD 0.70/BOX FOB TIANJIN.

I'm sure this will be acceptable to you. Let us start our business and we'll offer you our best service.

Looking forward to your early acceptance.

Thanks and best regards.

Wang Dayang

Beijing Light Industrial Products Imp. & Exp. Corp.

Mail 3

Mar. 8,2008

Beijing Light Industrial Products Imp. & Exp. Corp.

Dear Mr. Wang,

Thank you for your E-mail and new price, which I expected to be lower but accept, noting that this is the first deal between us.

I would also like to order candles Art. No. 502 in 10-pc boxes at the price of USD 0.141 per box. Please confirm. Therefore our order is as follows: One 20 foot container of 50% CANDLES ART. NO. 501, 50% CANDLES ART. NO. 502. Packed in paper boxes of 25 pcs and 10 pcs respectively, and 50 boxes to a carton respectively.

Please inform us roughly how many cartons a $1 \times 20'$ container can hold. Please also inform us of your payment terms and the earliest shipment date. I'm awaiting your good service, high quality and fine packing as you promised at the Fair, to enable both of us to build good cooperation to our mutual benefit.

Yours sincerely,

John Hendry

Mail 4

Mar. 10,2008

Boston Trading Co. ,Ltd. ,USA

Dear Mr. Hendry,

Thank you for your new order, but we find your price for 10 pcs/box candles of USD 0. 14 per box is too low. Our calculation points to USD 0. 155 per box. But in order to start business, we think we can accept USD 0. 15/box if you agree. I will fax you our Sales Contract for your signature. Payment: by irrevocable Letter of Credit payable by draft at sight. Delivery: within 45 days after the covering L/C is received.

For your information, according to our calculation, a 20 foot container, can hold 600 cartons of 10-pc boxes and 300 cartons of 25-pc boxes.

By the way, can you tell us the name of the port of destination for our reference?

Best wishes.

Wang Dayang

Mail 5

Mar. 10,2008

Beijing Light Industrial Products Imp. & Exp. Corp.

Dear Mr. Wang,

Hello my friend, I'm afraid I don't agree to $0. 15 for 10-pc boxes. The best I can do is $0. 145/box, for the start of our cooperation.

As I explained earlier, you should accept the above price, taking into consideration the higher cost of freight at my expense.

Payment and date of shipment, fine. Please accept our bid, so that we can proceed with the opening of the relative L/C.

By the way, we would want the goods to be shipped to Boston.

Best regards.

John Hendry

Mail 6

Mar. 12,2008

Boston Trading Co. ,Ltd. ,USA

Dear Mr. Hendry,

As the cost of raw material is increasing sharply these days, we are facing big problem. I hope you can understand us.

However, in order to make the ball start rolling, we accept your price for candles in 10-pc boxes at $0. 145/box. Please find the attached S/C No. D2001PA100, and sign and return one copy for our file.

Also enclosed is our banking information. Please open the covering L/C as soon as possible and fax us a copy of it for our reference.

We are glad to have concluded this initial transaction with you. We hope this would mark the beginning of a long standing and steady business relationship between us.

Yours,

Wang Dayang

4. 操作解答

销售合同

SALES CONTRACT

销售合同编号:D2001PA100

S/C No. :D2001PA100

卖方:北京轻工业品进出口公司

The Sellers:Beijing Light Industrial Products Imp. & Exp. Corp.

买方:美国波士顿贸易有限公司

The Buyers:Boston Trading Co. ,Ltd. ,USA

双方同意按下列条款由买方售出下列商品。

The Buyers agree to buy and the Sellers agree to sell the following goods on terms and conditions as set forth below.

(1) 商品名称、规格及包装 Name of Commodity，Specifications and Packing	(2) 数量 Quantity	(3) 单价 Unit Price	(4) 总值 Total Value
CANDLES ART. NO. 501 IN THE PACKING OF 25-PC BOXES,50 BOXES TO A CARTON,300 CARTONS	15 000 箱 15 000 BOXES	USD 0.70/箱 FOB 天津 USD 0.70/BOX FOB TIANJIN.	USD 14 850.00 USD 14 850.00 (SAY US DOLLARS FOURTEEN THOUSAND EIGHT HUNDRED AND FIFTY ONLY)
CANDLES ART. NO. 502 IN THE PACKING OF 10-PC BOXES,50 BOXES TO A CARTON,600 CARTONS	30 000 箱 30 000 BOXES	USD 0.145/箱 FOB 天津 USD 0.145/BOX FOB TIANJIN	
<td colspan="4" align="center">（装运数量允许有 0% 的增减） (Shipment Quantity 0% more or less allowed)</td>			

(1)~(4)见上表内容。

(5) 装运期限:2008 年 10 月 31 日前

Time of Shipment:Before October 31,2008

(6) 装运口岸:中国天津

Port of Loading:TianJin,China

(7) 目的口岸:美国波士顿

Port of Destination:Boston,USA

(8) 保险:由买方负责,按本合同总值 110% 投保中国人民保险公司海洋货物运输保险条款平安险。

Insurance：To be covered by the Buyer for 110％ of the invoice value against FPA as per ocean marine cargo clause of the people's insurance company of china.

（9）付款：凭不可撤销的即期信用证支付，信用证的有效期应为上述装船期后第 15 天，在中国北京到期，否则卖方有权取消本售货合约，不另行通知，并保留因此而发生的一切损失的索赔权。

Terms of Payment：By irrevocable letter of credit payable by draft at sight. The covering Letter of Credit is to remain valid in Beijing. China until the 15th day after the aforesaid time of shipment，failing which the Sellers reserve the right to cancel this Sales Contract without further notice and to claim from the Buyers for losses resulting therefrom.

（10）商品检验：以中国商品检验检疫局所签发的品质/数量/重量/包装/合格证书作为卖方的交货依据。

Inspection：The Inspection Certificate of Quality/Quantity/Weight/Packing/issued by The Inspection Commodity Quality Certification of China shall be regarded as evidence of the Sellers' delivery.

（11）装运唛头：N/M。

Shipping Marks：N/M

（12）其他条款（Other Terms），包括以下内容。

① 异议：品质异议须于货到目的口岸之日起 30 天内提出，数量异议须于货到目的口岸之日起 15 天内提出，但均须提供经卖方同意的公证行的检验证明。如责任属于卖方者，卖方于收到异议 20 天内答复买方并提出处理意见。

Discrepancy：In case of quality discrepancy，claim should be lodged by the Buyers within 30 days after the arrival of the goods at the port of destination，while for quantity discrepancy，claim should be lodged by the Buyers within 15 days after the arrival of the goods at the port of destination. In all cases，claims must be accompanied by Survey Reports of Recognized Public Surveyors agreed to by the Sellers. Should the responsibility of the subject under claim be found to rest on the part of the Sellers，the Sellers shall，within 20 days after receipt of the claim，send their reply to the Buyers together with suggestion for settlement.

② 信用证内容须严格符合本售货合约的规定，否则修改信用证的费用由买方负担，卖方并不负因修改信用证而延误装运的责任，并保留因此而发生的一切损失的索赔权。

The contents of the covering Letter of Credit shall be in strict conformity with the stipulations of the Sales Contract. In case of any variation there of necessitating amendment of the L/C，the Buyers shall bear the expenses for effecting the amendment. The Sellers shall not be held responsible for possible delay of shipment resulting from awaiting the amendment of the L/C and reserve the right to claim from the Buyers for the losses resulting therefrom.

③ 因人力不可抗拒事故使卖方不能在本售货合约规定期限内交货或不能交货,卖方不负责任,但是卖方必须立即以电报通知买方。如果买方提出要求,卖方应以挂号函向买方提供由中国国际贸易促进委员会或有关机构出具的证明,证明事故的存在。买方不能领到进口许可证,不能被认为系属人力不可抗拒范围。

The Sellers shall not be held responsible if they fail,owing to Force Majeure cause or causes,to make delivery within the time stipulated in this Sales Contract or cannot deliver the goods. However,the Sellers shall inform immediately the Buyers by cable. The Sellers shall deliver to the Buyers by registered letter,if it is requested by the Buyers,a certificate issued by the China Council for the Promotion of International Trade or by any competent authorities,attesting the existence of the said cause or causes. The Buyers' failure to obtain the relative Import License is not to be treated as Force Majeure.

④ 仲裁:凡因执行本合约或有关本合约所发生的一切争执,双方应以友好方式协商解决;如果协商不能解决,应提交中国国际经济贸易仲裁委员会,根据该会的仲裁规则进行仲裁。仲裁裁决是终局的,对双方都有约束力。

Arbitration:All disputes arising in connection with this Sales Contract or the execution thereof shall be settled by way of amicable negotiation. In case no settlement can be reached,the case at issue shall then be submitted for arbitration to the China International Economic and Trade Arbitration Commission in accordance with the provisions of the said Commission. The award by the said Commission shall be deemed as final and binding upon both parties.

⑤ 附加条款:本合同其他条款如与本附加条款有抵触时,以本附加条款为准。

Supplementary Condition(s):Should the articles stipulated in this Contract be in conflict with the following supplementary condition(s),the supplementary condition(s) should be taken as valid and binding.

卖方(Sellers):　　　　　　　　　　　　　买方(Buyers):
Beijing Light Industrial Products Imp. & Exp. Corp.　　Boston Trading Co. ,Ltd. ,USA
　　　　Wang Dayang　　　　　　　　　　　　John Hendry

三、实训练习题

1. 买卖双方经函电往来磋商交易,电文如下。请据之填写 Sales Confirmation。

June 20,2010

Dear sirs,

Thanks for your Acceptance of Jan. 18th. And hereby we are pleased to send you our sales confirmaion No. 04DRA207 for your signing,please.

| Portable Mixer Pm-23 | $ 23 FOB Dalian/Set | 100Sets | $ 2 300. 00 |
| Vacuum Cleaner Vc-18 | $ 47 FOB Dalian/Set | 100Sets | $ 4 700. 00 |

Terms: As usual

We hope that the goods will be shipped by Aug. 30th. And we ensure L/C will reach you not later than July 1.

Yours Faithfully,

(signature)

Buyer: DAEHO APPAREL CO. , LTD.

C. P. O. BOX 7155 SEOUL, KOREA

Seller: DALIAN TEXTILES IMPORT & EXPORT CORP.

4 YING CHUN STREET, DALIAN, CHINA

2. 根据信件内容译制合同。

致：德国贸易公司

敬启者：

我们高兴地通知贵方，我们已收到并接受贵方 9 月 28 日的还盘，现确认与贵方达成了以下交易。

2 600 条春花牌毛毯，规格为 220cm×200cm，棕色与绿色分别占 60％和 40％，每5 条装一纸箱，不同颜色毛毯按比例搭配，每 4 箱装一适合海运的木箱。价格为成本加保险费、运费、欧洲主要口岸。每条毛毯 150 德国马克，包括贵方佣金 3％。全部货物将于 2010 年 11 月 15 前由中国大连港一次装运完毕。具体目的港由买方在信用证中明确，不允许转船。保险由我公司根据中国保险条款(1981 年 1 月 1 日)按发票金额110％投保一切险和玷污险，唛头由我方选定。装运前 40 天贵方须通过银行将不可撤销的即期信用证开到我方。信用证以我方为受益人，金额应包括 100％发票金额。

现将我方今日签好的合同 GW251 号寄给贵方，请签退一份供我方存档。

大连纺织品进出口公司

2010 年 7 月 6 日

第四章 信用证的开立、审核及修改

【学习目标】
- 拟写开证申请书；
- 审核信用证的要点；
- 拟写修改信用证的信函。

信用证(Letter of Credit)是开证银行应开证申请人的要求并按其指示，或因其自身需要，向受益人开立的、载有确定金额的、在规定期限凭符合信用证所规定的各项条件单据付款的书面保证文件。通过银行信用的介入，使出口方及时安全收汇得到有力的保障。因此，在凭信用证支付的交易中，信用证的开立、审核及修改是履行进出口合同不可缺少的重要环节。

第一节　信用证的内容和收付程序

一、信用证的特点和内容

信用证的特点和内容如下所述。

1. 信用证的特点

(1) 银行承担第一性的付款责任

无论在任何情况下,信用证都表示银行(不管是开证行还是保兑行)对受益人负第一性的付款责任。只要受益人所提交的单据与信用证条款一致,即使申请人未能履行其付款义务,银行也应承担对受益人的付款责任。也就是说,只要受益人按照信用证的规定行事,就能保证从银行取得货款。

(2) 一份独立自主的文件

信用证是以买卖双方签订的合同为基础,但它一经开立,就成为独立于合同的另一种契约。信用证业务中的有关当事人,包括银行与受益人只受信用证规定的各种条款的约束。

(3) 银行只处理单据

在信用证业务中,各有关当事人处理的只是单据。实际货物是否与销售合同一致,对于银行来说无关紧要。银行只负责谨慎地审查所有单据,确认它在表面上是否与信用证条款一致。对于欺诈性的单据,银行不知情则不予负责。

2. 信用证的主要内容

目前,各银行的信用证虽无统一格式,但其基本内容大致相同。其主要包括以下六个方面内容。

(1) 关于信用证本身,包含信用证的类型(Form of Credit)、信用证号码(L/C Number)、开证日期(Date of Issue)、信用证金额(L/C Amount)、有效期和到期地点(Expiry Date and Place)、开证银行(Issuing/Opening Bank)、通知银行(Advising/Notifying Bank)、开证申请人(Applicant)、受益人(Beneficiary)、单据提交期限(Documents Presentation Period)。

(2) 关于汇票,包括出票人(Drawer)、付款人/受款人(Drawee)、付款期限(Tenor)、出票条款(Drawing Clause)。

(3) 关于单据(单据的种类、份数和具体要求),包括商业发票(Commercial Invoice)、提单(Bill of Lading)、保险单(Insurance Policy)、产地证明(Certificate of Origin)、其他单据(Other Documents)。

(4) 关于货物,包括品名、货号和规格(Commodity Name, Article Number and Specification)、数量和包装(Quantity and Packing)以及单价(Unit Price)等。

(5) 关于运输,包括装货港(Port of Loading/Shipment)、卸货港或目的地(Port of

Discharge or Destination）、装运期限（Latest Date of Shipment）、可否分批装运（Partial Shipments Allowed/Not Allowed）、可否转船运输（Transshipment Allowed/Not Allowed）。

（6）其他条款，包括附加条款或特别条款（Additional Conditions or Special Conditions）、开证行对议付行的指示（Instructions to Negotiation Bank）、背批议付金额条款（Endorsement Clause）、索汇方法（Method of Reimbursement）、寄单方法（Method of Dispatching Documents）、开证行付款保证（Engagement/Undertaking Clause）、惯例适用条款（Subject to UCP Clause）、开证行签字（Signature）或电开证中的密押（Test Key）。

3. 信用证的种类

按照不同方式，信用证的种类不同。

按兑付方式，可分为即期付款、延期付款、承兑、议付信用证。

按是否可撤销，可分为可撤销、不可撤销信用证。

按是否可转让，可分为可转让、不可转让信用证。

其他特殊类信用证，可分为保兑、背对背、假远期、预支信用证。

二、信用证的形式

信用证的开立可以用信函的方式，也可以用电文方式，故信用证可以分为信开本和电开本两种。目前最流行的格式是根据国际商会制定的电文信用证格式，利用 SWIFT 系统所设计的特殊格式。

1. 信开本

信开本（Mail Credit）是以信函格式开立，并用航空挂号等方式寄给受益人或通知行的信用证。信开信用证是早期信用证的主要形式。按照邮递方式的不同，信开本还可以分为平邮、航空挂号和特快专递等。信开信用证并无统一的格式，银行一般都自己事先印就，开证行只需要按照信用证申请书上的要求缮制完毕，就可以邮寄通知行。

2. 电开本

电开本（Cable Credit）是指采用电文格式开立并以电讯方式传递的信用证。其通常采用的电讯方式主要有电报、电传和 SWIFT。Telex（电传）开具的信用证因费用较高，手续烦琐，条款文句缺乏统一性，容易造成误解等原因，在实务中已被方便、迅速、安全、格式统一、条款明确的 SWIFT 信用证取代。

三、议付信用证的收付程序

出口方与进口方订立合同后的议付信用证的收付程序，如图 4-1 所示。

（1）进出口商签订合同。

（2）开证申请人（进口方）向开证行/付款行申请开证。

（3）开证行/付款行向通知行/议付行寄发信用证。

（4）通知行/议付行向受益人（出口方）通知信用证。

（5）受益人（出口方）向通知行/议付行交付单据，请求议付。

（6）通知行/议付行向受益人（出口方）议付货款。

（7）通知行/议付行向开证行/付款行寄单索偿。

（8）开证行/付款行向通知行/议付行偿付货款。

（9）开证行/付款行向开证申请人（进口方）放单。

（10）开证申请人（进口方）向开证行/付款行付款赎单。

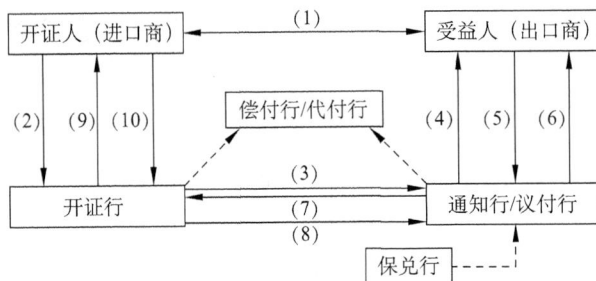

图 4-1　议付信用证的收付程序

注意，（6）～（10）环节在实际操作中的区别如下。

实际操作中，银行一般情况下不会为客户先行垫付资金，而客户一般要求先行取得单据后才会予以承付确认。

实际操作流程如下。

（9）开证行通知赎单（正本单据交付）→（10）申请人付款赎单→（8）开证行付款→（6）寄单行交付款项。

四、SWIFT 项下信用证格式详解

1. SWIFT 简介

SWIFT 的全称是 Society for Worldwide Interbank Financial Telecommunication，即环球同业银行金融电信协会。它是一个国际同业间非营利性的国际合作组织，总部在比利时的布鲁塞尔。SWIFT 专门从事传递各国之间的非公开性的国际金融电讯业务，其中包括外汇买卖、证券交易、开立信用证、办理信用证项下的汇票业务及托收等。发电成本低廉是 SWIFT 通信方式的一大特点。目前，SWIFT 在全世界拥有会员国 130 多个，会员银行 4 000 多家，其环球计算机数据通信网在荷兰的阿姆斯特丹和美国的纽约设有运行中心，在各会员国设有地区处理站，为 SWIFT 会员提供安全、可靠、快捷、标准化的通信服务。

SWIFT 在互联网上有专用服务器，银行里面也有相应的电脑硬件和 SWIFT 软件，用于登录、收发 SWIFT 电子文件。这种 SWIFT 电文有专门的格式 Message Type，简称MT。不同类别的银行业务还有不同的 MT 格式，分别编号。例如，用于电汇的就是MT100 格式、用于托收的 MT400 格式、信用证开证则是 MT700 等。

SWIFT 项下跟单信用证的 MT 格式一般分为 18 种。

MT700/MT701 格式	开立信用证时使用
MT705 格式	信用证预先通知用
MT707 格式	信用证修改用
MT710/MT711 格式	通知由第三家银行开立跟单信用证用
MT720/MT721 格式	转让跟单信用证用
MT730 格式	确认收妥跟单信用证,并证实已通知受益人用
MT732 格式	发报行通知收报行有关单据已被开证申请人接受用
MT734 格式	发报行通知收报行单证不符的拒付通知用
MT740 格式	发报行授权收报行偿付信用证项下款项,即偿付授权用
MT742 格式	发报行向收报行索偿用
MT747 格式	通知偿付行修改与偿付用
MT750 格式	发报行通知收报行有关单据不符点,即所谓"电提"用
MT752 格式	发报行授权收报行在单据没有其他不符点的情况下,可以付款/承兑/议付,该报文是对 MT750 的答复
MT754 格式	发报行通知收报行单证相符,已对有关单据进行付款/承兑/议付,并已按批示寄单,即所谓"通知电"
MT756 格式	发报行通知收报行,已进行了偿付/付款

2. SWIFT 特点

(1) SWIFT 需要会员资格。我国的大多数专业银行都是其成员。

(2) SWIFT 的费用较低。同样多的内容,SWIFT 的费用只有 TELEX(电传)的 18%左右,只有 CABLE(电报)的 2.5%左右。

(3) SWIFT 的安全性较高。SWIFT 的密押比电传的密押可靠性强、保密性高。

(4) SWIFT 格式的标准化。SWIFT 电文有统一的要求和格式。

3. SWIFT 电文结构

一份 SWIFT 电文,由报头(Header Block)、正文(Text Block)、报尾(Trailer Block)组成,还会标明发报银行(类似于 Correspondents BIC/TID 或 Sender)和收报银行(Receiver)等。以下面的信用证为例,信用证中开头、结尾的条款就是报头报尾,中间带条款编号(31C、46A 之类)的才是正文。

Own BIC/TID:ICBKCNBJZJP BIC identified as:××××××

SWIFT Message Type:MT700 Issue of Documentary Credit

Correspondents BIC/TID:SCBKHKHHXXX BIC identified as:×××××××

以上是电文报头

————————————————

以下是电文正文

Sequence of Total:27:1/1

...(此处省略其他带条款编码的内容)

Inst/Paying/Accept/Negotiate Bank:78:

PLS FORWARD THE WHOLE SET OF DOCUMENTS IN ONE LOT TO...

————————————————

以下是电文报尾

Trailer

4. SWIFT 项下 MT700 和 MT707 格式详解

(1) 跟单信用证开证(MT700)

MT700 包括以下方面内容。

① MT700:ISSUE OF A DOCUMENTARY CREDIT.

MT:MESSAGE TYPE 报文格式。

② 必选 20 DOCUMENTARY CREDIT NUMBER(信用证号码)。

③ 可选 23 REFERENCE TO PRE-ADVICE(预先通知号码)。

如果信用证是采取预先通知的方式,该项目内应该填入"PREADV/",再加上预先通知的编号或日期。

④ 必选 27 SEQUENCE OF TOTAL(电文页次)。

如果该信用证条款能够全部容纳在该 MT700 报文中,那么该项目内显示 1/1,如果该证由一份 MT700 报文和一份 MT701 报文组成,那么在 MT700 的报文项目 27 中显示 1/2,在 MT701 报文的项目 27 中显示 2/2,以此类推。目前大多数信用证是通过 SWIFT (环球同业银行金融电讯协会)开立。SWIFT 电文根据银行的实际业务运作分为十大类。其中第一类格式代码为 MT1XX 的用于客户汇款与支票业务,第七类用于跟单信用证及保函业务,其电文格式代码为 MT7XX,如开立跟单信用证的格式代码为 MT700/MT701。MT710 是通知由第三家银行开立的跟单信用证报文格式。MT734 是拒付电文。

⑤ 可选 31C DATE OF ISSUE(开证日期)。

如果这项没有填,则开证日期为电文的发送日期。

⑥ 必选 31D DATE AND PLACE OF EXPIRY(信用证有效期和有效地点)。该日期为最后交单的日期。应注意有效地是在受益人国家,开证银行国家或保兑银行国家到期。如果地点为 ISSUING BANK'S COUNTER 或者类似的表示在开证行国家到期的语句,就需要提早寄单,最安全的做法应该提前 5 天以上用快邮寄出。

⑦ 必选 32B CURRENCY CODE,AMOUNT(信用证结算的货币和金额)。注意小数点以","表示。

⑧ 可选 39A PERCENTAGE CREDIT AMOUNT TOLERANCE(or Percentage) (信用证金额上下浮动允许的最大范围)。该项目的表示方法较为特殊,数值表示百分比的数值,如 5/5 表示上下浮动最大为 5%。

⑨ 可选 39B MAXIMUM CREDIT AMOUNT(信用证最大限制金额)。该项目用 up to,maximum 或 not exceeding 后跟金额表示。39B 与 39A 不能同时出现。

⑩ 可选 39C ADDITIONAL AMOUNTS COVERED(额外/附加金额)。表示信用证所涉及的保险费、利息、运费等金额。如果 39C 没有显示,则金额须完全符合 32B。

⑪ 必选 40A FORM OF DOCUMENTARY CREDIT(跟单信用证形式)。跟单信用证有六种形式。

- IRREVOCABLE(不可撤销跟单信用证):指信用证一经开出,在有效期内,未经受益人及有关当事人的同意,开证行不能片面修改和撤销,只要受益人提供的单据符合信用证规定,开证行必须履行付款义务。

* REVOCABLE(可撤销跟单信用证)。
* IRREVOCABLE TRANSFERABLE(不可撤销可转让跟单信用证)。
* REVOCABLE TRANSFERABLE(可撤销可转让跟单信用证)。
* IRREVOCABLE STANDBY(不可撤销备用信用证)。
* REVOCABLE STANDBY(可撤销备用信用证)。

⑫ 必选 41A AVAILABLE WITH...BY...(指定的有关银行及信用证兑付的方式),包括以下内容。

指定银行作为付款、承兑(口头地、书面或以行为承担付款义务)、议付(即银行根据信用证付钱)。

兑付(以汇票兑换现金),是银行的一种业务,兑付的方式有 5 种:BY PAYMENT(即期付款);BY ACCEPTANCE(远期承兑);BY NEGOTIATION(议付);BY DEF PAYMENT(延期付款);BY MIXED PAYMENT(混合付款)。

银行表示方法。当该项目代号为 41A 时,银行用 SWIFT 名址码表示;当该项目代号为 41D 时,银行用行名地址表示。如果信用证为自由议付信用证时,该项目代号为41D,银行用 ANY BANK IN...(国家/地名)表示,如果对国家地区也无限制,该项目代号为 41D,银行用 ANY BANK 表示。如果是自由议付信用证(规定任何银行都可以办理议付的信用证,有即期和远期两种),对该信用证的议付地点不做限制,该项目为:41D ANY BANK IN...。

⑬ 必选 40E APPLICABLE RULES(适用规则)。

UCP600 于 2007 年 7 月 1 日生效,在 MT700、MT710、MT720、MT740 报文中相应增加了 40E 适用规则这一必选项,来表明所开立的信用证适用的规则。该项有 6 种可供使用的选择,如下所述。

UCP LATEST VERSION(统一惯例最新版本):表示信用证适用在开证日有效的国际商会跟单信用证统一惯例。

EUCP LATEST VERSION(电子化交单统一惯例最新版本):表示信用证适用在开证日生效的国际商会跟单信用证统一惯例电子化交单附则。

UCP URR LATEST VERSION(统一惯例及偿付统一规则最新版本):表示信用证适用在开证日有效的国际商会跟单信用证统一惯例及国际商会银行间偿付统一规则。

EUCP URR LATEST VERSION(电子化交单统一惯例及偿付统一规则最新版本):表示信用证适用在开证日有效的国际商会跟单信用证统一惯例电子化交单附则及国际商会银行间偿付统一规则。

ISP LATEST VERSION(《国际备用证惯例》最新版本):表示备用信用证适用在开证日有效的国际商会国际备用证惯例。

OTHER(其他):表示信用证适用任何其他规则,此时应在第 47 场注明该信用证适用的具体规则的名称。

文件名称：国际商会跟单信用证统一惯例
文件类型：DOC
文件大小：60.5KB

⑭ 可选 42A DRAWEE(汇票付款人)，必须与 42C 同时出现。该项目列明跟单信用证项下汇票的付款人，该项目不能出现账号。如 42C 和 42A 没有，则不需要汇票，有的银行因为使用汇票需要交印花税所以拒绝汇票。

⑮ 可选 42C DRAFTS AT...(汇票付款日期)必须与 42A 同时出现。

⑯ 可选 42M MIXED PAYMENT DETAILS(混合付款条款)。该项目列明混合付款跟单信用证项下的付款日期、金额及确定的方式。

⑰ 可选 42P DEFERRED PAYMENT DETAILS(延期付款条款)。

⑱ 可选 43P PARTIAL SHIPMENTS(分装条款)。该项目列明跟单信用证项下分批装运是否允许，如表明 NOT ALLOWED，或者 NOT PERMITTED 等，则须一次把货出完，使发票金额满足 32B、39A、39B 的要求，否则将构成短装或者超装。若规定可以分批，则一次或多次出货都可以，但总金额仍须满足金额条款。

⑲ 可选 43T TRANSSHIPMENT(转运条款)，表示该信用证是直接到达，还是通过转运到达。

⑳ 可选 44C LATEST DATE OF SHIPMENT(最后装船期)，装船的最迟的日期。B/L 的装船日和签发日可以不同。如果 B/L 上写明×××年××月××日 ON BOARD(已装船批注)，则该日期视为装运日期，如果该日期未显示，则装运日为 B/L 的签发日(ISSUING DATE)。44C 与 44D 不能同时出现。

㉑ 可选 44D SHIPMENT PERIOD(船期)。UCP600 对 MT700、MT705、MT707、MT710、MT720 格式运输路线的场次进行了全面调整，将原先用于各种运输方式各种运输单据的第 44A 场"装船/发运/接受监管地"及第 44B 场"运输至"取消，并设立了第 44A、44E、44F、44B 这四个场次来体现不同运输方式不同运输单据的具体要求。

㉒ 可选 44A Place of Taking in charge/Dispatch from .../Place of Receipt(接受监管地/发运地/收货地)，用来表明应在运输单据上显示的接受监管地(如为多式运输单据)、收货地(如为公路、铁路或内河运输单据或快件或速递单据)、发运地或装运地。

㉓ 可选 44B Place of Final Destination/For Transportation to .../Place of Delivery(最终目的地/运往……/交货地)，用来注明应在运输单据上显示的最终目的地或交货地。

㉔ 可选 44E Port of Loading/Airport of Departure(装运港/出发机场)，用来注明应在运输单据上显示的装运港或出发机场。

㉕ 可选 44F Port of Discharge/Airport of Destination(卸货港/目的地机场)，用来注明应在运输单据上显示的卸货港或目的地机场。

㉖ 可选 45A DESCRIPTION OF GOODS AND/OR SERVICES(货物描述)，用以说明货物的情况、价格条款。

㉗ 可选 46A DOCUMENTS REQUIRED(单据要求)，对各种单据的要求。

㉘ 可选 47A ADDITIONAL CONDITIONS(附加条款)。常见的附加条款有以下几

种。第三方单据是否接受;某些具体内容须在全部或某几种单据中显示;关于不符单据的扣费和处理过程等。某些国家开来的信用证把 46A 和 47A 的条款全部混在一起,给单证员带来一定难度。

㉙ 可选 48 PERIOD FOR PRESENTATION(交单期限),表明开立运输单据后多少天内交单。若无此项目,则表示在开立运输单据后 21 天内交单。

㉚ 必选 49 CONFIRMATION INSTRUCTIONS(保兑指示),有以下内容。

CONFIRM,要求保兑行保兑该信用证。

MAY ADD,收报行可以对该信用证加具保兑。

WITHOUT,不要求收报行保兑该信用证。

必选 49 以后的几个项目都是银行间清算的内容。

㉛ 必选 50 APPLICANT(信用证开证申请人),一般为进口商,写明开证申请人全称及地址。

㉜ 可选 51A APPLICANT BANK(信用证开证的银行)。

㉝ 可选 53A REIMBURSEMENT BANK(偿付行)。

㉞ 可选 57A "ADVISE THROUGH" BANK(通知行)。

㉟ 必选 59 BENEFICIARY(信用证的受益人),一般为出口商,写明受益人全称及地址。

㊱ 可选 71B CHARGES(费用情况),表明费用是否由受益人(出口商)出,如果没有这一条,表示除了议付费、转让费以外,其他各种费用由开出信用证的申请人(进口商)出。

㊲ 可选 72 SENDER TO RECEIVER INFORMATION(附言)。

㊳ 可选 78 INSTRUCTION TO THE PAYING/ACCEPTING/NEGOTIATING BANK(给付款行、承兑行、议付行的指示)。

(2) 信用证修改(MT707)。

① 必选 20 SENDER'S REFERENCE(信用证号码)。

② 必选 21 RECEIVER'S REFERENCE(收报行编号),发电文的银行不知道收报行的编号,填写"NONREF"。

③ 可选 23 ISSUING BANK'S REFERENCE(开证行的号码)。

④ 可选 26E NUMBER OF AMENDMENT(修改次数),该信用证修改的次数,要求按顺序排列。

⑤ 可选 30 DATE OF AMENDMENT(修改日期),如果信用证修改没填这项,修改日期就是发报日期。

⑥ 可选 31C DATE OF ISSUE(开证日期),如果这项没有填,则开证日期为电文的发送日期。

⑦ 可选 31E NEW DATE OF EXPIRY(信用证新的有效期),即信用证修改的有效期。

⑧ 可选 32B INCREASE OF DOCUMENTARY CREDIT AMOUNT(信用证金额的增加)。

⑨ 可选 33B DECREASE OF DOCUMENTARY CREDIT AMOUNT(信用证金额

的减少)。

⑩ 可选 34B NEW DOCUMENTARY CREDIT AMOUNT AFTER AMENDMENT(信用证修改后的金额)。

⑪ 可选 39A PERCENTAGE CREDIT AMOUNT TOLERANCE(信用证金额上下浮动允许的最大范围的修改),该项目的表示方法较为特殊,数值表示百分比的数值,如 5/5,表示上下浮动最大为 5%。39B 与 39A 不能同时出现。

⑫ 可选 39B MAXIMUM CREDIT AMOUNT(信用证最大限制金额的修改),39B 与 39A 不能同时出现。

⑬ 可选 39C ADDITIONAL AMOUNTS COVERED(额外金额的修改),表示信用证所涉及的保险费、利息、运费等金额的修改。

⑭ 可选 44A LOADING ON BOARD/DISPATCH/TAKING IN CHARGE AT/FORM(装船、发运和接收监管的地点的修改)。

⑮ 可选 44B FOR TRANSPORTATION TO...(货物发运的最终地的修改)。

⑯ 可选 44C LATEST DATE OF SHIPMENT(最后装船期的修改),修改装船的最迟的日期。44C 与 44D 不能同时出现。

⑰ 可选 44D SHIPMENT PERIOD(装船期的修改)。

⑱ 可选 52A APPLICANT BANK(信用证开证的银行)。

⑲ 必选 59 BENEFICIARY(BEFORE THIS AMENDMENT)(信用证的受益人),该项目为原信用证的受益人,如果要修改信用证的受益人,则需要在 79 NARRATIVE 修改详述中写明。

⑳ 可选 72 SENDER TO RECEIVER INFORMATION(附言)。

BENCON:要求收报行通知发报行受益人是否接受该信用证的修改。

PHONBEN:请电话通知受益人(列出受益人电话号码)。

TELEBEN:用快捷有效的电讯方式通知受益人。

㉑ 可选 78 NARRATIVE(修改详述),可选写详细的修改内容。

第二节　开立信用证

进口方与出口方签订国际货物进出口合同并确立信用证为结算方式后,即由进口方向有关银行申请开立信用证。进口方应根据合同规定的时间或在规定的装船前一定时间内申请开证,并填制开证申请书,开证行根据有关规定收取开证押金和开证费用后开出信用证。

一、申请开立信用证

进口人在合同规定的时间向有关银行办理申请开立信用证手续,递交有关合同的副本及附件(如进口许可证、进口配额证、某些部门的审批文件等),交付保证金,支付开证手续费,填写开证申请书。

二、填写开证申请书

进口人根据银行规定的统一开证申请格式,填写一式三份,其中一份交银行,另两份留公司的业务部门和财务部门。开证申请书是银行开立信用证的依据,必须按合同的具体规定,写明对信用证的各项要求,内容要明确、完整、无词义不清的记载。开证申请书主要包括两部分内容。

文件名称:中国银行开证申请书样本

文件类型:DOC

文件大小:33.0KB

1. 正面

正面为格式化的开证申请人对信用证的要求,即开证申请人按照买卖合同条款,要求在信用证上列明的条款。

2. 背面

背面为开证申请人对开证行的声明,用以明确双方的责任。

开证申请书主要有下列一些内容。

(1) 开证行名称。

(2) 开证通知方式,要明确指示信用证采用全电、简电或信开方式。

(3) 申请日期。

(4) 信用证效期及地点。

(5) 通知行名址。

(6) 申请人名址。

(7) 受益人名址。

(8) 金额(大小写)和币别。

(9) 信用证类型,即明确信用证是即期付款、承兑、议付或延期付款。

(10) 受益人必须提供的单据种类、正副本份数、内容及要求等。

(11) 有关货物的简要描述。

(12) 必要的附加指示,如国外银行费用由谁负担、提交单据的期限、以第三者为发货人的运输单据可否接受等。

(13) 价格条件及原产国。

(14) 装运条款。

(15) 开证申请人签章。

(16) 开证申请人保证书,即开证申请书背面的内容。

三、银行开立信用证

开证行在收到开证申请书后,首先要对客户(进口商)进行资信调查(如有否足够的现汇资金或有否批准的外汇用汇计划等),以决定进口商应交纳保证金的数额。同时还要审查开证申请书的内容,发现不妥之处(如开证申请书前后内容矛盾、与有关条款及国家的相关规定是否抵触等)提出修改意见,然后按照开证申请人的要求开立信用证。

第三节　信用证的审核和修改

一、信用证审核

出口方在收到通知行通知的信用证以后,首先要认真细致地对国外开来的信用证进行审核,因为它是出口商能否安全及时收取货款的关键。

1. 信用证审核的依据和原则

出口商审核信用证时的主要依据是国内的有关政策和规定、交易双方成交的合同、UCP600、ISBP、ICC 其他出版物以及实际业务中出现的具体情况等。

审核信用证通常遵守的原则是信用证条款规定比合同条款严格时,应当作为信用证中存在的问题提出修改;而当信用证的规定比合同条款宽松时,往往可不要求修改。

2. 信用证审核的主要内容

信用证审核的主要内容如下所述。

(1) 开证银行,包括开证行的政治背景、资信状况、印鉴、密押是否相符,索汇路线是否正确,是否符合支付协定,是否要加具保兑或由偿付银行确认偿付。

(2) 信用证的类型。信用证不论是即期、远期、保兑、可转让、循环或备用的信用证,都应该有"Irrevocable"字样。若信用证没有明示是否可撤销,根据《UCP600》的规定,应理解为不可撤销。当合同规定开出的是保兑信用证或可转让信用证时,应检查信用证内是否有注明"Confirmed"字样或"Transferable"字样。

(3) 开证人。开证人一般情况下是订立货物买卖合同的买方,也可能是买方的客户或买方委托的开证人。

(4) 受益人。受益人应是订立货物买卖合同的卖方。审证时应以合同为依据,逐字查核受益人的名称和地址是否写错。

(5) 币制和金额,原则上来证的币别和币值应与合同的币别和币值相符。

(6) 有效期、地点。来证应规定一个有效期,到期地点应在我国国内。根据《UCP600》的规定,若信用证没有规定有效期,视为无效信用证。若来证规定的有效期的最后 1 天适逢法定假日或银行例假日,该期限可顺延至下一个营业日。

（7）汇票条款。若信用证为即期付款，其汇票条款一般为"Credit available by your draft(s)at sight for 100 percent of Invoice value drawn on…"。若信用证为远期付款，要分清是真远期还是假远期，真远期的汇票条款一般为"Available by your draft(s)at 30 days sight drawn on the issuing bank for 100% of Invoice value"。

（8）分批装运及转运。根据《UCP600》的规定，除非信用证另有规定，允许分批装运和转船。根据《UCP600》第 32 条的规定，除非信用证特别授权，若信用证规定在指定时期内分期支款或分期装运，其中任何一期未按信用证规定的期限支取或发运时，则信用证对该期和以后各期均告失效。

来证规定在某个港口转船，有的指定由某个船公司接转或在某港转装集装箱等，收证后都要核实能否按来证要求办理，避免额外的费用（如 ORC、THC）大量增加。

（9）装运港和目的港。来证规定海运的启运港为中国港口（Chinese Ports）或当地的港口，甚至规定亚洲口岸（Asian Ports）都可以，但不能是一个内陆城市，如乌鲁木齐、拉萨或北京等。

（10）装运期。信用证的装运期一般应规定为最迟（Latest）某月某日。来证没有规定装运期，根据惯例，可理解为双到期。

（11）货物描述。

（12）单据要求，具体可分为以下类型。

① 商业发票（Commercial Invoice）。来证要求出具两份不同买主名称的商业发票时，应要求改证。

② 装箱单（Packing List）。来证要求提供中性包装单（Neutral Packing List），装箱单上不显示受益人名称和地址即可，不必改证。

③ 提单（Bill of Lading，B/L），以 FOB 交易，提单应注明 FREIGHT COLLECT，如误开为 FREIGHT PREPAID，应要求改证。

④ 保险单（Insurance Policy）。来证要求保险单中的保险条款、险别、保险加成、保险人和理赔人等方面内容应与合同一致。

除非信用证另有规定，保险单据必须使用与信用证相同的货币开立。

保险加成，保险公司一般可承保加成到 30%，如来证规定加成高于 30% 又不是投保关税险，要取得保险公司同意，否则应该改证。

⑤ 产地证（Certificate of Origin）。来证指定由出入境检验检疫局或贸促会出具产地证可以接受，但要求上述两家机构互相加具证明的不能接受。

⑥ 普惠制产地证格式 A（Generalized System of Preferences Certificate of Origin FROM A，GSP）。出入境检验检疫局是我国签发普惠制产地证的唯一机构，来证指定其他机构如贸促会签发普惠制产地证，应要求改证。

⑦ 品质证（Certificate of Quality）和检验证（Inspection Certificate）。

⑧ 受益人证明书（Beneficiary's Certificate）。受益人证明书主要有寄单证明、电抄本和履约证明等。来证要求出具的受益人证明书应是受益人实际已完成或受益人力所能及的任务的证明。

⑨ 装船通知（Advice of Shipment），来证规定在装运前若干天发装船通知并且要列明装运日期，应要求改证，改为装运后发电（Immediately After Shipment）。

⑩ 海关发票(Customs Invoice)，如来证指定某种格式或编号的海关发票，应核查能否提供。否则，应改证。

⑪ 领事发票(Consular Invoice)。

⑫ 交单期限。来证一般规定一个装运后的交单期限，如果来证没有要求，根据《UCP600》第 14 条 c 款的规定，受益人或其代表须在不迟于本惯例所指的发运日之后的二十一个日历日内交单，但是在任何情况下都不得迟于信用证规定的截止日。

⑬ 跟单信用证统一惯例文句。来证一般规定有依照惯例声明，如"This credit is subject to the Uniform Customs and Practice for Documentary Credit(1983 Revision)，International Chamber of Commerce，Publication No. 600."（本信用证是根据国际商会600 号出版物(1983 年版)《跟单信用证统一惯例》而开出的）。

对于 SWIFT 信用证，可以省略依照惯例的声明。

3. 信用证审核中常见的问题

(1) 信用证的性质。例如，信用证未生效或有限制性生效的条款；信用证为可撤销的；信开信用证中没有保证付款的责任文句；信用证内漏列适用国际商会 UCP 规则条款；信用证未按合同要求加保兑；信用证密押不符。

(2) 信用证有关期限。例如，信用证中没有到期日（有效期）；到期地点在国外；信用证的到期日和装运期有矛盾；装运期、到期日或交单期规定与合同不符；装运期或有效期的规定与交单期矛盾；交单期过短。

(3) 信用证当事人。例如，开证申请人公司名称或地址与合同不符；受益人公司名称或地址与合同不符。

(4) 金额与货币。例如，信用证金额不够（不符合合同、未达到溢短装要求）；金额大小写不一致；信用证货币币种与合同规定不符。

(5) 汇票。例如，付款期限与合同规定不符；没有将开证行作为汇票的付款人。

(6) 分批和转运。例如，分批规定与合同规定不符；转运规定与合同规定不符；转运港口与合同规定或成交条件不符；目的地不符合合同或成交条件；转运期限与合同规定不符。

(7) 货物。例如，货物品名规格不符；货物数量不符；货物包装有误；贸易术语错误；使用术语与条款有矛盾；货物单价数量与总金额不吻合；证中援引的合同号码与日期错误；漏列溢短装规定。

(8) 单据。例如，发票种类不当；商业发票要求领事签证；提单收货人一栏的填制要求不当；提单抬头和背书要求有矛盾；提单运费条款规定与成交条件矛盾；正本提单全部或部分直寄客户；产地证明出具机构有误（国外机构或无授权机构）；漏列必须提交的单据（如 CIF 成交条件下的保险单）；费用条款规定不合理；运输工具限制过严；要求提交的检验证书种类与实际不符；保险单种类不对；保险险别范围与合同规定不一致；投保金额未按合同规定。

二、信用证修改

1. 信用证修改的原因

当出口商根据合同对信用证进行审核后，若发现与合同规定的内容不符或不能接受或无法办到的条款,为不影响合同的履行和收汇的安全,可按合同规定向进口商提出修改信用证。进口商因一些形势或情况的变化,也可以按规定对信用证提出修改。

从要求修改者的角度划分,信用证修改通常在以下几种情况发生。

(1) 出口方(受益人)要求修改信用证,原因多为以下几个方面。

① 由于信用证内容与合同不符。

② 信用证中某些条款受益人无法办到。例如,来证规定货物不允许转运,但实际并无直航船只抵达目的地。

③ 货源或船期等出现问题,要求展期。

(2) 进口方(开证申请人)要求展期,原因有以下几种。

① 由于市场或销售情况发生变化,如需要提前或推后发货,增加或减少货物数量或品种,改变信用证单价、金额等。

② 进口国某些情况发生变化,使信用证必须修改,才能进口有关货物,如进口国政策改变,规定进口某些货物必须具备某特定单据等。

③ 国际政治、经济形势变化,使进出口风险增加。例如,当战争爆发时,进口商要求增保战争险或改变航运路线等。

(3) 开证行工作疏漏,在打字或传递上造成的错误使信用证必须更正。

2. 信用证修改要点

信用证经过全面的审核后,如发现有问题时,应及时通知国外客户通过开证行进行修改。改证时一般应掌握以下几点要素。

(1) 一份信用证如有多处需要修改,应集中一次通知开证人办理修改,避免一改再改,既增加双方的费用又浪费时间,而且还会引起不良影响。

(2) 修改信用证的要求一般应用电讯通知开证人,同时应规定一个修改书的到达时限。

(3) 对收到的信用证修改通知书应认真进行审核,如发现修改内容有误或我方不能同意的,出口企业有权拒绝接受。

(4) 根据《UCP600》第 10 条 e 款的规定,一份信用证的修改通知书的内容要么全部接受,要么全部拒绝,不能接受其中一部分拒绝另一部分。

(5) 根据《UCP600》第 9 条 d 款的规定,经由通知行或第二通知行通知信用证的银行必须经由同一银行通知其后的任何修改。

(6) 根据《UCP600》第 9 条 e 款的规定,若一银行被要求通知信用证或修改但其决定不予通知,则应毫不延误地告知自其处收到信用证、修改或通知的银行。

3. 拟写改证函

一份规范的改证函主要包括三方面内容。

(1) 感谢对方开来信用证。

(2) 列明不符点并说明如何修改。

(3) 感谢对方合作,并希望信用证修改书早日开到。

常用的语句如下所述。

(1) Thank you for you L/C No. SG99WE34 issued by West Country Bank, Los Angeles Branch dated February 5,2000.

（2）We are very pleased to receive your L/C No. YUC9022 established by the National Bank of Bangladesh dated March 1,2001 against S/C No. 98DXB15.

（3）However,we are sorry to find it contains the following discrepancies.

（4）But the following points are in discrepancy with the stipulations of our S/C No. ERT12.

（5）As to the description of the goods,please insert the "red" before "sun".

（6）Please delete the clause "The invoice evidences that the goods are packed in wooden cases," and insert the wording "The invoice evidences that the goods are packed in seaworthy cartons."

（7）Please amend the amount in figure to US $78 450.00.

（8）The expiry date should be February 15,2001 instead of February 5,2001.

（9）Please extend the shipment date and the validity of the L/C to March 15,2001 and March 30,2001 respectively.

（10）Thank you for your kind cooperation. Please see to it that the L/C amendment reaches us within next week,otherwise we cannot effect punctual shipment.

第四节　开证、审证和改证实例

这里以日本高田商社按照合同开证时间的规定,及时向日本富士银行开出本批交易的不可撤销跟单即期信用证为例。

一、进口商开立信用证

进口方在合同规定的时限内向当地银行申请开证。

申请开立信用证,如图 4-2 所示。

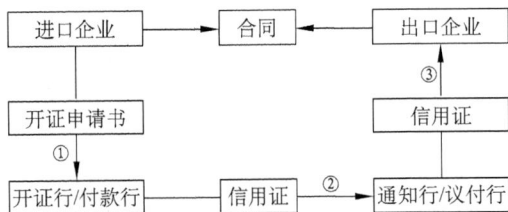

图 4-2　申请开立信用证阶段的单证流转图

说明要点如下。

（1）进口商向银行申请开证要依照合同各项有关规定填写开证申请书,并交付押金或其他保证金。

（2）开证行根据申请书要求开立信用证,正本寄送通知行,副本交进口企业。

二、通知行审核信用证

通知行收到信用证,立即审核开证行的业务往来情况、政治背景、资信能力、付款责任和索汇路线等,并鉴别信用证的真伪。经审查无误,则在信用证正本上加盖"证实书"戳印,并将其随信用证通知书交出口方审核。

BANK OF CHINA SHANGHAI BRANCH
信用证通知书
Notification of Documentary Credit

To:致 SHANGHAI IMPORT & EXPORT TRADE CORPORATION 1321 ZHONGSHAN ROAD SHANGHAI	WHEN CORRESPONDING PLEASE QUOTE OUR REF NO	W556678
Issuing Bank:开证行 FUJI BANK 1013 SAKULA OTOLIKINGZA MACHI TOKYO JAPAN	Transmitted to us through 转递行/转让行	
L/C No. 信用证号 XT173 　　Dated 开证日期 20060510	Amount 金额 USD 32 800.00	

Dear Sirs,

谨启者:

We advise you that we have received from the a/m bank a(n) letter of credit, contents of which are as per attached sheet(s).

兹通知贵司,我行收自上述银行信用证一份,现随附通知。

This advice and the attached sheet(s) must accompany the relative documents when presented for negotiation.

贵司交单时,请将本通知书及信用证一并提示。

This advice does not convey any engagement or obligation on our part unless we have added our confirmation.

本通知书不构成我行对此信用证的任何责任和义务,但本行对本证加具保兑的除外。

If you find any terms and conditions in the L/C which you are unable to comply with and or any error(s), it is suggested that you contact applicant directly for necessary amendment(s) so as to avoid any difficulties which may arise when documents are presented.

如本信用证中有无法办到的条款及/或错误,请经与开证申请人联系,进行必要的修改,以排除交单时可能发生的问题。

THIS L/C IS ADVISE SUBJECT TO ICC UCP PUBLICATION NO. 500.

本信用证之通知系遵循国际商会跟单信用证同意惯例第 500 号出版物办理。

This L/C consists of sheet(s), including the covering letter and attachment(s).

本信用证连同面函及附件共 1 纸。

Remarks:

备注:

Yours faithfully,
For BANK OF CHINA

IRREVOCABLE DOCUMENTARY CREDIT

SEQUENCE OF TOTAL	*27：	1/1
FORM OF DOC,CREDIT	*40A：	IRREVOCABLE
DOC CREDIT NUMBER	*20：	XT173
DATE OF ISSUE	31C：	060510
DATE AND PLACE OF EXPIRY	*31D：	DATE 060630 AT NEGOTIATING BANK'S COUNTER
APPLICANT	*50：	TKAMLA CORPORATION 6-7,KAWARA MACH OSAKA JAPAN
ISSUING BANK	52A：	FUJI BANK 1013,SAKULA OTOLIKINGZA MACHI OSAKA JAPAN
BENEFICIARY	*59：	SHANGHAI IMPORT & EXPORT TRADE CORPORATION 1321 ZHONGSHAN ROAD SHANGHAI CHINA
AMOUNT	*32B：	CURRENCY USD AMOUNT 32 800.00
AUAILABLE WITH/BY	*41D：	OSAKA BANK NEW YORK BRANCH BY NEGOTIATION
DRAFTS AT...	42C：	DRAFTS AT 30 DAYS AFTER SIGHT FOR FULL INVOICE COST
DRAWEE	42A：	FUJI BANK
PARTIAL SHIPMENTS	43P：	NOT ALLOWED
TRANSSHIPMENT	43T：	NOT ALLOWED
LOADING ON BOARD	44A：	SHANGHAI PORT
FOR TRANSPORTATION TO...	44B：	OSAKA PORT
LATEST DATE OF SHIPMENT	44C：	060620
DESCRIPT OF GOODS	45A：	CHINESE GREEN TEA AS PER S/C NO. TXT264 CIF OSAKA
DOCUMENTS REQUIRED	46A：	

+ SIGNED COMMERCIAL INVOICE, 2 ORIGINAL AND 4 COPIES

+PACKING LIST,1 ORIGINAL AND 4 COPIES

+ CERTIFICATE OF ORIGIN GSP CHINA FORM A. ISSUED BY THE CHAMBER OF COMMERCE OR OTHER
AUTHORITY DULY ENTITLED FOR THIS PURPOSE

+FULL SET OF NEGOTIABLE INSURANCE POLICY OR CERTIFICATE BLANK ENDORSED FOR 120 PERCENT OF THE INVOICE VALUE COVERING ALL RISKS

+FULL SET OF B/L(3 ORIGINAL AND 5 COPIES) CLEAN ON BOARD, MADE OUT TO ORDER OF SHIPPER AND BLANK ENDORSED AND MARKED "FREIGHT PREPAID"AND NOTIFY APPLICANT

+ QUALITY CERTIFICATE IS TO BE EFFECTED BEFORE SHIPMENT AND IS REQUIRED FROM THE INSPECTING AGENCY DESIGNATED BY THE BUYER

CHARGES	71B：	ALL BANKING CHARGES OUTSIDE CANADA ARE FOR ACCOUNT OF BENEFICIARY
PERIOD FOR PRESENTATION	48：	DOCUMENTS MUST BE PRESENTED WITHIN 15 DAYS AFTER THE DATE OF SHIPMENT BUT WITHIN THE VALIDITY OF THE CREDIT

三、出口商审核信用证

上海进出口贸易公司对日本富士银行开出本批交易的不可撤销跟单即期信用证进行认真审核,发现多处与合同条款内容不符。于是发函至日本高田商社,要求修改信用证中的有关内容。

出口方审证时如发现与合同条款不符或其他错误,应立即通知进口方修改信用证。凡是属于非改不可的,应及时要求进口商改证。如果信用证中需要修改的内容较多,必须一次性提出。如果一份信用证修改通知书包括多项内容时,受益人要么全部接受,要么全部拒绝。

改证业务流程,如图 4-3 所示。

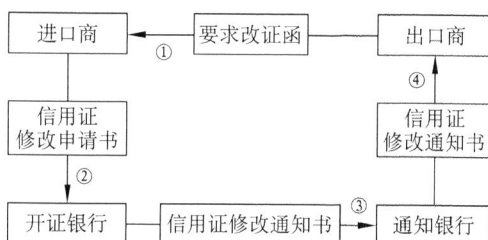

图 4-3　改证业务流程

说明要点如下。

(1) 出口商审核信用证内容是否符合合同的有关规定,如有不符点,要求进口商改证。

(2) 进口商若须改证,向开证银行递交改证申请书,要求其修改信用证。

(3) 开证行将改证后的信用证修改书通知书,委托通知行转交出口商。

1. 出口商的改证函

出口商的改证函如图 4-4 所示。

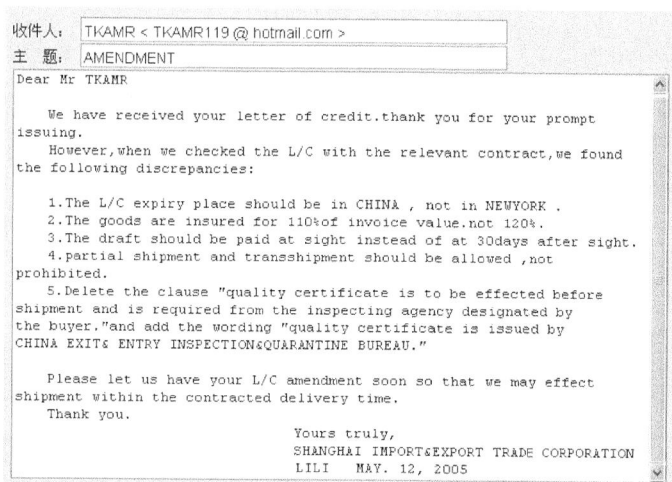

收件人：TKAMR < TKAMR119 @ hotmail.com >
主　题：AMENDMENT

Dear Mr TKAMR

　　We have received your letter of credit.thank you for your prompt issuing.
　　However,when we checked the L/C with the relevant contract,we found the following discrepancies:

　　1.The L/C expiry place should be in CHINA , not in NEWYORK .
　　2.The goods are insured for 110%of invoice value.not 120%.
　　3.The draft should be paid at sight instead of at 30days after sight.
　　4.partial shipment and transshipment should be allowed ,not prohibited.
　　5.Delete the clause "quality certificate is to be effected before shipment and is required from the inspecting agency designated by the buyer."and add the wording "quality certificate is issued by CHINA EXIT& ENTRY INSPECTION&QUARANTINE BUREAU."

　　Please let us have your L/C amendment soon so that we may effect shipment within the contracted delivery time.
　　Thank you.

　　　　　　　　　　　　Yours truly,
　　　　　　　　　　　　SHANGHAI IMPORT&EXPORT TRADE CORPORATION
　　　　　　　　　　　　LILI　　MAY. 12, 2005

图 4-4　出口商的改证函

2. 开证行发出信用证修改通知书

FUJI BANK

APPLICATION FOR AMENDMENT

Amendment to Credit No. XT173

Amendment No. :XT183

Amendment Date:MAY 14,2005

To:BANK OF CHINA SHANGHAI BRANCH

Applicant TKAMLA CORPORATION 6-7,KAWARA MACH OSAKA JAPAN	Advising Bank BANK OF CHINA SHANGHAI BRANCH
Beneficiary(Before this amendment) SHANGHAI IMPORT & EXPORT TRADE CORPORATION 1321 ZHONGSHAN ROAD SHANGHAI CHINA	Amount USD 32 800.00

The above mentioned credit is amended as follows:

1. The L/C expiry place should be in CHINA,not in NEWYORK.

2. The goods are insured for 110% of invoice value not 120%.

3. The draft should be paid at sight instead of at 30days after sight.

4. Partial shipment and transshipment should be allowed,not prohibited.

5. Delete the clause "quality certificate is to be effected before shipment and is required from the inspecting agency designated by the buyer"and add the wording "quality certificate is issued by CHINA EXIT & ENTRY INSPECTION & QUARANTINE BUREAU".

☐ Banking charges:

All other terms and conditions remain unchanged

Authorized & Signature(s)

FUSHI

This Amendment is Subject to Uniform Customs and Practice for Documentary Credits (1993 Revision) International Chamber of Commerce Publication No. 500.

3. 出口商填写信用证分析表

出口商根据信用证和信用证修改通知书的主要内容填写信用证分析表,作为缮制、审核和管理该票业务单证的依据。示例如表 4-1 所示。

表 4-1 上海进出口贸易公司信用证分析表

编号:XT060588   本证 2006 年 5 月 14 日收到

开证行	FUJI BANK 1013 SAKULA OTOLIKINGZA MACH OSAKA JAPAN				开证日		2006 年 5 月 10 日		
开证申请人	TKAMLA CORPORATION 6-7, KAWAPA MACH OSAKA JAPAN				受益人		SHANGHAI IMPORT & EXPORT TRADE CORPORATION		
信用证金额	USD 32 800.00				信用证号码		XT173		
汇票付款人	FUJI BANK 1013 SAKULA OTOLIKINGZA MACH OSAKA JAPAN				汇票期限		AT SIGHT		
可否转运	ALLOWED				可否分批		ALLOWED		
装运期限	2006.6.20		信用证有效期	2006.6.30		信用证到期地点		CHINA	
运输标志					交单日		WITHIN 15 DAYS AFTER THE DATE OF SHIPMENT		
单据名称	发票	装箱单	GSP	检验检疫证书	提单	保险单	装运通知	受益人证明	汇票
提交银行单据份数	3	3	1	1	2	1	1	1	2
寄进口方单据份数	1	1					1		
提单/承运单据	抬头人	TO ORDER OF SHIPPER							
	通知人	TKAMLA CORPORATION							
	注意事项								
保险	险别	ALL RISKS							
	加成率	FOR 110 PERCENT OF THE INVOICE VALUE							

其他注意事项:

第五节　实训操作

一、操作目的

能够根据合同审核信用证；能够拟写修改信用证的信函。

二、操作要求

按实训操作练习给出的资料完成练习。

三、操作内容

1. 根据下列合同条款及审核要求审核英国伦敦米兰银行来证。

SALES CONTRACT

Contract No. :055756

Date:21st July,2005

Seller:Shanghai Cereals and Oil Imp. & Exp. Corporation 上海粮油进出口公司

Buyer:ABC Company Limited 36-36 Kannon Street London U. K.

Commodities and Specification:Chinese White Rice Long-shaped

Broken Grains(Max):5%

Admixture(Max):0. 25%

Moisture(Max):15%

Quantity:30 000 metric tons with 10% more or less at the seller's option

Packing:Packed in gunny bags of 50kg each

Unit Price:USD 400 per M/T FOB stowed Shanghai gross for net

Amount:USD 12 000 000(SAY TWELVE MILLION ONLY)

Shipment:During Oct. /Nov. 2005 from Shanghai to London with partial shipment and transshipment is allowed

Insurance:To be covered by the buyer

Payment:By Irrevocable L/C payable at sight for negotiation in China within 15 days after the shipment

Midland Bank Ltd. ,London

Aug. 18th,2005

Advising Bank：　　　　　　　Applicant:ABC Company Ltd.

Bank of China Shanghai Branch

Beneficiary： Amount：Not exceeding USD 12 000 000
Shanghai Cereals and Oil
Imp. & Exp. Corp.
Shanghai China

Dear Sirs，

At the request of ABC Co. .Ltd. .London,we hereby issue in your favour this revocable documentary credit No. 219307 which is available by negotiation of your draft at 30 days after sight for full invoice value drawn on us bearing the clause："Drawn under documentary credit No. 219307 of Midland Bank Ltd. "，accompanied by the following documents：

(1) Signed commercial invoice in 3 copies.

(2) Full set of 2/3 clean on board bills of lading made out to order and bank endorsed marked "Freight Prepaid" and notify applicant.

(3) Certificate of origin issued by AQSIQ.

(4) Insurance policy for full invoice value plus 10% covering all risks and war risks as per ICC dated Jan. 1st,1981.

(5) Inspection certificate issued by applicant.

(6) Beneficiary's certificate fax to applicant within 24 hours after shipment stating contract number,credit number,vessel name and shipping date.

Covering 30 000 metric tons Chinese White Rice Long-shaped

Broken Grains：5%

Admixture：0. 25%

Moisture：15%

At USD 400. 00 per M/T FOB Shanghai,packed in plastic bags.

Shipment from Chinese port to London during Oct. /Nov. 2005

Transshipment is prohibited,partial shipment prohibited.

This credit is valid for negotiation before Dec. 15th,2005 in London.

Special Conditions：Documents must be presented for negotiation within 5 days after the date of issuance of the bills of lading,but in any event within this credit validity.

We hereby undertake to honour all drafts drawn in accordance with the terms of this credit. The advising bank is kindly requested to notify the beneficiary without adding their confirmation for Midland Bank Ltd. ,London.

It is subjected to the Uniform Customs and Practice for Documentary Credit(1993 Revision),International Chamber of Commerce Publication NO. 500.

Signatures

2. 信用证修改信写作练习。
根据前述信用证的审核结果撰写一封信用证修改信函。

第五章 进出口许可证

【学习目标】

- 了解进出口许可证的定义、特点和类型；
- 理解办理进出口许可证的程序；
- 能根据信用证条款和合同要求填制进出口许可证申请书。

　　一国在对外贸易中，出于自身利益的考虑，总是对其相当部分的进出口商品实行限制，这部分商品称为限制进出口货物。根据我国《货物进出口管理条例》的规定，国家对有数量限制的限制进出口货物，实行配额（Quota）管理；其他限制进出口货物，实行许可证（Licence）管理。

第一节　认识进出口许可证

一、进出口许可证及进出口货物许可证管理的含义

1. 进出口许可证的定义

进出口许可证是国家基于限制进出口的需要,要求对外贸易经营者向有关主管机关递交申请或其他文件,并以获得批准作为进出口条件的一种法律凭证。

2. 进出口货物许可证管理的定义

所谓进出口货物许可证管理,是指由商务部或者会同国务院有关部门,依法制定并调整进出口许可管理目录,以签发进出口许可证的形式对该目录商品实行的行政许可管理。

二、进出口许可证的发证机关

进出口许可证由商务部负责制定相关的规章制度,并且制定、调整和公布目录。经过商务部的授权,由配额许可证事务局(简称许可证局)来统一管理、指导全国各发证机构的进出口许可证签发工作。

具体的发证机构有许可证局、商务部驻各地特派员办事处以及授权的各省市的商务厅(局)、外经贸委(厅、局)。

三、进出口许可证的特点

进出口货物许可证是国家管理货物进出境的法律凭证。进出口许可证,包括法律、行政法规规定的各种具有许可进口或出口性质的证明、文件。它有以下 3 个特点。

1. 进出口货物许可证是国家机关签发的具有法律效力的文件

进出口货物许可证是国家批准特定企业、单位进出口货物的文件。因此,进出口货物许可证不得买卖、转让、伪造和变卖。

2. 进出口货物许可证是批准进出口特定货物的文件

进出口许可证中包括品名、数量、规格、成交价格、贸易方式和贸易国别等内容。因此,进出口企业必须严格按照许可证规定的贸易方式等内容进出口特定货物。

3. 进出口货物许可证是一种证明文件

凡实行进出口配额许可证管理和进出口许可证管理的商品,各类进出口企业应在进出口前按规定向指定的发证机构申领进出口许可证,海关凭进出口许可证接受和办理通关手续。

四、进出口许可证的类型

1. 进口许可证类型

（1）按进口许可证和配额的关系，进口许可证可分为配额进口许可证与非配额进口许可证。前者主要作用是限制商品数量，后者主要作用是限制商品的种类。

（2）按许可证有无限制，进口许可证可分为公开一般许可证和特种进口许可证。前者是对进口国别或地区没有限制，凡列明属于公开一般许可证的商品，进口商只要填写此证，即可获准进口。后者是进口商必须向政府有关当局提出申请，经政府有关当局逐笔审查批准后才能进口。

2. 出口许可证类型

（1）按出口许可证和配额的关系，出口许可证可分为配额出口许可证与非配额出口许可证。

（2）出口许可证又可分为自动出口许可证与非自动出口许可证。自动出口许可证是指在任何情况下对申请一律予以批准签发的出口许可证。自动出口许可证任何企业都可办理，主要统计出口业务量。非自动出口许可证是指凡不属于自动出口许可证的即为非自动出口许可证。

五、进出口许可证有效期、延期与更改

1. 进口许可证

进口许可证有效期为一年，以当年 12 月 31 日为限。特殊情况需要跨年度使用时，有效期最长不得超过次年 3 月 31 日。进口许可证只能延期一次，延期不超过 3 个月。

进口许可证需要延期或更改，应在该证有效期内进行，并由原申请单位提出申请，批准延期与更改后，应及时收回旧证、换发新证。

对进口许可证进行更改时，应根据更改内容提供相应证件。

2. 出口许可证

实行出口配额管理商品的出口许可证有效期为 6 个月，出口许可证需跨年度使用时，许可证有效期的截止日期不得超过次年 2 月底，而且不得延期。

加工贸易方式出口属配额许可证管理，但不占用出口配额的商品，其出口许可证有效期按"出口贸易业务批准证"核定的出口期限核发。

出口许可证一经签发，任何单位和个人不得修改证面内容。

第二节　进口许可证的申领与签发

一、办理进出口许可证的程序

办理进口许可证的程序如图 5-1 所示。

1. 申请

申请即由申领单位或个人向发证机关提出书面申请函件。

申请的内容包括进出口商品(货物)名称、规格、输往国别地区、数量、单价、总金额、交货期、支付方式(即出口收汇方式)等项目。同时,还需向发证机关交验有关证件或材料。

2. 审核、填表

发证机关收到上述有关申请材料后进行审核。经同意后,由领证人按规定要求填写"中华人民共和国进口许可证申请表"或"中华人民共和国出口许可证申请表"。

3. 输入计算机

填好的进出口许可证申请表,由申请单位加盖公章后送交发证机关,经审核符合要求的,由发证机关将申请表各项内容输入计算机。

4. 发证

发证机关在申请表送交后的 3 个工作日内,签发"中华人民共和国进口许可证"或"中华人民共和国出口许可证",一式四联,将第一、二、三联交领证人,凭以向海关办理货物进出口报关和银行结汇手续。同时,收取一定的办证费用。

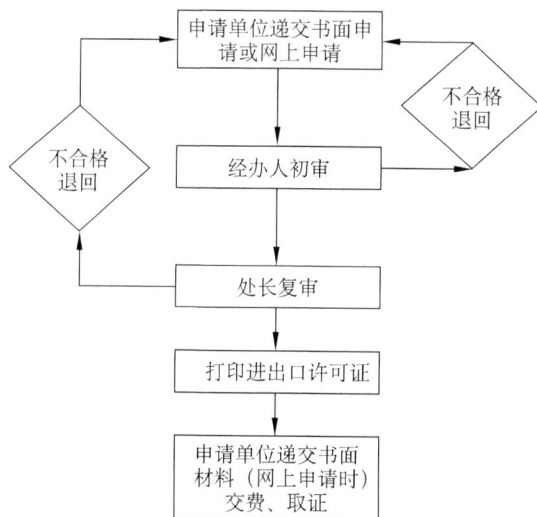

图 5-1　进出口许可证办理程序

二、进口许可证

1. 适用范围内报关规范

(1)进口许可证管理实行"一证一关"管理。一般情况下进口许可证为"一批一证",如要实行"非一批一证",应当同时在进口许可证备注栏内打印"非一批一证"字样。

一证一关是指进口许可证只能在一个海关报关。一批一证是指进口许可证在有效期内一次报关使用。非一批一证是指进口许可证在有效期内可多次报关使用,但最多不超过 12 次,由海关在许可证背面"海关验放签注栏"内逐批核减进口数量。

(2) 对进口实行许可证管理的大宗、散装货物,溢装数量按照国际贸易惯例办理,即报关进口的大宗、散装货物的溢装数量不得超过进口许可证所列进口数量的 5%。不实行"一批一证"制的大宗、散装货物,每批货物进口时,按其实际进口数量进行核扣,最后一批进口货物进口时,其溢装数量按该许可证实际剩余数量并在规定的溢装上限 5% 内计算。

(3) 发证机构在签发此类进口货物许可证时,应当严格按照进口配额数量及批准文件核定的数量签发,并按许可证实际签发数量核扣配额数量,不在进口配额数量或者批准文件核定的数量基础上加上按国际贸易惯例允许的溢装数量签发许可证。

(4) 申请符合要求的,发证机构应当自收到申请之日起 3 个工作日内发放进口许可证。特殊情况下,最多不超过 10 个工作日。

2. 申领进口许可证

(1) 申领单位必须具备的条件。申领进口许可证的单位,必须享有外经贸部批准的相关商品的进口经营权。

(2) 申领单位必须提供的材料,具体来说包括以下几个方面。

① 进口许可证申请表(加盖申领单位和对外成交单位公章)。

② 进口合同复印件(如委托、代理其他单位进口的,还需提供有双方单位签章的委托协议书)。

③ 配额管理部门签发的配额证明或特定商品进口登记证明及其复印件。

④ 外商投资企业需提供由商务厅外资处签发的外商投资企业领取进口许可证通知单。

⑤ 经外经贸部批准从事对外承包工程、劳务合作等项目的外贸公司申领属于配额管理商品的进口许可证,需提供商务部(厅)合作处签发的项目批准文件及项目合同复印件、配额管理部门签发的配额证明或进口登记证明及其复印件。

⑥ 对外贸易经营者资格证书、备案登记表或外商投资企业批准证书(年度内首次申领者提交)。

⑦ 进口经营者公函(介绍信)原件。

⑧ 进口经营者领证人员的有效身份证明。

⑨ 若因异地申领等特殊情况,需要委托他人申领的,被委托人应提供进口经营者出具的委托公函(其中应注明委托理由和被委托人身份)原件和被委托人的有效身份证明。

3. 申领方式

(1) 网上申领,具体操作如下。

进口经营者在网上申领前,应先申领用于企业身份认证的电子钥匙。申请时,登录商务部配额许可证事务局网址,进入相关申领系统;根据当年"进口许可证管理货物目录"和"进口许可证管理货物分级发证目录",按要求如实在线填写"进口许可证申请表"等资料。在线查看"进口许可证申请表"状态,待复审通过后打印"进口许可证申请表"并加盖公章。最后持"进口许可证申请表"以及相关材料到商务部行政事务服务中心或地方商务主管部门领取进口许可证。

（2）书面申领,具体操作如下。

企业从商务部配额许可证事务局网站下载"进口许可证申请表",根据当年"进口许可证管理货物目录"和"进口许可证管理货物分级发证目录",按要求如实填写申请表（一式两联）并加盖公章。将"进口许可证申请表"以及相关材料递交商务部行政事务服务中心或地方商务主管部门,同时按要求如实在线填写"进口许可证申请表",保存、上报申请表电子数据。申请内容正确且形式完备的,经过经办人初审、主管负责人复审后予以签发进口许可证。

4. 进口许可证申请表的填制

（1）进口商,应填写经外经贸部批准或核定的进出口企业名称及编码。外商投资企业进口也应填写公司名称及编码。非外贸单位进口,应填写"自购",编码为 00000002。如接受国外捐赠,此栏应填写"赠送",编码为 00000001。

（2）收货单位,应填写配额指标单位,配额指标单位应与批准的配额证明一致。

（3）进口许可证号,由发证机关编排。

（4）进口许可证有效截止日期,一般为一年（另有规定者除外）。

（5）贸易方式,可填写的内容有一般贸易、易货贸易、补偿贸易、协定贸易、进料加工、来料加工、外商投资企业进口、国际租赁、国际贷款进口、国际援助、国际招标、国际展销、国际拍卖、捐赠、赠送和边境贸易等。

（6）外汇来源。该栏目可填写的内容有银行购汇、外资、贷款、赠送、索赔、无偿援助和劳务等。外商投资企业进口、租赁等填写"外资"。对外承包工程调回设备和驻外机构调回的进口许可证管理商品、公用物品,应填写"劳务"。

（7）到货口岸,应填写进口到货口岸。

（8）出口国（地区）,即外商的国别（地区）。

（9）商品原产地国（地区）,应填写商品进行实质性加工的国别、地区。

（10）商品用途,可填写自用、生产用、内销、维修和样品等。

（11）商品名称和编码,应按商务部公布的实行进口许可证管理商品目录填写。

（12）规格、型号。只能填写同一编码商品不同规格型号的 4 种,多于 4 种则应另行填写许可证申请表。

（13）单位。单位指计量单位。各商品使用的计量单位由外经贸部统一规定,不得任意变动。合同中使用的计量单位与规定的计量单位不一致时,应换算成统一的计量单位。非限制进口商品,此栏以"套"为计量单位。

（14）数量,应按外经贸部规定的计量单位填写,允许保留一位小数。

（15）单价（币别）,应填写成交时用的价格或估计价格与计量单位。

表 5-1 为我国进口许可证申请表。

表 5-1　中华人民共和国进口许可证申请表

1. 进口商　　代码				3. 进口许可证号		
2. 收货单位				4. 进口许可证有效截止日期 　　至　　年　　月　　日止		
5. 贸易方式				8. 出口国（地区）		
6. 外汇来源				9. 商品原产地国（地区）		
7. 到货口岸				10. 商品用途		
11. 商品名称				商品编码		
12. 规格、型号	13. 单位	14. 数量		15. 单价（币别）	16. 总值（币别）	17. 总值折美元
18. 总计						

填表须知： 　　1. 本申请表一式两联，由领证人填写，未经盖章本表无效，申领许可证时两联均需要交给发证机关。 　　2."商品名称"栏，每份申请表只能填写一种商品，或同一品种不同型号的商品。 　　3. 商品用途，指自用、生产用、内销、维修、样品、外销。 　　4. 外汇来源，指中央、留成、贷款、外资、调剂、劳务、赠送、索赔、无偿援助、不支付外汇。 　　5. 贸易方式，指一般、易货、国际租赁、华侨捐赠、友好赠送、经贸往来赠送、外商投资企业进口、补偿贸易、进料加工、对销、国际招标、国际援助、劳务补偿、来料加工、国际贷款、其他贸易	领证人姓名
	联系电话
	下次联系日期

中华人民共和国商务部监制　　　　　　　　　　　　　　第二联（副本）取证凭证

表 5-2 为我国进口许可证。

表 5-2　中华人民共和国进口许可证

IMPORT LICENCE OF THE PEOPLE'S REPUBLIC OF CHINA

1. 进口商　　代码 Importer	3. 进口许可证号 Import licence No.
2. 收货单位 Consignee	4. 进口许可证有效截止日期 Import licence expiry date
5. 贸易方式 Term of trade	8. 出口国（地区） Country/Region of export
6. 外汇来源 Terms of foreign exchange	9. 商品原产地国（地区） Country/Region of origin
7. 到货口岸 Port of destination	10. 商品用途 Use of goods
11. 商品名称 Description of goods	商品编码 Code of goods

续表

12. 规格、型号 Specification	13. 单位 Unit	14. 数量 Quantity	15. 单价 Unit price	16. 总值 Amount	17. 总值折美元 Amount in USD
18. 总计 Total					
备注 Supplementary details			发证机关签章 Issuing authority's stamp & signature		
			发证日期 Licence date		

第三节　出口许可证的申请与签发

一、出口许可证适用范围内报关规范

出口许可证管理实行"一证一关"制、"一批一证"制和"非一批一证"制。实行"非一批一证"制的,签发出口许可证时应在备注栏内打印"非一批一证",但最多不超过12次,由海关在许可证背面"海关验放签注栏"内逐批核减出口数量。

对出口实行许可证管理的大宗、散装货物,溢装数量按照国际贸易惯例办理,即报关出口的大宗、散装货物的溢装数量不得超过出口许可证所列出口数量的5%。不实行"一批一证"制的大宗、散装货物,每批货物出口时,按其实际出口数量进行核扣,最后一批出口货物出口时,其溢装数量按该许可证实际剩余数量并在规定的溢装上限5%内计算。

出口许可证不得擅自更改证面内容。如需更改,经营者应当在信用证有效期内提出更改申请,并将许可证交回原发证机构,由发证机构重新换发许可证。

二、申领出口许可证

1. 申领单位必须具备的条件

申领出口许可证的单位,必须享有外经贸部批准的相关商品的出口经营权。

2. 申领单位必须提供的材料

(1)出口许可证申请表(加盖申领单位和对外成交单位公章)。

(2)出口合同复印件(如委托、代理其他单位出口的,还需提供有双方单位签章的委托协议书)。

（3）出口商品配额的批准文件（复印件）一份。如果出口配额有偿招标商品，还应当提交中标企业名单和《招标商品配额转受让证明书》或《申领配额招标商品出口许可证证明书》。

（4）外商投资企业需提供由商务厅外资处签发的外商投资企业领取出口许可证通知单。

（5）承包工程带出商品（配额有偿招标商品按招标的有关规定办理），国家部委各类进出口企业应提交外经贸部的项目批件及出口单位的合同；各地各类进出口企业应提交各地外经贸主管部门项目批件及出口单位的合同。出口合同应列明承包工程需带出的许可证商品的品类、数量。

（6）对外贸易经营者资格证书、备案登记表或外商投资企业批准证书（年度内首次申领者提交）。

（7）出口经营者公函（介绍信）原件。

（8）出口经营者领证人员的有效身份证明。

（9）因异地申领等特殊情况，需要委托他人申领的，被委托人应提供出口经营者出具的委托公函（其中应注明委托理由和被委托人身份）原件和被委托人的有效身份证明。

三、出口许可证申请表的填制

（1）出口商，填写配额或批文的承受单位，并填写进出口企业资格证书上的编码。

（2）发货人。配额招标商品，包括有偿招标、有偿使用、无偿招标商品的发货人必须与出口商一致，其他商品的发货人原则上应与出口商一致，但下列情况例外——与出口商有隶属关系的可以不一致；还贷、补偿贸易和外商投资企业委托外贸公司代理出口可以不一致；统一联合经营商品可以不一致。

（3）出口许可证号。本栏目不填写，由签证机关签证电脑程序在打印许可证时自动生成。

（4）出口许可证有效截止日期，一般为 6 个月。但不得超过出口合同的有效期，出口供中国港澳地区鲜活冷冻商品许可证的有效期最长为 1 个月。

（5）贸易方式，主要方式有一般贸易、易货贸易、补偿贸易、进料加工、来料加工、外商投资企业出口、承包工程、归还贷款出口、国际展览、边境贸易和协定贸易等，每份出口许可证只能打印一种贸易方式。外商投资企业出口货物，无论以任何贸易方式出口，本栏目都要填写为"外商投资企业出口"，具体的贸易方式在备注栏内填写。

（6）合同号，是指报关和结汇时所用的出口合同的编号，每份出口许可证只能对应一份出口合同。合同号的编制、书写要符合国家标准，即用不超过 17 位的阿拉伯数字、英文字母和符号组成，不得使用汉字。

（7）报关口岸，是指出口口岸。本栏目只允许填写海关总署的一个直属海关或关区。

（8）进口国（地区），是指出口货物所到达的最终目的地，只能填写一个国家或地区名，不允许使用地域名（如欧洲、中东等）。如果是对中国保税区出口，本栏目应该填写中国。

（9）支付方式。本栏目可填写的内容有信用证、托收、汇付、现金、记账和免费等，每份许可证只能填写一种方式，若一份出口合同签约时已明确使用两种支付方式时，本栏目只填写主要的一种，另一种方式及所占结算比例在备注栏内填写。

（10）运输方式。填写货物离开国境时的运输方式,主要有海上运输、铁路运输、公路运输、航空运输、邮政运输和固定运输等。根据货物出运情况,也可以填写为海陆运或海空运,但最终只允许使用一种方式报关。

（11）商品名称,填写外经贸部公布的出口许可证管理商品的名称及相关的海关税则号码。

（12）规格、型号。本栏目填写商品名称及具体品种规格、等级。例如,四叶三灯五十二英寸装饰吊扇等。同时,出运的货物必须与本栏目填写的品种规格或等级一致。

（13）单位,是指计量单位,应按外经贸部统一规定填写(与海关税则号后所附计量单位基本一致),合同中使用的计量单位与外经贸部的规定不一致时,应换算成规定的计量单位填写(不需要更改合同)。

（14）数量,表示该证允许出口商品的多少,此数值允许保留一位小数,位数超出的,一律以四舍五入进位。

（15）单价,是指与计量单位相一致的单位价格,允许保留 4 位小数,位数超出的,一律以四舍五入进位。

（16）总值,由签证的计算机自动结算。

（17）总值折美元,按照外汇牌价折算成美元计入。

（18）总计,将各栏的合计数分别填入本栏内。

备注栏,填写其他未尽事宜,如"非一批一证"、"一式十份"、"成套散件出口"等。规格、型号文字过长而在规格、型号栏打印不了的,也打印在这里。

表 5-3 为我国出口许可证申请表。

表 5-3　中华人民共和国出口许可证申请表

1. 出口商　　代码 Exporter	3. 出口许可证号 Export licence No.
2. 发货人 Consignor	4. 出口许可证有效截止日期 Export licence expiry date
5. 贸易方式 Terms of trade	8. 进口国(地区) Country/Region of purchase
6. 合同号 Contract No.	9. 支付方式 Payment conditions
7. 报关口岸 Place of clearance	10. 运输方式 Mode of transport
11. 商品名称 Description of goods	商品编码 Code of goods

12. 规格、型号 Specification	13. 单位 Unit	14. 数量 Quantity	15. 单价 Unit price	16. 总值 Amount	17. 总值折美元 Amount in USD

续表

18. 总计 Total				
初审意见			备注	
经办人				
处领导意见			申请单位 申请日期	

中华人民共和国商务部监制　　　　　　　　　　　　　第二联（副本）取证凭证

表 5-4 为中华人民共和国出口许可证。

表 5-4　中华人民共和国出口许可证
EXPORT LICENCE OF THE PEOPLE'S REPUBLIC OF CHINA

1. 出口商　　　代码 Exporter			3. 出口许可证号 Export licence No.		
2. 发货人 Consignor			4. 出口许可证有效截止日期 Export licence expiry date		
5. 贸易方式 Terms of trade			8. 进口国（地区） Country/Region of purchase		
6. 合同号 Contract No.			9. 支付方式 Payment conditions		
7. 报关口岸 Place of clearance			10. 运输方式 Mode of transport		
11. 商品名称 Description of goods			商品编码 Code of goods		
12. 规格、型号 Specification	13. 单位 Unit	14. 数量 Quantity	15. 单价 Unit price	16. 总值 Amount	17. 总值折美元 Amount in USD
18. 总计 Total					
备注 Supplementary details		发证机关签章 Issuing authority's stamp & signature			
		发证日期 Licence date			

表 5-5 为输欧盟纺织品出口许可证/产地证申请表。

表 5-5　输欧盟纺织品出口许可证/产地证申请表

1. Exporter(EID,name,full address,country)	2. 申请表号	
	3. 许可证号	
5. Consignee(name,full address,country)	4. 产地证号	
	（Textile products）	
	6. Category number	
9. Place and date of shipment	7. Country of origin	8. Country of destination
	10. Supplementary details	
11. Description of goods	12. Quantity	13. FOB value
1)		
2)		
3)		
4)		
5)		
6)		
7)		
14. Marks		
	15. MID Code	
	16. 许可数量来源:招标　　　业绩分配	
	17. 童装标志:是　　　否	
联系人 联系电话 申请日期 申请单位盖章	签证机构审批 经办人	

输欧盟纺织品出口许可证缮制要点如下,可参见表 5-6。

第 1 栏出口企业名称、地址、国家;填写出口企业的全称和详细地址、十三位企业代码。

第 2 栏证书号码:填写进口国代码,一律用英文大写。

第 3 栏年度:填写货物实际出运年度(当年配额只能当年使用),以货物离开中国最后一个港口时间为限。年度打全称,不得简称。

第 4 栏类别号:填写实际出口纺织品类别号,一份证只打一个类别号。

第 5 栏收货人名称、地址、国家:填写目的国进口商名称和地址。

第 6 栏原产地国家:按已印制内容处理。

第 7 栏目的地国家:填写货物最终到达的国家名称。

第 8 栏装运日期、地点、运输方式:填写实际装运日期(年、月),具体港口名称,运输方式。

第 9 栏加注内容如下。

（1）4 类童装(小于 130cm)按 5 件童装折 3 件成人装计算,此栏应加注"The conversion rate for garments of a commercial size of not more than 130cm must be applied"。

（2）如有遗失加注原许可证号。

第 10 栏唛头及包装号、包装种类及件数、商品说明:按以下要求填写。

（1）按照发票上的唛头填写完整的图案、文字标志及包装号;如无唛头,须填"N/M"。

（2）商品名称应具体,并标明协调分类制编码。

（3）生产厂商代码、名称及地址。

（4）加注 TOTAL:英文的数量及计量单位大写。

第 11 栏数量:按实际出运货物的数量填写。

第 12 栏离岸价值:FOB 价,以元为单位小数保留两位,币别应与发票一致。

第 13 栏有关当局证明:发证机构所在城市名称。由发证机构经办人手签日期和姓名(签字人员的姓名不再实行备案制)。

第 14 栏有关当局的名称、地址、国家;填写发证机构的具体名称和地址。

表 5-6　输欧盟纺织品出口许可证

1. Exporter(EID,name,full address,country)	ORIGINAL	2. NO. CN
	3. Year	4. Category No.
5. Consignee(name,full address,country)	EXPORT LICENCE(Textile products)	
	6. Country of origin	7. Country of destination
8. Place and date of shipment	9. Supplementary details	
10. Marks and Number and kind of packages- DESCRIPTION OF GOODS	11. Quantity	12. FOB value
13. Certification by the competent authority 　　I,the undersigned,certify that the goods described above have been charged against quantitative limit established for the year shown in box No. 3 in respect of the category shown in box No. 4 by the provisions regulating trade in textile products with the European Community. 　　　　　　At ＿＿＿＿＿＿＿　　　　on ＿＿＿＿＿＿＿		
14. Competent,Authority(name, full address, country)	Signature	Stamp

第四节　实　训　操　作

一、操作目的

（1）通过本实训练习,进一步熟悉进出口许可证申请表的填制要点,了解国际货物买卖合同的履约流程。

（2）熟悉进出口许可证的填写。

（3）审核进出口许可证的内容。

二、操作要求

按第三章实训操作中"实训二"的背景资料即有关合同，完成进口许可证申请表的填制（注意：要调换买卖双方的角色）。

1. 进口商　　　　代码			3. 进口许可证号		
2. 收货单位			4. 进口许可证有效截止日期 至　　年　　月　　日止		
5. 贸易方式			8. 出口国（地区）		
6. 外汇来源			9. 商品原产地国（地区）		
7. 到货口岸			10. 商品用途		
11. 商品名称			商品编码		
12. 规格、型号	13. 单位	14. 数量	15. 单价（币别）	16. 总值（币别）	17. 总值折美元
18. 总计					

填表须知：

1. 本申请表一式两联，由领证人填写，未经盖章本表无效，申领许可证时两联均需要交给发证机关。

2. "商品名称"栏，每份申请表只能填写一种商品，或同一品种不同型号的商品。

3. 商品用途，指自用、生产用、内销、维修、样品、外销。

4. 外汇来源，指中央、留成、贷款、外资、调剂、劳务、赠送、索赔、无偿援助、不支付外汇。

5. 贸易方式，指一般、易货、国际租赁、华侨捐赠、友好赠送、经贸往来赠送、外商投资企业进口、补偿贸易、进料加工、对销、国际招标、国际援助、劳务补偿、来料加工、国际贷款、其他贸易

领证人姓名

联系电话

下次联系日期

第六章 国际运输保险

【学习目标】

- 掌握保险和保险单的种类;
- 熟悉保费的计算;
- 读懂信用证中有关的保险单据的条款;
- 掌握投保单和保险单的缮制。

在国际贸易中,货物经过长途运输,不可避免地会受到自然灾害、意外事故或外来因素的影响导致货物受损。为了保障收货人在货物受损后获得经济补偿,货主在货物出运前就必须向保险公司投保(事前投保)。国际贸易保险有的由买方投保,有的由卖方投保,主要根据交货价格术语不同而异。无论是由哪一方办理投保,一般都涉及根据买卖合同或惯常的做法,选择投保合适的险别,确定保险金额和缴纳保险费,并办理投保手续和领取合适的保险单证。投保人办理保险的工作程序为投保和缮制保单两个步骤。

第一节 我国货物运输保险的种类和险别

根据现代运输业的发展和不同运输方式,我国货物运输保险有海洋运输货物保险、陆上运输货物保险、航空运输货物保险和邮包保险四种。每种保险由于商品性能和要求不同,其保障责任也不同。所以,每种保险又要求有不同的保险责任的类别,这种保险责任不同类别,就是保险险别。中国人民保险公司货物运输保险的险别如下所述。

一、海洋运输货物保险

1. 基本险

（1）平安险

平安险（Free from Particular Average,F. P. A.）的责任范围包括被保货物在运输途中因各种自然灾害,如雷电、海啸、地震、洪水或恶劣气候所造成整批货物的全部损失。运输工具发生意外事故,如搁浅、触礁、沉没、互撞、与流冰或其他物体碰撞、火灾、爆炸等意外事故所引起的货物全部或部分损失;或在上述运输工具搁浅、触礁、沉没等意外事故的情况下,在此前后货物又遭受恶劣气候、雷电、海啸等自然灾害所造成的部分损失;货物在转运或装卸中造成整件货物落海的全部或部分损失;货物遭受承保责任范围内的危险,被保险人为减轻或避免损失而采取抢救措施所支出的合理费用的损失,但该费用不得超过被保险金额。运输工具遇难后在避难港或中途港所支出的卸货、存仓、运送等费用支出;或由于卸货又引起的损失,还有共同海损的牺牲、分摊和救助费用等。如果运输契约订有"船舶互撞责任"条款,按条款规定由货方偿还船方的损失。

（2）水渍险

水渍险（With Particular Average,W. P. A.）除负责上述平安险所规定各项责任外,还负责货物由于恶劣气候、雷电、海啸、地震、洪水等自然灾害所造成的货物部分损失。

（3）一切险

一切险（All Risks)除负责上述平安险和水渍险所规定各项责任范围外,还负责货物在运输途中由于外来原因所造成的全部或部分损失。一切险另包括有下列一般附加险在内。

2. 一般附加险

（1）偷窃、提货不着险（Risks of Theft,Pilferage and Non-Delivery,T. P. N. D.）,是指货物在保险有效期内,因偷窃造成货物的损失,或货到目的港前,由各种原因而造成收货人未能如数收货的整件货物的损失。

（2）淡水雨淋险（Risk of Fresh Water,Rain Damage,F. W. R. D.）,是指货物在保险有效期内因被雨水或淡水,包括船上淡水舱、水管漏水,或冰雪融化所致损失。平安险和水渍险的责任范围只包括咸水所致损失,不负责淡水所致的损失,所以本险别可弥补平安险或水渍险的损失。

（3）短量险（Risk of Shortage），是指在保险有效期内，包装货物由于外包装破损、开口、裂缝等所致货物的外来原因的短少，或散装货物在装运时与卸货时重量差额的短量损失。但保险公司对本险别的责任范围不包括货物正常的自然损耗。

（4）混杂、沾污险（Risks of Intermixture & Contamination），是指货物在运输过程中被混入其他杂质而损害货物原质量，或与其他货物接触被有害物质、颜色等所污染，这种损失都属于本保险范围内。

（5）渗漏险（Risk of Leakage），是指液体货物因包装容器损坏造成货物漏损，或带有流渍的货物，如盐渍蔬菜等，因其流渍渗漏使货物变质的损失。

（6）碰损、破碎险（Risk of Clash & Breakage），是指货物在运输过程中，因受外来原因的挤压、震动，造成货物凹瘪、碰损，如搪瓷器具的脱瓷，漆器等货物的脱漆、刺伤等损失；或易碎货物由于外来因素使货物破碎等损失。

（7）串味险（Risk of Taint of Odour），是指货物在运输过程中，尤其食品类货物接触其他货物的有害异味的串味损失，如茶叶接触卫生球的串味等。

（8）受潮、受热险（Risk of Sweat and Heating），是指货物在运输过程中，由于气温变化，如粮食等货物造成发热变质，或船舱湿度增高，使货物受潮变质等损失。

（9）钩损险（Risk of Hook Damage），是指货物在运输过程中使用吊钩或手钩进行装卸，使货物本身钩破，或外包装钩破造成货物渗漏的损失。

（10）包装破裂险（Risk of Breakage of Packing），是指货物因包装的破裂造成货物的短量、沾污的损失，或因包装破裂，进行修补、换装的费用支出的损失。

（11）锈损险（Risk of Rust），是指货物在保险有效期内的运输过程中，由于货物非原装时发生的生锈的损失，由保险公司负责。货物在保险前原装货物已存在生锈者则不在保险责任范围内，如铁管、铁板等金属的裸装货物，必然要生锈，不应投保本险别。

以上 11 种一般附加险别属于"一切险"范围内。如果已保了一切险，另加保或不加保上述一般附加险都不改变一切险的责任范围。在已保一切险的条件下，即使再加保一般附加险也不另收保险费。但一般附加险不能离开主要险别而单独投保，要在主要险别基础上加保。

3. 特别附加险

（1）交货不到险条款（Failure to Deliver Clause），是指不管任何原因，只要不是承运人的责任范围，货物装船后在 6 个月以内不能到达目的地交货，保险公司均负责赔偿货物的全部损失。所以，本险与提货不着险不同。被保险人如获得本险赔偿后，应将货物权益转移给保险公司。

（2）进口关税险条款（Import Duty Clause），是指由于货物受损、短量、残缺，而进口关税仍按完好货物价值计缴关税时所遭受关税损失，由保险公司负责。

（3）舱面险条款（On Deck Clause）。一般海运货物均装在船舱内，但某些特殊情况的货物，如长度太长，体积过大，易污染其他货物或有毒性等货物，只能装载在舱面上。本险则指装载在舱面上的货物因露天保管，风吹、雨淋、暴晒、海水溅湿而遭受的损失。

（4）拒收险条款（Rejection Clause），是指某些货物到达目的地被进口国家有关当局或政府拒绝进口或被没收造成的损失。投保本险必须在进口商已获得进口许可证或进口配额的条件下，保险公司才能负责。

（5）黄曲霉素险条款（Aflatoxin Clause），是指某些商品，如花生等因变质而产生一种有毒的菌素——黄曲霉素，违反了进口国家的有关规定，被没收或禁止进口所造成的损失。对于上述的拒收险和黄曲霉素险，如果损失产生，被保险人有义务对被没收或拒绝进口的货物进行处理，或对所引起的争执申请仲裁。

（6）出口中国香港（包括九龙）、中国澳门存仓火险责任扩展条款（Fire Risk Extension Clause for Storage of Cargo at Destination Hong Kong，Including Kowloon，or Macao，F. R. E. C.）。本险别指对中国香港和中国澳门地区出口货物直接卸入过户银行指定仓库，其存仓火险责任可延长至过户银行解除货物权益或承运人责任终止后 30 天的扩展责任条款。

上述 6 种特别附加险在投保前须与保险公司事先联系，经保险公司同意接受后才能办理投保。例如，在一切险的基础上加保舱面险，保险公司负担风险责任过大。

特别附加险和上述未列出的各种其他附加险，保险公司均不随便接受。在审核信用证时遇到有保险公司在上述未规定的额外附加险，应与保险公司联系。

4. 特殊附加险

（1）海洋运输货物战争险（Ocean Marine Cargo War Risk），是指凡货物在海洋运输途中因战争、海盗行为所造成的货物损失。但海运战争险如由于原子、核武器所造成的损失，或由于战争，执政当权者扣押、拘留所引起的航程丧失或损失，保险公司均不负责。

战争险是一种特殊附加险。同样只能在投保了主要险别的条件下，才能加保战争险。但投保战争险要加收保险费。

海运战争险的有效起讫期是从货装上保险单上记载的启运港船上或驳船上开始，至保险单上的目的港货卸离轮船或驳船为止。如果未按时卸货，最长保险有效期以货到目的港的当日午夜起算，15 天内有效。如果中途转船，不论在当地是否卸载，均以货到该港的当日午夜起算，满 15 天内有效。俟再装上海轮续运时，又恢复有效。

（2）海洋运输货物罢工险（Ocean Marine Cargo Strike Risk），是指承保被保险货物由于罢工者、被迫停工的工人或参加工潮、暴动、民众斗争的人员的行动，或任何人的恶意行为造成的直接损失，但不负责罢工期间由于劳动力的短缺或不能履行正常职责所致的保险货物的损失。

5. 其他主要险别

（1）海洋运输冷藏货物险（Marine Insurance for Frozen Products），又分为冷藏险和冷藏一切险。

① 冷藏险（Risks for Frozen Products）。冷藏货物在海洋运输途中由于恶劣气候、雷电、海啸、洪水等自然灾害或由于运输工具遭受搁浅、触礁、沉没、互撞，或与流冰、其他物体碰撞，以及火灾、爆炸等意外事故，或由于冷藏机器停止工作连续达 24 小时以上所造成的损失。装卸过程中，整件货物落海的部分或全部损失。运输工具遇难在避难港卸货所引起的损失，或由于卸货、存仓以及运送货物所引起的特别费用，或共同海损牺牲、分摊和救助费用，以及被保险人对遇险货物采取抢救措施所支付的合理费用等。

② 冷藏一切险（All Risks for Frozen Products）是指除包括上述冷藏险责任外，还包括货物在途中由于外来原因所致的腐败或损失。

（2）海洋运输散装桐油保险，这是海上货物保险中的一种专门保险，承保海上运输的散装桐油，不论任何原因造成的短少、渗漏、沾污和变质的损失。

二、陆上运输货物险

1. 基本险

基本险条款主要指火车和汽车的货物运输险。

（1）陆运险（Overland Transportation Risks），是指陆运货物在运输途中由于暴风、雷电、洪水、地震等自然灾害，或运输工具遭受碰撞、出轨、翻车、崖崩、隧道坍塌、失火、爆炸，或需驳运卸货，其驳运工具搁浅、触礁、碰撞、沉没等意外事故造成全部或部分损失，或被保险人对遇险货物采取抢救措施所支付的合理费用。

（2）陆运一切险（Overland Transportation All Risks），是指除包括上述陆运险责任外，还包括货物在途中由于外来原因所致的全部或部分损失。

2. 特殊附加险

陆上运输货物战争险（Overland Transportation Cargo War Risks）。陆上运输货物战争险与上述海洋运输货物战争险两者只是不同运输方式的货物，其责任范围基本一致。同样也是特殊附加险，只是海运战争险增加"海盗行为所致的损失"，而陆上运输货物战争险没有这一条。

三、航空运输货物险

1. 基本险

基本险主要包括在空运途中因自然灾害、意外事故或外来原因造成的货物损失。

（1）航空运输险（Air Transportation Risks）。本险别相似于海洋运输货物的"水渍险"责任范围，只是运输方式不同。

（2）航空运输一切险（Air Transportation All Risks）。本险别相似于海洋运输货物的"一切险"责任范围，只是运输方式不同。

2. 特殊附加险

航空运输货物战争险（Air Transportation Cargo War Risks）。航空运输货物战争险相似于海洋运输货物战争险的责任范围，同样是特殊附加险，只是海运战争险增加有"海盗行为所致的损失"。

四、邮包保险

邮包保险（Parcel Post Insurance）有邮包险和邮包一切险。

1. 邮包险

通过邮包邮寄，不管是海运、陆运或空运方式都包括在邮包险（Parcel Post Risks）条款之内,货物在运输过程中因自然灾害和意外事故造成货物损失。

2. 邮包一切险

邮包一切险(Parcel Post All Risks)除包括邮包险所属范围的责任以外,还包括由于外来原因所造成的损失。

五、保险期限

保险期限(Period of Insurance)就是保险公司对货物保险的责任起讫有效时间的期限。现分述如下。

1. 仓至仓条款

仓至仓条款(Warehouse to Warehouse Clause,W/W)是指保险公司对所承保的货物的责任期限,从货运离保险单上所记载的启运地发货人的仓库开始,至货进入保险单所记载的目的地收货人仓库为止。货进入收货人仓库,保险责任即告结束。如果收货人迟迟不入库,该责任期限也不是无休止的延长,按仓至仓条款规定,保险期限以该货卸离海轮起满60天,即使货未入库,其保险期限也告终止。

2. 航程终止条款

航程终止条款(Termination of Adventure Clause)是指被保险人在无法控制的情况下,被保险货物到达保险单所载明的目的地之前,承运人未能将货物运至目的港,其保险期限仍继续有效的条款,保险期限直至货物在卸货港卸离海轮后60天内有效。

3. 扩展责任条款

扩展责任条款(Extended Cover Clause)是指被保险人无法控制的情况下,被保险货物在运输途中产生被迫绕航转运等情况,保险公司仍继续承担责任。

4. 驳运条款

驳运条款(Craft Clause)是指由于某种情况海轮无法靠码头装卸货物,使用驳船驳运装卸,在装卸过程中,货物所发生损失也应给予赔偿。

表6-1为中国人民保险公司承保险种相关说明。

表6-1　中国人民保险公司承保险种相关说明

保险种类	保险责任	保险险别
海洋运输货物险	承保海洋运输的货物,保险责任以海上运输工具为主要考虑	1. 海洋运输货物保险。承保海运途中因自然灾害或意外事故造成货物的损失。这种保险险别分为平安险(F. P. A.)、水渍险(W. P. A.)和一切险(All Risks)三种,它们是海运险中主要的三种。 2. 海洋运输货物战争险,属于特殊附加险,承保海上发生战争等行为造成货物的损失。 3. 海洋运输冷藏货物保险,属于海洋运输专门保险。承保海运冷藏货物,因灾害事故造成的货物损坏,分为冷藏险和冷藏一切险两种。 4. 海洋运输散装桐油险,不论任何原因造成的短少、渗漏、沾污和变质等损失

续表

保险种类	保险责任	保险险别
陆上运输货物险	承保陆上货物运输,保险责任以火车、汽车来考虑	1. 陆上运输货物保险,承保陆运途中因自然灾害或意外事故造成货物的损失,分陆运险、陆运一切险,这是陆运险中主要的两种。 2. 陆上运输冷藏货物险,属于陆上运输中的专门保险,承担冷藏货物因自然灾害或意外事故造成货物的损失
航空运输货物险	承保航空运输的货物,保险责任以飞机为主要考虑	1. 航空运输货物保险,承保航空运输中因自然灾害或意外事故造成货物的损失,分为航空运输险和航空运输一切险。这是航空运输险中主要的两种。 2. 航空运输货物战争险,属特殊附加险,承保空运途中发生战争等行为所造成的损失
邮包险	承保通过邮局递运的货物,因邮包的邮运用海陆空三种运输方式,因此保险责任的考虑兼顾了海陆空三种运输工具	1. 邮包保险,这是邮包险中的主要一种,承保邮递途中因自然灾害或意外事故造成货物的损失,不论邮包采用何种运输工具,保险公司对海陆空的邮包都负责,三种联运亦负责,分邮包险和邮包一切险。 2. 邮包战争险属附加险,承保邮运途中发生战争等行为造成货物的损失

注释：

① 自然灾害,是指由于自然力量造成的自然灾害,如恶劣气候(暴风雨)、雷电、海啸、地震、洪水等。

② 意外事故,是指由于意外原因造成的事故,如船舶搁浅、触礁、沉没、互撞、与流冰或其他物体相撞,以及失火和爆炸等。

③ 外来风险,是指由于外来原因所引起的如偷窃、碰损、破碎、钩损、短少、短量、雨漏、生锈、受潮、发霉、串味、沾污等。此外,还有一些由于特殊外来原因造成的风险,如战争、罢工、交货不到等。

第二节　国际货物运输保险程序

在国际货物买卖过程中,由哪一方负责办理投保,应根据买卖双方商定的价格条件来确定。按 FOB 条件和 CFR 条件成交,保险即应由买方办理;按 CIF 条件成交,保险就应由卖方办理。

办理货运保险的一般程序如下所述。

一、确定投保的金额

按照国际保险市场的习惯做法,出口货物的保险金额一般按 CIF 货价另加 10% 计算,这增加的 10% 叫保险加成,也就是买方进行这笔交易所付的费用和预期利润。保险金额计算的公式如下。

保险金额＝CIF 货值×（1＋投保加成率）

在我国出口业务中,FOB、CFR 和 CIF 是三种常用的术语。鉴于保险费是按 CIF 货值为基础的保险额计算的,以 FOB 和 CFR 术语成交时,应先折算成 CIF 价再计算保险费。

二、填写投保单

保险单是投保人向保险人提出投保的书面申请,其主要内容包括被保险人的姓名、被保险货物的品名、标记、数量及包装、保险金额、运输工具名称、开航日期及起讫地点、投保险别、投保日期及签章等。

三、支付保险费,取得保险单

投保人按约定方式缴纳保险费是保险合同生效的条件。保险费率（Premium Rate）是由保险公司根据一定时期、不同种类的货物的赔付率,按不同险别、不同的运输方式和目的地确定的。中国人民保险公司制订的《保险费率表》分为一般货物费率和指明货物加费费率两大类。一般货物是指没有特殊危险或不易发生残损的货物;指明货物是指在运输过程中容易发生残损的货物,这类货物除按一般货物费率表核定保险费率外,在承保一切险时,还要加上指明货物加费费率表中的费率来计算。除指明货物以外的其他所有货物都属于一般货物费率。保险费的计算公式如下:

保险费＝保险金额×保险费率

保险费率＝一般货物费率＋指明货物加费费率

四、提出索赔手续

被保险货物运抵目的地后,收货人如发现整件短少或有明显残损,应立即向承运人或有关方面索取货损或货差证明,并联系保险公司指定的检验理赔代理人申请检验,提出检验报告,确定损失程度。同时,向承运人或有关责任方提出索赔。属于保险责任的,可填写索赔清单,连同提单副本、装箱单、保险单正本、磅码单、修理配置费凭证、第三者责任方的签证或商务记录以及向第三者责任方索赔的来往函件等向保险公司索赔。

第三节　投保单与保险单的缮制

保险单证是保险公司向投保人出具的承保证明,并规定了双方的权利和义务关系,又是被保险人凭以向保险公司索赔和保险公司进行理赔的依据。在 CIF 和 CIP 交货条件中,它又是卖方必须向买方提供的出口单据之一。

一、保险单的种类

1. 保险单

保险单（Insurance Policy）俗称大保单，是一种正规的保险合同，除写明被保险人的名称、被保险货物的名称、数量或重量、唛头、运输工具、保险的起讫地点、承保险别、保险币值和金额、赔款偿付地点、出具保险单的日期等项目外，还列有保险人的责任范围以及保险人与被保险人的各自权利、义务等方面的详细条款。

保险单如同指示性的海运提单一样，也可由投保人按照信用证规定或由被保险人背书后随物权的转移而转让。目前国内保险公司均出具保险单作为出口贸易的保险凭证。

2. 联合凭证

联合凭证（Combined Certificate）是一种更为简化的保险凭证，保险公司只在出口公司的商业发票上加盖印戳，并注明保险编号、险别、金额，其他项目以发票所列为准。这种凭证不能转让，目前仅用于中国港澳地区托收单据，以及中国香港地区中资银行港币来证单据。

3. 预保合同

预保合同（Open Cover）又称总保险合同（Open Policy），是一种长期性的货物运输保险合同。在合同中规定承保货物的范围、险别、费率、责任、赔款处理等项目，凡属于合同中约定的运输货物在合同有效期内自动承保。

4. 保险通知书或保险声明书

在 CFR、CPT 或 FOB、FCA 出口交易中，保险由进口商办理。有些进口商与国外保险公司订有预保合同，其具体做法与第三种预保合同一样，其差异是必须在货物装运前备妥。近几年来为了简化手续，有的出口公司已征得银行同意，以商业发票代替上述格式，但必须在该发票上加注"INSURANCE DECLARATION"（"保险通知书"或"保险声明书"）以及信用证规定的内容。

值得注意的是有些信用证所订条款要求提供"ACKNOWLEDGEMENT OF THE INSURANCE DECLARATION"，这应理解为国外保险公司对保险通知的确认书，它需要在保险通知书发出后，经过一段时间才能从国外寄回，如把它作为结汇单据之一，势必影响及时结汇，对出口方是很不利的，原则上我们不予接受，应修改为由出口商提供的保险通知书副本为议付单证之一（COPY OF SHIPPER'S INSURANCE DECLARATION）。

5. 批单

批单（Endorsement）是指在保险单出立后，因原保险内容不符信用证或合同的要求，保险公司应投保人要求而签发批改内容的凭证，它具有变更、补充原保险单内容的作用。保险单一经批改，保险公司需按批改后的内容来承担责任。因此，批单是保险单不可分割的一部分。

批改内容如涉及投保金额的增加或保险责任的扩大，保险公司只有在证实货物未发生出险事故的情况下才同意办理。日常工作中，保险单已寄往国外开证行或国外客户，一时无法退回,才出批单予以更正。批单原则上须粘贴在保险单上,并加盖骑缝章,作为保险单不可分割的一部分。

二、信用证常用保险条款

信用证中的保险条款一般采用的表达方式为:保险单/保险凭证＋份数＋出单/背书＋可转让形式＋投保金额＋险别＋保险依据＋保险范围＋赔付地点＋赔付币种。这些内容并不一定会同时出现在保险条款中。

(1) Marine Insurance Policy or Certificate in duplicate,endorsed in blank,for full invoice value plus 10 percent stating claim payable in Thailand covering fpa as per Ocean Marine Cargo Clause of The People's Insurance Company of China dated 01/01/1981, including T. P. N. D. loss and/or damage caused by heat,ship's sweat and odour, hooprust,breakage of packing.

保险单或保险凭证一式两份,空白背书,按发票金额加 10％投保,声明在泰国赔付,根据中国人民保险公司 1981 年 1 月 1 日的海洋保险条款投保平安险,包括偷窃提货不着、受热船舱发汗、串味、铁箍绣损、包装破裂所导致的损失。

(2) Insurance Policies or Certificate in duplicate endorsed in blank of 110% of invoice value covering All Risks and War Risks as per CIC with claims payable at Singapore in the currency of draft(irrespective of percentage),including 60 days after discharges of the goods at port of destination(of at station of destination)subject to CIC.

保单或保险凭证做成空白背书,按发票金额的 110％投保中国保险条款的一切险和战争险,按汇票所使用的货币在新加坡赔付(无免赔率)并根据中国保险条款,保险期限在目的港卸船(在目的地车站卸车)后 60 天为止。

(3) Insurance Policies or Certificate in two fold issued to the applicant,covering risks as per Institute Cargo Clauses(A),and Institute War Clause(Cargo)including Warehouse To Warehouse up to final destination at Schorndorf for at least 110％ of CIF value,marked premium paid showing claims if any payable in Germany,naming settling agent in Germany.

此保单或保险凭证签发给开证人,按伦敦保险协会条款投保 ICC(A),和协会战争险,包括仓至仓条款到达最后目的地 Schorndorf(绍恩多夫),至少按 CIF 价发票金额投保,标明保费已付,注明在德国赔付,同时表明在德国理赔代理人的名称。

三、投保单与保险单的缮制方法

1. 投保单的缮制

投保单由各保险公司事先印制好,其内容与缮制方法如下所述。

(1) 被保险人(The Insured),填写被保险人名称。信用证项下的按信用证要求填制,如信用证要求"To order of… 或 In favor of…",此栏应写成"To order of"加上被保险人名称,并作记名背书;信用证对此无具体规定,受益人应视为被保险人,并作空白背书。

(2) 标记(Marks & Nos.),即"唛头",应该和提单填写货物的装运标志,同刷在货物外包装上的实际标记符号一致,如唛头较复杂可填写"As per Invoice No. …"。

(3) 发票号码(Invoice No.),应与本套单据发票同项内容相一致。

(4) 保险货物项目(Description of Goods),按发票品名填写,如发票品种名称繁多,可填其统称。

(5) 包装及数量(Quantity)。此栏填最大包装件数,并与发票、装箱单同项内容一致。散装货填"IN BULK",裸装货物价格以重量计价,除表示件数外,还应注明毛重或净重。

(6) 保险金额(Amount Insured),一般按 CIF 发票总值的 110% 填写。信用证项下应按信用证规定计算填入,若无规定,应为发票总额加 10% 的金额。保险金额小数点后的尾数应进位取整。例如,USD 2 304.1 应进位取整为 USD 2 305。

(7) 运输工具(Per Conveyance S. S.)。海运填写船名,中途转船应在一程船名后加填二程船名,如"By S. S. DONG FANG/TOKYO V. 108"。空运(By Air)填航班名称。

(8) 运输路线(Voyage)。在 From 后填装运港(地)名称,To 后填目的港(地)名称,转运时应在目的港(地)后加注 W/T at…(转运港/地名称)。如果海运至目的港,而保险承保到内陆城市,应在目的港后注明,如"From Shanghai to Liverpool and thence to Birmingham"。

(9) 开航日期(IS. Open Date)。一般填写本批货物运输单据的签发日期,如海运可填"As per B/L"。

(10) 赔款偿付地点(Claim Payable at)。本栏包括保险赔款的支付地点和赔付的货币名称,应按信用证规定缮制。如来证未作规定,或托收项下的,则填目的港(地)名称。

(11) 承保险别(Condition),应按合同或信用证规定的保险险别填写,如信用证没有规定具体险别,则可投保一切险、水渍险和平安险三个基本险中的任何一种,并注明依据的保险条款名称及其颁布年份,如"Covering All Risks and War Risks as Per CIC of PICC dated 01/01/1981"。

(12) 投保单位签章(Applicant's Signature and Co. 's Name, add. and Tel. No.),填出口商全称、地址和电话,由经办人签名并注明日期。

2. 保险单的缮制

保险单是由各保险公司事先印制的,其内容大致相同。保险单与投保单有许多共同栏目,以下就不同项目的缮制方法作一介绍。

(1) 保险单号码(Policy No.),按保险公司指定的编号填入。

(2) 总保险金额(Total Amount Insured),用英文大写表示,大小写金额须保持一致。

(3) 保险费和费率(Premium & Rate)。保险公司一般在印制保险单时已在本栏印妥"as arranged"(按约定),无须填制。如信用证要求详细列明,则应按来证要求办理,删除"as arranged"字样,填上具体保险费额。

（4）保险公司在目的地的代理人（Insurance Agent），填写代理人名称、详细地址，以便收货人出险后索赔。

（5）签发日期（Place and Date of Issue）。保险单签发日期不得晚于提单等运输单据签发日期。签发地为受益人所在地，通常已事先印制在保险单上。

（6）保险公司签章（Authorized Signature）。保险单经保险公司签章后才有效，其签章一般已事先印制在保险单的右下方，然后由授权人签名即可。

四、投保单与保险单缮制实例

1. 根据发票和信用证缮制投保单

2001 年 3 月 9 日，上海凯通国际货运代理有限公司通知南京唐朝纺织服装有限公司其所订舱位已经确认，该批货物将于 3 月 20 日装上由上海港开往加拿大蒙特利尔港的"HUA CHANG"轮 V.09981 船次。在得到了船公司关于确认订舱的配舱回单后，南京唐朝纺织服装有限公司即于 3 月 16 日按照信用证的有关规定填写"投保单"，并随附商业发票向中国人民保险公司南京分公司办理保险手续。内容如下所述。

Issuer: NANJING TANG TEXTILE GARMENT CO.,LTD. HUARONG MANSION RM2901 NO.85 GUAN-JIAQIAO, NANJING 210005,CHINA		商业发票 **COMMERCIAL INVOICE**		
To: FASHION FORCE CO.,LTD. P.O. BOX 8935 NEW TERMINAL,ALTA, VISTA OTTAWA,CANADA		NO.: NT01FF004		Date: Mar.9,2001
Transport Details: SHIPMENT FROM SHANGHAI TO MONTREAL BY VESSEL		S/C NO.: F01LCB05127		L/C NO.: 63211020049
		Terms of Payment: L/C AT SIGHT		
Marks and Numbers	Number and Kind of Package Description of Goods	Quantity	Unit Price	Amount USD
FASHION FORCE F01LCB05127 CTN NO. MONTREAL MADE IN CHINA	LADIES COTTON BLAZER (100% COTTON, 40SX20/140X60)	2 550PCS	USD 12.80	CIF MONTREAL,CANADA USD 32 640.00

Total:2 550PCS　　　　　　　　USD 32 640.00

SAY TOTAL:USD THIRTY TWO THOUSAND SIX HUNDRED AND FORTY ONLY
SALES CONDITIONS:CIF MONTREAL/CANADA
SALES CONTRACT NO. F01LCB05127
LADIES COTTON BLAZER(100% COTTON,40SX20/140X60)

续表

STYLE NO.	PO NO.	QTY/PCS	USD/PC
46-301A	10337	2 550	12.80

（出口商签字和盖单据章）

2001JAN31 15:23:46
LOGICAL TERMINAL E102
MT S700　　　　　ISSUE OF A DOCUMENTARY CREDIT　　　　PAGE 00001
FUNC MSG700
UMR 06607642
MSGACK DWS765I AUTH OK,KEY B110106173BAOC53B,BKCHCNBJ BNPA＊＊＊RECORO

BASIC HEADER	F 01 BKCHCNBJA940 0542 725524
APPLICATION HEADER	0 700 1122 010129 BNPACAMMAXXX 4968 839712 010130 0028 N
	＊BNP PARIBAS(CANADA)
	＊MONTREAL
USER HEADER	SERVICE CODE 103:
	BANK. PRIORITY 113:
	MSG USER REF. 108:　　　　（银行盖信用证通知专用章）
	INFO. FROM CI 115:

SEQUENCE OF TOTAL	＊27:	1/1
FORM OF DOC. CREDIT	＊40 A:	IRREVOCABLE
DOC. CREDIT NUMBER	＊20:	63211020049
DATE OF ISSUE	31 C:	010129
EXPIRY	＊31 D:	DATE 010410 PLACE IN BENEFICIARY'S COUNTRY
APPLICANT	＊50:	FASHION FORCE CO. ,LTD.
		P. O. BOX 8935
		NEW TERMINAL,ALTA,VISTA OTTAWA,CANADA
BENEFICIARY	＊59:	NANJING TANG TEXTILE GARMENT CO. ,LTD.
		HUARONG MANSION RM2901 NO. 85 GUAN-JIAQIAO, NANJING 210005,CHINA
AMOUNT	＊32 B:	CURRENCY USD AMOUNT 32 640
AVAILABLE WITH/BY	＊41 D:	ANY BANK
		BY NEGOTIATION
DRAFTS AT…	42 C:	SIGHT
DRAWEE	42 A:	BNPACAMMXXX
		＊BNP PARIBAS(CANADA)
		＊MONTREAL
PARTIAL SHIPMTS	43 P:	NOT ALLOWED
TRANSSHIPMENT	43 T:	ALLOWED
LOADING ON CHARGE	44 A:	
CHINA		
FOR TRANSPORT TO…	44 B:	

MONTREAL

LATEST DATE OF SHIP.   44 C:010325

DESCRIPT OF GOODS   45 A:

    SALES CONDITIONS:CIF MONTREAL/CANADA

    SALES CONTRACT NO. F01LCB05127

    LADIES COTTON BLAZER(100% COTTON,40SX20/140X60)

STYLE NO.	PO NO.	QTY/PCS	USD/PC
46-301A	10337	2 550	12.80

DOCUMENTS REQUIRED   46 A:

+COMMERCIAL INVOICES IN 3 COPIES SIGNED BY BENEFICIARY'S REPRESENTATIVE.

+CANADA CUSTOMS INVOICES IN 4 COPIES.

+FULL SET OF ORIGINAL MARINE BILLS OF LADING CLEAN ON BOARD FLUS 2 NON NEGOTIABLE COPIES MADE OUT OR ENDORSED TO ORDER OF BNP PARIBAS (CANADA) MARKED FREIGHT PREPAID AND NOTIFY APPLICANT'S FULL NAME AND ADDRESS.

+DETAILED PACKING LISTS IN 3 COPIES.

+COPY OF CERTIFICATE OF ORIGIN FORM A.

+COPY OF EXPORT LICENCE.

+BENEFICIARY'S LETTER STATING THAT ORIGINAL CERTIFICATE OF ORIGIN FORM A, ORIGINAL EXPORT LICENCE, COPY OF COMMERCIAL INVOICE, DETAILED PACKING LISTS AND A COPY OF BILL OF LADING WERE SENT DIRECT TO APPLICANT BY COURIER WITHIN 5 DAYS AFTER SHIPMENT. THE RELEATIVE COURIER RECEIPT IS ALSO REQUIRED FOR PRESENTATION.

+COPY OF APPLICANT'S FAX APPROVING PRODUCTION SAMPLES BEFORE SHIPMENT.

+ LETTER FROM SHIPPER ON THEIR LETTERHEAD INDICATING THEIR NAME OF COMPANY AND ADDRESS, BILL OF LADING NUMBER, CONTAINER NUMBER AND THAT THIS SHIPMENT, INCLUDING ITS CONTAINER, DOES NOT CONTAIN ANY NON-MANUFACTURED WOODEN MATERIAL, DUNNAGE, BRACING MATERIAL, PALLETS, CRATING OR OTHER NON-MANUFACTURED WOODEN PACKING MATERIAL.

+ INSPECTION CERTIFICATE ORIGINAL SINGED AND ISSUED BY FASHION FORCE CO. ,LTD. STATING THE SAMPLES OF FOUR STYLE GARMENTS HAS BEEN APPROVED, WHICH SEND THROUGH DHL BEFORE 15 DAYS OF SHIPMENT.

+INSURANCE POLICY OR CERTIFICATE IN 1 ORIGINAL AND 1 COPY ISSUED OR ENDORSED TO THE ORDER OF BNP PARIBAS(CANADA) FOR THE CIF INVOICE PLUS 10 PERCENT COVERING ALL RISKS, INSTITUTE STRIKES, INSTITUTE WAR CLAUSES AND CIVIL COMMOTIONS CLAUSES.

ADDITIONAL COND.　　47 A:

+IF DOCUMENTS PRESENTED ARE FOUND BY US NOT TO BE UN FULL COMPLIANCE WITH CREDIT TERMS. WE WILL ASSESS A CHARGE OF USD 55. 00 PER SET OF DOCUMENTS.

+ALL CHARGES IF ANY RELATED TO SETTLEMENTS ARE FOR ACCOUNT OF BENEFICIARY.

+3 PCT MORE OR LESS IN AMOUNT AND QUANTITY IS ALLOWED.

+ ALL CERTIFICATES/LETTERS/STATEMENTS MUST BE SIGNED AND DATED.

+FOR INFORMATION ONLY,PLEASE NOTE AS OF JANUARY 4,1999 THAT ALL SHIPMENTS FROM CHINA THAT ARE PACKED WITH UNTREATED WOOD WILL BE BANNED FROM CANADA DUE TO THE THREAT POSED BY THE ASIAN LONGNORNED BEETLE.

+ THE CANADIAN GOVERNMENT NOW INSIST THAT EVERY SHIPMENT ENTERING CANADA MUST HAVE THE ABOVE DOCUMENTATION WITH THE SHIPMENT.

+BILL OF LADING AND COMMERCIAL INVOICE MUST CERTIFY THE FOL-LOWING: THIS SHIPMENT,INCLUDING ITS CONTAINER DOES NOT CON-TAIN ANY NON-MANUFACTURED WOODEN MATERIAL,DUNNAGE,BRAC-ING MATERIAL PALLETS,CRATING OR OTHER NON MANUFACTURED WOODEN PACKING MATERIAL.

+BENEFICIARY'S BANK ACCOUNT NO. 07773108201140121

CHARGES　　　　71 B:OUTSIDE COUNTRY BANK CHARGES

　　　　　　　　TO BE BORNE BY THE BENEFICIARY

　　　　　　　　OPENING BANK CHARGES

　　　　　　　　TO BE BORNE BY THE APPLICANT

CONFIRMATION　　* 49:WITHOUT

INSTRUCTIONS　　78:

+WE SHALL COVER THE NEGOTIATING BANK AS PER THEIR INSTRUCTIONS.

+FORWARD DOCUMENTS IN ONE LOT BY SPECIAL COURIER PREPAID TO BNP PARIBAS(CANADA)1981 MCGILL COLLECE AVE. MONTREAL QC H3A 2W8 CANADA.

SEND. TO REC. INFO.　　72:THIS CREDIT IS SUBJECT TO UCP FOR

　　　　　　　　DOCUMENTARY CREDIT 1993 REVISION

　　　　　　　　ICC PUBLICATION 500 AND IS THE

　　　　　　　　OPERATIVE INSTRUMENT

TRAILER　　　　ORDER IS 〈MAC:〉〈PAC:〉〈ENC:〉〈CHK:〉〈TNG:〉〈PDE:〉

　　　　　　　　MAC:F344CA36

　　　　　　　　CHK:AA6204FFDFC2

填写结果如下。

出口货物运输保险投保单

发票号码	NT001FF004		投保条款和险别
被保险人	客户抬头 NANJING TANG TEXTILE GARMENT CO.，LTD. 过户 FASHION FORCE CO.，LTD.		(√)PICC CLAUSE (　)ICC CLAUSE (√)ALL RISKS (　)W. P. A. /W. A. (　)F. P. A. (√)WAR RISKS (　)S. R. C. C. (√)STRIKE (　)ICC CLAUSE A (　)ICC CLAUSE B (　)ICC CLAUSE C
保险金额	USD （ 35 904.00 ） HKD （　　）		(　)AIR TPT ALL RISKS (　)AIR TPT RISKS
	（　　） （　　）		(　)O/L TPT ALL RISKS
启运港	SHANGHAI		(　)O/L TPT RISKS
目的港	MONTREAL		(　)TRANSHIPMENT RISKS
转内陆			(　)W TO W
开航日期	2001.3.20		(　)T. P. N. D.
船名航次	HUA CHANG V.09981		(　)F. R. E. C.
赔款地点	CANADA		(　)F. W. R. D.
赔付币别	USD		(　)RISKS OF BREAKAGE
正本份数	1份正本,1份副本		(　)I. O. P.
其他特别条款	COVERING INSTITUTE CIVIL COMMOTIONS CLAUSES.		

以 下 由 保 险 公 司 填 写

保单号码		费率	
签单日期		保费	

投保日期:2001 年 3 月 16 日　　　　投保人签章:

2. 根据资料填写货物运输保险单

我国广东省机械进出口公司向荷兰罗纳因贸易公司出口不锈钢铲头 12 000 件,每件 9.60 美元,CIF 鹿特丹、纸箱包装,每箱 12 件。合同规定按发票金额 110%投保一切险和战争险,运输标志如下。

F. V.

ART. NO. ＝9099

ROTTERDAMI

NOS:1-1000

该货物于 2002 年 3 月 20 日在广州装"东方"号轮运往鹿特丹。

商业发票号:NM134

合同号：05MP561009

信用证号：T-027651

填写结果如下。

中国人民保险公司广州市分公司

The People's Insurance Company of China GUANGZHOU Branch

总公司设于北京　　　一九四九年创立

Head Office Beijing　　Established in 1949

货物运输保险单

CARGO TRANSPORTATION INSURANCE POLICY

发票号码（INVOICE NO.）	NM134	保险单号次	PLC876
合同号（CONTRACT NO.）	05MP561009	Policy No.	
信用证号（L/C NO.）	T-027651		

被保险人：

Insured：　　荷兰罗纳因贸易公司

　　中国人民保险有限公司（以下简称本公司）根据被保险人的要求，由被保险人向本公司缴付约定的保险费，按照本保险单承担险别和背面所载条款与下列特别条款承保下列货物运输保险，特立本保险单。

This policy of Insurance witnesses that the People's Insurance Company of China (hereinafter called "The Company"), at the request of the Insured and in consideration of the agreed premium paid to the company by the Insured, undertakes to insure the undermentioned goods in transportation subject to conditions of the Policy as per the Clauses printed overleaf and other special clauses attached hereon.

标记 Marks & Nos.	包装及数量 Quantity	保险货物项目 Descriptions of Goods	保险金额 Amount Insured
F. V. ART. NO. =9099 ROTTERDAMI NOS：1-1000	12 000 件，1 000 箱	不锈钢铲头	USD 126 720

总保险金额：

Total Amount Insured： U. S. DOLLARS ONE HUNDRED AND TWENTY SIX THOUSAND SEVEN HUNDRED AND TWENTY ONLY

保费 Premium	AS ARRANGED	启运日期 Date of commencement：	2002-03-20	载运输工具 Per conveyance：	Possession V16
自 From	广州	经 VIA		至 To	鹿特丹

承保险别

Conditions：　　　一切险；战争险

　　所保货物，如发生本保险单项下可能引起索赔的损失或损坏，应立即通知本公司下属代理人查勘。如有索赔，应向本公司提交保险单正本（本保险单共有　份正本）及有关文件。如一份正本已用于索赔，其余正本则自动失效。

In the event of loss or damage which may result in acclaim under this Policy, immediate notice must be given to the Company's Agent as mentioned here under. Claims, if any, one of the Original Policy which has been issued in Original(s) together with the relevant documents shall be surrendered to the Company. If one of the Original Policy has been accomplished, the others to be void.

中国人民保险公司广州市分公司

The People's Insurance Company of China GUANGZHOU Branch

赔款偿付地点
Claim payable at　　　鹿特丹

出单日期
Issuing Date

地址:中国广州黄河路 112 号
Address:

邮编(POST CODE):518000

王天华
Authorized Signature

电话(TEL):(020)86521049

传真(FAX):(020)84404593

第四节　实训操作

一、操作目的

掌握投保单的缮制;掌握保险单的缮制。

二、操作要求

按实训操作练习给出的资料完成练习。

三、操作内容

请根据给定的信息缮制投保单和保险单。

卖　　方:SHANGHAI IMPORT & EXPORT TRADE CORPORATION
　　　　1321 NORTH ZHONGSHAN ROAD,SHANGHAI,CHINA

买　　方:TAKADA CORPORATION
　　　　6-7,KAWARAMACHI,OSAKA,JAPAN

合同编号:TXT264

货　　名:中国绿茶(CHINESE GREEN TEA)

单　　价:ART. NO. 555 USD 110.00/KG
　　　　ART. NO. 666 USD 100.00/KG
　　　　ART. NO. 777 USD 90.00/KG CIF OSAKA

数　　量:ART. NO. 555 100 KGS,ART. NO. 666 110 KGS,ART.
　　　　NO. 777 120 KGS

包　　装:每5kg装1箱(PACKED IN CARTONS OF FIVE KGS EACH)

装运期限:最迟不晚于 2008 年 6 月 20 日(NOT LATER THAN JUNE 20,2008)

装 运 港:上海港(SHANGHAI PORT)

目 的 港:大阪港(OSAKA PORT)

船名航次:HUANGHE V.503

保　　险:按发票价的 110%投保一切险和战争险(FOR 110 PERCENT OF THE INVOICE VALUE COVERING ALL RISKS AND WAR RISKS AS PER PICC DATE 01/01/1981)

第七章 商品检验

【学习目标】
- 掌握进出口货物报检操作流程；
- 学会缮制进出口货物报检单；
- 掌握检验检疫单证；
- 学会缮制原产地证书。

进出口商品检验检疫是进出口业务的一个重要环节。及时办理出口货物的报检手续，能保证出口货物按时、按质、按量出运，维护和提高我国对外贸易的信誉。对进口货物进行及时的检验检疫，发现问题后能及时对外提出索赔，以维护我国正当权益。

第一节 进出口商品的检验检疫基本知识

一、进出口商品检验检疫的基本概念

1. 进出口商品检验检疫含义

进出口商品检验检疫是指具有权威的检验检疫机构依照相应的法律、法规或进出口合同的规定,对商品的质量、数量、重量、包装、卫生、安全及装运条件进行检验并出具相应的检验证书的一系列活动,通常简称为商检工作。

2. 检验检疫机构

(1)检验检疫机构种类。在国际贸易中,商检机构一般分为官方、半官方和民间三大类型。

① 官方检验检疫机构是指由主权国家或地方政府投资并直接设立的行政机构,按照国家有关法律、行政法规对进出口商品实施法定检验检疫和监督管理,是保护本国利益而执行强制性措施的机构,如我国的"中华人民共和国质量监督检验检疫总局"。

② 半官方检验机构是指由国家批准设立的公证检验机构,一般政府授权该机构,代表政府行使商品检验鉴定工作和部分管理工作,该机构出具的商检证明或其他鉴定证明是有效文件并具有权威性,如我国的"中国进出口商品检验总公司"。

③ 民间检验机构是指非政府的民间商品检验机构,有商会、协会、同业公会等具有专业检验鉴定技术能力的公证行或检验公司等。如"瑞士 SGS 日内瓦通用鉴定公司"及我国的"上海化工研究院检测中心"。

(2)我国的检验检疫机构有以下部门。

中国质量监督检验检疫总局(General Administration of Quality Supervision Inspection and Quarantine,AQSIQ),即原中华人民共和国出入境检验检疫局(China Exit & Entry Inspection & Quarantine Bureau,CIQ),主管全国出入境商品检验检疫、动植物检疫、国境卫生检疫工作。

国家质检总局下设有中国国家认证认可监督管理委员会、中国国家标准化管理委员会和中国进出口商品检验总公司。在全国各地设有直属检验检疫局 35 个、商检机构 282 个和办事处 277 个,开展进出口商品的检验、检疫、鉴定等工作。

3. 我国检验检疫机构的基本任务

根据《中华人民共和国商检法》和国家有关规定,我国检验检疫机构的基本任务是实施进出口商品的法定检验、公证鉴定,监督管理进出口商品检验工作和统一管理并签发普惠制原产地证书。

(1)法定检验是检验检疫机构依法对规定的进出口商品和有关检验事项实施的强制性检验。法定检验的范围包括以下内容。

　　① 对列入《实施检验检疫的进出口商品目录》（以下简称《法检目录》）的进出口商品进行检验。《法检目录》由国家质检总局制定、调整和公布。

　　② 对出口危险品货物的包装容器，实施性能鉴定和使用鉴定。

　　③ 对出口易腐烂变质食品、冷冻品的船舱和集装箱等运载工具，实施适载检验和鉴定。

　　④ 对其他法律、法规规定的需经商检机构检验的进出口商品进行检验。

　　⑤ 对出口食品，实施卫生检验。

　　⑥ 对国际条约规定的进出口商品，实施检验检疫。

　　（2）公证鉴定是指按国际惯例，由检验检疫局对进出口商品进行各项检验、鉴定业务。检验检疫局除了实施法检外，还接受办理对外贸易关系人，如买方、卖方、承运人、托运人或保险人等申请的其他公证鉴定工作。例如，进出口商品的重量鉴定、货载衡量鉴定、进口商品的残损鉴定、短缺鉴定、出口商品船舱检验和监视装载鉴定等，出具重量证明、产地证明、价值证明、包装证明、签封样品、发票签证等。

　　（3）实施监督管理。检验检疫局对法定检验以外的进出口商品实施监督管理。商检机构接受国际贸易相关人包括生产单位、经营单位、进出口商品的收发货人和外国检验机构等委托，对进出口原材料、半成品和成品实施化验、检验、测试、鉴定等，签发各种鉴定证书。

二、进出口商品报检

1. 报检的概念

　　（1）报检的含义。进出口商品报检是指进出口商品的收发货人或其代理人，根据《商检法》等有关法律、法规，对法定检验的进出口商品，在检验检疫机构规定的时限和地点，向检验检疫机构办理申请检验、配合检验、付费、取得商检单证等手续的全过程。

　　（2）报检单位。出入境检验检疫报检单位有两大类：自理报检单位和代理报检单位。

　　① 自理报检单位是指经所在地出入境检验检疫机构注册登记并取得报检单位代码的外贸相关单位，包括有进出口经营权的国内企业、出口货物的生产企业、进出口货物的收发货人、有进出境相关业务的科研单位、运输单位等，依法自行办理出入境检验检疫报检事宜的，在工商行政管理部门注册登记的境内企业法人。

　　② 代理报检单位是指经国家质检总局注册登记，受出口生产企业的委托，或受进出口货物收发货人的委托，或受外贸关系人等的委托，依法代为办理出入境检验检疫报检事宜的，在工商行政管理部门注册登记的境内企业法人。

　　（3）报检员。我国报检员是指经国家质检总局统一考试合格取得"报检员资格证"，并在出入境检验检疫机构注册登记，取得"报检员证"后持证上岗，代表所在企业向检验检疫机构办理进出口货物报检的专业人员。

　　（4）报检依据，主要有《中华人民共和国进出口商品检验法》及实施条例、《中华人民共和国进出境动植物检疫法》及实施条例、《中华人民共和国国境卫生检疫法》及实施细则、《中华人民共和国食品卫生法》及实施细则。

2. 电子报检的一般工作流程

电子报检是指报检人使用电子报检软件通过检验检疫业务平台将报检数据以电子报文方式传输给检验检疫机构,经检验检疫机构业务管理系统和检务员处理后,将受理报检报验信息反馈给报检人,实现远程办理出入境检验检疫报检的行为。

申请开通电子报检业务手续的程序如下。

申请电子报检的报检人应同时符合以下条件:已在检验检疫机构办理报检人登记备案或注册登记手续;具有经检验检疫机构培训考核合格的报检员;具备开展电子报检的软硬件条件;在国家质检总局指定机构办理了电子业务开户手续。

报检人申请电子报检时应同时提供以下资料:报检人的登记备案或注册证明复印件、电子报检登记申请、电子业务开户登记表。

检验检疫机构应及时对申请开展电子报检业务的报检人进行审核,经审核合格的报检人可以开展电子报检业务。

3. 出入境货物报检的时限和地点

出境货物最迟在出口报关或装运前 7 天报检,个别检验检疫周期长的货物,应留有相应的检验检疫时间。需隔离检疫的出境动物在出境前 60 天预报,隔离前 7 天报检。法定检验检疫货物,除了活动物由口岸检验检疫外,原则上应在产地检验检疫。审批、许可证等有关政府批文中规定了检验检疫地点的,须在规定的地点报检。

输入植物、种子、种苗及其他繁殖材料的,应在入境前 7 天报检。输入微生物、人体组织、生物制品、血液及制品、种畜、禽及精液、胚胎、受精卵,应当在入境前 30 天报检。

输入其他动物的,应在入境前 15 天报检。大宗散装商品、易腐烂变质商品、废旧品、进口卸货发现有破损、短缺的商品,在卸货口岸检验检疫机构报检。其他入境货物,在入境前或入境时,向报关地的检验检疫机构办理报检手续。

4. 电子转单与电子通关

(1)电子转单是指通过系统网络,将产地检验检疫机构和口岸检验检疫机构的相关信息相互连通,对出境货物,产地检验检疫机构将已经检验检疫合格的相关电子信息传输到出境口岸检验检疫机构;对入境货物,入境口岸检验检疫机构将已经签发的《入境货物通关单》相关电子信息传输到目的地检验检疫机构,实施检验检疫的监管模式。

(2)出境电子转单程序,如下所述。

① 产地检验检疫合格后,机构及时将相关信息传送到电子转单中心,并出具《出境货物换证凭条》。传送内容包括报检信息、签证信息、其他相关信息。

② 产地检验检疫机构向出境检验检疫关系人以书面方式提供"报检号、转单号和密码"。

③ 出境检验检疫关系人凭报检号、转单号及密码,到出境口岸检验检疫机构申请《出境货物通关单》。

④ 出境口岸检验检疫机构应出境关系人的申请,提取电子转单信息,签发《出境货物通关单》,并将处理信息反馈给电子转单中心。

⑤ 按《口岸查验管理规定》需要核查货证的,出境检验检疫关系人应配合出入境检验检疫机构完成核查工作。

(3)实际办理"出境电子转单"时的注意事项,如表 7-1 所示。

表 7-1　办理"出境电子转单"注意事项

情　　形	注　意　事　项
暂不实施电子转单的情形	出境货物产地预检,但出境口岸不明确的
实施电子转单后查验的情形	出境货物需要到口岸检验检疫机构报批的
	出境货物按规定需要在口岸检验检疫机构出证的
	出境货物产地预检后,发生更改内容的
	其他有关规定不适合电子转单的
	报检单位应配合口岸机构查验,不要过时,不要留下不良记录
实施电子转单后更改,口岸机构予以更改的情形	一般口岸核查货证的比例为申报批次的 1%~3%
	对运输造成的包装破损或短装等原因需要减少数量、重量的
	需在出境口岸更改运输工具名称、发货日、集装箱规格、数量的
	申报总额按有关比例换算或变更申请总值不超过 10% 的
	经口岸检验检疫机构和产地检验检疫机构同意更改有关内容的

（4）入境电子转单程序,如下所述。

对在入境口岸办理通关手续、需要到目的地实施检验检疫的货物,口岸检验检疫机构通过网络将相关信息传送到电子转单中心。传送内容包括报检信息、签证信息和相关内容。

入境口岸检验检疫机构以书面方式向入境关系人提供"报检号、转单号和密码"。

目的地检验检疫机构应按时接收电子转单中心发出的相关电子信息,并反馈收到信息。

入境关系人凭报检号、转单号及密码,向目的地口岸检验检疫机构申请检验检疫。

目的地检验检疫机构根据电子转单信息,对入境关系人未在规定期限内办理报检的,将有关信息通过电子转单中心反馈给口岸检验检疫机构,采取相关处理。

（5）电子通关。国家质检总局和海关总署联合开发了电子通关联网核查系统,并于 2003 年 1 月 1 日起在主要口岸的检验检疫机构和海关推广使用。该系统采用网络信息技术,将检验检疫机构签发的出入境通关单的电子数据传输到海关计算机作业系统,海关将报检、报关数据比对确认,相符的予以放行。

在目前阶段,检验检疫机构和海关联合采取的通关单联网核查系统还需要同时校验纸质的通关单据,这是将来实现无纸化通关的一个过渡阶段。这种通关方式相比原来的传统通关方式已经有了一个飞跃发展。它具有数据信息共享、简化操作程序、降低外贸成本、提高通关速度的功能,还有效控制了报检数据与报关数据不符合的问题,控制了不法分子伪造、编造通关单证的不法行为。

第二节　进出口商品的检验检疫单证

一、出入境货物报检

1. 出入境货物报检应提供的单据

国家质检总局规定报检时应提供的单证包括出（入）境货物报检单和随附单证,其中随附单证包括合同、发票、装箱单、提单和各种情况下的相关单证。

（1）入境货物报检还应提供的相关单证，如表 7-2 所示。

表 7-2   入境货物报检相关单证

入 境 货 物	相 关 单 证
凡报检安全质量许可、卫生注册、其他需审批的入境货物	还应提供有关证明
报检品质检验的入境货物	提供国外品质保证书、产品说明书、有关技术资料、有关标准资料
凭样品成交的入境货物	附加成交样品
报检入境废物	提供国家环保部门的进口废物批准证书和检验检疫机构的装运前检验合格证书
凡申请重量、数量鉴定的入境货物	提供重量明细单、理货清单、货物残损单、空运事故记录单等
报检入境运输工具、集装箱时	提交检疫证明，并申报有关人员状况
入境特殊物品的	应提供有关的批件或规定的文件
因科研等特殊需要而输入禁止入境物	提供国家检验检疫局签发的特许审批证明
入境的动植物及其产品	提供输出国家（地区）官方的检疫证书，需办理入境检疫审批手续的，还应提供入境动植物检疫许可证
过境动植物及其产品报检时	应提供货运单和输出国家官方检疫证书，运输动植物过境时提交国家检验检疫局签发的动植物过境许可证

（2）出境货物报检还应提供的相关单证，如表 7-3 所示。

表 7-3   出境货物报检相关单证

出 境 货 物	相 关 单 证
凡报检安全质量许可、卫生注册、其他需审批的出境货物	还应提供有关证明
产地与报关地不一致的出境货物	向报关地检验检疫机构申请出境货物通关单时，应递交产地检验检疫机构核准的出境货物换证凭条
凭样品成交的出境货物	附加成交样品
实行卫生注册和质量许可的出境货物	提供检验检疫机构批准的注册编号和许可证编号
凡申请重量、数量鉴定的出境货物	提供重量明细单或磅码单
报检出境运输工具、集装箱时	提交检疫证明，并申报有关人员健康状况
出境特殊物品时	应提供有关的批件或规定的文件
出口危险货物时	提供出境货物运输包装性能检验结果单和出境危险货物运输包装使用鉴定结果单

2. 出境货物报检单的主要内容和填报规范

出境货物报检单由各口岸出入境检验检疫局统一印制，除编号由检验检疫机构指定外，其余各栏由报检单位填制并盖章确认。

（1）编号（No.），由检验检疫机构受理人指定，前六位为检验检疫机构代码，第七位为报检类代码，第八位、第九位为年份代码，第十位至第十五位为流水号。

（2）报检单位（declaration inspection unit），是指经国家质量监督检验检疫总局审核，获得许可、登记，并取得国家质检总局颁发的自理报检单位备案登记证明书或代理报检单位备案登记证明书的企业。

本栏填报报检单位的中文名称，并加盖与名称一致的公章。

（3）报检单位登记号（register No.），是指报检单位在国家质检总局登记的登记证号码。本栏填 10 位数登记证号码，填报报检人员姓名和报检人员的联系电话。

（4）报检日期（date of declaration inspection），是指检验检疫机构接受报检当天的日期。

本栏填制的报检日期统一用阿拉伯数字来表示。

（5）发货人（consignor），是指外贸合同中的供货商或商业发票上的出票人。

本栏分别用中、英文分行填报发货人名称。

（6）收货人（consignee），是指外贸合同中的收购商或商业发票上的受票人。

本栏分别用中、英文分行填报收货人名称。

（7）货物名称（中/英文）（description of goods），是指被申请报检的出境货物名称、规格、型号、成分以及英文对照。

本栏应按合同、信用证、商业发票中所列商品名称的中、英文填写。要注意的是，废旧物资在此栏内须注明。

（8）H. S. 编码（H. S. code），是指海关协调商品名称及编码制度中所列编码，以当年海关公布的商品税则编码为准。

本栏填报八位商品编码。有些商品有最后两位补充编码时，应填报十位编码。

（9）产地（producing area），在出境货物报检单中指货物生产地、加工制造地的省、市、县名。在进境货物报检单中是指该进口货物的原产国或地区。

本栏填报出境货物生产地的省、市、县的中文名称。

（10）数量/重量（quantity/weight），是指商品编码分类中计量标准项下的实际检验检疫数量、重量。

本栏按实际申请检验检疫的数量/重量填写，重量还须列明毛/净/皮重。本栏可以填报一个以上计量单位，如第一计量单位"个"；第二计量单位"kg"等。

（11）货物总值（amount），是指出境货物的商业总值及币种。

本栏应和合同、发票或报关单上所列货物总值一致。不需要填报价格术语如 CIF 等。

（12）包装种类及数量（number and type of packing），是指货物实际运输外包装的种类及数量。

本栏应按照实际运输外包装的种类及相应的数量填报，如"136 箱"等。若有托盘集中包装，除了填报托盘种类及数量以外，还应填报托盘上小包装数量及包装种类。

（13）运输工具名称号码（means of conveyance），是指载运出境货物运输工具的名称和运输工具编号。

本栏填制实际出境运输工具的名称及编号，如船名航次等。若报检申请时未定运输工具的名称及编号时，可以填制笼统运输方式总称，如填报"船舶"或"飞机"等。

（14）合同号（contract No.），是指对外贸易合同、订单、形式发票等的号码。

本栏填报的合同号应与随附合同、订单等号码一致。

（15）贸易方式（terms of trade），是指该批货物的贸易性质，即买卖双方将商品所有权通过什么方式转让。

本栏填报与实际情况一致的海关规范贸易方式。常见的贸易方式有一般贸易、来料加工贸易、易货贸易、补偿贸易等。

（16）货物存放地点（place of goods），是指出口货物的生产企业所存放出口货物的地点。

本栏按实际填报具体地点、仓库。

（17）发货日期（shipment date），是指货物实际出境的日期。按实际开船日或起飞日等填报发货日期，以年、月、日的顺序填报。

（18）输往国家（地区）（destination country/area），是指出口货物直接运抵的国家（地区），是货物的最终销售或消费国家。

本栏填报输往国家（地区）的中文名称。

（19）许可证号/审批号（licence No./approve No.），凡申领进出口许可证或其他审批文件的货物，本栏应填报有关许可证号或审批号。无许可证或没有审批文件的出境货物本栏免报。

（20）生产单位注册号（manufacture register No.），是指出入境检验检疫机构签发给生产单位的卫生注册证书编号或加工仓库的注册编号。

本栏填报实际生产单位的注册编号。

（21）启运地（place of departure），本栏填报出境货物最后离境的口岸的中文名称，如上海口岸等。

（22）到达口岸（final destination），是指出境货物运往境外的最终目的港。

最终目的港预知时，本栏按实际到达口岸的中文名称填报，最终到达口岸不可预知时，可按尽可能预知的到达口岸填报。

（23）集装箱规格、数量及号码（type of container，container number），是指国际标准的集装箱规格尺寸，常见的有 A 型、B 型、C 型和 D 型四种箱型。集装箱的数量指实际集装箱个数，不需要换算标准箱。集装箱号码指集装箱的识别号码，其组成规则是箱主代号（前 3 位字母）＋设备识别号（u 为海运集装箱）＋顺序号（6 位数字）＋检测号（最后 1 位）。

本栏填报实际集装箱"数量"×"规格"/"箱号"，如 1×20'/TGHU8491952。

（24）合同、信用证订立的检验检疫条款或特殊要求，在合同中订立的有关检验检疫的特殊条款及其他要求应填入此栏。

（25）标记和号码（marks and number of packages）。货物的标记号码（即唛头），主要用于识别货物。

本栏应根据实际合同、发票等外贸单据上相同内容填报。若没有唛头应填报"N/M"。

(26) 用途(purpose),有种用或繁殖;食用;奶用;观赏或演艺;伴侣动物;试验;药用;饲用;其他 9 个选项。

从 9 个选项中选择符合实际出境货物用途来填报。

(27) 随附单据(划"√"或补填)(attached files in√),按照实际随附的单据种类划"√"或补充填报随附单据。

(28) 签名(signature of authorized signatory),由持有《报检员证》的报检员签名。

(29) 检验检疫费用,由检验检疫机构计费人员核定费用后填写,如熏蒸费、消毒费等。

(30) 领取证单。报检人在领取证单时填写领证日期和领证人签名。

表 7-4 为我国出入境检验检疫出境货物报检单。

表 7-4　中华人民共和国出入境检验检疫出境货物报检单

报检单位(加盖公章):　　　　　　　　　　　　　　　＊编　号_____

报检单位登记号:　　联系人:　　电话:　　报检日期:　年　月　日

发货人	(中文)				
	(外文)				
收货人	(中文)				
	(外文)				

货物名称(中/外文)	H.S. 编码	产地	数量/重量	货物总值	包装种类及数量

运输工具名称号码		贸易方式		货物存放地点	
合同号		信用证号		用途	
发货日期		输往国家(地区)		许可证/审批号	
启运地		到达口岸		生产单位注册号	
集装箱规格、数量及号码					

合同、信用证订立的检验检疫条款或特殊要求	标记及号码	随附单据(划"√"或补填)
		□ 合同　　□ 包装性能结果单 □ 信用证　□ 许可/审批文件 □ 发票　　□ □ 换证凭单　□ □ 装箱单　□ □ 厂检单　□

续表

需要证单名称（划"√"或补填）				* 检验检疫费
□品质证书	＿正＿副	□植物检疫证书	＿正＿副	总金额 （人民币元）
□重量证书	＿正＿副	□熏蒸/消毒证书	＿正＿副	
□数量证书	＿正＿副	□出境货物换证凭单	＿正＿副	计费人
□兽医卫生证书	＿正＿副	□		
□健康证书	＿正＿副	□		
□卫生证书	＿正＿副	□		收费人
□动物卫生证书	＿正＿副	□		

报检人郑重声明： 　1. 本人被授权报检。 　2. 上列填写内容正确属实，货物无伪造或冒用他人的厂名、标志、认证标志，并承担货物质量责任。 　　　　　　　　　　签名：＿＿＿＿＿＿	领取证单	
	日期	
	签名	

注：有"＊"号栏由出入境检验检疫机关填写。　　　　　　　◆国家出入境检验检疫局制

二、检验检疫证书

1. 检验检疫证书的定义和作用

检验检疫证书（inspection certificate）是由政府机构或公证机构对进出口商品检验检疫或鉴定后，根据不同的检验结果或鉴定项目出具并且签署的书面声明，证明货物已检验达标并评述检验结果的书面单证。

在国际贸易中，检验检疫证书起着重要作用，主要商检证书种类和作用，如表 7-5 所示。

表 7-5　商检证书作用

商 检 证 书	主 要 作 用
出口商品品质、数量、重量、包装、监装证书	用于证明履约情况，便利交接货物
合同规定的商检证书品质、数量评定	是结算出口商品货价不可缺少的依据
信用证或合同规定的商检文件、银行特别审核单	是银行议付和出口结汇不可缺少的单证
进口国要求出口国提供某指定商品的产地证、品质证书	是国外管制商品准许输入放行的文件
有些国家要求提供出口国品质证书核定税率	用于鉴定关税税则和优惠减免税
进出口商品积载、拆箱、启封、冷冻温度鉴定书	是解决进出口商品责任归属的主要依据
进口商品质量、数量等不符时的检验复验证书	是进口商品检验对外索赔的依据
货载衡量证书	是承运人和托运人计算运费的依据
进（出）境货物通关单	是进出口海关验放的凭据

2. 检验检疫证书的种类

根据进出境货物的不同检验、检疫要求、鉴定项目和不同作用，我国检验检疫机构签发不同的检验检疫证书、凭单、监管类证单、报告单和记录报告，共有 85 种以上。常见的证书种类和适用范围，如表 7-6 所示。

表 7-6 常见商检证书及适用范围

商检证书种类	适 用 范 围
出入境检验检疫品质证书	用于证明出口商品的品名、规格、等级、成分、性能等产品质量实际情况,用于证明履约情况,便利交接货物
出入境检验检疫数量检验证书	用于证明进出口商品的数量、重量,如毛重、净重、皮重等
出入境检验检疫植物检疫证书	用于证明植物基本不带有其他的有害物,因而符合输入国或地区的植物要求
出入境检验检疫动物卫生证书	证明出口动物产品经过检疫合格的书面证件,它适用于冻畜肉、冻禽、皮张、肠衣等商品,一般由主任兽医签署
出入境检验检疫卫生证书	证明可供食用的出口动物产品、食品等经过卫生检疫或检验合格的证件,适用于肠衣、罐头食品、蛋品、乳制品等商品
出入境检验检疫熏蒸/消毒证书	证明出口动植物产品、木制品等已经过消毒或熏蒸处理的证明文件,适用于猪鬃、针叶木、马尾、羽毛、羽绒制品等商品
出境货物运输包装性能鉴定结果单	用于证明出境货物的包装已经检验并合格,适合于运输
残损鉴定证书	用于证明进口商品残损情况,供索赔时使用
包装检验证书	用于证明进出口商品包装情况
温度检验证书	用于证明出口冷冻商品的温度符合合同或有关规定
船舶检验证书	用于证明承运出口商品船舶清洁、牢固、冷藏效能及其他装运条件符合保护承载商品的质量和数量完整与安全要求
货载衡量检验证书	是证明进出口商品的重量、体积、吨位的证书,是计算运费和制订配载计划的依据

3. 检验检疫证书的形式

为了提高检验检疫工作效率和通关的速度,国家检验检疫机构于 2000 年进行了检务改革,实现了"五个统一"的工作方式,即检验检疫通关方式的统一、签证流程管理的统一、证书格式内容的统一、证书印制管理的统一和综合业务计算机管理系统的统一。实现了"六个一次"的工作模式,即一次报检/申报、一次计费收费、一次抽样、一次检验检疫、一次处理、一次放行。

(1)证书的形式

新的检验检疫证书形式统一了单证抬头名称,实现了检验检疫单证格式和印章的统一化。参照国际流行做法加注了免责条款,采取了手签名形式,并按照责权一致的原则,一律由执行机构签发单证。体现了谁施检,谁签发证书,谁承担相应的法律责任的合理原则。

检验检疫证书由质检局统一管理单证、统一印制证书、统一刻制印章,并对全过程实施监督管理。

(2)证书的使用

我国检验检疫机构与海关已建立了"先报检,后报关"的通关协调机制,自 2000 年1 月起,海关一律凭报关地检验检疫机构签发的《入境货物通关单》或《出境货物通关单》

放行。目前检验检疫系统正在全面加快 CIQ2000 信息化工程的建设,实现了对报检、计收费、检验检疫、签证通关、统计汇总和系统推广等管理的计算机信息化、网络化并在此基础上,大力推广电子报检、电子转单、电子通关三项检验检疫信息化工程。

4. 检验检疫证书的基本内容和缮制规范

不同内容的检验检疫证书、单据和监管类单证,其缮制要求和作用均不同,限于篇幅,这里仅介绍品质检验证书的主要内容和缮制规范。

(1) 单据名称和编号(title & No.),根据信用证的要求显示具体单据名称,如品质检验证书(quality certificate)。证书编号由出证机构依据不同类别的商品给予编放。

(2) 签发日期(date of issue),由出证机构根据实际检验日期填写签发日期,一般不得晚于提单签发日。若出口货物为鲜活货,则签发日期尽量与装运日相同;否则,检验过早不能证明装运时货物的质量。

(3) 发货人(consignor),在信用证支付方式下通常是信用证的受益人,除非信用证有"第三方单据可以接受"条款,托收项下的发货人一般是合同的卖方。本栏填报发货人的中英文名称。

(4) 收货人(consignee),在信用证支付方式下按信用证的规定填写开证申请人的英文全称,除非信用证另有规定,该栏有时不必填写或用"×××"表示。若出口商系中间商,本栏可填写"to whom it may concern"或"to order"。托收项下的收货人一般是合同的买方。

(5) 品名(description of goods)。本栏填报信用证及发票中所表明的货物的名称,也可用与其他单据无矛盾的统称。用中英文一致的名称填报。

(6) 标记及号码(marks & No.),按信用证或合同规定的唛头填制,如没有具体规定,出口商可自行编制。原则上文件和货物唛头须一致。如果没有唛头,填制"N/M",不得空缺。

(7) 报检数量/重量(quantity/weight declared),按发票相同内容填制实际货物的数量或重量。散装货物可用"IN BULK"+"数量"。

(8) 包装种类及数量(number & type of packing),填报与商业发票和提单相应栏目一致的包装种类及数量。

(9) 运输工具(means of conveyance),填报与提运单中相应栏目一致的运输工具名称。

(10) 检验结果(results of inspection)。本栏由检验检疫机构在检验后批注,用于证明本批货物经检验后的实际品质。若信用证对检验结果有明确规定,则检验证书上显示的检验结果应符合信用证的检验要求;若信用证未对检验结果有明确规定,但信用证中具体规定了商品的质量、成分,则检验结果不能接受含有对货物的规格、品质、包装等不利陈述的检验证书,除非信用证有特别授权。

(11) 印章和签署(stamp & chief inspector)。本栏目由检验检疫机构盖章并由检验该批货物的主任检验员手签。如果信用证指定检验机构,则应由信用证指定的检验机构盖章并签字;如果信用证没有特别指定检验机构,任何检验机构均可出具,但须盖章和签署。

第三节　原产地证明书

原产地证明书是证明货物原产地、制造地的文件,专供进口国海关采用不同的国别政策、国别待遇、差别关税和控制进口配额之用的一种国际商务文件。

一、原产地证明书概述

1. 原产地证明书的含义与作用

（1）原产地证明书的含义

原产地证明书（Certificate of Origin,C/O）简称产地证书,是由出口国政府有关机构签发的一种证明货物的原产地或制造地的法律文件。它主要用于进口国海关实行差别关税,实施进口限制、不同进口税率和不同进口配额等不同国别政策的书面依据。

我国出口商可以向以下三大机构申领原产地证明书。

① 中华人民共和国国家质量监督检验检疫总局（General Administration of Quality Supervision Inspection and Quarantine of the People's Republic of China,AQSIQ）

② 中国国际贸易促进委员会（China Council for the Promotion of International Trade,CCPIT）

③ 中华人民共和国商务部（Ministry of Commerce of the People's Republic of China,MOFCOM）

（2）原产地证明书的作用

原产地证明书可以证明出口货物符合中华人民共和国出口货物原产地规则,确系中国制造。

原产地证明书是被进口国海关所认可的一种正式书面文件。

进口国海关以此作为差别关税、进口限制和不同进口配额与不同税率的依据文件。

原产地证明书是出口通关、结汇和有关方面进行贸易统计的重要依据。

2. 原产地证明书的基本内容

原产地证明书的基本内容有 12 项,包括货物的商品名称、数量、包装、原产地、制造地;包括出口商的名称、地址、国别和声明;包括与装运相关的运输方式、路线和运输时间;还包括发证机构的签署、盖章和证明文字。

3. 原产地证明书的种类

根据原产地证明书的签发机构不同、使用范围不同、证书格式不同,分为以下四种类型,如表 7-7 所示。

（1）一般原产地证书（certificate of origin of the People's Republic of China）,简称产地证,又称普通产地证书,通常用于不使用海关发票或领事发票的国家（地区）,以确定对货物征税的税率。若信用证或合同未作具体规定,一般由检验检疫局出具。

表 7-7　原产地证明书类型

名　　称	简　称	签发机构	证书格式
一般原产地证书	C/O 产地证	贸促会、检验检疫局	商务部统一格式
普惠制原产地证书	GSP 产地证	检验检疫局	格式 A、格式 59A、格式 APR
欧共体纺织品专用产地证	EEC 产地证	商务部	统一格式
对美国出口纺织品声明书	DCO 声明书	出口商	格式 A、格式 B、格式 C

另外，根据进口商的不同要求，进口国海关除了认可由检验检疫局或贸促会签发的中华人民共和国原产地证外，有时也认可由出口商、生产厂家等单位出具的证明货物原产地的文件。因此，一般原产地证书有四种形式：检验检疫局出具的《中华人民共和国原产地证书》；贸促会出具的《中华人民共和国原产地证书》；出口商出具的原产地证书；生产厂家出具的原产地证书。

其中，以检验检疫局、贸促会出具的证书最具有权威性。

（2）普惠制原产地证（generalized system of preferences certificate of origin），以下简称 GSP 产地证，又称为 FORM A（格式 A）。

普遍优惠制度是发达国家给予发展中国家出口制成品和半制成品（包括某些初级产品）普遍的、非歧视性的、非互惠的一种关税优惠制度。普惠制产地证是一种受惠国有关机构就本国出口商品向给惠国出口受惠商品而签发的用以证明原产地的证明文件。

在我国，普惠制产地证由各口岸的检验检疫机构或贸促会办理签证、发证和管理工作。出口商在对给惠国出口"可受惠商品"时，不管信用证是否要求提供 GSP 产地证，都应申领此证交收货人，使其能享受普惠制的待遇。全球有 30 个给惠国，近年来除了美国、匈牙利、保加利亚三国对我国不给此种待遇，其他 27 个国家均给予中国产品以普惠制待遇，主要有德国、比利时、荷兰、卢森堡、法国、意大利、丹麦、爱尔兰、英国、希腊、西班牙、葡萄牙、奥地利、芬兰、挪威、瑞典、澳大利亚、新西兰、日本、加拿大等国。

普惠制产地证主要有三种格式：普惠制产地证格式 A、普惠制产地证格式 59A 和普惠制产地证格式 APR。其中，"格式 A"（FORM A）使用范围较广。

需要说明的是，在给惠国中有两个国家的证书格式特殊。新西兰只用 Form 59A；澳大利亚则不用任何规定的格式，只需在商业发票上加注指定声明文句即可。例如，Declare：A，that the final process of manufacture of the goods for which special parts are claimed has been performed in China and B，That not less than one：half of the factory cost of the goods is represented by the value of labor and material of China.

（3）欧洲经济共同体纺织品专用产地证（Europe Economic Community Certificate of Origin），以下简称 EEC 纺织品产地证书。

EEC 纺织品产地证专门用于需要配额的纺织类产品，是欧共体进口国海关控制配额的主要依据。EEC 纺织品产地证书与 EEC 纺织品出口许可证的内容一致，我国专门由商务部签发。

（4）对美国出口的原产地声明书（Declaration of Country Origin），以下简称 DCO 产地证，又称为美国产地证。

凡出口至美国的纺织品，出口商必须向进口商提供该类原产地声明书，作为进口商清关的单据之一。声明书主要有 A、B、C 三种格式。

格式 A,为单一国家产地声明书,一般适用于本国原料并由本国生产的产品。

格式 B,为多国产地声明书,一般用于来料加工、来件装配的产品,由多国生产。

格式 C,非多种纤维纺织品声明书,一般适用于纺织品原料的主要价值或重量是丝、麻类或其中羊毛含量不超过 17% 的纺织品。

(5) 其他类别。

经中国转口的国外商品,不能取得中国原产地证,但可以申请《转口证明书》。

在中国制造但工序不足而未能取得中国产地证的货物,可申请《加工、装配证明书》。

含有进口成分的商品,应根据原产地规则和《中华人民共和国含有进口成分出口货物原产地标准主要制造、加工工序清单》的规定,由签证机构审核后判断出证与否。必要时还将下厂调查。

二、一般原产地证明书的审领手续和缮制要求

1. 一般原产地证书的申领手续

(1) 申领的时间。根据我国有关规定,出口企业最迟于货物出运 3 天前,持签证机构规定的正本文件向签证机构申请办理原产地证书。

(2) 申领所需要的文件,如下所述。

提供规定格式并已缮制的《一般原产地证明书申请单》一份;提供缮制完毕的《中华人民共和国原产地证明书》一套(一正三副);提供出口商业发票正本一份;发证机构所需的其他证明文件,如《加工工序清单》等。

2. 一般原产地证书的缮制要求

一般原产地证书共有 12 项内容,除证书号(Certificate No.)由发证机构指定以外,其余各栏均由出口企业用英文规范打印。

(1) Exporter(full name,address,country),即出口商名称、地址、国家

出口商名称是指具有进出口经营权的专业外贸公司、工贸公司、民营出口企业和三资企业的正式名称。一般与外贸合同的卖方一致。

本栏填报出口商的企业全称、详细地址、国家全称。

此栏不能填报境外中间商名称,即使信用证有规定也不可以。

出口商名称要完整。若信用证项下,一般为受益人;若托收项下,一般为托收人。

地址要详细完整,包括街道名称、门牌号码和邮政编码。

中国地名的英文翻译采用汉语拼音,如广东(GUANGDONG)、广西(GUANGXI)等。

(2) Consignee(full name,address,country),即收货人名称、地址、国家

本栏填报本批货物最终目的地收货人的名称、地址、国家全称。

收货人通常是外贸合同的买方或信用证规定的提单通知人。但由于外贸需要,有时信用证规定所有单证收货人一栏留空。在这种情况下,有以下两种处理方法。

① 此栏加注"to whom it may concern"。

② 此栏加注"to order"。

如果需要填写转口商时,可在收货人后面加注英文"via"＋转口商名称、地址、国家。

(3) Means of transport and route,即运输方式和路线

本栏填报装运港、目的港、中转港的名称,并说明运输方式(如海运、空运、陆运等)。举例如下。

From Shanghai to Hamburg By sea

By S. S. From Shanghai to Hamburg via Hong Kong

本栏一般还需要加注预计离开中国的日期,此日期必须真实,不得捏造。举例如下。

On/After 06 Nov. 2003 From Shantou to Hong Kong By Truck

(4) Country/Region of destination,即运抵国/地区

一般按信用证或合同规定的目的港和国家,填报港口名称和国家(地区)名称。例如,New York,USA。

在转口贸易时,一般不能填报转口商的国家,而填报最终进口国的国名(地区)。

(5) For certifying authority use only,即供签证机构使用

本栏供签证机构对后发证书、补发证书、签发副本或其他事项加注声明时使用,证书申领单位应将此栏留空。

(6) Marks and numbers,即唛头和包装号

填报的唛头应按信用证或合同中的规定填写,且与商业发票和提单的同项内容一致,"图案、文字、数字和包装号"一栏中,如唛头过多此栏不够,可填报在第7栏、第8栏、第9栏、第10栏的空白处,或另加附页并在附页右上角显示原证号,由签证机构人员手签、加盖签证章。

唛头不能出现中国以外的国家(地区)制造的字样,如 Made in Hong Kong。

若没有唛头,应填写"N/M"或"No Marks"。

(7) Number and kind of packages;description of goods,即商品名称、包装件数和种类

填报的商品名称应系发票中所描述的货物,但可采用与其他单据无矛盾的统称。包装件数和种类与货运单据的外包装数量及相应包装种类一致。若散装货,用"IN BULK"表示。

包装件数和包装种类必须用英文大写和阿拉伯数字同时表示,如 ONE HUNDRED AND TWENTY(120)   CARTONS OF WORKING GLOVES。

商品名称必须具体,其详细程度应可以在商品编码 H. S. CODE 的8位数中准确找到,不能填报笼统名称,因为笼统名称无法确定商品编码。

与商品名称有关的商标、品牌无须显示,因为这些与商品编码和海关税则无关。

商品名称填完后,在下一行加上表示结束的符号"＊＊＊＊＊＊＊＊",以防伪造。

有时国外信用证要求在产地证上显示信用证号,可加注在此栏结束符号下方。

(8) H. S. Code,即商品编码

根据中华人民共和国进出口商品的目录对照表中规定的商品名称和编码,本栏应按正确的商品编码填入8位数或10位数。

同一张产地证中包含几种不同商品时,应分别标明不同的商品编码,全部填报。

此栏有时候填报 10 位商品编号,其中最后两位为补充编码。

填报的商品编号,必须与实际货名一致,并与报关单中显示的商品编码完全一致。

(9) Quantity or Weight,即毛重或其他数量

依据发票和货运单据中显示的毛重或其他数量来填报。

若计量单位为重量,应标明毛重或净重。例如,G. W. 400kg 或 N. W. 400kg。

用规范英文或缩写表示计量单位,如件(Pieces/PCS)、打(Dozen/DOZ)等。

(10) Number and date of Invoices,即发票号码及日期

按发票实际号码及日期填写,发票日期不得迟于出货日期。

月份一律用英文缩写表示,顺序为月、日、年。例如,OCT. 17,2003。

发票号与日期分行填报,一般第一行为发票号、第二行为日期。此栏不得为空。

(11) Declaration by the exporter,即出口商声明

出口商声明已事先印制,内容为"兹出口商声明以上所列内容正确无误,本批出口商品的生产地在中国,完全符合中华人民共和国出口货物原产地规则"。

出口商在此声明栏空白处,由法人或手签人员签字并盖公章(有中英文),并且还需填制申报地点、申报日期(此栏日期不得早于本证第 10 栏内的发票日期)。

(12) Certification,即签证机构证明

签证机构证明已事先印制,内容为"兹证明出口商的声明是正确无误的"。签证机构在此加盖签证机构印章并由授权人签名,两者不能重叠。签证机构在此注明签发地点和签发日期,签发日期不得早于发票日期和申请日期。

由贸促会签发的产地证书一般在机构印章中还加注下列声明:China Council for the Promotion of International Trade(CCPIT)is China Chamber of International Commerce.

表 7-8 为一般原产地证明书样本。

表 7-8　ORIGINAL

1. Exporter	Certificate No.
2. Consignee	**CERTIFICATE OF ORIGIN** **OF** **THE PEOPLE'S REPUBLIC OF CHINA**
3. Means of transport and route	5. For certifying authority use only
4. Country/region of destination	

6. Marks and numbers	7. Number and kind of packages；description of goods	8. H. S. Code	9. Quantity or weight	10. Number and date of invoices
11. Declaration by the exporter 　The undersigned hereby declares that the above details and statements are correct，that all the goods were produced in China and that they comply with the Rules of Origin of the People's Republic of China.		12. Certification 　It is hereby certified that the declaration by the exporter is correct.		
Place and date，signature and stamp of authorized signatory		Place and date，signature and stamp of certifying authority		

三、普惠制产地证书的申领手续和缮制要求

1. 普惠制产地证书的申领手续

（1）申领的时间。根据我国检验检疫局有关规定，出口企业最迟于货物出运 5 天前，持签证机构规定的正本文件，向签证机构申请办理普惠制产地证书。

（2）申领所需要的文件，包括提供规定格式并已缮制的普惠制产地证明书申请单一份；提供缮制完毕的普惠制产地证明书 FORM A 一套（一正两副）；提供出口商商业发票正本一份；发证机构所需的其他证明文件，如加工工序清单等；如果出口商品含有进口成分，还应交纳含进口成分受惠商品成本明细单一式两份。

2. 普惠制产地证书的内容和缮制要求

普惠制产地证 FORM A 共有 12 项内容，其中证书右上角标题栏已显示签证机构所编制的证书号（Certificate No.），在标题横线上方必须填上中华人民共和国签发的英文字样，即"Issued in The People's Republic of China"。其他内容缮制要求如下。

（1）Goods consigned from（Exporter's business name，address，country），即出口商的名称、地址、国家。此栏是带有强制性的，应填报在中国境内的出口商详细地址，包括街道名、门牌号、邮政编码、城市、国家。若信用证项下，一般按信用证规定的受益人全称、地址、国别填制。

（2）Goods consigned to（Consignee's name，address，country），即收货人名称、地址、国家。

本栏显示本批货物最终目的地给惠国收货人的名称、地址、国别。

若信用证项下，一般为开证申请人。如果预先不确定最终收货人，则可显示提单上通知人或发票抬头人。银行接受开证申请人、提单通知人、发票抬头人等作为收货人，一般银行也接受下列表述"to whom it may concern"。

需要提醒的是，不可将中间商的名称填入此栏；收货人应在给惠国。

（3）Means of transport and route（as far as known），即运输方式和路线，就所知而言。这里填本批货物最终装运港、目的港或到货地点的名称，并说明运输方式。

如因运输的需要而发生转运,应注明转运地。不明确转运地时用 W/T 表示。

若目的地为内陆地,则允许产地证上目的地名称与提运单上卸货港名称不一致。

对于输往没有海岸的给惠国,如瑞士(Switzerland)、奥地利(Austria)等,如确系海运,填注时需注明"从×××港口经转×××港口抵达×××给惠国"。

本栏一般还需要加注预计离开中国的日期,此日期必须真实,不得捏造。

例如,2006 年 10 月 6 日,从上海港经汉堡港转运至瑞士,产地证运输方式和路线填报如下。

Country/region of destination

On/After 6th OCT. 2006 By Sea From SHA to Hamburg Transit to Switzerland

(4) For official use,即供签证方使用。本栏留空,供签证机构加注说明时用。

若为"后发"证书,签证机关在此栏加盖"ISSUED RETROSPECTIVELY"红色印章。若为"副本"证书,签证机构在此栏加盖"DUPLICATE"章同时还注明"本证为某月某日签发第×号证书的副本,原证书作废"字样(This Certificate is in Replacement of Certificate of Original No. …Dated…Which Cancelled.)。

(5) Item number,即商品顺序号。如果同一批出口货物有不同种类商品品种,则按每一项商品归类品种后,用阿拉伯数字"1,2,3,…"编一个顺序编号填入此栏。单项商品用"1"表示,或省略不填。

(6) Marks and numbers of packages,即唛头和包装号。与一般原产地证相应栏目填法相同。

(7) Number and kind of packages;description of goods,即商品名称、包装件数及种类。与一般原产地证相应栏目填法相同。

(8) Origin criterion(see notes overleaf),即原产地标准。此栏文字最少,但却是国外海关审核的核心项目。对含有进口成分的商品,国外要求严格而极容易退证。一般应根据原产地标准选择正确代码填报本栏,如表 7-9 所示。

表 7-9　原产地标准及填报代码

填报代码	出口国家	原产地标准
P	所有给惠国家	完全原产品
W HS	欧盟、挪威、瑞士、日本	产品列入给惠国"加工清单"并符合其加工条件
		产品未列入"加工清单"但产品使用的进口原料或零部件经过充分加工,产品 H.S. 号不同于原材料或零部件的 H.S. 号
	加拿大	有进口成分,但进口成分价值未超过产品出厂价的 40%
W HS	波兰	有进口成分,但进口成分价值未超过离岸价的 50%
Y	俄罗斯、乌克兰、哈萨克斯坦、捷克、斯洛伐克	有进口成分,但进口成分价值未超过离岸价的 50%
	澳大利亚、新西兰	

(9) Gross weight or other quantity,即毛重或其他数量。与一般原产地证相应栏目填法相同。

(10) Number and date of invoices,即发票号码及日期。与一般原产地证相应栏目填法相同。

（11）Certification，即签证机构证明。签证机构证明事先已印制，内容为"兹证明出口商的声明是正确无误的，本批货物已由承运人运出"。

签证机构批注，包括四项内容。

① 中华人民共和国出入境检验检疫局公章；只签一份正本，副本不予盖章。

② 由机构授权人手签。

③ 签发日期，与原产地证明书一致的日期。

④ 签发地点，具体的城市名和国家。

（12）Declaration by the exporter，即出口商声明。出口商声明已事先印制，内容大意为"兹由出口商声明以上所列内容正确无误"。本栏须填写四项内容。

① 用英文填报生产国国名。

② 用英文填报进口国国名。

③ 申报单位签署，且加盖申报单位公章（正副本均须手签并盖章）。

④ 申报日期、地点，应填写申报的具体日期及城市名、国别。申报日期应合理。

表 7-10 为普惠制产地证明书样本。

表 7-10　ORIGINAL

1. Goods consigned from (Exporter's business name, address, country)	Reference No. GENERALIZED SYSTEM OF PREFERENCES
2. Goods consigned to (Consignee's name, address, country)	FORM A Issued in　THE PEOPLE'S REPUBLIC OF CHINA (country) See Notes overleaf
3. Means of transport and route (as far as known)	4. For official use

5. Item number	6. Marks and numbers of packages	7. Number and kind of packages; description of goods	8. Origin criterion (see Notes overleaf)	9. Gross weight or other quantity	10. Number and date of invoices

11. Certification 　　It is hereby certified, on the basis of control carried out, that the declaration by the exporter is correct.	12. Declaration by the exporter 　　The undersigned hereby declares that the above details and statements are correct, that all the goods were produced in　CHINA (country) and that they comply with the origin requirements specified for those goods in the Generalized System of Preferences for goods exported to
Place and date, signature and stamp of certifying authority	Place and date, signature and stamp of authorized signatory

第四节　应用实例

一、操作目的

（1）通过本实训练习,进一步熟悉各种检验单证的内容。
（2）掌握各种检验单证的填制规范。
（3）对照相关资料,填制及审核相关检验单证。

二、操作要求

按本章所述的填制规范,根据相关资料填制相关单证。

三、操作内容

实训模块一　出境货物报检单的填制

1. 背景资料
报检单位:上海对外经济贸易实业浦西有限公司
　　　　　Shanghai Foreign Trade Enterprise Puxi Co.,Ltd.
报检单位登记号:3100704903
报检员/电话:×××/64331432
报检货物:玻璃钟 K-9 Glass Clock
1 400 个/2 860kg/136 箱/总值—＄41 720/产地—上海市/N/M
合同号:8CW03D148,合同中无特别检验检疫要求
贸易方式:一般贸易
收货人:日本国大阪市 UNITIKA SAKAI LTD.
报检时间:2010 年 11 月 11 日
已选定运输方式:船舶集装箱运输
预计出运日期:2010 年 11 月 18 日
查得商品编码:7020.0090(其他非工业用玻璃制品)
报检单编号:31010020850277E
2. 根据背景资料填制出境货物报检单

中华人民共和国出入境检验检疫
出境货物报检单

报检单位(加盖公章)：　　　　　　　　　　　　　　　　　　　　　　* 编　　号_____

报检单位登记号：　　　　联系人：　　　电话：　　　报检日期：　年　　月　　日

发货人	(中文)	
	(外文)	
收货人	(中文)	
	(外文)	

货物名称(中/外文)	H. S. 编码	产地	数量/重量	货物总值	包装种类及数量

运输工具名称号码		贸易方式		货物存放地点	
合同号		信用证号		用途	
发货日期		输往国家(地区)		许可证/审批号	
启运地		到达口岸		生产单位注册号	
集装箱规格、数量及号码					

合同、信用证订立的检验检疫条款或特殊要求	标记及号码	随附单据(划"√"或补填)	
		□ 合同	□ 包装性能结果单
		□ 信用证	□ 许可/审批文件
		□ 发票	□
		□ 换证凭单	□
		□ 装箱单	□
		□ 厂检单	□

需要证单名称(划"√"或补填)			* 检验检疫费
□品质证书　__正__副	□植物检疫证书　__正__副	总金额 (人民币元)	
□重量证书　__正__副	□熏蒸/消毒证书　__正__副		
□数量证书　__正__副	□出境货物换证凭单　__正__副		
□兽医卫生证书　__正__副	□	计费人	
□健康证书　__正__副	□		
□卫生证书　__正__副	□	收费人	
□动物卫生证书　__正__副	□		

报检人郑重声明： 1. 本人被授权报检。 2. 上列填写内容正确属实,货物无伪造或冒用他人的厂名、标志、认证标志,并承担货物质量责任。 　　　　　　　　　签名：_____	领取证单	
	日期	
	签名	

注：有"＊"号栏由出入境检验检疫机关填写。　　　　　　　　◆国家出入境检验检疫局制

实训模块二　品质检验证书的填制

1. 背景资料

(1) 信用证资料

In favour of ×××Import & Export.

Description of goods：100％ Cotton Dyed Fabric

Quantity：12 000 Yds

Documents required：Entry-Exit Inspection and Quarantine of the People's Republic of China Quality certificate in duplicate. The item of consignee leaves a blank.

Other condition：Shipping Mark to be C/NO. 1-120 only

Port of loading：Shipment from Guangzhou

Shipment Model：By truck

（2）检验检疫的结果

包装种类——全幅卷筒，每卷用聚乙烯袋装（Full Width Rolled On Tube，Each Roll In Poly bag）

门幅宽 44（英寸）

经纬密度——116.9×56.6（根/in）

经纬断裂强度——908～1 210（N/5cm）

水洗尺寸变化——0.8×0.1（％）

耐洗色牢度——CC 3 级，CS 4 级

耐摩擦色牢度——干摩 4～5 级，湿摩 4 级

原料成分——100％棉

外观——A 级

（3）检验日期：2000 年 4 月 5 日

2. 要求

根据背景资料填制品质检验证书。

中华人民共和国出入境检验检疫

ENTRY-EXIT INSPECTION AND QUARANTINE

OF THE PEOPLE'S REPUBLIC OF CHINA

正本

ORIGINAL

品质证书

QUALITY CERTIFICATE

编号 No.

发货人

Consignor

收货人

Consignee

标记及号码

品名

报检数量/重量

Quantity/Weight Declared

包装种类及数量

Number and Type of Packages

运输工具

Means of Conveyance

检验结果

RESULTS OF INSPECTION

从全批货物中，按＊＊标准抽取样品并按×××标准规定进行检验，结果如下。

From the whole lot of goods, samples were drawn according to Standard ＊＊＊ and inspected according to the stipulation of Standard ＊＊＊ with the results as follows：according to the stipulation of Standard ＊＊＊ with the results as follows：

幅宽（in）：

Width(inch)：

经纬密度（根/in）：

Density of warp & weft(per inch)：

经纬断裂强力（N/5cm）：

Breaking strength of warp & weft(N/5cm)：

水洗尺寸变化（％）：

Dimensional change after washing(％)：

耐洗色牢度（等级）：

Color fastness to washing(grade)：cc　　　　　　cs

耐摩擦色牢度（等级）：

Color fastness to rubbing(grade)（干摩）：Dry

　　　　　　　　　　（湿摩）：Wet

原料成分：

Composition(％)：

外观：

Appearance：

结论：

Conclusion：

印章：　　　　　　　签证地点：Place of Issue　　　　　　　签证日期：

Offcial Stamp　　　　签字人：Authorized Officer　　　　签名：Signature

实训模块三　一般原产地证书的填制

1. 背景资料

（1）资料说明

武汉 HWY Import and Export Co.，Ltd. 公司向挪威 OSJORD 公司出口货物"灭火器"商品共 9 250 只，按合同从上海海运至挪威 STAVANGER 港。该司于 2004 年 9 月 27 日持原产地申请书和商业发票，向上海出入境检验检疫局申请原产地证，当日被发证。

（2）商业发票资料

Receiving Unit：ABC Import and Export Co.，Ltd.

Buying Unit：OSJORD AS LURAMYRVEIEN

　　　　　　64. Postorks 152 N-4065

　　　　　　Stavanger，Norway VAT No. 977084709

　　　　　　Tel No.：14751637200

Shipping Marks：N/M　　　　　　Descriptions：Extinguisher

Quantity:9 250 PCS　　　　Packing:5 862 Cartons

Invoice No:Sj040464-GP26　　Invoice Date:Sept. 27,2004

（3）其他资料

签证机构:中华人民共和国出入境检验检疫局（Entry & Exit Inspection & Quarantine Bureau of the People's Republic of China）

签证号码:04C3 100A0936/00014

商品编号:84241000

2. 填制原产地证书

ORIGINAL

1. Exporter	Certificate No. 031369168
	CERTIFICATE OF ORIGIN **OF** **THE PEOPLE'S REPUBLIC OF** **CHINA**
2. Consignee Tel No. :	
3. Means of transport and route	5. For certifying authority use only
4. Country/region of destination	

6. Marks and numbers	7. Number and kind of packages;description of goods	8. H.S.Code	9. Quantity	10. Number and date of invoices

11. Declaration by the exporter	12. Certification
The undersigned hereby declares that the above details and statements are correct, that all the goods were produced in China and that they comply with the Rules of Origin of the People's Republic of China.	It is hereby certified that the declaration by the exporter is correct.
Place and date,signature and stamp of authorized signatory	Place and date,signature and stamp of certifying authority

实训模块四　普惠制产地证书（FORM A）的填制

1. 背景资料

（1）资料说明

某进出口公司向比利时 E.D.R. 公司出口货物"汽车刷"商品共 3 箱 66kg，按合同从上海空运至安特卫普。该公司 2004 年 6 月 9 日持普惠制产地申请书和商业发票，向上海出入境检验检疫局申请产地证，经审核该产品有进口成分但符合原产地标准，当日被发证。

（2）商业发票资料

Receiving Unit：Shanghai Automobile Import and Export Corp.

　　　　　　　7FL.－8FL.，Saic Bldg.，

　　　　　　　489 Weihai Rd，Shanghai P.R. of China

Buying Unit：E.D.R.

　　　　　　　Industriepark 22 B－2220 Heist－O/D-Berg

　　　　　　　Belgium

Shipping Marks：N/M　　　　Descriptions：Brush Holder

Quantity：66kg　　　　　　　Invoice No.：SA1304061－662

Invoice Date：Jun. 09，2004

（3）其他资料

签证机构：中华人民共和国出入境检验检疫局（Entry-Exit Inspection & Quarantine Bureau of the People's Republic of China）

签证号码：G016094/04/08888

2. 填制原产地证书

ORIGINAL

1. Goods consigned from（Exporter's business name，address，country）	Reference No. **GENERALIZED SYSTEM OF PREFERENCES**
2. Goods consigned to（Consignee's name，address，country）	**CERTIFICATE OF ORIGIN** Issued in ＿＿＿＿＿（country）＿＿＿＿＿ See Notes overleaf
3. Means of transport and route（as far as known）	4. For official use

5. Item number	6. Marks and numbers of packages	7. Number and kind of packages; description of goods	8. Origin criterion (see Notes overleaf)	9. Gross weight or other quantity	10. Number and date of invoices

11. Certification	12. Declaration by the exporter
It is hereby certified, on the basis of control carried out, that the declaration by the exporter is correct.	The undersigned hereby declares that the above details and produced in _____ (country) _____ and that they comply with the origin requirements specified for those goods in the Generalized System of Preferences for goods exported to
Place and date, signature and stamp of certifying authority	Place and date, signature and stamp of authorized signatory

文件名称：出境货物通关单、入境货物调离通知单、
数量检验证书、动物卫生证书、卫生证书
文件类型：DOC
文件大小：99.0KB

第八章 货物运输

【学习目标】

- 掌握各种货物运输代理业务的基本流程；
- 掌握各种货物运输代理在代理业务中与独立经营人业务中的不同法律地位。

国际货物运输包括海洋运输、铁路运输、航空运输、邮包运输、集装箱运输、公路运输等。不同的运输方式,具有不同的运输特点和不同的经营方式。在国际货物买卖合同的交易过程中,选择适当的运输方式,完成进出口货物的运输,是关系买卖双方合同顺利履行的首要问题。

第一节　国际货物运输代理

随着运输实践的发展,国际货物运输中逐渐产生了运输代理人这一角色,为货主寻找合适的承运人,或为承运人承揽货物,这种代理人即"国际货物运输代理"。

各国都逐渐建立了国际货物运输代理业管理制度,从运输代理公司的设立条件、业务范围、业务规范、合同义务到违规处罚,都制定了相应的法律、法规进行管理,保障了国际货物运输代理业的有序、规范发展。

一、国际货物运输代理概述

1. 国际货物运输代理定义

国际货物运输代理简称"国际货运代理"或"国际货代",英文名称为 freight forwarder 或 forwarding agent。关于国际货物运输代理的定义,目前国际上还没有一个权威的统一界定。

国际货运代理协会联合会(FIATA)的有关文件将货运代理定义为:根据客户的指示,并为客户的利益而揽取货物的人,其本人并非承运人。

《国际货运代理示范法》将货运代理定义为"与客户达成货运代理协议的人",代理服务可以包括各类与运输、拼装、积载、管理、包装或分拨相关的服务,以及相关的辅助和咨询服务,包括但不限于海关和财政业务、官方的货物申报、货物保险、取得有关货物的单证及支付相关费用等。

《中华人民共和国国际货物运输代理业管理规定实施细则》(2004 年 1 月 1 日由中华人民共和国商务部颁布)第 2 条规定:国际货物运输代理企业(以下简称国际货运代理企业)可以作为进出口货物收货人、发货人的代理人,也可以作为独立经营人,从事国际货运代理业务。

考虑国际货运代理业的本质特征及其业务范围,当今的国际货物运输代理的定义应当是:受货主或承运人委托,以委托人名义或以自己的名义为委托人,或以独立经营人身份提供与国际货物运输相关服务的人。

理解这一定义要把握定义的两个重要属性。其一,国际货物运输代理作为运输代理人向委托人提供运输服务。为货主(即进出口货物的发货人或收货人)提供服务的货运代理被称为"货方货物运输代理";为承运人提供服务的被称为"承运人货物运输代理"。有时两者为同一人。其二,国际货物运输代理也可以作为独立经营人提供运输服务。这里"代理"二字已经失去了法律上的代理意义。运输代理人和独立经营人的法律地位是截然不同的。国际货物运输代理的服务范围和服务地域构成并限制了这一定义的外延。

2. 国际货物运输代理的法律地位

准确界定国际货物运输代理的法律地位对于规范国际货物运输代理行为和归责代

理行为法律后果十分必要。

根据相关法律行为理论,结合我国法律规定,可将国际货物运输代理的"代理行为"(业务行为)分为三种性质:委托性质、居间性质和独立经营性质。相应的法律地位也各不相同。

从事委托性质和居间性质业务行为的国际货物运输代理,在合同关系中其法律地位是代理人性质,其经授权的代理行为的法律后果由委托人承担。例如,出口人委托国际货物运输代理安排货物的仓储、转运、加工整理、报关报验、装船前检验等事项,或者货运代理接受货方委托,向其提供船舶信息并帮助达成运输协议,只要货运代理人向第三人披露了委托人身份,委托人就应当承担该代理行为的法律后果。

从事独立经营性质业务行为的国际货物运输代理,其业务行为的法律性质已经脱离了代理人的法律特性,此时的国际货物运输代理为自身利益计算以自己的名义与货主或运输工具所有人订立运输合同(表现形式可以不同),在法律上就已经将自己置于独立缔约承运人或缔约托运人的法律地位上,并因此需要独立或连带承担承运人或托运人的法律责任。例如,国际货物运输代理独立从事国际多式联运业务、无船承运人业务就属此类。

实践中,国际货物运输代理从事的两类不同法律性质的业务活动界限并非十分清楚,需要以一定的标准来判断。司法实践中常见的区分标准有运输单据标准;实际参与运输标准;固定费用标准。

《中华人民共和国国际货物运输代理业管理规定实施细则》第2条规定:国际货运代理企业作为代理人从事国际货运代理业务,是指国际货运代理企业接受进出口货物收货人、发货人或其代理人的委托,以委托人名义或者以自己的名义办理有关业务,收取代理费或佣金的行为。

国际货运代理企业作为独立经营人从事国际货运代理业务,是指国际货运代理企业接受进出口货物收货人、发货人或其代理人的委托,签发运输单证、履行运输合同并收取运费以及服务费的行为。

3. 国际货物运输代理的业务范围

国际货物运输代理的业务范围非常广泛,理论上说,它包括了与国际货物运输相关的一切运输方式和业务环节。例如,与货物本身相关的加工、包装、分拨、配送、存储、保管、保险等业务;与运输相关的货物国际运输、内陆运输、装卸等业务;与政府法令相关的进出口报关、报检等代理业务。

在我国,政府通过制定规则对国际货物运输代理行为进行管理。根据《国际货物运输代理业管理规定》,国际货物运输代理业务可以包括以下几个方面。

(1) 揽货、订舱(含租船、包机、包舱)、托运、仓储、包装。

(2) 货物的监装、监卸,集装箱拼装拆箱,分拨、中转及相关的短途运输服务。

(3) 报关、报检、报验、保险。

(4) 缮制、签发有关单证,交付运费,结算、交付杂费。

(5) 国际展品、私人物品及过境货物运输代理。

(6) 国际多式联运、集运(含集装箱拼箱)。

(7) 国际快递(不含私人信函)。

（8）咨询及其他国际货运代理业务。

各国际货物运输代理企业的具体业务范围由政府有关部门审批，在公司的营业执照中体现。

二、国际货物运输代理的代理业务

1. 海运班轮代理业务

海运班轮代理业务是指国际货运代理以代理人的身份为委托人的进出口货物提供海运班轮订舱及其相关服务的业务。

（1）海运班轮代理订舱业务种类

国际海运班轮订舱业务包括两类。一类是集装箱班轮的订舱业务。集装箱班轮运输已经成为当今国际海运班轮运输的最主要和最典型的运输方式，也是国际货物运输代理海运班轮代理业务的最主要内容。另一类是传统的件杂货班轮订舱业务。在集装箱班轮运输开展之前，件杂货班轮运输是国际海运班轮业务的最主要方式。但随着集装箱班轮运输的快速发展，件杂货班轮运输已逐步让位于集装箱班轮运输，典型的传统件杂货班轮运输几乎不复存在，留下的只是在某些固定航线上的船期不固定、运费率也不固定的不适箱货物的准班轮运输。但就数量而言，这类运输仍占相当比重，因此仍是国际货物运输代理的重要业务。

（2）海运班轮代理订舱业务流程

以集装箱班轮出口业务为例，订舱业务流程如下所述。

出口人填写"出口托运单"后，国际货物运输代理为托运人办理海运集装箱出口需要经过以下业务环节：揽货接单→制单订舱→货物保险→提取空箱→报检报关→货物装箱→送交场站装船信息通告→缮制提单→交费取单→业务收尾。

拼箱货物出口与件杂货出口流程基本相同，只是根据业务特点，少了一些业务环节。

2. 租船业务

租船业务是海上货物运输中班轮运输以外的另一种主要业务方式，包括航次租船、定期租船和光租船。作为国际货物运输代理从事租船业务，应当具备以下基本知识。

（1）租船经纪人

租船业务是通过船舶出租人与承租人签订租船合同来实现的。一些租船合同是由船舶出租人与承租人直接签订的，但更多的租船合同是通过中间人，即租船经纪人的搭桥牵线而签订的。

租船经纪人（chartering broker）是在租船业务中代表船舶出租人或承租人进行租船业务磋商的人。他们通常拥有丰富的国际海运知识，拥有灵敏的租船信息网络，与船东或货主保持密切的联系及良好的商业信誉。

租船经纪人根据委托人的不同可以分为以下几种类型。

① 出租人经纪人（owner's broker），是指接受船舶出租人委托，代表出租人出租船舶或为其船舶揽取货物的人。其代理费用常常以佣金的形式体现。

② 承租人经纪人（charterer's broker），是指接受船舶承租人委托，代表承租人在租船市场上洽租船舶的人。其代理费用也常常以佣金的形式体现。

租船经纪人也可以同时接受出租人和承租人的委托，作为居间人帮助双方达成交易，赚取佣金。佣金通常为运费或租金的 1.25％，由船东支付。但当双方都委托经纪人时，船东就有可能要支付 2.5％的佣金。

③ 独立经纪人，是指以独立经营人身份在租船业务中分别与出租人和承租人签订租船合同的人。他赚取的是运费或租金的差价，此时在法律上他已经不具有经纪人的含义。

（2）租船经纪人的法律地位

国际货物运输代理从事租船业务的形式多种多样，有的只接受一方的委托，从事租船代理业务；有的作为中间人帮助双方促成交易；有的以独立经纪人名义出租或承租船舶；有的经营期租船业务。为明确国际货物运输代理在业务活动中的法律义务，必须准确界定其在租船业务中的法律性质。

根据业务性质，可以将国际货物运输代理人的租船业务分为以下三类。

① 委托代理型，出租人经纪人和承租人经纪人业务就属于这一类型。他们的代理经纪人活动适用有关代理的法律规定。

② 居间人类型，同时接受出租人和承租人的委托，在出租人和承租人中间帮助促成租船交易并赚取佣金的，就属于这一类型。他们的业务活动适用于有关居间人的法律规定。

③ 独立经营型，是指在法律上独立承担合同法定义务从事租船业务的货运代理人。这类业务范围较广，可以是以承租人身份与出租人签订运输合同；可以是以出租人身份与承租人签订运输合同；可以是以承租人身份签订其租船合同，然后再以出租人身份签订航次运输合同。

（3）租船经纪人的业务流程

以航次租船为例，来说明租船经纪人的租船业务流程。

① 业务委托。出租人将船舶规范、船舶动态、航次目标提供给经纪人，委托其承揽合适货载。承租人将买卖合同、信用证主要条款提供给经纪人，主要包括货物描述（货种、数量、包装、积载因素）、装卸港口、装运日期、目标运价等，委托其寻找合适船舶。

② 相对人筛选。经纪人将有关信息发送给若干相对人，经附带条件初步洽商选定最终签约人。

③ 签订合同。经对航次租船合同主要条款逐条洽商，确定意见一致后，签订洽租确认书，最后做出标准合同。

④ 协助合同履行。合同主体在履行合同过程中，经纪人常常协助各个环节的履行，协调合同执行过程中出现的各种问题，最后完成合同履行，收取代理报酬。

3. 空运代理业务

（1）空运代理业务种类

根据《中华人民共和国国际货物运输代理业管理规定实施细则》、民用航空总局颁布的《民用航空运输销售代理业管理规定》等法律规定，我国的空运代理可分为以下三种。

① 货主代理，是指接受托运人或收货人的委托，为委托人办理货物航空运输的有关业务并收取代理费用的人。根据有关法律规定，这类代理在向委托人收取代理费的同

时，也可从航空运输企业收取佣金。

②航空运输销售代理。在我国，航空运输销售代理是指接受航空公司委托，以委托人名义为委托人销售航空客运、货运舱位等有关业务并收取代理费用的人。只有取得货主代理资格的企业才能够取得航空运输销售代理资格。

③航空集运商，是指将多个托运人的货物集中后，作为一票货物向航空公司托运的空运代理人。航空集运商分别向实际托运人签发分运单，航空公司向航空集运商签发一份主运单。关于航空集运商的法律地位，目前尚无明确的法律规定。其究竟为代理人还是无船承运人，视其在与实际托运人订立运输合同时是否表明其代理身份而定，不能简单依据航空运单判断。

（2）空运代理业务范围

空运代理的业务范围由政府有关管理部门核定，在其营业执照中显示，通常包括接受托运人的订舱、包机委托，代其制单、包装，进口货物的提货、分拨，进出口的报关报验等。从事多式联运的国际货物运输代理还以承运人身份承揽空运业务。

（3）空运代理业务流程

以空运出口为例，介绍下空运代理的业务流程。

空运代理的主要业务流程为接受委托→订舱→接单接货→制单报关→装箱出仓→空运公司签单→交货装机→善后工作。

上述业务流程，如图 8-1 所示。

图 8-1　空运代理一般业务流程图

三、国际货物运输代理的独立经营人业务

1. 代理人与独立经营人的区别

国际货运代理的独立经营人业务是指国际货运代理企业以承运人身份接受进出口货物收货人、发货人或其代理人的货载，签发运输单证、履行运输合同并收取运费以及服务费的行为。其业务范围主要有无船承运人业务（包括独立经营海运班轮、租船业务、空运集运业务）和国际多式联运业务。

作为独立经营人从事货运代理业务，与纯代理人业务的主要区别在于以下方面。

（1）法律地位不同

纯代理业务的国际货运代理，不论是直接代理行为还是间接代理行为，其代理人的法律性质不会改变，委托人需要承担代理人的行为后果。而作为独立经营人的国际货运代理，其业务行为的性质已经发生改变，已经从代理人的性质转变为独立经营人，或者说无船承运人的性质，需要对托运人独立承担承运人的义务和责任，托运人也不再是委托人，而是与独立经营人的运输合同的相对人。

（2）合同性质不同

合同性质不同决定了国际货运代理的合同义务不同。纯代理业务中，实际托运人与独立经营人之间的合同性质是代理合同，适用有关代理的法律规定。独立经营人业务中，实际托运人与独立经营人之间的合同性质是运输合同，适用有关运输合同及无船承运人的法律规定。

（3）运输单据不同

纯代理业务中，国际货运代理一般不签发运输单据，代理货物的存储、国内运输、保管室签发的有关单据也不具有国际货物运输单据的性质。独立经营人业务中，独立经营人以自己的名义签发运输单据，此种单据在海运中称为"货代提单"（house B/L），在空运中称为"分运单"（house air waybill）。该单据具有运输合同或运输合同证明的性质。纯代理业务中，国际货运代理收取的服务费用为代理费；独立经营人业务中，国际货运代理收取的服务费用为运费。

（4）业务形式不同

纯代理业务中，国际货运代理无须以承运人身份参与运输，不一定需要建立全球的服务网络。而作为独立经营人的无船承运人需要组织货物的全程运输，需要建立全球的服务网络，其业务流程更为复杂。

（5）执业条件不同

由于业务性质不同，世界上几乎所有国家都对作为独立经营人的无船承运人在执业条件上做出了特殊规定。例如，《中华人民共和国国际海运条例》（以下简称《国际海运条例》）就对国际货运代理经营无船承运人业务提出了诸如特殊审批、提单备案、保证金缴付、运价管理等特殊规定。

2. 无船承运人业务

（1）无船承运人的含义

无船承运人有狭义与广义之分。狭义的无船承运人是指自己无运输船舶，却以承运人身份从事海上货物运输的人。广义的无船承运人是指自己无运输工具，却以承运人身份从事任何方式的货物运输的人，如国际多式联运经营人。按照我国《国际海运条例》规定，狭义的无船承运人业务是指国际货运代理以承运人身份接受托运人的货载，签发自己的提单或者其他运输单证，向托运人收取运费，通过国际船舶运输经营者完成国际海上货物运输，承担承运人责任的国际海上运输经营活动。

（2）无船承运人的业务范围

根据我国《国际海运条例实施细则》的规定，无船承运业务包括下列活动。

① 以承运人身份与托运人订立国际货物运输合同。

② 以承运人身份接收货物、交付货物。

③ 签发提单或者其他运输单证。

④ 收取运费及其他服务报酬。

⑤ 向国际船舶运输经营者或者其他运输方式经营者为所承运的货物订舱和办理托运。

⑥ 支付港至港运费或者其他运输费用。

⑦ 集装箱拆箱、集拼箱业务。

⑧ 其他相关的业务。

此外,国际货运代理从事转租船业务,同样具有无船承运人的性质。

3. 国际多式联运业务

国际多式联运业务是国际货运代理独立经营人业务中的广义无船承运人业务,其业务的根本性质为承运业务,国际多式联运经营人的法律地位为承运人。由于国际多式联运业务的特殊性,有关法律规定、执业条件、业务程序等与一般的无船承运人业务均有很大的不同。

第二节　海运托运办理——班轮货物运输业务

这里从班轮公司角度,将件杂货班轮运输业务的基本程序简单介绍如下。

一、揽货和订舱

1. 揽货和订舱的概念

揽货又称揽载,是指班轮公司为使自己所经营的班轮能在载重和舱容上得到充分利用,从货主那里争取货源的行为。

订舱与班轮公司揽货相对应,托运人向班轮公司提出货物订舱委托书,即承运人对申请给予承诺,运输合同即告订立。

2. 订舱注意事项

承运人在接受订舱时,须注意以下问题。

(1) 船舶舱位的分配。由于班轮航线的件杂货运输须在若干挂靠港装卸货物,所以船公司一般都要参考过去的实际情况,预先就各装货港船舶舱位进行分配,定出限额。

(2) 货物的性质、包装和重量。承揽货载时,必须注意货物的种类、性质、包装和重量。在装运爆炸性或其他危险货物时,应考虑积载和保管上的限制;在装运长件货物时,应考虑舱口大小的限制;在装运重件货物时,要考虑船舶和装货港、卸货港设备能力的限制。

二、收货和装船

1. 收货

收货方式有以下两种。

(1) 采用仓库集中收货。为了保证装货顺序,提高装卸效率,减少船舶在港停泊时间,件杂货班轮运输采用仓库集中收货。

(2) 在指定地点收货。指定地点既可以是码头仓库,也可以是班轮公司仓库。对于特殊货物或批量较大的货物,也可以船边收货。

2. 装船

船舶靠泊后,班轮公司将按照船舶配载图要求的装货顺序,安排将货物分批地从仓库运至船边，由装卸公司负责装载货物。

三、卸货和交付

1. 卸货

卸货时，需注意以下问题。

（1）编制必要的单据，指定装卸公司，等待船舶进港卸货。

（2）把船舶预计到港的时间通知提单的通知方或收货人，以便交付货物和收取运费。

（3）采用集中卸货的办法，即由船公司所指定的装卸公司负责卸货和接收货物。卸货业务也可由船公司的代理人兼营。

2. 责任和费用

根据相关法律，如无特殊约定，承运人对货物的责任到货物脱离承运船舶的吊钩时为止。有关卸货费用的划分是承运人负担货物的卸船费用；收货人负担此后发生的驳船费，岸上装卸、倒运、保管费等。收货人向装卸公司或者其他业务代办人提取货物时需付清应付费用。

3. 误卸

误卸的类型和主要原因如下所述。

短卸，卸下的货物少于载货清单记载量。

溢卸，卸下的货物多于载货清单记载量。

在装货港实际装船数量与载货清单和提单记载的不符、包装标志不清、隔票不清、中途港误卸及航行途中发生海损事故造成货物灭失或损坏等，会出现误卸现象。船公司或其代理人如果发现短卸或溢卸，应立即向各挂靠港发出货物查询单，有溢卸货物的港口应及时将溢卸货物运回原定的卸货港。承运人误卸货物会使收货人的利益受到损害。确定此种损害赔偿责任时，需查清原因，再根据有关法律由承运人或托运人赔偿。

4. 交付

交付方式如下。

（1）仓库交付，承运人将货物集中卸下，移入船公司或其代理人仓库，或装卸公司的仓库，然后由代理人或装卸公司代替船公司按票向收货人交付货物。按照提单条款的规定，承运人的责任在卸货后即告终止。因此，为划分责任，承运人应当组织好船边理货，并由理货人就已卸船的每一票货物，由船方、理货人在相关单证上签证。承运人声明已按照签证的内容交付货物。

（2）船边交付，特殊货物在船边交付。一些贵重货物、危险货物、冷冻货物、长大件货物及批量较大的货物在货主要求下，常在船边交付。

（3）对变更提单卸货港交付，应由收货人提出申请。变更申请条件如下。

① 变更的卸货港口应在本航次停靠范围之内。

② 应在船舶到达变更的卸货港之前或原卸货港之前提出，以船舶先抵达者为准。

③ 由于变更的港口未在原提单上载明，收货人必须提交全套提单换取提货单。

④ 因变更卸货港而发生的费用，应当全部由申请变更的收货人负担。

四、主要货运单证

1. 装运港单证

（1）装运联单，是由托运单、装货单和收货单主要三联和其他联组成的有关货物和装卸港口信息的单据，各联的主要内容基本一致，但作用不同。

① 托运单，也称订舱单（见表8-1），是托运人根据贸易合同和信用证条款内容填写的向承运人办理货物托运的单证，是班轮运输合同的重要形式。托运单的主要内容包括托运人、收货人、货名、件数、包装方式、标志、重量、尺码、装卸港口、装船期限、能否分运或转船等。

表 8-1　托运单
BOOKING NOTE

编号 S/O No. : _____

托运人
Shipper _____　　航次 Voy. _____
收货人
Consignee _____　　目的港 For _____
通知方
Notify _____　　航名 M/V _____

兹将下列完好状况之货物装船并签署收货单据。

Received on board the undermentioned goods apparent in good order and condition and sign the accompanying receipt for the same.

标记及号码 Marks & No.	件数、包装 Quantity/Packing	货名 Description of Goods	毛重(kg) G. W. in kilos	尺码(m³) Measurement in cu. m.

共计件数（大写）Total Number of Packages in Writing：

是否分运或转船
Whether transhipment or partial shipment allowed _____
日期
Date _____
经办员
Approved by _____

② 装货单，也称下货纸，是由托运人填制，交给船公司审核签章后，凭以命令船长将货物装船承运的单据。由于该单必须向海关申报，履行货物出口海关手续后才能将货物装船，因此装货单也称为"关单"。该单据也是编制装货清单、制订船舶积载计划的重要依据。装货单中记载的主要内容与托运单基本相同，但增加了实际装货时间、实际装货数量和理货人及大副签字等事项。

③ 收货单，是船舶大副签发给托运人的，用以证明货物已经装上船舶的单证，所以一般又称为"大副收据"。收货单还是托运人凭以要求承运人签发已装船提单的凭证。收货单的记载内容与装货单完全一致。

（2）提单。货物装船完毕后，托运人即可持收货单到承运人或其代理人处交付运费（在预付运费的情况下），或提出一定的书面保证（在到付运费的情况下）后，换取已装船提单。

（3）装货清单，是船公司或其代理人根据装货单留底，将全船待装货物按目的港和货物性质归类，依航次靠港顺序排列编制的装货单汇总清单。其内容包括装货单编号、货名、件数、包装形式、毛重、尺码及特种货物对装运的要求或注意事项等。装货清单是船上大副编制配载计划的主要依据。装货清单又是供现场理货人员进行理货，港方安排驳运、进出库场，以及承运人掌握托运人备货情况等的业务单据。

（4）载货清单，是按卸货港逐票罗列全船载运货物的汇总清单。它是在货物装船完毕后，由船公司的代理人根据提单编制的，编妥后再送交船长签认。载货清单记载的事项包括装船货物的明细情况、装货港、卸货港、提单号、船名、托运人和通知人或收货人的姓名等。载货清单是船舶办理出口（进口）报关手续时的必备单证，也是海关对海运货物进出国境监管的单证之一。

（5）运费清单，是由装货地的船公司或其代理人根据提单副本编制的与货物和运费有关事项的一览表。船公司或其代理人编制运费清单后，可以直接寄交或由本船带交给卸货地的船公司代理人，供收取运费（在到付运费时）或处理有关业务之用。运费清单是按卸货港和提单编号顺序编制的。其内容除载货清单记载的事项外，还包括运费率、运费、预付或到付、提单的批注等。运费清单可在载货清单中增加"运费"一栏，使两个清单合二为一。

（6）危险货物清单，是为了运输危险品而编制的。它的内容主要包括船名、航次、装货港、卸货港、提单号、货名、数量、货物性质、装舱位置等。船舶装运危险货物时，应按照规定，申请有关部门监督装卸。

（7）分舱单，是根据装货单和理货单（Tally Sheet）编制的分舱记载各个积载的货物种类和数量的分舱载货一览表。它可以供卸货港据以制订卸货计划，也可以用于确定理货单所记载的舱口号码是否正确。

（8）货物配载图和货物积载图。货物配载图又称为货物配载计划，是以图示形式表明拟装货物的计划装舱位置的货物装载计划图，是大副在开始装船前，按照船公司或其代理人交来的装货清单编制的，它是向现场理货员和装卸公司指明货物计划装舱位置的。根据配载计划，安排船舶装载，使装船工作能按照既定顺序进行。货物积载图既是船方进行货物运输、保管和卸载必备的资料，也是卸货港安排卸货作业和现场理货的依据。此外，它还是货方核查承运人是否妥善履行管理货物的依据。

2. 卸货港单证

（1）卸货报告。它是按照出口载货清单和卸货港实际卸下的全部货物编制的详细的进口载货清单。它比出口载货清单增加了如下一些项目：卸货方式、实交数量、残损数量和备注栏等。对货物的外表状况、内容、残损、溢短等，均应在卸货报告的备注栏内批注。有的港口使用卸货记录和货物收据作为卸货证明单据。虽然其记载内容有繁有简，签证方法也不一致，但其作用都是相似的。我国是以货物溢短单和货物残损单作为卸货证明单据的。

（2）货物溢短单。它是当某票货物所卸货物与提单（或载货清单）所记载的数字不同时,由理货员对溢卸或短卸情况予以记录的单据(见表 8-2)。货物溢短单是船公司处理索赔的原始资料,也是向有关港口发出货物查询单的依据。货物溢短单须会同船方签认。如果船方对溢短数字持有不同意见,应将船方意见在溢短单上加以批注后签字。

表 8-2　货物溢短单

Overlanded & Shortlanded Cargo List

开工日期:____年____月____日　　编号:_____
Tally Commenced on　　　　　　No.
船名:____国籍:____停泊地点:____制单日期:____年____月____日
S. S. /M. S. Nationality　Berthed at Date of List

溢卸货物 Overlanded Cargo					短卸货物 Shortlanded Cargo				
提单或舱单号 B/L or Mft. No.	标志 Marks	货名 Description	件数 Pkgs.	包装 Packing	提单或舱单号 B/L or Mft. No.	标志 Marks	货名 Description	件数 Pkgs	包装 Packing

收货人/代理人:_____　理货组长:_____　船长/大副:_____
Receiver/Agent　　　　　　Chief Tallyman　　　　　Master/Chief Officer

(3) 货物残损单。它是卸货完毕后,现场理货人员根据卸货过程中发现的货物破损、水湿、水渍、油渍等情况随时做出的记录汇总编写的表明货物残损情况的单证,如表 8-3 所示。

表 8-3　货物残损单

Broken & Damaged Cargo List

开工日期:____年____月____日　　编号:_____
Tally Commenced on　　　　　　No.
船名:____国籍:____停泊地点:____制单日期:____年____月____日
S. S. /M. S. Nationality Berthed at　　Date of List

提单或舱单号 B/L or Mft. No.	标志 Marks	货名 Description	件数 Pkgs.	包装 Packing	残损情况 Broken and/or Damage Conditions
件数小计 Pkgs. Totalled					

收货人/代理人:_____　理货组长:_____　船长/大副:_____
Receiver/Agent　　　　　　Chief Tallyman　　　　　Master/Chief Officer

(4) 提货单。它是承运人在收回提单时签发给收货人的用以提取货物的单证,在收货人提交提单后,船公司或其代理人随即签发一份提货单并交给收货人,收货人凭此到仓库或本船(船边提货时)提取货物。提货单也被称为小提单,它只是用于提货之用,与提单具有本质上的区别。为慎重起见,提货单上一般都印有"不可流通"等字样(见表 8-4)。

表 8-4　提货单

致_____港口_____日期_____

航次_____装货港_____

请将下列自_____轮卸下的货物交付给_____

提单号	标志	包装和件数	货名	数量	备注

注：本提单根据批注、提单条款和收货单签发。禁止流通。

签字_____

五、货运单据流转

这里以件杂货班轮主要运输单证流转为例，将程序归纳如下。

（1）托运人向班轮公司递交托运申请，填写装运联单。

（2）班轮公司接受承运后，指定船名，签发装运单，并要求托运人按时将货物发运至指定仓库。

（3）托运人凭装货单办理出口报关，若海关验货放行，则在该单上加盖放行图章，准予货物装船出口。

（4）班轮公司装货港代理人根据装货单留底联编制装货清单，送交船舶、理货公司和装卸公司。

（5）船舶大副根据装货清单编制配载计划图，并分送理货公司和装卸公司，以便他们按计划装船。

（6）货物装船后，理货长将装货单交给大副核对签字，大副留下装货单并签发收货单。

（7）理货公司将收货单转交托运人。

（8）托运人到船舶代理处付清运费及相关费用，凭大副收据换取提单。

（9）托运人凭提单办理出口收汇，将提单转交给收货人。

（10）船舶装货完毕后，船舶代理人编制出口载货清单，送船长签字后办理船舶出口手续，然后交给船长随船带到卸货港。

（11）船舶代理人编制运费清单，连同提单副本、大副收据，送交班轮公司结算代收运费，并将提单副本和出口载货清单一份邮递给卸货港船舶代理人。

（12）卸货港船舶代理人接到船舶抵港预报后，通知收货人做好收货准备。

（13）收货人付清货款取得提单后，到船舶代理人处换取提货单，然后到仓库或船边提取货物。

第三节　陆运托运办理——国际铁路货物联运业务流程

一、国际铁路联运出口货物运输流程

国际铁路联运出口货物运输流程主要包括货物托运、国境站的交接和出口货物的交付。

1. 货物的托运

货物托运程序如下所述。

（1）发货人在备妥货物后,应当提出用车申请。

（2）发货人填写国际铁路联运要车计划表,报送当地的经贸主管部门,再由经贸主管部门上报商务部,会同铁道部综合平衡后,批准下发。

（3）发货人向车站提交货物运单,以此作为货物托运的书面申请。车站接到运单后,应进行认真审核。

（4）车站应检查确认可以承运,应予签证。运单上的签证表示货物应进入车站的日期或装车日期,表示铁路已接受托运,运输合同成立。

（5）发货人应按签证指定的日期将货物搬运至车站或指定的货位,铁路根据运单上的记载查对货物,认为符合国际货协和有关规章制度的规定,车站方可接受,并开始负保管责任。

（6）整车货物在装车完毕后,由发站在运单上加盖承运日期戳,即表示承运开始。发货人从始发站取得运单号,并在出口货物报关单内填写运单号、车号和装车日期,然后向铁路交付运费,取回盖有始发站承运戳记的运单副本,完成货物的装车发运工作。

（7）发货人托运零担货物时,不需要编制月度、旬度要车计划,凭运单直接向车站申请托运。车站受理托运后,发货人应按签证指定的日期将货物运进货场的指定货位上,经查验、过磅后,即交由铁路保管。当车站将发货人托运的货物,连同货物运单一同接收完毕,在货物运单上加盖承运日期戳时,即表示货物已开始承运。铁路对承运后的零担货物负保管、装车和发运的责任。托运、承运完毕,铁路运单作为运输合同即开始生效。铁路按国际货协的规定对货物负保管、装车并运送到指定目的地的一切责任。

2. 国际铁路联运出口货物在国境站的交接

在相邻国家铁路的终点,从一国铁路向另一铁路办理移交或接收货物和车辆的车站称为国境站,也称国境口岸、边境站。在我国,国境站除设有一般车站应设的机构外,还设有国际联运交接所、海关、国家出入境检验检疫所、边防检查站及中国对外贸易运输(集团)总公司所属的分支机构等单位。国境站除办理一般车站的事务外,还办理国际铁路联运货物、车辆和列车与邻国铁路的交接,货物的换装或更换轮对,运送票据、文件的

翻译及货物运送费用的计算与复核等项工作。

（1）国际铁路联运出口货物交接的一般程序,如下所述。

① 出口国境站货运调度根据国内前方站列车到达预报,通知交接所和海关做好接车准备。

② 出口货物列车到站后,铁路会同海关接车,并将列车随带的运送票据送交接所处理,货物及列车接受海关的监管和检查。

③ 交接所实行联合办公,由铁路、海关、外运等单位参加,并按照业务分工开展流水作业,协同工作。铁路主要负责整理、翻译运送票据,编制货物和车辆交接单,以此作为向邻国铁路办理货物和车辆交接的凭证。外运公司主要负责审核货运单证,主要检查运单、出口货物明细单、随附单证等是否齐全一致,纠正出口货物单证差错,处理错发、错运事故。出口货物的申报首先由发货人在托运时填写出口货物报关单,交给铁路,由铁路在国境站向海关代理发货人申报。海关则根据铁路部门的申报,经查验单、证、货相符,符合国家法令及政策规定,即准予解除监督,验关放行。最后由双方铁路具体办理货物和车辆的交接手续,并签署交接证件。

（2）有关联运出口货物交接中的几个问题,简单归纳如下。

① 联运出口货物交接方式问题。货物交接可分为凭铅封交接和按实物交接。

凭铅封交接,应检查封印是否有效或丢失,印文内容、字迹是否清晰可辨,同交接单记载是否相符,车辆左、右侧铅封是否一致等,然后由双方铁路凭完整铅封办理货物交接手续。

按实物交接,适用于未施封的货车,可分按重量、件数和现状交接方式。

按货物重量交接,如中朝两国铁路间使用敞车、平车和砂石车散装煤、石膏、焦炭、矿石、铝矾土等货物。

按货物件数交接,如中越两国铁路间用敞车类货车装载每批不超过 100 件的整车货物。

按货物现状交接,一般是难以查点件数的货物。在办理货物交接时,交付方必须编制"货物交接单"。没有编制交接单的货物,在国境站不得办理交接。

② 出口交接货运事故处理问题。联运出口货物在国境站换装交接时,如发现单证的漏填错填、单证不齐、单货不符,或货物方面的溢短、残损、污染、湿损、被盗、包装破裂、品质不良等事故,国境站外运分公司应会同铁路查明原因,分清责任,分别加以处理。

铁路原因造成的货运事故,要提请铁路编制商务记录,并由铁路负责整修。整修所需包装物料由国境站外运公司根据需要与可能提供,但费用由铁路承担;发货人原因造成的事故,在国境站条件允许的情况下,同国境站外运公司组织加工整修,但需由发货人提供包装物料,负担所有的费用和损失。因技术条件限制,无法在国境站加工整修的货物,应由发货人到国境站指导,或将货物返回发货人处理。

3. 国际联运出口货物的交付

国际联运出口货物抵达到站后,铁路应通知运单中所记载的收货人领取货物。在收货人付清运单中所记载的一切应付运费后,铁路必须将货物连同运单交付给收货人。收货人必须支付运送费用并领取货物。收货人只有在货物因毁损或腐坏而使质量发生变化,以致部分货物或全部货物不能按原用途使用时,才可以拒绝领取货物。收货人领取货物时,应在运行报单上填记货物领取日期,并加盖收货戳记。

二、国际铁路联运进口货物运输流程

国际铁路联运进口货物运输流程与出口货物在货物与单据的流转程序上基本相同,但在业务环节上的具体做法有些不同。

1. 国际铁路联运进口货物的发运

(1)运输标志的编制和使用。按照我国有关规定,进出口公司在签订进口合同之前,应当取得由商务部统一编制的向国外订货的代号,作为"收货人唛头",并按照统一规定的收货人唛头对外签订合同。

(2)正确制定进口贸易合同的有关条款。在制定买卖合同条款时应当对与铁路运输有关的条款予以特别注意,使之符合铁路部门的有关规定。其主要包括商品品名应当准确具体并尽量与铁路运价表一致,以方便查找和计算;货物的性质、数量、包装是否符合到站的业务要求;铁路到站的规定是否合理;合同中对超重超限、特殊货物的规定是否符合国际货协的有关规定;货物是否应由卖方派人押运至我国国境站;随附单证(如货物明细单、商品检验证书、重量单、包装清单、检疫证书等)是否齐全。

(3)向国境站寄送合同资料。各进出口公司应在贸易合同签字以后,及时将一份合同的中文抄本寄给货物进出口口岸的外运分支机构。对于同外运分支机构接收分拨的小额订货,必须在抄寄合同的同时,按合同内容添附货物分类表。合同资料包括合同的中文抄本和它的附件、补充书、协议书、变更申请书、更改书和有关确认函电。

2. 联运进口货物在国境站的交接和分拨

联运进口货物在国境站的交接程序与出口货物的交接程序基本相同。

(1)进口国境站根据邻国国境站货物列车的预报和确报,通知交接所及海关做好检查准备工作。

(2)进口货物列车到达后,铁路会同海关接车,同对方铁路进行票据交接,然后将车辆交接单及随车带交的货运票据转呈交接所。

(3)交接所根据交接单办理货物和车辆的现场交接。海关则对货物列车执行实际监管。

(4)进口国境站交接所通过内部联合办公,开展单据核放、货物报关和验关工作,然后由铁路负责将货物调往换装线,进行换装作业,并按流程编组向国内发运。

(5)对于小额订货(具有零星分散的特点)、合装货物和混装货物,通常以口岸外运分公司作为收货人。因此,在双方国境站办妥货物交接手续后,口岸外运分公司应及时向铁路提取货物,进行开箱分拨,并按照合同编制有关货运单证,向铁路重新办理托运手续。在分运货物时,必须做到货物包装牢固,单证与货物相符,并办清海关申报手续。如发现货损货差,属于铁路责任的,必须由铁路出具商务记录;属于发货人责任的,由各有关进出口公司向发货人提出索赔。

3. 国际铁路联运进口货物的交付

(1)联运进口货物抵达到站后,铁路根据运单或随附运单的进口货物通知单所记载的实际收货人发出货物到达通知,通知收货人领取货物。收货人收到到货通知后,必须向车站领取货物并支付运送费用。在收货人付清运单所载的一切应付费用后,铁路必须将货物连同运单一起交付收货人。

（2）收货人领取货物时,应在运单"货物交付收货人"栏内填记货物领取日期,并加盖收货戳记,收货人只在货物因毁损或腐坏而使质量发生变化,以致部分货物或全部货物不能按原用途使用时,才可以拒绝领取货物。在运单中所载的货物短少时,收货人也应按运单向铁路支付应付的全部款额。在这种情况下,收货人按赔偿请求手续对未能交付的货物有权索回其按运单所付的相应款额。

（3）货物的灭失问题,按照国际货协的有关规定处理。

4. 运到逾期

按照国际货协及各国铁路规定,铁路未能在规定的时间内将货物运抵目的地,将按照规定向收货人支付一定的逾期到达补偿金,也称逾期罚款。

第四节　空运托运办理——国际航空货物运输业务流程

航空货物出口业务程序一般包括以下几个环节:委托代理→审核单证→订舱→制单→接收货物→刷唛和标签→出口报关→装板和装箱→签单→交接发运→航班跟踪→结算费用。

一、委托代理

委托代理是指托运人委托航空代理人办理出口货物航空运输事宜的行为。委托代理时,托运人必须填写"国际货物托运书",并经托运人签字盖章。国际货物托运书是一份重要的文件,它是托运人与航空代理人之间的委托合同,也是代理人向航空公司办理货物托运的依据,还是填制航空货物运单的依据,因此托运人必须正确填写。

国际货物托运书主要内容包括以下方面。

（1）托运人。填写托运人的全称、详细地址和联系方式。

（2）收货人。填写收货人的全称、详细地址和联系方式。由于空运单不得转让,因此必须指明具体的收货人。

（3）始发机场。

（4）目的地机场。

（5）要求的运输路线。

（6）运输声明价值。该货物价值由托运人自己声明,作为承运人赔偿责任的限额。承运人将按照有关规定收取声明价值费,但如果货物每千克毛重不超过 20 美元,则无须填写声明价值,本栏内可填写"NVD"。

（7）报关声明价值。此栏内填写的价值供进口国海关征税使用。

（8）保险金额。

（9）特别要求。本栏填写某些特别处理要求，如小心轻放、通知人等。

（10）空运单随附文件。

（11）货物描述。货物描述包括货物品名、件数、体积、包装、实际毛重（该项应在承运人或其代理人称重后填写）。

（12）运价类别及运费（与承运人或其代理人协商所确定的运价种类、服务费、杂费、运送费用），因为代理人与各航空公司一般都订有优惠运价，所以该处填写的运费为实际需要支付的运费，而航空货物运单上显示的运价为国际航协公布的适用运价和费率，比前者要高。

（13）托运人签字及日期。

二、审核单证

为顺利出运和履行出口法定手续，发货人应当向航空代理人提交以下文件。

（1）货物发票、装箱单。

（2）国际货物托运书。

（3）报关单需注明经营单位的海关注册号、贸易性质、收汇方式，并加盖出口单位的公章。

（4）外汇核销单。

（5）出口许可证、进料加工/来料加工核销本。

（6）商品检验证书。

（7）到付保函。如果运费到付，托运人需向承运人提供相关保函。

三、订舱

订舱是指空运代理人向航空公司提交货物运输申请并获得确认的行为。一般大宗货物、紧急物资、鲜活易腐物品、危险品、贵重物品必须预订舱位。

订舱的一般做法如下。

（1）航空代理人在接到托运人提交的"国际货物托运书"后，依照托运人的要求，选择最佳的运输线路和承运人，争取最合理的运价。

（2）向航空公司的吨位控制部门领取并根据托运书的内容填写"订舱单"。

（3）航空公司在订舱单上签字，确认舱位已经订妥，并发给装货集装器领取凭证。

四、制单

制单是指航空代理人填制航空货运单。如果航空代理人作为集运人收取众多小票货物,然后再向航空公司集中托运的话,则需要分别填制总运单和分运单。航空货运单填制得是否准确,不但直接影响到货物能否及时准确地运到目的地,还将影响到发货人能否顺利收汇,因此必须详细、准确地填写。

　　制单的依据是托运人提交的国际货物托运书,填妥之后如有修改,必须加盖代理公司的修改章。

　　如果是直接发运给国外收货人的单票货物,则填开航空公司的航空货物运单。如果是集中托运的货物,则需先为每票货物填开航空货运代理人的分运单,然后再填开航空公司的总运单,以便国外代理公司对总运单下的各票货物进行分拨。总运单上的运费一栏应当按所使用的公布运价填写,分运单的运费一栏则按照协议运价填写。总运单的件数与分运单的件数总和应当一致。总运单下有数份分运单的,还应制作航空货物清单。最后还应当制作"空运出口业务日报表",供制作标签使用。

五、接收货物

　　接收货物是指航空货运代理人接收欲发运的货物并暂存在自己的仓库的行为,一般与接收单证同时进行。

　　航空代理人在接收货物时,应当丈量和过磅货物,并根据发票和装箱单核对货物品名、数量、合同号、运输标志与航空货运单的记载是否一致。

　　托运的货物包装还应符合运输要求,包装方式应能保证包装完整、内部填充充分、无异味散发、不污损飞机和其他货物、便于装卸。包装材料应保证清洁干燥、无凸出棱角、无病虫害。运输标志应保证完整、清晰。

六、刷唛和标签

　　每件货物的外包装上都应当清楚地喷刷、书写托运人名称、收货人名称、详细地址、联系电话、合同号以及操作注意事项等内容。为保证顺利运输和交付货物,还应将上述内容做成标签,贴在或挂在货物的外包装上。危险品和特种货物应当贴挂规定的特殊标签。

七、出口报关

　　出口报关是指发货人或航空货运代理人向出境地海关办理货物出口申报的行为。出口报关的基本程序如下。

　　(1) 将出口报关单要求的各项内容进行计算机预录入,向海关电脑系统预申报。

　　(2) 将填制好的报关单加盖报关单位的报关专用章,连同有关发票、装箱单、航空货运单、出口许可证、商品检验证书、卫生和动植物检疫等要求的文件,由报关员向海关正式申报。

　　(3) 海关审核无误后,将在航空货物运单上加盖出口放行章,同时在出口收汇核销单和出口报关单上加盖出口放行章,在发货人用于出口退税的单证上加盖验讫章,贴上防伪标志。

八、装板和装箱

航空货物均是以"集装箱"或"集装板"形式装运的。小于 2m³ 的货物通常交予航空公司拼装,大于 2m³ 的货物,一般由航空货运代理人装箱或装板。代理人根据订舱计划,在履行出口报关手续后,凭航空公司吨控部门发放的航空集装箱、集装板凭证,领取集装箱或集装板。

装箱或装板时应注意以下几点。

(1)正确使用箱型和板型。各航空公司都有自己的集装箱和集装板,一般不许转用于其他航空公司,箱型和板型也不尽相同,所以如果装错箱板,可能发生误机现象。

(2)一定型号的箱、板用于一定型号的飞机,因此不能误用。

(3)箱内、板上应堆放整齐、牢固,并绑紧网索,防止运输途中倒垛。

九、签单

航空货运单经海关加盖放行章后,还要到航空公司履行签单手续,主要目的是要审核运价使用是否准确,货物性质是否适合运输等。只有经过航空公司签单,才允许将航空货物运单及货物交给航空公司。

十、交接发运

交接发运是指航空货运代理人向航空公司交付单据和货物的行为。交付的单据是指随机单据,包括第二联航空货物运单正本、发票、装箱单、产地证明、品质证书等。交付的货物应与运单相符,整箱、整板货物按箱、板交付,拼箱、拼板货物按称重计件交付。交付的货物包装和标签必须符合规定。

十一、航班跟踪

单证和货物付运后,航空货运代理人应当密切跟踪航班信息,及时掌握航班取消、延误、溢载、错运等信息,并反馈给货主。

十二、结算费用

货物发运后,代理人将向托运人收取航空运费、地面费用和其他各种服务费和手续费。如果运费为到付,则在收货人提货时,支付航空运费和目的地收取的各种费用。

第五节　集装箱货运办理——集装箱箱务及进出口程序

一、集装箱及其标准

集装箱通常是一种密闭的用来装运货物的可作为一个运输单元进行反复装卸的长方形箱体。

1. 集装箱种类

（1）干货集装箱。这类集装箱主要用来装运普通的、无特殊要求的件杂货。它一般是密闭式的长方形箱体，由钢铁框架和金属板围成，目前使用最多的是这类集装箱。

（2）绝热集装箱。这类集装箱主要用来运输冷冻货物和保温货物，箱壁使用热导率低的隔热材料制成，并具有制冷装置。这类集装箱在任何地方都需要向其提供电力。

（3）特种集装箱。这类集装箱是为运输特殊货物而制作的，主要有以下类型。

开顶集装箱，集装箱的顶壁，甚至是侧壁可以开启，以方便货物装卸，主要用来装运重大件货物。为了保证良好的水密性，顶部可采用帆布覆盖方法将其密闭。

框架集装箱，是一种没有箱顶和侧壁，只有底板和四角角柱的集装箱。它可以从上方及四面进行货物装卸，用于装卸重货或较长的货物。

罐式集装箱，外部拥有与标准集装箱相同的框架结构，其内部设有一排罐状容器，主要用来装运液体货物。

特殊集装箱，用于运输特种货物。

2. 集装箱国际标准

为便于集装箱运输业的发展，国际标准化组织制定了集装箱国际标准。联合国也组织有关机构起草了《国际集装箱海关公约》和《安全公约》，对国际集装箱的试验、检查、认可、结构、安全条件、海关手续等进行规定，并于 1972 年通过了这两个公约。目前，国际上通用的标准集装箱主要有两种。

（1）长、宽、高（以英尺为单位）为 $20 \times 8 \times 8$ 的集装箱。20ft 集装箱的设计总重为 24t，减去箱子自重约为 2t，载货重为 22t（一般船公司将其限制在 $18 \sim 20$t），容积约为 36m³。

（2）长、宽、高（以英尺为单位）为 $40 \times 8 \times 8$ 的集装箱。40ft 集装箱的设计总重约为 30.5t，净载货重 26t（一般限制在 $20 \sim 22$t），容积约为 72m³，适用于积载因素较大的货物。

二、适用于集装箱运输的货物

1. 最适用于集装箱化的货物

最适用于集装箱化的货物的价值较高，运价也高，其外包装及尺码、重量等均适合装载于集装箱内运输,有医药品、小型电器、仪器、小五金、针纺织品、服装、烟酒、食品等。

2. 较适用于集装箱化的货物

较适用于集装箱化的货物的价值较前者低,但其属性适用于集装箱运输,包括一些金属制品、纸板、纸浆、装饰材料、皮张、电线等。

3. 临界集装箱化的货物

临界集装箱化的货物的价值低,运价也低,使用集装箱运输不大经济,外包装及尺码也不大适合。但为赶交货期,也可以装载于集装箱运输,如各种金属锭、短钢管、平板、生铁、小型构件、价值较高的矿产品等。

4. 不适用于集装箱化的货物

不适用于集装箱化的货物由于受本身结构限制或运输的不经济,一般不能采用集装箱运输,如散煤、焦炭、散矿、大量散粮、废钢铁、机械设备、大型构件、大型卡车等。

三、集装箱运输干线

1. 海上集装箱运输网络

海上集装箱运输网络是连接集装箱运载中心港的几条大的集装箱运输干线。运输干线两端是货物流量、地理位置、泊位能力都很好的中心港口。以中心港口为核心,由向外辐射的为干线服务的支线运输将临近的港口与中心港口联系起来,从而形成海上集装箱运输网络。

2. 陆上集装箱运输网络

构成集装箱运输干线的另一子系统是集装箱陆上运输网络。这些陆上网络以各中心港口或支线港口为中心,向内陆辐射,形成多个扇面网络。这些网络的连接点是集装箱港口附近的集装箱堆场及向内陆延伸的各地的集装箱货运站。连接这些站点的是内陆的公路或铁路运输线。

3. 世界上主要集装箱运输干线

(1) 远东、东南亚至北美、中美的太平洋干线。

(2) 远东至欧洲的欧亚干线;欧洲至北美的大西洋干线。

(3) 澳洲至美洲、亚洲的欧洲干线。

(4) 区域性运输线路。

四、集装箱货物交接

1. 集装箱货物的交接形态

(1) 整箱交接,是指发货人与承运人交接的是一个(或多个)装满货物的集装箱。当发货人的货物能装满一个(或多个)集装箱时一般采用整箱交接方式。在整箱交接方式下,发货人自行装箱并办好海关加封等手续,承运人接收的货物是外表状态良好、铅封完整的集装箱。货物运抵目的地时,承运人将集装箱原状交付给收货人,收货人自行将货物从箱中掏出。整箱交接集装箱中的货物，一般只有一个发货人和一个收货人。

（2）拼箱交接，是指发货人将各自的小量货物交给承运人，由承运人根据流向相同的原则将这些货物装入同一个集装箱进行运输的交接形式。在拼箱交接形式下，承运人或其代理人从发货人手中接收货物并组织装箱运输，运到目的地交货地点时，承运人或集装箱代理人将货物从箱中掏出，以原来的形态向各收货人交付。在这种交接形态下，每个集装箱的货物有多个发货人和多个收货人。拼箱货物的交接和装箱要在码头集装箱货运站、内陆货运站、中转站和铁路办理站等地进行。

2. 集装箱货物的交接地点

（1）集装箱堆场交接（CY 交接），包括集装箱码头堆场交接和集装箱内陆堆场交接。集装箱码头堆场交接是指发货人将在工厂、仓库装好的集装箱运到装运港码头集装箱堆场，承运人（集装箱运输经营人）或其代理人在集装箱码头堆场接收货物，运输责任开始；货物运达卸货港后，承运人在集装箱码头堆场向收货人整箱交付货物，运输责任终止。

集装箱内陆堆场交接是指在集装箱内陆货站堆场、中转站或办理站的堆场交接，这种交接方式适用于国际多式联运方式。在内陆 CY 交接时，货主与多式联运经营人或其代理人在内陆集装箱堆场办理交接手续，货物交接后，由多式联运经营人或其代理人将货物从堆场运到目的地码头堆场。集装箱内陆 CY 交接也是整箱交接。

（2）集装箱货运站交接（CFS 交接）。集装箱货运站一般包括集装箱码头货运站、集装箱内陆货运站、中转站和集装箱办理站。CFS 交接一般是拼箱交接。因此，CFS 交接一般意味着发货人自行负责将货物送到集装箱货运站，集装箱经营人或其代理人在 CFS 以货物的原来形态接收货物并负责安排装箱，然后组织海上运输或陆海联运、陆空联运或海空联运的多式联运。货物运到目的地货运站后，多式联运经营人或其代理人负责拆箱并以货物的原来形态向收货人交付。收货人自行负责提货后的事宜。

（3）发货人或收货人的工厂或仓库交接（门至门交接）。发货人或收货人的工厂或仓库交接是指多式联运经营人或集装箱运输经营人在发货人的工厂或仓库接收货物，在收货人的工厂或仓库交付货物。门至门交接的货物都是整箱交接，由发货人或收货人自行装（拆）箱。运输经营人负责自接货地点到交货地点的全程运输。

3. 集装箱运输中货物的交接方式

（1）门至门（door to door）交接方式。它是指运输经营人由发货人的工厂或仓库接收货物，负责将货物运至收货人的工厂或仓库向其交付。在这种交接方式下，货物的交付形态都是整箱交接。

（2）门至场（door to CY）交接方式。它是指运输经营人在发货人的工厂或仓库接收货物，并负责将货物运至卸货港码头或其内陆堆场，在 CY 处向收货人交付。在这种交接方式下，货物也是整箱交接。

（3）门至站（door to CFS）交接方式。它是指运输经营人在发货人的工厂或仓库接收货物，并负责将货物运至卸货港码头或其内陆集装箱货运站，经拆箱后向各收货人交付。在这种交接方式下，运输经营人一般是以整箱形态接收货物，以拼箱形态交付货物。

（4）场至门（CY to door）交接方式。它是指运输经营人在装货港码头或其内陆堆场接收货物（整箱货），并负责运至收货人的工厂或仓库，在工厂或仓库向收货人交付（整箱货）。

（5）场至场（CY to CY）交接方式。它是指运输经营人在装货港码头或其内陆堆场接收货物（整箱货），并负责运至卸货港码头或其内陆堆场，在堆场向收货人交付（整箱货）。

（6）场至站（CY to CFS）交接方式。它是指运输经营人在装货港码头或其内陆堆场接收货物（整箱货），并负责运至卸货港码头或其内陆集装箱货运站，一般经拆箱后向收货人交付。

（7）站至门（CFS to door）交接方式。它是指运输经营人在装货港码头或其内陆集装箱货运站接收货物（经拼箱后），负责运至收货人的工厂或仓库交付。在这种交接方式下，运输经营人一般是以拼箱形态接收货物，以整箱形态交付货物。

（8）站至场（CFS to CY）交接方式。它是指运输经营人在装货港码头或其内陆集装箱货运站接收货物（经拼箱后），并负责运至卸货港码头或其内陆堆场交付。在这种交接方式下，货物的交接形态同站至门交接方式相同。

（9）站至站（CFS to CFS）交接方式。它是指运输经营人在装货港码头或其内陆集装箱货运站接收货物（经拼箱后），并负责运至卸货港码头或其内陆集装箱货运站，经拆箱后向收货人交付。在这种方式下，货物的交接形态一般都是拼箱交接。

上述 9 种交接方式，如表 8-5 所示。

表 8-5　集装箱主要交接方式

整箱接收、整箱交付	
① 门—门	② 门—场
③ 场—门	④ 场—场
拼箱接收、拼箱交付	
⑤ 站—站	
整箱接收、拼箱交付	
⑥ 门—站	⑦ 场—站
拼箱接收、整箱交付	
⑧ 站—门	⑨ 站—场

五、集装箱货物的装箱

1. 集装箱的检查

选定合适的集装箱型号后，在货物装箱前需对集装箱状况进行检查。合格的集装箱应符合下列条件。

（1）应符合国际标准，具有合格的检验证书。

（2）箱子外表良好，没有明显的损伤、变形、破口等。

（3）箱门应完好，能 270°开启，栓锁完好。

（4）箱子内部清洁、干燥、无异味、无尘污或残留物，衬板、涂料完好。

（5）箱子所有焊接部位牢固，封闭好，不漏水、不漏光。

（6）附属件的强度、数量满足有关规定和运输需要。

（7）箱子本身的机械设备（冷冻、通风）完好，能正常使用。

在使用前应对集装箱进行仔细全面的检查，包括外部、内部、箱门、清洁状况、附属件及设备等。通常，发货人（用箱人）和承运人（供箱人）在集装箱交接时，共同对集装箱进行检查，并以设备交接单（或其他书面形式）确认集装箱交接时的状态。

2. 集装箱货物积载的一般方法

（1）配载，是指货物在集装箱内的具体装载方法。无论是发货人（整箱交接情况下）还是运输经营人（特别是在拼箱交接情况下）在货物装箱前都要做好配载工作。如果箱内只装运一种货物，则配载时应主要考虑货物的比重、单件包装强度、单件形状及尺度与集装箱的安全负荷和总容积的合理关系等因素。若箱内需要装载多种货物，则应根据各种货物的体积、重量、性质、包装形态及强度、运输要求、货物流向、承载能力、箱子利用率等因素综合考虑做出计划。

（2）货物的拼箱、装载、堆码。当不同种类的货物拼装同一箱内时，应根据货物的性质、单件重量、包装形态及强度分区，分层堆放。将包装牢固、重件货物放在箱子底部，包装不牢、轻件货物装在上部。

在货物多层堆码时，堆码的层数应根据货物包装强度及箱底承载能力规定（单位面积承重量）来决定。为使下层货物不被压坏以及防止装箱、运输过程中引起的撞击，应适当考虑在各层之间垫入缓冲器材。

货物的装载应严密、整齐。货区之间、货物与货物之间、货物与箱体之间的空隙应加适当的隔衬以防止货物的移动、撞击、湿损和污损。货物在箱子内的重量分布应均衡。一般要求沿高度方向重量分布应均衡或下重上轻；沿长度和宽度方向应均衡。箱子的某一部位、某一端或某一侧负荷过重，易引起吊运过程中箱子倾斜、装卸机械及运输工具（特别是拖车）损毁等事故。对靠近箱门附近的货物要采取系固措施，以防止开箱和关箱时货倒塌造成损坏和人身伤亡事故。

（3）其他注意事项。装载箱内的货物总重量不得超过箱子允许的额定载重量。因货物超重而造成的一切损失由装箱人承担。当不同种类的货物拼装在同一个箱内时，应保证它们的物理、化学性质不发生冲突和无气味污染。不同发货人（或受货人）的货物拼箱时，应考虑货物的流向要一致。装箱时使用的隔垫料和系固材料应清洁、干燥、无虫害。

六、集装箱的发放与交接

集装箱的箱务管理涉及使用、租用、调运、保管、发放、交接、装卸、中转、堆存、装拼箱、运输、检查、修理、清洗、重蒸等许多环节，其中绝大多数工作是由船公司完成的。以下主要介绍与货主有关的发放和交接环节。

1. 集装箱发放和交接的依据

集装箱的发放和交接，应依据进口提货单、出口订舱单、场站收据以及这些文件内列明的集装箱交付条款，实行集装箱设备交接单制度。从事集装箱业务的单位必须凭集装箱代理人签发的集装箱设备交接单，办理集装箱的提箱（发箱）、交箱（还箱）、进场（港）、出场（港）等手续。

2. 交接责任的划分

（1）船方与港方交接以船边为界。

（2）港方与货方（或其代理人）、内陆（公路）承运人的交接以港方检查桥为界。

（3）堆场、中转站与货方（或其代理人）、内陆（公路）承运人的交接以堆场中转站道口为界。

（4）港方、堆场中转站与内陆（铁路、水路）承运人的交接以车皮、船边为界。

3. 进口提箱出场的交接

进口重箱提离港区、堆场、中转站时，货方（或其代理人）、内陆（公路、铁路、水路）承运人应持海关放行的进口提货单到集装箱代理人指定的现场办理处办理集装箱发放手续。

集装箱代理人依据进口提货单、集装箱交付和集装箱运输经营人有关集装箱及其设备使用和租用的规定，向货方（或其代理人）、内陆承运人签发"出场集装箱设备交接单"和"进场集装箱设备交接单"。

货方、内陆承运人凭出场集装箱设备交接单，到指定地点提取重箱，并办理出场集装箱设备交接；凭进场集装箱设备交接单，将拆空后的集装箱及时交到集装箱代理人指定的地点，并办理进场集装箱设备交接。

4. 出口交箱进场的交接

出口货箱进入港区，货方、内陆承运人凭集装箱出口装箱单、场站收据、进场集装箱设备交接单到指定的港区交付重箱，并办理进场集装箱设备交接。指定的港区依据出口集装箱预配清单、进场集装箱设备交接单、场站收据收取重箱，并办理进场集装箱设备交接。

5. 空箱的发放和交接

空箱提离港区、堆场、中转站时，提箱人（货方或其代理人、内陆承运人）应向集装箱代理人提出书面申请。集装箱代理人依据出口订舱单、场站收据或出口集装箱预配清单向提箱人签发出场集装箱设备交接单或进场集装箱设备交接单。

提箱人凭出场集装箱设备交接单，到指定地点提取空箱，并办理出场集装箱设备交接；凭进场集装箱设备交接单，到指定地点交付集装箱，并办理进场集装箱设备交接。

集装箱交接场站应详细认真进行检查和记录，并将进出场集装箱的情况及时反馈给集装箱代理人，积极配合集装箱代理人的工作，使集装箱代理人能够及时、准确地掌握集装箱的利用情况，及时安排集装箱的调运、修理，追缴集装箱延期使用费以及集装箱的损坏、灭失费用等工作。

6. 集装箱的损坏、灭失、逾期还箱的处理

货方（或其代理人）、内陆承运人或从事集装箱业务的有关单位不得将集装箱及其设备移作集装箱设备交接单规定之外的目的使用，必须按规定的时间、地点交还集装箱，而且保持集装箱及其设备的完好性。凡不按规定地点交还集装箱者，港区、堆场、中转站等地均应拒绝收箱。集装箱损坏时，应根据上述的交接责任划分确定责任者，根据损坏程度进行赔偿。

船公司一般对普通集装箱规定 15 天的免费使用期。超过免费期限,应支付超期使用费。超期越长,费率越高。此外,对集装箱损坏也制定有赔偿标准。

七、集装箱的进出口程序

1. 出口程序（以海运为例）

(1) 订舱。发货人（或其代理人）应根据贸易合同或信用证条款规定,在货物托运前一定时间内向船公司或其代理人,或者多式联运经营人或其代理人申请订舱。若船公司或多式联运经营人接受发货人或货代订舱申请,则在双方议定船名、航次等信息后,通常会发给托运人一份订舱确认书,或者在发给货方的场站收据副本（海关联）上盖章表示确认。承运人接受货主委托后便编制订舱清单,然后分送集装箱码头（或内陆港站）堆场、集装箱货运站,据以安排空箱及货物交接。

(2) 发放空箱。除货主使用自备箱外,通常整箱货使用的空箱由发货人凭船方签署的提箱单到指定的码头（或内陆港站）堆场领取空箱,并办理设备交接。拼箱货使用的空箱由双方议定交接货物的集装箱货运站负责领取。

(3) 拼箱货装箱。发货人将货物交至集装箱货运站,由货运站根据订舱清单、场站收据和船方的其他指示负责装箱、加封并制作箱单,然后将重箱运至码头堆场。

(4) 整箱货交接。发货人负责装箱并将已加海关封志的整箱货运至码头（或内陆港站）堆场,堆场业务员根据订舱清单、场站收据及装箱单验收货物在场站收据上签字后退还给发货人。

(5) 换取提单。发货人凭签署的场站收据向集装箱运输经营人或其代理人换取提单后到银行结汇。

(6) 装船运出。码头装卸区根据装船计划,将出运的集装箱调整到前方堆场,待船舶到港后装运出口。需要指出的是,如果发货人将货物委托给多式联运经营人运输,在发货人将货物交到多式联运经营人指定的地点后,则视为货物已经交接。多式联运经营人向发货人签发多式联运单据,有的签发运输行提单,其性质与多式联运单据等同。发货人可凭多式联运单据或运输行提单议付货款,或以贸易合同规定的其他方式收取货款。集装箱的后续运输事宜则由多式联运经营人安排。

2. 进口程序

(1) 做好卸船准备。在船舶抵达目的港前,启运港船舶代理人要将有关单证、资料寄、传给目的港船舶代理人。目的港船舶代理人应及时通知各有关方（港口装卸、海关、检验检疫、堆场、收货人等）做好卸船准备,并应制作交货记录。

(2) 卸船拆箱。集装箱从船上卸下后,要先放在码头（或由集装箱运输经营人办理保税手续后继续运至内陆港站）堆场。整箱可在此交付给收货人,拼箱货由堆场转到集装箱货运站,拆箱分拨后准备交付。船舶代理人将交货记录中的到货通知书寄送收货人。

(3) 收货人付费换单。收货人接到货运通知单后,在信用证贸易下应及时向银行付清所有应付款项,取得有关单证（正本提单等）,然后凭提单和到货通知书向船舶代理人换取提货单,办理提货手续。

（4）交付货物。整箱货交付在集装箱堆场进行，拼箱货交付在集装箱货运站进行。堆场和货运站应凭海关放行的提货单，与收货人结清有关费用（保管费、再次托运费、滞期费、拆箱费）后交付货物并由双方签署交货记录。由于整箱货是连同集装箱一起提取的，故整箱货提货时应办理设备交接单手续。

（5）还箱。收货人将从堆场提取的重箱运到自己的仓库拆箱后，应将空箱尽快运回堆场，凭设备交接单办理还箱手续。

上述列举的货运手续，不一定按顺序进行，有时可以交替进行。在多式联运方式下，多式联运经营人在卸货港的代理人将以收货人的名义办理上述某些事宜，实际收货人凭多式联运单据或运输行提单到上述地点提取货物。

八、集装箱运输主要单证

集装箱运输单证类别，可简单归纳如下。

一是进出口运输单证，包括设备交接单、装箱单、场站收据、集装箱提单、理货报告、集装箱装载清单、集装箱实装船图、货物舱单、运费舱单和交货记录等。

二是向海关、商检、动植物检疫、卫检、港监等口岸监管部门申报单证，主要有报关单、合同副本、信用证副本、商业发票、进出口许可证、产地证明书、免税证明书、商品检验证书、药物/动植物报验单、危险品清单和准运单、危险品包装证书和装箱说明书等。

这些单证中，除了沿用传统件杂货国际运输中使用的单证外，新单证主要有设备交接单、装箱单、场站收据、集装箱提单和交货记录。

1. 设备交接单

设备交接单是集装箱进出港口、场站时用箱人或运箱人与管箱人之间交接集装箱及设备（底盘车、台车、冷藏装置、电机等）的凭证。它既是管箱人发放（或回收）集装箱或用箱人提取（或还回）集装箱的凭证，也是证明交接时集装箱状态的凭证和划分责任的依据。此单证通常由管箱人（租箱公司、船公司或其他集装箱经营人等）签发给用箱人，用箱人据此向场站领取或送还集装箱或设备。

设备交接单分进场（IN）和出场（OUT）两种。这两种交接单正面内容除个别项目外大致相同，都各有三联，分为管箱单位底联、码头堆场联和用箱人、运箱人联。

设备交接单流转程序如下。

（1）管箱人或其代理人填制并签发设备交接单（三联，每箱一份）交用箱人。

（2）用箱人、运箱人据此单证（三联）到码头或内陆堆场办理提（还）箱手续，堆场经办人（作为管箱人的代理人）核单、签字后，留下码头堆场联与管箱单位底联，将用箱人联退还经营人。双方检验箱体后提走（或还回）集装箱及设备。

（3）码头堆场经办人将管箱单位底联退还管箱单位。

（4）集装箱还回码头堆场时，双方按单上条款检验箱体状况，如无损坏，交接单作用结束。

各类管箱人一般都印制自己的设备交接单，其内容大同小异。设备交接单的背面印有划分管箱人和用箱人之间责任的集装箱使用合同条款。条款的主要内容有使用集装箱期间的费用、损坏或丢失时责任划分和对第三人造成损坏时赔偿责任等。

2. 装箱单

装箱单是记载箱内货物及积载情况的单证。此单由装箱人以箱为单位填制、签署。

装箱单的作用如下。

装箱单可表明箱内货物明细；是报关、办理保税运输的单证；是货物交接的凭证；是编制船舶积载计划的依据；是安排拆箱作业的资料；是货物索赔的依据。

装箱单主要内容有船名、航次、装卸港、收交地点、集装箱号和规格、封志号、场站收据或提单号、发货人、收货人、通知人及货名、件数、包装种类、标记、号码、重量和尺码等。对危险品还应做出特殊要求说明。

装箱单一般一式数份，分别由货主、货运站、装箱人留存和交船代、海关、港方、理货公司使用，另外还需准备足够份数交船方随货带往卸货港以便交接货物、报关和拆箱等用。

装箱人负有装箱单内容与箱内货物一致的责任。如需理货公司对整箱货物理货时，装箱人应会同理货人员共同制作装箱单。

3. 场站收据（D/R）

场站收据是由承运人签发的证明已收到托运货物并开始对货物负责的凭证（见表 8-6）。广义上的场站收据是一套综合性单证，它把货物托运单、装货单、大副收据、理货单、配舱回单、运费通知等单证汇成一套，简称为场站收据联单，有利于提高托运效率。

表 8-6　场站收据

Shipper（发货人）	委托号：　　　　Forwarding agents　　　B/L No.（编号）	
Consignee（收货人）	（第四联）场站收据 DOCK RECEIPT	
Tel:		
Notify Party（通知人）	Received by the Carrier the Total number of containers or other packages or Units Stated below to be transported subject to the terms and conditions of the Carrier's regular form of Bill of Lading (for Combined Transport or Port to Port Shipment) which shall be deemed to incorporated herein. Date（日期）：	
Tel:		
Pre-carriage by（前程运输）　Place of Receipt（收货地点）	场站章	
Ocean Vessel（船名）　Voy. No.（航次）　Port of Loading（装货港）		
Port of Vessel（卸货港）　　Place of Delivery（交货地点）	Final Destination for the Merchant's Reference（目的地）	
Container No.（集装箱号）	Seal No.（封志号）Marks & Nos.（标记与号码）	No. of Containers or Pkgs.（箱数或件数）	Kind of Packing; Description of Goods（包装与货名）	Gross Weight 毛重（kg）	Measurement 尺码（m³）

续表

TOTAL NUMBER OF CONTAINERS OR PACKAGES (IN WORDS) 集装箱数和件数合计（大写）		

Container No.（箱号）Seal No.（封志号）Pkgs.（件数）

			Received(实收)	By Terminal clerk/Tally clerk(场站员/理货员签字)
FREIGHT & CHARGES	Prepaid at（预付地点）	Payable at(到付地点)		Place of Issue(签发地点) BOOKING APPROVED BY(订舱确认)
	Total Prepaid（预付总额）	No. of Original B(s)/L（正本提单份数）		货值金额

Service Type on Receiving □CY □CSF □DOOR		Service Type on Delivery □CY □CSF □DOOR		Reference Temperature Required(冷藏温度)	℉	℃
TYPE OF GOODS	□Ordinary（普通） □Reefer（冷藏） □Dangerous（危险品） □Auto（裸装车辆） □Liquid（液体） □Live Animal（活动物） □Bulk（散货） □_____			危险品	Class: Property: IMDG Code Page: UN No.	

发货人或代理地址：					联系人：	电话：
可否转船：	可否分批：	装期：	备 注		装箱场站名称	
有效期：		制单日期：				
海运费由　　　　　　　　支付 如预付运费托收承付,请填准银行账号						

　　场站收据联单一般是在托运人与承运人达成运输协议后,由船舶人交托运人或货代填制,并在承运人委托的码头堆场、集装箱货运站或内陆货运站收到货物后签字生效。货物装船后,托运人或其代理人可凭场站收据向船舶代理人换取已装船提单。

　　场站收据联单作用主要是运输合同和承运人的货物收据;是出口货物报关的凭证之一;是换取提单的凭证;是船公司、港口组织装卸、理货、配载的资料;是运费结算的依据;如信用证允许,可凭此向银行议付。

　　场站收据联单是集装箱运输专用的出口单证,不同港站使用的格式不尽相同,有七联、十联、十二联不等。现以十联格式为例,说明场站收据联单的组成情况。

　　第一联,货方留底,白色。

　　第二联,集装箱货物托运单(船代留底),白色。

　　第三、第四联,运费通知,白色。

　　第五联,装货单——场站收据副本(报关单),白色。

　　第六联,场站收据副本——大副联,粉红色。

　　第七联,场站收据正本,黄色。

第八联,货代留底,白色。

第九、第十联,配舱回单,白色。

在集装箱货物出口托运过程中,场站收据要在多个机构和部门之间流转。在流转过程中涉及的有托运人、货代、船代、海关、堆场、理货公司、船长或大副等。十联格式场站收据流转程序一般如下所述。

① 托运人(货代)填制后,留下货方留底联给货主,将第二联至第十联送船代签单编号。

② 船代编号后,留下第二联至第四联,并在第五联上加盖确认订舱章及报关章后将第五联至第七联退给货代,货代留下第八联并把第九、第十联作为配舱回单送给托运人。

③ 报关员携第五联至第七联报关。

④ 海关审核认可后,在第五联装货单上加盖放行章并把这些联退给报关人。

⑤ 货代将集装箱号、封志号、件数等填入第五联至第七联后,将货物与第五联至第七联在规定时间内一并送堆场。

⑥ 场站在堆场验收货物,在第五联至第七联上填入实收箱数、进场日期并加盖场站公章。第五联由场站留底,第六联送交理货员。理货员装船时将该联交大副,并将经双方签字的第七联即场站收据正本返还货代。

在场站收据填制、货物装箱、托运中,应注意以下事项。

① 出口货物一般要求在装箱前24小时内向海关申报,海关在场站收据上加盖放行章后方可装箱。

② 海关验放时允许场站收据中无集装箱号,货物装箱后由货代或装箱人正确填写,进场时所有场站收据联单必须填写有集装箱号、封志号和箱数。

③ 场站收据内容如有变更,必须及时通知有关各方,并在24小时内出具书面通知,办理变更手续。

④ 承运人委托场站签发场站收据必须有书面协议。

⑤ 场站只有在海关放行后才能签发场站收据,安排集装箱装船。签发时还必须查验集装箱号、封志号、数量是否填写正确。

⑥ CY交接方式下,由托运人对箱内货物准确性负责;CFS交接方式下,则由装箱单位对货物准确性负责。

⑦ 理货人员应根据交接方式在承运人指定的场站和船边理箱,并在有关单证上加批注,提供理货报告和理箱单。

⑧ 托运人的货代、船代应正确、完整地填写和核对场站收据的各项内容,一般要求用打字机填写。

4. 集装箱提单

(1) 内容

集装箱提单是集装箱运输下的主要运输单证。适用于集装箱运输的提单有两类:一类是港至港的海运提单;另一类是内陆至内陆的多式联运提单。这两类提单的法律效力和作用与传统提单基本相同。为了适应集装箱运输的需要,其正面内容除传统海运提单内容外,还增加了收货地点、交货地点、交接方式、集装箱号、封志号等内容。由于集装箱货物的交接一般都不在船边,集装箱提单一般是待装船提单。为了与信用证要求(已装船提单)一致,集装箱提单一般增加装船记录栏,以便必要时加上"已装船"批注使之转化为已装船提单。

(2) 填制

集装箱提单填制时,应注意在箱数或件数栏内,既要填写集装箱数,又要填写箱内所装货物件数。否则发生灭失、损坏时只能以箱作为一个理赔单位。

(3) 签发地点

集装箱提单签发的地点与集装箱运输中货物交接地点是一致的。一般是托运人在上述地点与集装箱运输经营人或其委托的堆场、货运站的业务人员交接货物后,用场站收据向运输经营人换取提单。

(4) 集装箱提单背面条款(与传统海运提单在背面条款中区别的条款)

① 承运人的责任期限。由于目前集装箱运输存在港至港运输和门至门运输两种方式,多数集装箱提单的承运人责任条款中规定了两种责任期限。

港至港运输形式,规定承运人责任从在装运港接收货物时起,到目的港交货时,或按照当地法律、条例交给有关当局时(以较早发生者为准)止。

门至门运输形式,集装箱运输中承运人接货、交货的地点在货主仓库、内陆场站或码头堆场,这与传统海运货物交接有很大差别,《海牙规则》对普通提单规定的承运人责任期限已不再适用。这时承运人负责安排海运前的内陆运输和海运后的内陆运输,其责任期限也延伸为从接收货物时起到交付货物时止。

② 舱面(甲板)货选择权条款。在集装箱运输中,由于船舶结构的特殊性及经济性等要求,有相当一部分集装箱要装载在甲板上运输(全集装箱船满载时约有30%货箱装载在甲板上),而各集装箱在船舶上装载的具体位置,一般是根据船舶配、积载的需要和货物装卸先后次序等确定的。运输经营人在签发提单时无法确定哪些集装箱会装在舱内或甲板上,因此集装箱提单中规定了舱面货选择权条款。尽管各公司提单中表述方式不同,但该条款包含的基本内容是相同的,即承运人有权将集装箱货物装载在甲板上运输,而无须征得货方同意和通知货方。集装箱装载在甲板上视作装载在舱内。

③ 承运人的赔偿责任限制。各公司的集装箱提单赔偿责任限制条款明确规定了最高赔偿限额有包括海运(内河)及不包括海运(内河)两种。由于各个公司的限额是根据不同的国际公约或国内法规制定的,其额度存在着差别。对集装箱、托盘或类似的装运工具或包装损失的赔偿作如下规定。如提单中已载明这种工具内的货物件数或单位数,则按载明的件数或单位数赔偿,如这种工具为货主所有,赔偿时这种工具本身也作为一件。

④ 托运人责任条款,主要有以下几点。

a. 发货人装箱、计数条款(或不知条款)。在整箱交接情况下,承运人接收的是外表状况良好、铅封完整的集装箱,对箱内所装货物数量、标志等只能根据装箱单得知,即使对其有适当理由怀疑也无适当方法进行检验。为了兼顾提单的流通性和保护承运人,集装箱提单中在如实记载箱内货物详情的同时,背面条款中又保留了发货人装箱、计数条款(或不知条款)。其内容一般为"如本公司承运的集装箱是由发货人或其代理人装箱并加封的,则本提单正面内容(有关货物的重量、尺码、件数、标志、数量等)本公司均不知悉"。该条款的法律效力与传统提单中不知条款的效力是不同的。

　　b. 铅封完整交货条款。该条款是指承运人在集装箱外表状况良好、铅封完整的情况下收货、交货，就可认为承运人已完成货物运输并解除其所有责任。该条款与发货人装箱、计数条款（或不知条款）是有一定联系的，也是限于整箱交接。

　　c. 货物检查条款。该条款是指承运人有权但没有义务在掌管货物期间的任何时候，将集装箱开箱检验、核对，如发现货物全部或部分不适于运输，承运人有权对该货物放弃运输或由托运人支付附加费后继续完成运输，或存放在岸上或水上遮蔽或露天场所，而且这种存放可视为提单交货，承运人责任终止。

　　d. 海关启封检查条款。《国际集装箱海关公约》规定，海关有权对集装箱货物开箱检查。如海关因检查箱内货物对集装箱启封检查并重新加封，由此而造成或引起的任何货物灭失后果，承运人概不负责。在实际操作中承运人对这种情况应做详细记录并保留证据以免责任。

　　e. 发货人对货物内容正确性责任条款。集装箱提单中记载的货物内容，或由发货人填写，或由承运人（或其代理人）根据发货人提供的托运文件（装箱单等）填写。提单一般规定承运人接收货物即可视为发货人已向承运人保证其在集装箱提单中提供的货物内容（种类、标志、件数、重量、数量等）准确无误。属于危险货物，还应说明其危险性。发货人提供内容不准确或不正当造成货损或其他损害，发货人应对承运人负责，这种责任即使已发生提单转让也不例外。

　　f. 承运人运价说明条款。由于篇幅限制，集装箱提单上无法将有关集装箱运输的术语、交接方法、计费方法、费率、禁运规定等内容全部列出。各公司一般以承运人运价本形式将这些条款装订成册对外提供。在集装箱提单条款中规定，有关的承运人运价本是提单的组成部分。当提单中载明了运价且与运价本发生矛盾时，以提单记载为准。

5. 交货记录

　　交货记录是集装箱运输经营人把货物交付给收货人或其代理人时，双方共同签署的证明货物已经交付及货物交付时状况的单证。同时，它也证明承运人对货物的运输责任已告终止。交货记录由到货通知一联、提货单一联、费用账单二联、交货记录一联共五联组成。具体形式如表 8-7 所示。交货记录制作与流转程序如下。

　　(1) 集装箱货物抵港前，承运人或其代理人（以下称船代）根据装船港船代寄、传的舱单或提单副本制作交货记录一式五联，并用电话通知收货人货物到达的大致时间。

　　(2) 在集装箱卸船、进入堆场并做好交货准备后，由船代向收货人发出到货通知（第一联）。

　　(3) 收货人凭正本提单和到货通知联向船代换取提货单等四联（对运费到付的货物应先结清费用），船代在收取费用与核对正本提单后，在提货单加盖专用章。

　　(4) 收货人或其代理人凭提货单、费用账单、交货记录共四联，随集装箱交货记录，同进口货物报关单一起到海关报关，海关核准后在提货单上盖放行章。

　　(5) 收货人将上述四联送堆场业务员，场站业务员核单后，留下提货单作为放行依据，并在双方检验货物后，填写交货记录并签字盖章。待收货人凭费用账单结清场站费用后，场站业务员将交货记录退还给收货人。

　　(6) 收货人凭交货记录提货，提货完毕时，交货记录由收货人签收后交场站留底。

表 8-7　集装箱交货记录

收货人	名称				收货人开户	
	地点				银行与账户	
船名		航次		启运港	目的地	
卸货地点		到达日期		进库场日期	第一程运输	
标记集装箱		货　名	集装箱数	件　数	重量(KGS)	体积(m³)

交　货　记　录

日期	货名或集装箱号	出库数量			操作过程		签名	
		件数	包装	重量		件数	发货人	取货人
备注					收货人章		储区场站章	

第六节　托运单证

运输单据是承运人收到承运货物后签发给托运人的证明文件,它是交接货物、处理索赔与理赔以及向银行结算货款或进行议付的重要单据。在国际货物运输中,运输单据的种类很多,其中包括海运提单(Bill of Lading,B/L)、铁路运单、承运货物收据(Cargo Receipt)、航空运单(Air Waybill)和邮包收据等,现将主要运输单据简述如下。

一、海运提单

1. 海运提单的含义

提单是国际货物海上运输中的重要单证之一,也是信用证交易形式下银行结汇、买方提货的关键票据,在国际贸易中起着十分重要的作用。我国《海商法》第71条规定:提单,是指用以证明海上货物运输合同和货物已经由承运人接收或者装船,以及承运人保证据以交付货物的单证。

在海上运输业务中,提单所涉及的主要有承运人、托运人、收货人及提单持有人等。其中,承运人通常是与托运人签订运输合同、承担运输任务的航运公司,托运人是与承运人签订运输合同、送交所运送货物的人,收货人是有权提货的人,常常是对外贸易中的买方。以上各方之间的权利、义务关系就构成了提单的主要内容。

2. 海运提单的性质和作用

海运提单是船方或其代理人在收到其承运的货物时签发给托运人的货物收据,也是承运人与托运人之间的运输契约的证明,在法律上它具有物权证书的效用。收货人在目的港提取货物时,必须提交正本提单。因此,了解提单的性质和作用,对于明确承运人和托运人、收货人之间的权利、义务,保护各自的切身利益,都是具有重要意义的。

(1) 提单是承运人出具的接收货物的收据(Receipt for Goods)。提单的签发,意味着承运人已按提单上所列内容收到托运的货物。许多国家的法律认为,提单是由船长、承运人或其代理人签发的证明其已收到或已接管货物的证明。根据我国《海商法》和被世界上许多国家接受的《海牙—维斯比规则》,提单上通常记载着的货物的标志、包装、件数、重量以及对其外表状况等的描述,构成承运人按此接收货物的初步证据,即收货人在目的港若发现货物与所描述的状况不同,承运人就要承担相应的赔偿责任。

(2) 提单是物权的凭证(Document of Title)。承运人或其代理人在目的港必须向提单持有人交付货物。即便是真正的收货人,如果不能提交正本提单,承运人也可以拒绝向其交货。否则,承运人将要承担很大的风险。如果承运人对提单持有人的身份有所怀疑,可以要求其出具证明或提供银行担保。因此,提单代表着一批货物。

(3) 提单是海上运输合同的证明(Evidence of the Contract)。海上货运合同包括"提单所证明的运输合同"。在班轮货物运输中,提单只是运输合同存在的证明,而不是运输合同。因为构成运输合同的主要项目,如船名、航期、航线以及其他的有关货运条件都是事先公布的,也是众所周知的;运价和运输条件也是承运人预先规定的;提单条款仅仅是承运人单方面制定的,在提单上也只有承运人单方面的签字等。因此,从合同法的基本原理来看,它不具备合同成立的基本条件。另外,提单的签发是合同成立之后,它只是在履行合同的过程中出现的一种证据,而合同实际上在托运人向承运人或其代理人租船订舱、办理托运手续时就已成立。确切地说,承运人或其代理人在托运人填制的托运单上盖章时,承、托之间的合同就已经成立了。

3. 海运提单的格式和内容

提单的格式很多,每个船公司都有自己的提单格式,但基本内容大致相同,一般包括提单正面的记载事项和提单背面印就的运输条款。

(1) 提单正面的内容。提单正面的记载事项,分别由托运人和承运人或其代理人填写,通常包括下列事项。

① 托运人(Shipper)。

② 收货人(Consignee)。

③ 通知人(Notify Party)。

④ 收货地或装货港(Place of Receipt or Port of Loading)。

⑤ 目的地或卸货港(Destination or Port of Discharge)。

⑥ 船名及航次(Vessel's Name & Voyage Number)。

⑦ 唛头及件号(Shipping Marks & Numbers)。

⑧ 货名及件数(Description of Goods & Number of Packages)。

⑨ 重量和体积(Weight & Measurement)。

⑩ 运费预付或运费到付(Freight Prepaid or Freight to Collect)。

⑪ 正本提单的张数(Number of Original B/L)。

⑫ 船公司或其代理人的签章(Name & Signature of the Collect)。

⑬ 签发提单的地点及日期(Place & Date of Issue)。

(2) 提单背面的条款。在班轮提单背面,通常都有印就的运输条款,这些条款是作为确定承运人与托运人之间以及承运人与收货人及提单持有人之间的权利和义务的主要依据。

提单中的运输条款,起初是由船方自行规定的。后来由于船方在提单中加列越来越多的免责条款,使货方的利益失去保障,并降低了提单作为物权凭证的作用。为了缓解船、货双方的矛盾并照顾到船、货双方的利益,国际上为了统一提单背面条款的内容,曾先后签署了有关提单的国际公约,其中包括以下内容。

① 1924 年签署的《关于统一提单的若干法律规则的国际公约》,简称《海牙规则》(The Hague Rules)。

② 1968 年签署的《布鲁塞尔议定书》,简称《维斯比规则》(The Visby Rules)。

③ 1978 年签署的《联合国海上货物运输公约》,简称《汉堡规则》(The Hamburg Rules)。

由于上述三项公约签署的历史背景不同、内容不一,各国对这些公约的态度也不相同。因此,各国船公司签发的提单背面条款也就互有差异。

4. 海运提单的种类

海运提单可以从各种不同角度予以分类,主要有以下几种。

(1) 根据货物是否已装船,分为"已装船提单"和"备运提单"。已装船提单(On board B/L;Shipped B/L)是指轮船公司已将货物装上指定船舶后所签发的提单,其特点是提单上必须以文字表明货物已经装在某船上,并载有装船日期,同时还应由船长或其代理人签字。

备运提单(Received for Shipment B/L),又称收讫待运提单,是指船公司已收到托运货物等待装运期间所签发的提单。

(2) 根据提单上有无对货物外表状况的不良批注,可分为"清洁提单"和"不清洁提单"。清洁提单(Clean B/L)是指货物在装船时"表面状况良好",船公司在提单上未加注任何有关货物受损或包装不良等批注的提单。不清洁提单(Unclean B/L),指轮船公司在提单上对货物表面状况或包装不良或存在缺陷等批注的提单。例如,提单上批注"××件损坏"(Packages in damaged condition),"铁条松散"(Iron strap loose or missing)等。

(3) 根据提单收货人抬头的不同可分为记名提单、不记名提单和指示提单。记名提单

(Straight B/L)，是指提单上的收货人栏内填明特定收货人名称，只能由该特定收货人提货，由于这种提单不能通过背书方式转让给第三方，它不能流通，故其在国际贸易中很少使用。

不记名提单（Bearer B/L），是指提单收货人栏内没有指明任何收货人，谁持有提单，谁就可以提货，承运人交货，只凭单，不凭人，采用这种提单风险大。故其在国际贸易中很少使用。

指示提单（Order B/L），是指提单上的收货人栏填写"凭指定"（To order）或"凭某人指定"（To order of）字样。这种提单可经过背书转让，故其在国际贸易中广为使用。目前在实际业务中，使用最多的是"凭指定"并经空白背书的提单，习惯上称其为"空白抬头、空白背书提单"。

（4）按运输方式分类，可分为直达提单、转船提单和联运提单。直达提单（Direct B/L），是指轮船中途不经过换船而直接驶往目的港卸货所签发的提单，凡合同和信用证规定不准转船者，必须使用这种直达提单。

转船提单（Transhipment B/L），是指从装运港的轮船，不直接驶往目的港，而需在中途港换装另外船舶所签发的提单。在这种提单上要注明"转船"或"在××港转船"字样。联运提单（Through B/L），是指经过海运和其他运输方式联合运输时由第一程承运人所签发的包括全程运输的提单，它如同转船提单一样，货物在中途转换运输工具和进行交接，由第一程承运人或其代理人向下一程承运人办理。应当指出，联运提单虽包括全程运输，但签发联运提单的承运人一般都在提单中规定，只承担他负责运输的一段航程内的货损责任。

（5）从船舶营运方式的不同，可分为班轮提单和租船提单。班轮提单（Liner B/L），是指由班轮公司承运货物后所签发给托运人的提单。租船提单（Charter Party B/L），是指承运人根据租船合同而签发的提单，在这种提单上注明"一切条件、条款和免责事项按照某年某月某日的租船合同"或批注"根据××租船合同出立"字样。这提单受租船合同条款的约束。银行或买方在接受这种提单时，通常要求卖方提供租船合同的副本。

（6）集装箱提单（Container B/L），是指以集装箱装运货物所签发的提单。集装箱提单有两种形式。一种是在普通的海运提单上加注"用集装箱装运"（Containerized）字样。另一种是使用"多式联运提单"（Combined Transport B/L），这种提单的内容增加了集装箱号码（Container Number）和"封号"（Seal Number）。使用多式联运提单，应在信用证上注明多式联运提单可以接受（Combined Transport B/L Acceptable）或类似的条款。

（7）根据提单内容的繁简，可分为全式提单和略式提单。全式提单（Long form B/L），是根据单面列有承运人和托运人权利、义务的详细条款的提单。略式或简式提单（Short form B/L），是指提单背面无条款，而只列出提单正面的必须记载事项。这种提单一般都列有"本提单货物的收受、保管、运输和运费等项，均按本公司全式提单上的条款办理"字样。此外，租船合同项下所签发的提单，通常也是略式提单，在这种略式提单上应注明"所有条件根据××××年××月××日签订的租船合同"。

（8）按提单使用有效成分，可分为正本提单和副本提单。正本提单（Original B/L），是指提单上有承运人、船长或其代理人签发盖章并注明签发日期的提单。这种提单在法律上和商业上都是公认有效的单证。提单上必须要有标明"正本"（Original）字样，以示与副本提单有别。副本提单(Copy B/L),是指提单上没有承运人、船长或其代理人签字盖章,而仅供工作上参考之用的提单,在副本提单上一般都以"Copy"或"Non negotiable"(不作流通转让)字样,以示与正本提单有别。

(9) 其他种类提单:舱面提单(On Deck B/L),是指承运货物装在船舶甲板上所签发的提单,故又称甲板货提单。由于货物装在甲板上风险较大,故托运人一般都向保险公司加保甲板险。过期提单(Stale B/L),是指错过规定的交单日期或者晚于货物到达目的港的提单。前者是指卖方超过提单签发日期后 21 天才交到银行议付的提单,按惯例,如信用证无特殊规定,银行将拒绝接受这种过期提单;后者是在近洋运输时,容易出现的情况,故在近洋国家间的贸易合同中,一般都订有"过期提单可以接受(Stale B/L is acceptable)"的条款。倒签提单(Anti-dated B/L),是指货物装船完毕后,承运人签发的以早于货物实际装船日期为签单日期的提单。

在现实生活中,有时由于种种原因货物未能在合同或信用证规定的装船期内装运,又来不及修改信用证,为了方便结汇,有的托运人要求承运人倒签装船日期。从法律上来讲,虚假的装船时间一方面是对运输合同的违反;另一方面交货时间往往对买方至关重要(尤其在象征性交货条件下)。因为它直接影响到货物的再出售,所以是被看作合同要件的,因而伪造装船时间是对收货人利益的重大侵犯。因此,倒签提单是一种既违约又违法的行为,在许多国家被视为卖方和船方的共同欺诈,甚至会被追究刑事责任,承运人将与托运人共同赔偿收货人遭受的损失。还有时,托运人向承运人出具保函,声明倒签提单是出于托运人的请求,所有后果均由托运人承担,与承运人无关;但是这种保函不属于"善意的行为",法院一般不会承认,所以这种保函对承运人很难有所帮助。

预借提单(Advanced B/L),是指由于信用证规定的装运期和交单期已到,货主因未能及时备妥货物或尚未装船完毕时,应托运人的请求而由承运人或其代理人提前签发的已装船提单。

承运人签发预借提单是要冒极大风险的。依照许多国家的法律规定和判例法表明,一旦引起货物损坏,承运人不但要负责赔偿,而且还要丧失责任限制和援用免责条款的权利。与倒签提单类似,预借提单也是既违约又违法的,并且通常被视为欺诈。而且对承运人来讲预借提单比倒签提单的风险更大,因为货物尚未装船或未装完,货物能否安全、全部装船,将在何时装船以及货物装船时的状况等都不得知,而提单业已签出,对提单持有人的交付义务已经存在,所以承运人处于被动地位的可能性就更大。

此外,还有运输代理人提单(House B/L)等。

二、铁路运输单据

铁路运输可分为国际铁路联运和国内铁路运输两种方式,前者使用国际铁路联运运单,后者使用国内铁路运单。通过铁路对中国港、澳地区出口的货物,由于国内铁路运单不能作为对外结汇的凭证,故使用承运货物收据这种特定性质和格式的单据。现将国际铁路联运运单和承运货物收据分别介绍和说明如下。

1. 国际铁路货物联运运单

国际铁路货物联运所使用的运单是铁路与货主间缔结的运输契约。该运单从始发站随同货物附送至终点站并交给收货人，它不仅是铁路承运货物出具的凭证，也是铁路同货主交接货物、核收运杂费用和处理索赔与理赔的依据。由于国际铁路货物联运分为快运和慢运两种，故在运单及其副本上加有不同的标记。凡需快运的货物，则在运单及其副本的正反面的上边和下边加印有红线；慢运货物则使用不加印红线的运单和运单副本。国际铁路联运运单副本，在铁路加盖承运日期戳记后发还给发货人，它是卖方凭以向银行结算货款的主要证件之一。

2. 承运货物收据

承运货物收据（Cargo Receipt）是在特定运输方式下所使用的一种运输单据，它既是承运人出具的货物收据，也是承运人与托运人签订的运输契约。我国内地通过铁路运往中国港、澳地区的出口货物，一般多委托中国对外贸易运输公司承办。当出口货物装车发运后，对外贸易运输公司即签发一份承运货物收据给托运人，以作为对外办理结汇的凭证。

承运货物收据的格式及内容和海运提单基本相同，主要区别是它只有第一联为正本。在该正本的反面印有"承运简章"，载明承运人的责任范围。该简章第二条规定由该公司承运之货物，在铁路、轮船、公路、航空及其他运输机构范围内，应根据各该机构规章办理，可见这种"承运货物收据"不仅适用于铁路运输也可用于其他运输方式。

三、航空运单

航空运单（Air Waybill）是承运人与托运人之间签订的运输契约，也是承运人或其代理人签发的货物收据。航空运单还可作为承运人核收运费的依据和海关查验放行的基本单据。但航空运单不是代表货物所有权的凭证，也不能通过背书转让。收货人提货不是凭航空运单，而是凭航空公司的提货通知单。在航空运单的收货人栏内，必须详细填写收货人的全称和地址，而不能做成指示性抬头。

航空运单共有正本一式三份。第 1 份正本注明"Original for the Shipper"应交托运人；第 2 份正本注明"Original for the Issuing Carrier"，由航空公司留存；第 3 份正本注明"Orginal for the Consignee"，由航空公司随机带交收货人；其余副本则分别注明"For Airport of Destination"、"Delivery Receipt"、"For Second Carrier"、"Extra Copy"等，由航空公司按规定和需要进行分发。航空运单有主运单和分运单两种。主运单由航空公司签发，分运单航空货运代理公司签发。

四、邮包收据

邮包收据（Parcel Post Receipt）是邮包运输的主要单据。它既是邮局收到寄件人的邮包后所签发的凭证，也是收件人凭以提取邮件的凭证，当邮包发生损坏或灭失时，它还可以作为索赔和理赔的依据。但邮包收据不是物权凭证。

五、多式联运单据

多式联运单据(Combined Transport Documents,CTD)是在多种运输情况下所使用的一种运输单据。这种单据虽与海运中的联运提单有相似之处,但其性质是与联运提单有区别的。

第七节　实 训 操 作

一、操作目的

通过本实训练习,能够了解海运出口货物托运程序;了解海运出口货物代运委托书内容;掌握海运出口货物托运单内容;掌握海运提单的主要内容。

二、操作要求

根据相关资料缮制海运出口货物托运单,根据托运单缮制海运提单。

三、操作内容

1. 海运出口货物托运程序

随着物流技术的发展,货主主要通过专业货代公司进行租船订舱,流程如图 8-2 所示的出口托运订舱装船流程图、表 8-8 所示的托运单(装货单)、表 8-9 所示的海运出口货物代运委托书。

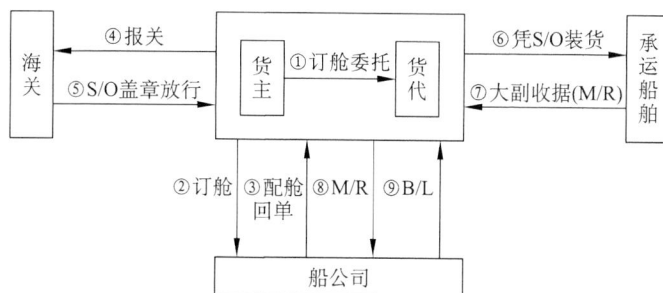

图 8-2　出口托运订舱装船流程图

说明要点如下。

（1）出口商作为货主填制海运出口货物代运委托书（Shipping Note，S/N，如表 8-9 所示），并随附商业发票、装箱单及其他必要单证，委托货运代理代为订舱，有时还委托其代理报关、储运以及向拖车公司订拖车。

（2）货代接受委托后缮制集装箱货物托运单（Booking Note，B/N，又称十联单），随同商业发票、装箱单及其他必要单证向船公司办理订舱（Booking Space）。托运单如表 8-8 所示。

（3）船公司根据托运单内容，并结合船舶的航线挂靠港、船期和舱位等条件考虑，如果接受订舱则在托运单上注明和提单一致的编号（B/L No.），并填上拟装货物的船名（Vessel）、航次（Voy.），表示确认订舱，然后将与托运人有关的装货单（Shipping Order，S/O）（见表 8-8）、收货单、配舱回单等退还给托运人。

（4）托运人持船公司签署的 S/O，填制出口报关单、商业发票、装箱单及海关要求的其他单证报关。

（5）海关根据有关程序进行查验，如同意出口，则在 S/O 上加盖放行章，并将 S/O 退还给托运人。

（6）托运人持海关盖章的 S/O（俗称下关纸），要求船长装货。

（7）装货后，由船上的大副签署大副收据（Mate's Receipt，M/R），交给托运人。

（8）托运人持 M/R 向船公司缴纳运费（Freight）。

（9）船公司凭 M/R 签发正本已装船提单（B/L）给托运人。

表 8-8 托运单（装货单）

Shipper（发货人） （1）	委托号：（37） Forwarding Agents：（38）　　　　（40） Bill of Lading No.（39）	
Consignee（收货人） （2）	**装货单** **Shipping Order** Received by the Carrier the Total number of containers or other Packages or units stated below to be transported subject to the terms and conditions of the Carrier's regular form of B/L (for Combined Transport of Port to Port Shipment) which shall be deemed to be incorporated herein.	
Notify Party（通知人） （3）		
Pre-carriage by（前程运输）（18）	Place of Receipt（收货地点）（19）	
Ocean Vessel（船名）（20）	Voyage No.（航次）	Port of Loading（装货港）（21）　　Date（日期）（36）（场站章）
Port of Discharge（卸货港）（22）	Place of Delivery（交货地点）（23）	Final Destination for the Merchant's Reference（目的地）（24）

续表

Container No.（集装箱号）(4)	Seal No.（封志号）Marks & No.（标记与号码）(5)	No. of Containers or Packages（箱数或件数）(6)	Kind of Packages & Description of Goods（包装种类与货名）(7)	Gross Weight（kg）(毛重)(8)	Measurement（m³)(尺码)(9)

Total Number of Containers or Packages(in Words)
集装箱或件数合计（大写）　　　　　　　　　　　（10）

Container No.（集装箱号）　　Seal No.（封号）　　Packages（件数）
　　　　　　　　　　　　　　（11）

Received(实收)　　　　　　　　　　　（12）	By Terminal Clerk/Tally Clerk(场站员/理货员签字)（13）

Freight & Charges (14)	Prepaid at（预付地点）	Freight Payable at（到付地点）	Place of Issue（签发地点）	Booking Approved by（订舱确认）
	Total Prepaid（预付总额）	No. of Original B/L（正本提单份数）　（15）	货值金额	

Service Type on Receiving(16) □CY　□CFS　□DOOR	Service Type on Delivery (16) □CY　□CFS　□DOOR	Reefer Temperature Required（冷藏温度）	°F	°C

Type of Goods（货物种类）　（17）	□Ordinary　□Reefer　□Dangerous　□Auto	危险品	Class: Property
	□Liquid　□Live Animal　□Bulk		IMDG Code Page UN No.

发货人或代理地址：　　　　　（25）	联系人:（26）	电话:（27）

可否转船　（28）	可否分批　（29）	装运期限　（30）	备注 (34)	装箱场站名称 (35)
有效期　（31）		制单日期　（32）		
海运费由　　（33）　　　支付 如预付运费托运承付,请填准银行账号				

2. 海运出口货物代运委托书的内容与缮制要求

海运出口货物代运委托书,如表 8-9 所示,内容如下。

(1) 委托编号。出口企业与货运代理之间商定的对口编号,一般为出口发票号码。

(2) 提单号。此栏由船方接受委托订舱后填写。

(3) 合同号和委托日期。如实填写,委托日期不能迟于最迟装运期。

(4) 发货人名称地址。按信用证或合同规定填写,一般为信用证中的受益人,即出口商。

(5) 收货人名称地址。按信用证或合同规定填写,一般为"To Order"或"To Order of"。

(6) 通知人名称地址。按信用证或合同规定填写。如果信用证未作具体规定,一般正本留空不填,副本填写信用证开证申请人的名称与地址。

(7) 装货港和目的港。按信用证或合同规定填写。

(8) 船名、航次。此栏由船方接受委托订舱后填写。

(9) 唛头标记。按信用证或合同规定填写。

(10) 包装件数及种类。一般件杂货以件数作为数量单位,如果一批货物有两种或两种以上的包装形式,需要标明每种包装的数量和各种包装相加的总数;大宗散装货应注明吨数和散装(In Bulk)字样。

表 8-9　海运出口货物代运委托书

委托编号(Entrusting Serial) 1	提单号(B/L No.) 2	合同号(Contract No.) 3	委托日期(Entrusting Date) 3
发货人名称地址(Shipper's Full Name and Address) 4			
收货人名称地址(Consignee's Full Name and Address) 5			
通知人名称地址(Notify Party's Full Name and Address) 6			
装货港(Port of Loading) 7	目的港(Port of Destination) 7		船名(Vessel)、航次(Voy.) 8
唛头标记 (Marks & No.) 9	包装件数及种类 (No. & Kind of Packages) 10	货物说明 (Description of Goods) 11	重量 (Weight in kg) 12	体积 (Measurement in CBM) 12
装船日期(Loading Date) 13	可否转船(Transhipment) 14		可否分批(Partial Shipment) 14
结汇(L/C Expiry Date) 15	提单份数(Copies of B/L) 16	正本(Original)	副本(Copy)
运费支付地点(Freight Payable at)　　17			
备注(Remarks):　18			
委托人签字(Entrusting Party Signature): 19 地址(Address): 电话(Telephone):	代理人签字(Agent Signature): 20 地址(Address): 电话(Telephone):		

(11) 货物说明。按信用证或合同规定填写。

(12) 重量/体积。填写实际货物的总毛重和总体积。

(13) 装船日期。按信用证或合同规定的最迟装运期填写。

(14) 可否转船/可否分批。按信用证或合同的规定填写。

(15) 结汇。填写信用证到期日。

(16) 需要的提单份数。按信用证规定填写。如信用证规定为全套,则正本为一式三份。

(17) 运费支付地点。填写信用证规定的运费缴付方式,如运费预付(Freight Prepaid)或运费到付(Freight to Collect)。

(18) 备注。填写信用证中对提单内容的特殊要求或委托人对货运代理的要求。

(19) 委托人签字盖章。

(20) 代理人签字盖章。

3. 海运托运单的内容与缮制要求

托运单是出口公司或货代在报关前向船方或船代申请租船订舱的一种单据,是缮制提单的主要参考资料。本节以十联单中的装货单(见表 8-8)为例,介绍托运单的主要内容和缮制要求。

(1) 发货人(Shipper),也称托运人。此栏填写托运人的名称和地址。托运人可以是货主,也可以是其贸易代理人或货运代理人。在信用证项下,托运人一般按 L/C 受益人(Beneficiary)内容填写。托运人的填报有以下三种情况(假如货主为 A Co. ,Ltd. ,货主贸易代理人为 B Imp. & Exp. Co. ,货代为 C Forwarder Co. ,收货人为 DEF(Hong Kong)Co. ,货代香港代理为 G Forwarding Co.)。

① 货主直接托运

Shipper:A Co. ,Ltd.

Consignee:DEF(Hong Kong)Co.

② 货主通过其贸易代理直接托运

Shipper:B Imp. & Exp. Co.

Consignee:DEF(Hong Kong)Co.

③ 货主通过其货运代理间接托运

Shipper:C Forwarder Co.

Consignee:G Forwarding Co.

货主通过货代间接托运时,船公司签发海运提单给货代,显示如下。

Shipper:C Forwarder Co.

Consignee:G Forwarding Co.

货代公司最后签发分提单给货主,显示如下。

Shipper:A Co. ,Ltd.

Consignee:DEF(Hong Kong)Co. 或

Shipper:B Imp. & Exp. Co.

Consignee:DEF(Hong Kong)Co.

(2) 收货人(Consignee)。按信用证对提单抬头的规定填写。通常有记名收货人和指示收货人两种。记名收货人是将收货人的名字、地址完整地表示出来,如"TO ABC CO. ,LTD. ",但以后只能由该记名收货人提货。由于记名收货人给单据的流通转让带来麻烦,因而很少使用。指示收货人分为记名指示和空白指示。记名指示一般表示为"To Order of ×××Bank",此时该银行(一般为开证行)可对提单进行背书转让;空白指示表示为"To Order"或"To Order of Shipper",此时可由托运人对提单背书转让。最常用的是空白抬头(Made out to order)、空白背书(Blank Endorsed)的提单。

(3) 被通知人(Notify Party)。被通知人一般为预定的收货人(Consignee)或收货人委托的代理人。在 L/C 项下,通知人往往是开证申请人(Applicant)。

(4) 集装箱号(Container No.)。货物如果已装箱则填写集装箱号,如果由场站或船公司安排装箱,可在装箱后确定了集装箱号再填入。

(5) 封志号、标记与号码(Seal No. ,Marks & No.)。如果托运时已封好箱,即整箱货(FCL),则填写集装箱号码(CN)及封号(SN);如果为拼箱货(LCL),则填入货物具体运输标记(Shipp. mg Marks)。填写此栏内容应注意以下几点。

封志是装箱人装箱完毕后在集装箱箱门上加上的封门标志,此封志上有唯一号码,破开封志后才能打开箱门，以此让收货人收到装箱人提供的完整货物。

① 如果货物外包装上的唛头较多而无法在此栏全部显示，一般承运人接受贴唛，提单贴唛处应加盖骑缝章。

② 文件上的唛头与实际货物上的唛头不一致时，承运人理货或海关查验都可以认为是单货不符而拒绝放行或装运。

③ 封志一般有承运人封志和普通封志。允许一个集装箱有两个封志。

④ 进港后的集装箱，被海关开箱查验后，往往更换新的封志号，这时托运人必须将新的封志号显示在提单上。

（6）箱数或件数（No. of Containers or Packages）。填写集装箱个数或集装箱内货物外包装件数。填写此栏时应注意以下几点。

① 一般提单正面都印有"不知条款"，这是承运人对于集装箱内实际装入的货物件数不知情的表示。因此托运人对于实际货物件数承担全部的责任，除非托运人有足够的证据，否则承运人不承担件数货损、货差或短缺的责任。

② 件数是承运人对货物的灭失或损坏负有赔偿责任应付赔偿金时计费的标准，因此一般要求托运人在此栏填写件数的小写。例如，100 CARTONS。另外，为防止更改，还要在第 10 栏注明大写件数，如 SAY ONE HUNDRED CARTONS ONLY，同时应确保大小写件数的一致性。

③ 在不同包装种类的货物混合在一个整箱内时，合计件数的包装种类显示"件数"（Packages）。

④ 对于集成包装的托盘货一般除了显示托盘数以外，还在括号里显示小件数。

（7）包装种类与货名（Kind of Packages & Description of Goods）。填写包装材料及形式；货名可以只填统称，无须注明详细规格型号。

（8）毛重（Gross Weight）：填写货物毛重，以千克（kg）计。实际毛重应不超过集装箱最大限重，否则由此造成的运输过程中的因超重而产生的损失由托运人承担。例如，出口至美国的集装箱，超过承运人规定的限重后承运人按双倍运费收取，并给予警告。

（9）尺码（Measurement）。该批货物的总尺码。如果是超大、超高的货物还应提供其详细体积。注意毛重、尺码等数据应和装箱单（Packing List）一致。

（10）集装箱数或件数合计（Total Number of Containers or Packages）：用大写表述的数量，应与第 6 项一致。

（11）～（13）项由场站员（Terminal Clerk）或理货员（Tally Clerk）于理货整箱后填写。

（14）运费（Freight）。运费一般由船公司填写。显示"FREIGHT PREPAID（运费预付）"为托运人支付；显示"PAYABLE COLLECT（运费到付）"为收货人支付运费。根据提单条款规定，对于拒绝支付和拖欠运费及有关费用，承运人享有货物留置权。

（15）要求签发的提单份数（No. of Original B/L）。按惯例正本提单通常是一式两份或三份，每份具有同等效力。收货人凭其中的一份提取货物后，其他各份自动失去效力。但副本提单的份数可视托运人的要求而增加。

（16）货物交接方式，一般有 9 种，即 CY—CY（场到场）、CY—DOOR（场到门）、CY—CFS（场到站）、DOOR—DOOR（门到门）、DOOR—CY（门到场）、DOOR—CFS（门

到站)、CFS—CFS(站到站)、CFS—CY(站到场)、CFS—DOOR(站到门)。在对应方式后打"√"即可。

（17）种类(Type of Goods)选择确认托运种类,打"√"。

（18）~（23）项分货物不需转运(A)和货物需要转运(B)两种情况分别填写不同内容。

（18）前程运输(Pre-carriage by):A. 空白;B. 填第一程船名。

（19）收货地点(Place of Receipt):A. 空白或填场站,如 Shenzhen Port ＊ ＊ CY;B. 起程收货港的港口名称。

（20）船名、航次(Ocean Vessel,Voy. No.):A. 船名;B. 第二程船名。由船公司配载后将船名、航次填在此栏。

（21）装货港(Port of Loading):A. 装货港名称;B. 第二程装货港名称。

（22）卸货港(Port of Discharge):A. 卸货港名称;B. 第二程卸货港名称。

（23）交货地点(Place of Delivery):A. 填写最终交货具体地点;B. 如果卸货港非目的地,则填写最终目的地。

（24）Final Destination for the Merchant's Reference,最终目的地供货主参考。

（25）~（27）项分别为发货人或代理人地址、联系人、电话,应仔细填写以便联络。

（28）可否转船,填 Y/N 或可/否,按照信用证规定,并注意前后一致。

（29）可否分批,填 Y/N 或可/否,如为 Y,则在备注栏内加以具体说明分批情况。

（30）装运期限(Time of Shipment),严格按照信用证或合同规定填写最迟装运期,用英文写成。

（31）有效期(Expiry Date),填写信用证的到期日。

（32）制单日期,填制装货单的日期,应早于最迟装运期。

（33）海运费由哪一方支付,如果预付用托收支付,填写银行账号。

（34）备注。合同或信用证对提单的特殊要求填在此栏。

（35）装箱场站名称。

（36）场站签章、日期,在货物入站 CY 或 CFS 后,由场站签收。

（37）委托号,一般填写发票号码。

（38）货代(Forwarding Agents),由货代填写。

（39）提单编号(B/L No.),由船方填写。在船方同意接受委托后,即在此栏填写提单号码交给托运人。当提单号码和船名、航次被填在装货单上并由船公司签章后,托运人与船方的运输合同即告成立。一旦出现原定配载船舶无法适航适货需要更换配载船舶时,船方或其代理应及时通知托运人并修改船名和提单号码,有时只改船名。

（40）托运人签字盖章,托运人在完成上述内容的填写后,必须盖章签字,使运输合同生效。

4. 海运提单的内容与缮制要求

海运提单的格式很多,每个船公司都有自己的提单格式。《海牙规则》中规定提单要载明唛头、数量和货物的表面状况三项内容。《汉堡规则》中规定必须包括以下 15 项内容:货物的名称和唛头、货物的外表状况、承运人及主要营业场所、托运人、收货人、装运港或收货地、卸货港、提单正本份数、提单签发地、承运人或其代理人签字、收货人应付运费金额及有关说明、受何种公约的约束、关于配载的声明、卸货港交付的日期或期限以及协议增加的赔偿责任限额。提单背面印有提单条款，它是处理承运人与托运人之间有关运输过程争议的依据。

海运提单缮制的主要依据是托运单、信用证。现以中远集装箱运输有限公司海运提单（见表 8-10）为例，就海运提单的栏目内容及缮制要点逐项予以说明。

表 8-10　海运提单

(2) Shipper Insert Name,Address and Phone	B/L No. (1)

中远集装箱运输有限公司
COSCO CONTAINER LINES
TLX:33057 COSCO CN
FAX:+86(021)6545 8984

ORIGINAL

Port-to-Port or Combined Transport

BILL OF LADING

(3) Consignee Insert Name,Address and Phone	RECEIVED in external apparent good order and condition except as otherwise noted. The total number of packages or unites stuffed in the container,the description of the goods and the weights shown in this Bill of Lading are furnished by the Merchants,and which the carrier has no reasonable means of checking and is not a part of this Bill of Lading contract. The carrier has issued the number of Bills of Lading stated below,all of this tenor and date,one of the original Bills of Lading must be surrendered and endorsed or signed against the delivery of the shipment and whereupon any other original Bills of Lading shall be void. The Merchants agree to be bound by the terms and conditions of this Bill of Lading as if each had personally signed this Bill of Lading.
(4) Notify Party Insert Name,Address and Phone (It is agreed that no responsibility shall attach to the Carrier or his agents for failure to notify)	

SEE clause 4 on the back of this bill of Lading(Terms continued on the back Hereof,please read carefully).

* Applicable Only When Document Used as a Combined Transport Bill of Lading.

(5) Combined Transport* Pre-carriage by	(6) Combined Transport* Place of Receipt
(7) Ocean Vessel Voy. No.	(8) Port of Loading
(9) Port of Discharge	(10) Combined Transport* Place of Delivery

Container/Seal No. (11)	Marks &. Nos. (12)	No. of Containers or Packages (13)	Description of Goods (14)	Gross Weight (kg) (15)	Measurement(m³) (16)
	(22)				

(17) Total Number of Containers and/or Packages(in words)

(18) Freight &. Charges		Revenue Tons	Rate	Per	Prepaid	Collect
Ex. Rate	Prepaid at	Payable at		Place and date of issue (20)		
	Total Prepaid	No. of Original B(s)/L (19)		Signed for the Carrier,COSCO CONTAINER LINES (21)		

LADEN ON BOARD THE VESSEL

DATE　　　　　　BY

(23)

（1）提单号码（B/L No.）。提单号码由承运人或其代理人提供。提单上必须注明提单编号，否则该提单无效。

（2）托运人（Shipper）。托运人是与承运人签订运输契约的人，亦即发货人。在 L/C 项下托运人一般为信用证受益人。特殊情况下收货人要求以第三方作为托运人（Third Party as Shipper）。只要信用证无特殊规定，可填受益人之外的第三方为托运人。托收项下托运人为委托人（Principal）。

（3）收货人（Consignee）。在信用证支付条件下，应严格按信用证规定填制收货人。信用证中对收货人的规定有记名式、指示式、不记名式三种方式。记名式提单的收货人填信用证指定的收货人名称；指示式提单的收货人栏按信用证的不同规定可制成"To Order of ×××Co."、"To Order of SOC Bank"或"To Order of Shipper"等；不记名提单收货人填"To Bearer"（交持票人）。

（4）被通知人（Notify Party）。被通知人是接受船方发出货到通知的人，它是收货人的代理人。此栏应严格按信用证规定填写。若信用证中未规定被通知人，提单正本可照信用证办理，留空不填。但提供给船公司的副本提单仍要详细列明被通知人（可以信用证申请人作为被通知人的名称和地址）。托收方式条件下的被通知人填托收的付款人。

（5）前程运输工具（Pre-carriage/Future transport）。若货物需转运（Transhipment），此栏填写第一程船的船名；若货物不需转运，此栏空白不填。

（6）收货地点（Place of Receipt）。若货物需转运，填写收货的港口名称或地点；若货物不需转运，此栏空白不填。

（7）船名（Ocean Vessel）。填实际装运的船名。若系班轮，应加注航次（Voy. No.）；若货物需转运，则填写第二程船名。

（8）装运港（Port of Loading）。如果货物需转运，填写中转港（Port of Transhipment）名称；如果货物不需转运，填写装运港口名称。若信用证对装运港的规定较笼统，如"China Port"（中国港口），填写时应按实际装运港名称填制。

（9）卸货港（Port of Discharge）。L/C 项下按 L/C 规定填写。若 L/C 规定有两个以上的选择港口，只能选择其中一个填写。若货物直达目的港，卸货港填最后目的港。

（10）最后目的地（Place of Delivery）。按信用证规定的目的地填写。如果货物的目的地就是目的港，则空白这一栏。

（11）集装箱号（Container No.）。如采用集装箱运输，则将所用集装箱号码填写在此栏。

（12）唛头（Marks & Nos.）。按信用证规定的唛头填写，且与其他单据上的唛头一致。第（11）、（12）栏都是运输标志，可以通用。一般情况下，采用集装箱（整箱）运输时不规定唛头，而有唛头时，则不是集装箱（整箱）运输。在既无集装箱号又无唛头时，填写"N/M"；但在实际业务中可能出现既有集装箱号又有唛头的情况（拼箱货时），这时两栏应按具体情况填写。

（13）件数、包装种类（Number & Kind of Packages）。件数、包装种类可按发票有关栏目内容填写，且与信用证要求和实际货物相符。散装货物件数栏只填"In Bulk"。

（14）货物描述（Description of Goods）。本栏目通常应填写货物大类总称，但不能与信用证规定的名称相抵触。

(15) 毛重(Gross Weight)。填货物总毛重,且与发票、装箱单、托运单等有关单据一致。一般以千克为计量单位,不足 1kg 四舍五入。除非信用证有特别规定,一般不填净重。

(16) 尺码(Measurement)。此栏填货物的体积,且与托运单一致。除非信用证有特别规定,一般以立方米(CBM)为单位,且应保留小数点后三位数。

(17) 大写件数(Total Number of Containers and/or Packages(in words))。填英文大写包装件数,且与第 13 栏的包装件数相符。习惯上先填"SAY"字,末尾加填一个"ONLY",如 SAY ONE HUNDRED CARTONS ONLY。散装货物此栏留空不填。

(18) 运费(Freight & Charges)。此栏一般不填。若信用证条款对此有要求,可填运费率与运费总额。

(19) 正本提单份数(No. of Original B(s)/L)。提单有正本(Original)和副本(Copy)之分。正本提单可以流通(Negotiable),用于交单议付,副本则不能流通转让(Non-Negotiable)。对正副本提单要求的权利在收货人一方。出口方应对来证中各种份数表示方法做出正确判断。如"FULLSET OF B/L"指全套正本提单,按习惯作两份正本解释。又如"FULL SET(3/3)PLUS 2 N/NCOPIES OF ORIGINAL BILL OF LADING",这里(3/3)中分子位置的数字指交银行的份数,分母位置的数字指应制作的份数,本证要求向议付行提交三份正本。N/N 意为不可议付(Non-Negotiable),即 2 副本,这里要求提交两份副本。根据《UCP600》的规定,银行可接受只包含一份的全套正本提单。但习惯上我们把"FULL SET OF"理解为两份正本提单。提单正本份数应根据信用证条款要求出具并在本栏注明。每份正本提单的效力相同,若用其中一份提货,则其余备份立即失效。

(20) 提单签发地及提单签发日期(Place and date of issue)。提单签发地应是装货港地点。若中途转船则应是第一程船装货港地点。提单签发日期指装货完毕的日期,而非接收货物开始装船的日期,国际惯例将提单签发日期视为装运日期。

(21) 有效的签章(Stamp & Signature)。承运人或船长的任何签字或证实,必须表明"承运人"或"船长"的身份。代理人代表承运人或船长签字或证实时,也必须表明所代表的委托人的身份,即注明代理人是代表承运人或船长签字或证实的。

因此,作为承运人的代理人签发提单时,签字栏下端一般须加注"As Agents for The Carrier ×××";承运人签字时则在上端加注"As Carrier"。

(22) 特殊条款(Special Conditions)。在提单的制作中有相当多的特殊条款需要填写,这些条款能否接受,如何填写是一个很重要的问题,以下通过实例说明。

【例 8-1】 来证要求:"BILL OF LADING MUST INDICATE THE FOLLOWING WORDS:BANK OF SEOUL,SEOUL,KOREAL/CNO. M2011905",则在制单时应在提单的空白处填写"BANK OF SEOUL,SEOUL,KOREAL/CNO. M2011905"。

【例 8-2】 来证要求:"BILL OF LADING MUST SPECIFICALLY STATE THE

GOODS HAS BEEN SHIPPED ON BOARD A NAMED VESSEL",该证要求在提单上必须特别注明货物装上一艘指定船名的船。虽然在提单上已有一个栏目填写船名,但对方仍然坚持用文字证明。一般托运人都可接受这样的条款,在制单时在提单的空白处打上"WE CERTIFY THAT THE GOODS HAS BEEN SHIPPED ON A SHIP NAMED ×××"。

【例 8-3】　来证要求:"BILL OF LADING SHOWING INVOICE VALUE, UNIT PRICE, TRADE TERMS. CONTRACT NO. AND NO. OF THIS L/C UNACCEPTA-BLE",该条款要求禁止在提单上显示发票价值、单价、贸易条件、合同号码和信用证号码,这样的条款是可以接受的,在制单时应小心,不要将这些内容填到提单上。如果开证申请人提出相反的要求,即要求在提单上显示发票价值、单价、贸易条件、合同号码和信用证号码,这也是可以接受的。在制作提单时,只需将上述内容一一填写在提单的空白处即可。

如果信用证中对提单规定有特殊条款,那么在制作提单时应将特殊条款的内容填写在上述(11)至(15)栏的下方空白处。

(23)提单的背书。指示提单和不记名提单可背书转让。提单背书分记名背书与空白背书两种方式,记名背书即在提单背面批注"Endorsed to…"或"Deliver to…Co.",再由背书人签字盖章;空白背书由背书人在提单背面签字盖章,不另作其他任何记载。若提单漏注背书,极易造成拒付的危险。

【例 8-4】　来证要求:"FULL SET OF CLEAN ON BORAD BILLS OF LADING ISSUED TO THE ORDER AND BLANK ENDORSED",则制单时在提单背面进行空白背书。

【例 8-5】　来证要求:"FULL SET OF CLEAN ON BORAD BILLS OF LADING MADE OUT TO ORDER OF SHIPPER AND ENDORSED TO ABC CORP.",在制单时,由托运人记名背书,并在提单背面打上"TO ORDER OF ABC CORP."。

四、实训任务

1. 缮制出口货物代运委托书和装货单

根据以下资料,缮制海运出口货物代运委托书(见表 8-9)和装货单(见表 8-8)。

(1)信用证条款

L/C NO. :CDR22/99 DATED SEPT. 4,2005 ISSUED BY BANK OF INDIA.

BENEFICIARY:CHINA NATIONAL MINSHAN CORP.

NO. 11 JIANGLIN ROAD CHENGDU,CHINA

A FULL SET CLEAN SHIPPED ON BOARD OCEAN BILL OF LADING DATED NOTLATER THAN OCT. 15,2005. MADE OUT TO ORDER OF BANK OF INDIA, LOUBORUCH. STERSHIRE DENIL ZBK,UK,NOTIFYING W/N SHIPPING SERVICES, 94 BEAUNOUND ROAD. BILLS OF LADING IN THE SHORT FORM ARE NOT ACCEPTABLE.

EVIDENCING FROM CHINA MAIN PORTS TO LONDON FOR THE UNDER-MENTIONED GOODS.

10 CARTONS OF SLICED WATER CHESTNUTS AT USD 12.00 PER CARTON UNDER.

CONTRACT NO. SF5976 CIF LONDON.

SHIPMENT DATE:10th OCT. , 2005 EXPIRY DATE:30th OCT. ,2005

(2) 其他有关资料

INVOICE NO. :G-68　　　　　　　B/L NO. :4531

GROSS WEIGHT:1 800.00KGS　　　MEASUREMENT:24.522MO

OCEAN VESSEL:KANGKE V36　　　INSURANCE POLICY NO. :862836

PORT OF LOADING:SHANGHAI　　MARKS:LONDON/NO. 1.10

代运编号:TBB230　　　　　　　托运单编号:PBT3211

代理人/承运人:CHINA NATIONAL FOREIGN TRADE TRANSPORTATION CORP SICHUAN BRANCH

地址:NO. 56 SHUANGLAN ROAD CHENGDU,CHINA

电话:028-86732761

2. 缮制海运提单

根据信用证缮制海运提单,待填海运提单见表8-10。

请根据相关资料分析下述信用证,将结果填入信用证分析结果单。

LETTER OF CREDIT

TRN:1111510768

COURIER REFERENCE:A/888692

RECEIVED FROM:BANK OF TOKYO MITSUBISHI. LTD. THE OSAKA JAPAN

DESTINATION:BANK OF CHINA. NINGBO BRANCH

SEQUENCE OF TOTAL:1/1

FORM OF DOC. CREDIT:IRREVOCABLE

DOC. CREDIT NUMBER:H486-2001 689

DATE OF ISSUE:070606

EXPIRY DATE:070625 PLACE:COUNTERS OF NEGOTIATION BANK

APPLICANT:TOKO TRADE CORPORATION

BENEFICIARY:NINGBO HUADONG FOOD CO. ,LTD.

NO. 18 DONG SHAN ROAD. NINGBO. CHINA

AMOUNT:CURRENCY USD AMOUNT 30 600.00

AVAILABLE WITH/BY:ANY BANK ON SIGHT BASIS BY NEGOTIATION DRAFTS AT SIGHT FOR FULL INVOICE VALUE

(OSAKA 2.6.7. KAWIA RAMACH 1.1. CHOME. OSAKA. JAPAN)

DRAWEE:BANK OF TOKYO MITSUBISHI,LTD.,THE NEW YORK,NY(NEW YORK BRANCH)

PARTIAL SHIPMENT:PROHIBITED

TRANSHIPMETN:PROHIBITED

LOADING IN CHARGE:CHINA

FOR TRANSPORT TO:OSAKA.JAPAN.

LATEST DATE OF SHIP. :07061 5

DESCRIPT OF GOODS:30M/T FROZEN PEAPODS CIF OSAKA AS PER S/C NO. JP070525

DOCUMENTS REQUIRED:

1. SIGNED COMMERCIAL INVOICE IN 3 ORIGINALS AND 3 COPIES.

2. FULL SET OF CLEAN ON BOARD OCEAN BILLS OF LADING MADE OUT TO ORDER AND BLANK ENDORSED MARKED "FREIGHT PREPAID" NOTIFY APPLICANT.

3. PACKING LIST IN TRIPLICATE.

4. BENEFICIARY'S CERTIFICATE STATING THAT 1 ORIGINAL INSPECTION CERTIFICATE OF QUALITY AND 1 ORIGINAL B/L ONE ORIGINAL INSURANCE POLICY HAVE BEEN SENT TO

APPLICANT BY COURIER.

5. INSURANCE POLICY IN DUPLICATE ENDORSED IN BLANK,COVERING ALL RISKS AND WAR RISK FOR 110% OF INVOICE VALUE. CLAIM PAYABLE AT OSAKA,JAPAN IN THE CURRENCY OF DRAFTS.

6. INSPECTION CERTIFICATE ISSUED BY MANUFACTURERS

ADDITIONAL CONDITION:

DETAILS OF CHARGES:ALL BANKING CHARGES OUTSIDE JAPAN ARE FOR ACCOUNT OF BENEFICIARY.

PRESENTATION PERIOD:DOCUMENTS MUST BE PRESENTED WITHIN 10 DAYS AFTER THE DATE OF SHIPMENT BUT WITHIN VALIDITY OF THE CREDIT.

CONFIRMATION:WITHOUT

INSTRUCTIONS:

(1) REIMBURSEMENT BY TELECOMMUNICATION IS PROHIBITED.

(2) NEGOTIATING BANK MUST SEND ALL DOCUMENTS TO US,I. E. THE BANK OF TOKYO-MITSUBISHI LTD. ,2.3,KNAHAMA 4-CHOME,CHUO KU, OSAKA 541-8535 AND/OR C. P. O,POX 388. OSAKA 530.8692 IN ONE LOT BY COURIER SERVICE AND REIMBURSE YOURSELVES FROM REIMBURSING

BANK FOR EACH PRESENTATION OF DISCREPANT DOCUMENTS UNDER THIS CREDIT.

END OF L/C

THIS CREDIT IS ISSUED SUBJECT TO UNIFORM CUSTOMS AND PRACTICE FOR DOCUMENTARY CREDITS(1993 REVISION)ICC PUBL. 500.

相关资料

发票号码:07GESP3298

提单号码:CANE0903 1 8

船名:PRESIDENT V. 006

保单号码:9076521

货物装箱情况:20KGS/CTN

商品情况:30M/T FROZEN PEAPODS

毛重:21KGS/CTN

唛头:TOKYO

发票日期:2007 年 6 月 6 日

提单日期:2007 年 6 月 12 日

运费:USD 1 600

保险费:USD 150. 00

H. S. 编码:8712. 1000

净重:20KGS/CTN

尺码:(50×40×60)CM/CTN MADE IN CHINA NO. 1-UP

生产单位:宁波华东食品有限公司(221089763214)

报检单位登记号:4478633213

集装箱号码:CGHU2332159(40')

封号:HD20071221

3. 缮制海运提单

根据信用证缮制海运提单,见表 8-10。

请根据相关资料分析信用证,将结果填入信用证分析结果单。

KRUNG THAI BANK PUBLIC COMPANY LIMITED BANGKOK

USER HEADER	SERVICE CODE	103
	BANK. PRIORITY	113
	MSG USER REF	108
	INFO. FROM CI	115
SEQUENCE OF TOTAL	＊27:1/1	
FORM OF DOC. CREDIT	＊40A:IRREVOCABLE	
DOC. CREDIT NUMBER	＊20:BL120197	

DATE OF ISSUE   31C:070123

EXPIRY   * 31 D:DATE 070422 PLACE CHINA

APP LICANT BANK   51 D:KRUNG THAI BANK PCL. ,SUANMALI IBC.

APPLICANT   * 50:METCH THAI CHEMICAL COMPANY
                           LIMITED
                         45. 7 MAITRICHITR RD.
                         BANGKOK,THAILAND.

BENEFICIARY   * 59:SINOCHEM GUANGDONG IMPORT AND
                           EXPORT CORPORATION
                         58. ZHAN QIAN ROAD. GUANGZHOU,CHINA.

AMOUNT   * 32B:CURRENCY USD AMOUNT 16 264. 00

AVAILABLE WITH/BY   * 41 D:ANY BANK BY NEGOTIATION

DRAFTSAT...   42C:30 DAYS AFTER SIGHT

DRAWEE   42D. KRUNG THAI BANK PCL. ,SUANMALI IBC

PARTIAL SHIPMENTS   43P:PROHIBITED

TRANSHIPMENT   43T:ALLOWED

LOADING IN CHARGE   44A:GUANGZHOU,CHINA

FOR TRANSPORT TO.   44B:BANGKOK,THAILAND

LATEST DATE OF SHIP   44C:070412

DESCRIPT. OF GOODS   45A:

42. 80MFI-LITHOPONE 30 PCT ARROW BRAND USD 380 PER MT
DETAILS AS PER PRO FORMA INVOICE NO. 01A30676-032A032
DATED JAN. 22,2007
CIF　BANGKOK,THAILAND

DOCUMENTS REQUIRED 46 A:

+SIGNED COMMERCIAL INVOICE IN 3 COPIES SHOWING
SEPARATELY FOB VALUE,FREIGHT CHARGE. INSURANCE PREMIUM.
CIF VALUE AND COUNTRY OF ORIGIN

+FULL SET OF CLEAN ON BOARD OCEAN BILLS OF LADING TO
 ORDER OF KRUNG THAI BANK PUBLIC COMPANY LIMITED
 MARKED FREIGHT PREPAID NOTIFY APPLICANT.

+MARINE INSURANCE POLICY OR CERTIFICATE IN DUPLICATE.
 ENDORSED IN BLANK, FOR FULL INVOICE VALUE PLUS
 10 PERCENT STATING CLAIM PAYABLE IN THAILAND COVERING
 INSTITUTE CARGO CLAUSES FAI AND WAR RISKS.

+PIACKING LIST IN 5 COPIES

+ ONE FULL SET OF NON-NEGOTIABLE SHIPPPING DOCUMENTS MUST BE SENT TO THE APPLICANT BY AIR COURIER WIHTIN 3 DAYS AFTER SHIPMENT AND BENEFICIARY'S CERTIFICATE TO THAT EFFECT IS REQUIRED.

+ BENEFICIARY'S CERTIFICATE CERTIFYING THAT ONE COPY EACH OF INVOICE. B/L HAVE BEEN FAX TO BUYER（FAX NO. 662225）WITHIN 3 DAYS AFTER SHIPMENT.

+ INSPECTION CERTIFICATE OF QUALITY ISSUED BY COMPETENT AUTHORITIES ADDITIONAL COND. 47A：

+ ALL DOCUMENTS MENTIONING THIS UC NO.

+ BOTH AMOUNT AND QUANTITY PLUS OR MINUS 5PCT ACCEPTABLE.

+ IF ANY DISCREPANCY. WE SHALL DEDUCT USD 50 BEING OUR FEE FROM THE PROCEEDS.

+ THE NAME，ADDRESS，TELEPHONE NUMBER OF SHIPPING AGENT IN BANGKOK MUST BE MENTIONED ON B/L.

DETAILS OF CHARGES 71 B：ALL BANK CHARGES OUTSIDE THAILAND INCLUDING COSTOF WIRE AND REIM-BURSEMENT CHARGES ARE FOR BENEFI-CIARY'S ACCOUNT.

CONFIRMATION　　49：WITHOUT

CONSTRUCTIONS　　78：

+ UPON RECEIPT OF SHIPPING DOCUMENTS IN STRICT CONFORMITY WITH L/C TERMS，WE WILL COVER YOUR ACCOUNT AND LESS OUR COST OF WIRE IF ANY ACCORDING TO YOUR INSTRUCTION.

+ DRAFT(S)AND DOCUMENTS TO BE SENT TO US BY COURIER SERV-ICE MAILING ADDRESS SUANMALI IBC，20YUKHON 2 RD，POMPRAB，BANGKOK 1 01 00，THAILAND.

+ THIS ADVICE IS OPERATIVE WITH NO CONFIRMATION TO FOL-LOW AND SUBJECT TO ICC 1993 REVISION PUB 500.

相关资料

发票号码：01A30676-032A

提单号码：COSU298000081

船名：CHAOHEV036

保单号码：01-78963

货物装箱情况：IN 25KGS PLASTIC WOVEN BAG，

　　　　　　　T011AL 1712BAGS

总净重:42.80MT

总毛重:42 971.2KGS

唛头:P.T.C

BANGKOK

集装箱:TTNU3112933(20')

　　　TGHU21 15222(20')

出口口岸:广州海关(5100)

生产厂家:湖南湘潭华荣厂(66893214412)

报检单位登记号:8876544721

发票日期:FEB.06,2007

提单日期:MAR.01,2007

运费:USD 300.00/CONTAINER

保险费:USD 158.00

总尺码:41.944M'

商品名称:箭牌立德粉 30%

封号:062472(20GP)FCL

封号:062478(20GP)FCL

核销单号码:44M058868

计量单位:千克

第九章 海关报关

【学习目标】

- 熟悉进出口货物报关程序、进出口税费；
- 掌握进出口货物报关操作环节、进出口关税的计算；
- 学会缮制进出口货物报关单。

在国际贸易交流过程中，运输工具、货物、物品的进出境都必须通过设立海关的地点进境或出境。由设立海关的地点进出境并办理规定的海关手续是运输工具、货物、物品进出境的基本规则，也是进出境运输工具负责人、进出口货物收发货人、进出境物品的所有人应履行的义务。

第一节　进出口货物报关

进出口货物报关是指进出境运输工具负责人、进出口货物收发货人及进出境物品的所有人或其代理人向海关办理运输工具、货物、物品进出境手续和相关手续的过程。

进出境运输工具负责人、进出口货物收发货人及进出境物品的所有人或其代理人报关行为的承担者是报关的主体,即报关人。

报关的对象是进出境运输工具、货物和物品,报关内容是办理进出境运输工具、货物和物品的进出境手续及相关海关手续。

完成报关业务首先要明确,报关资格、报关期限和报关单证三个基本点。

一、报关资格

只有具备向海关办理申报进出口货物业务的资格的单位,才能直接办理进出口货物报关业务。操作业务应有经海关培训考核,具备报关操作资格的报关员办理。

具备向海关办理申报进出口货物业务资格的单位,有以下三种类型。

1. 自理报关企业

自理报关企业是指为本单位办理进出口货物报关,纳税等事宜的企业。这类单位均拥有对外贸易经营权和报关权,主要包括有进出口经营权的内资企业、外商投资企业等。

2. 代理报关企业

代理报关是指接受进出口货物收发货人的委托,代理其办理报关手续的行为。代理报关企业通常有经营国际货物运输代理、国际运输工具代理等业务的企业,兼营进出口货物的报关纳税等事宜的企业,以及长期从事对外贸易运输公司和外轮代理公司等企业。

3. 专门报关企业

专门报关企业是指专门接受委托,代为办理进出口货物和进出境运输工具报关纳税等事宜的企业。

二、报关期限

办理进出口货物的通关手续,要在海关规定的时间内进行。《中华人民共和国海关法》相关规定如下。

进口货物的报关期限为,自运输工具申报进境之日起 14 日内。最后一天为法定节假日或休息日的,顺延至节假日或休息日后的第一个工作日。

进口货物的收发货人或其代理人,超过 14 天规定期限未向海关申报的,由海关征收滞报金。滞报金应当按日计征，以自运输工具申报进境之日起第 15 日为起征日，以海关接受申报之日为截止日，起征日和截止日均计入滞报期间，另有规定的除外。逾期每日征收进口货物到岸价格的万分之五的滞报金。超过三个月还未向海关申进口的，其进口货物由海关依法提取变卖处理。

出口货物的发货人及其代理人，除海关特准外，应当在货物运抵海关监管区后、装货的 24 小时以前向海关申报。但目前许多特殊商品，如某些鲜活商品、冷冻商品、某些电子产品，从签订合同，到完成生产，到发货出运，时间很短（有的甚至整个过程不到 24 小时）。因此，经海关特准，这些商品可以实行提前报关，货到放行。

三、报关单证

进、出口货物，收、发货人或其委托的代理人（以下统称"报关人"），要完成进出口货物通关申报，必须事先完备各种待交验的货物单证文件。

1. 申报单证

依据《海关法》及相关的法律、法规，可以把进出口货物报关申报单证分为两大类单证：主要单证、随附单证。

（1）主要单证是指报关单。

（2）随附单证包括基本单证、特殊单证、预备单证。

基本单证包括进出口货物的货运单据和商业单据。

特殊单证包括进出口许可证、原产地证明书、加工贸易登记手册、特定减免税证明、出口收汇核销单等单证。

预备单证包括贸易合同、进出口企业的有关证明文件。预备单证是海关在审单、征税的时候需要调阅或者收取备案的单证。

报关申报所需单证的准备及填制，必须真实、准确、完整。随附单证必须齐全、有效、合法。具备一套合法、真实、规范的报关申报单证，是顺利通关的基本保证。

2. 进口货物报关时需提供的单证

（1）由报关员自行填写，或由自动化报关预录入人员录入后打印的报关单。

进口货物报关单（纸质）一式五联：海关作业联、海关留存联、企业留存联、海关核销联、证明联（进口付汇用）。

（2）进口货物许可证（如属列入许可证管理范围的，需提交）或国家有关主管机关签发的批准文件。

（3）进口合同。

（4）进口货物的发票、装箱单（装箱清单）。

（5）进口舱单。

（6）进口货物的提货单（或运单）。

（7）代理报关授权委托协议。

（8）对应实施商品检验、文物鉴定、动植物检疫、食品卫生检验或其他受管制的进口货物，还应交验省级以上有关主管部门签发的证明。

（9）海关要求的加工贸易手册（纸质或电子数据的）以及减税、免税或免验的证明文件。

（10）海关认为必要时，可以调阅贸易合同、原产地证明和其他有关单证、账册等。

（11）其他相关文件。

3. 出口货物报关时需提供的单证

（1）由报关员自行填写或由自动化报关预录入人员录入打印的报关单。出口货物的纸质报关单一式六联：海关作业联、海关留存联、企业留存联、海关核销联、证明联（出口收汇用）、证明联（出口退税用）。

（2）出口货物属于国家限制出口或配额出口的应提供许可证件或其他证明文件。

（3）出口合同。

（4）货物的发票、装箱清单。

（5）出口载货清单。

（6）装运单。

（7）代理报关授权委托协议。

（8）商检证明等。

（9）出口收汇核销单。

（10）其他相关文件。

报关人向海关递交的各种单据，必须完整，单据间必须相互符合，即单单相符、单证相符。发现有填报错误或因其他原因需要变更填报内容时，可向海关递交更改单。出口报关后若发生退关情况的，须在 3 日内向海关办理更改手续。

第二节　进出口货物的税费计算

在完成进出口货物的海关通关业务中，缴纳海关规定的税费是不可缺少的一个通关环节。进出口税费的缴纳关系到国家经济利益，也关系到进出口商的经济利益。因此，在学习报关环节的业务操作的同时，了解进出口税费的内容，掌握进出口税费的计算，准确缴纳应缴税费金额，对进出口商来说有着十分重要的意义。

进出口税费是海关在进出口环节中依法征收的关税、增值税、消费税、船舶吨税等税费。进出口货物人在办理货物出入境通关业务时，都要按章缴纳的税费。进出口税费征纳的法律依据主要是《海关法》《关税条例》及其他有关法律、行政法规。

一、进出口税种类

进出口税的种类有很多，在办理货物进出口通关业务时，要根据进出境货物的实际情况，按照海关规定，确定应该缴纳的税费数额。

依据我国《海关法》等有关法律、法规的规定，海关对准许进出口的货物、物品征收的税费有关税、代征进口环节税(包括增值税和消费税)。另外,海关还对部分进口减税、免税和保税货物征收海关监管手续费,这些税费的定义解释如下。

1. 关税

关税是指专以进出境的货物、物品为征收对象的一种国家税收。目前我国的关税征收对象分为进口关税、出口关税。

2. 进口环节税(包括增值税和消费税)

进口环节税是指进口货物在办理报关纳税手续后,允许在国内流通,应与国内产品同等对待,即缴纳国内税。为简化手续,进口货物的国内税一般在进口环节由海关征收。

3. 海关监管手续费

海关监管手续费是指海关按照有关规定,对减税、免税和保税货物实施监督、管理、所提供服务征收的手续费。

为了熟悉、掌握海关对进出口货物征收的所有税费,我们将进出口税费的具体纳税项分类,如图 9-1 所示。

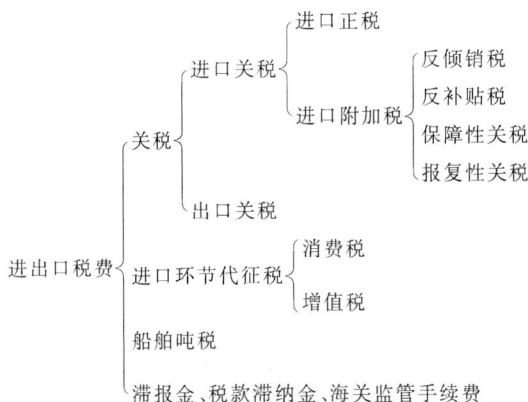

图 9-1   进出口税费类别

二、最常见的关税、增值税、消费税的计算

我国对外贸易活动中,常见的成交方式有 CIF、CFR、FOB 三种。按海关规定,在进出口货物成交方式中进口货物填报 CIF 价,出口货物填报 FOB 价。

进口货物以境外口岸价格(FOB 境外口岸)成交的货物,应当另加从境外发货或交货口岸到我国口岸以前所实际支付的运杂费、保险费作为完税价格。

1. 计算步骤

(1)确定应纳税货物的完税价格。

(2)将用外币计价的货物完税价格,折算成人民币价格。

(3)按海关颁布的货物税则归类,将应税货物归入恰当的税目税号。

(4)按原产地规则及税率使用原则,确定应税货物的纳税税率。

（5）确定货物实际过境数量。

（6）按相应的计算公式算出货物应征税款。

2. 各种税费的计算

（1）进口关税计算

进口货物完税价格，计算公式如下：

$$进口货物完税价格 = CIF = \frac{FOB 价格 + 运费}{1 - 保险费率}$$

$$= \frac{CFR 价格}{1 - 保险费率}$$

从价进口货物应纳关税款，计算公式如下：

$$从价进口货物应纳关税款 = 进口货物完税价格 \times 适用的进口关税税率$$

从量进口货物应纳关税款，计算公式如下：

$$从量进口货物应纳关税款 = 进口货物数量 \times 适用的单位税额$$

复合进口货物应纳关税款，计算公式如下：

$$复合进口货物应纳关税款 = 从价部分关税额 + 从量部分关税额$$

$$= 进口货物完税价格 \times 适用的关税额$$

$$+ 进口货物数量 \times 适用的单位税额$$

（2）进口增值税计算

我国的增值税都是从价税，根据进口货物是否应缴消费税，分以下两种情况。

① 应征消费税的进口货物增值税，计算公式如下：

$$应征消费税的进口货物增值税 = 增值税计税价格 \times 增值税税率$$

$$应征消费税的增值税计税价格 = 进口货物完税价格 + 进口关税额 + 消费税税额$$

$$= 进口货物完税价格 + 进口货物完税价格$$

$$\times 进口关税税率 + 从价/从量/复合消费税税额$$

② 不征消费税的进口货物增值税，计算公式如下：

$$不征消费税的进口货物增值税 = 增值税计税价格 \times 增值税税率$$

$$不征消费税的增值税计税价格 = 进口货物完税价格 + 进口关税额$$

（3）进口消费税税款计算

① 从价应纳消费税额，计算公式如下：

$$从价应纳消费税额 = 从价消费税计税价格 \times 消费税从价税率$$

$$从价消费税计税价格 = \frac{进口货物完税价格 + 进口关税额}{1 - 从价消费税税率}$$

② 从量应纳消费税额，计算公式如下：

$$从量应纳消费税额 = 进口货物数量 \times 消费税从量税率$$

③ 复合应纳消费税额，计算公式如下：

$$复合应纳消费税额 = 从价部分消费税额 + 从量部分消费税额$$

$$= 从价消费税计税价格 \times 消费税从价税率$$

$$+ 进口货物数量 \times 消费税从量税率$$

（4）出口关税计算

① 出口货物应纳关税额,计算公式如下:

$$出口货物应纳关税额＝出口货物完税价格×出口关税税率$$

$$出口货物完税价格＝\frac{FOB 价格}{1＋出口关税税率}$$

② 减税出口货物关税额,计算公式如下:

$$减税出口货物关税额＝出口货物完税价格×减按出口关税税率$$

$$减税出口货物完税价格＝\frac{FOB 价格}{1＋出口关税税率}$$

（5）船舶吨税税款计算

船舶吨税按注册净吨位计算,尾数按四舍五入原则,半吨以下免征尾数,半吨以上按一吨计征。计算公式如下:

$$应征船舶吨税＝净吨位×船舶吨税税率$$
$$＝船舶有效容积×吨立方米×船舶吨税税率$$

（6）滞纳金计算

按照海关规定,关税、进口环节增值税和消费税、船舶吨税的纳税人或其代理人,未在规定时间内缴纳税款构成滞纳的,应照章向海关缴纳滞纳金。滞纳金额按以下公式计算。

$$滞纳金额＝滞纳税款×0.5‰×滞纳天数$$

按照《海关法》规定:进出口货物的纳税义务人,应当自海关填发税款缴款书之日起15 日内缴纳税款,逾期缴纳的,由海关征收滞纳金。

在实际计算缴税期限时,应从海关填发税款缴款书之日的第二天起算,填发当天不计入。如果关税缴纳期限的最后一日是星期六、日或法定节假日,则关税缴纳期限顺延至周末或法定节假日过后的第一个工作日。

（7）滞报金的计算

《海关法》规定:进口货物收货人应当自运输工具申报进境之日起 14 日内向海关申报,逾期由海关依法征收滞报金。

实际滞报天数计算也从应申报之日起算,应申报当天计入,实际申报当天不计入滞报天数。

应征滞报金按以下公式计算:

$$应征滞报金＝进口货物完税价格×0.5‰×滞报天数$$
$$＝CIF×0.5‰×滞报天数$$
$$＝\frac{FOB＋运费}{1－保险费率}×0.5‰×滞报天数$$
$$＝\frac{CFR}{1－保险费率}×0.5‰×滞报天数$$

3. 计算实例

（1）应征关税税额计算举例

【例 9-1】　武汉某公司从日本进口钢铁盘条 100 000kg,其成交价格为 CIF 天津新港118 000美元,求应征关税税款是多少?

海关填发税款缴款书之日的外汇牌价如下：

$$100 美元 = 655.35 元（买入价）$$
$$100 美元 = 663.29 元（卖出价）$$

以 CIF 成交的进口货物，如果申报价格符合海关规定的"成交价格"条件，则可直接计算出税款。

① 确定应纳税货物的完税价格，并根据填发税款缴款书日的外汇牌价，将货价折算人民币价。

外汇买卖中间价：$100 美元 = (655.35 + 663.29)/2$
$$= 659.32（元）$$

即 1 美元 = 6.5932 元。

$$完税价格 = 118\ 000 \times 6.5932 = 777\ 997.6（元）$$

② 确定应税货物的纳税税率。

审核申报价格，符合"成交价格"条件。确定税率，钢铁盘条归入税号 7310，进口关税税率为 15%。

③ 计算关税税额如下：

$$777\ 997.6 元 \times 15\% = 116\ 699.64 元$$

该批货物应征关税税额是：116 699.64 元。

对于 FOB 和 CFR 条件成交的进口货物，在计算应征税款时应先把进口货物的申报价格折算成 CIF 价，然后再按上述程序计算税款。计算实例如下。

【例 9-2】 某公司从德国进口一批中厚钢板共计 200 000kg，成交价格为 FOB 汉堡 3.1 欧元/kg。其中，单位运费为 0.12 欧元，保险费率为 0.25%，进口关税税率为 10%，求应征关税税款是多少？

海关填发税款缴款书之日的外汇牌价如下：

$$1 欧元 = 8.521 元（买入价）$$
$$1 欧元 = 8.589 元（卖出价）$$

① 根据填发税款缴款日的外汇牌价，将货价折算人民币价。

$$外汇买卖中间价 = \frac{8.521 + 8.589}{2} = 8.555（元）$$

即 1 欧元 = 8.555 元。

$$完税价格 = \frac{FOB 价 + 运费}{1 - 保险费率}$$
$$= \frac{3.1 + 0.12}{1 - 0.25\%}$$
$$= 3.228（欧元/kg）$$
$$3.228 \times 8.555 = 27.616（元/kg）$$

全部进口钢板的完税税额如下。

$$27.616 \times 200\ 000 = 5\ 523\ 200（元）$$

② 计算关税税款。根据税则归类，中厚钢板是德国原产货物适用于最惠国税率，最

惠国税率为 10%。

$$进口关税税款 = 27.616 \text{ 元/kg} \times 200\ 000 \text{kg} \times 10\%$$
$$= 552\ 320 \text{ 元}$$

该批货物应征关税税额是 552 320 元。

（2）应征增值税计算举例

应征增值税计算公式如下：

$$增值税税额 = （完税税额 + 关税税额 + 消费税税额）\times 增值税税率$$

对于不属于应征消费税范围的货物，组成计税价格如下：

$$增值税税额 = （完税税额 + 关税税额）\times 增值税税率$$

如例 9-2 增值税税率为 17%；则将上述相关数值带入：

$$增值税税额 = （5\ 523\ 200 \text{ 元} + 552\ 320 \text{ 元}）\times 17\%$$
$$= 1\ 032\ 838.4 \text{ 元}$$

（3）消费税税额计算举例

【例 9-3】 某公司向海关申报进口一批小轿车，价格为 FOB 大阪 10 000 000 日元，运费200 000日元，保险费率5‰。消费税税率8%。申报当日，100 日元兑换人民币买卖中间价为 7.473 3 元。

应缴消费税计算公式如下：

$$消费税组成计税价格 = \frac{进口关税完税价格 + 进口关税税额}{1 - 消费税税率}$$

$$消费税税额 = 消费税组成计税价格 \times 消费税税率$$

$$进口关税完税价格 = （10\ 000\ 000 + 200\ 000）/（1 - 5‰）$$
$$= 10\ 251\ 256.281\ 41（日元）$$

$$折算成人民币价 = 10\ 251\ 256.281\ 41 \times 0.074733$$
$$= 766\ 107.136（元）$$

进口小轿车应当归入税号 8703·2314，其关税税率为 80%

$$应缴关税税额为 = 766\ 107.136 \text{ 元} \times 80\%$$
$$= 612\ 885.709 \text{ 元}$$

将进口关税完税价格和关税税额带入消费税计算式有

$$消费税计税价格 = \frac{766\ 107.136 \text{ 元} + 612\ 885.709 \text{ 元}}{1 - 8\%}$$
$$= 1\ 498\ 905.266 \text{ 元}$$

$$应缴消费税税额 = 149\ 805.266 \text{ 元} \times 8\%$$
$$= 11\ 984.42 \text{ 元}$$

（4）滞纳金的计算举例

按例 9-3 所述，进口日本一批小轿车某公司应向海关缴纳 612 885.709 元人民币的关税。海关在 2010 年 7 月 9 日发出海关专用款书，该公司在 2009 年 7 月 25 日缴纳税款，应征滞纳金计算如下：

$$关税税额＝612\ 885.709\ 元$$

滞纳期天数为 1 天。

$$关税滞纳金＝滞纳关税税额×0.05\%×滞纳天数$$
$$关税滞纳金＝612\ 885.709\ 元×0.05\%×1$$
$$＝306.44\ 元$$

第三节　报 关 程 序

在我国,进出口货物报关操作程序分海关报审、查验、征税、放行四个作业环节,这也是海关监管进出境货物的基本制度。

对进出口货物的报关程序而言,我们可以把报关程序分成前期准备、进出境、后续三个阶段,如图 9-2 所示。

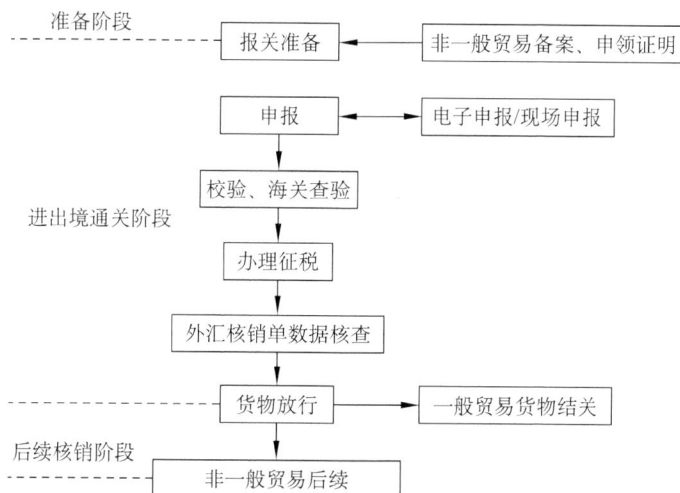

图 9-2　进出口货物报关程序图

对于不同类别的进出口货物,这三个阶段的前期准备和后续阶段报关程序是有区别的。

一般进出口货物报关仅有进出境阶段,即通过报审、查验、征税、放行四个作业环节,便完成通关。

对于非一般贸易货物来说,如保税、特定减免税、暂准出口这三类货物,还有一个备案、申领报关手册、证明的前期报关准备阶段。此外,这三类货物分别还有一个核销、结关,解除监管、结关,解除监管、销案这一报关后续阶段。

综上所述,不同类型的进出口货物报关方式是不同的,我们通常用一般进出口货物的进出口报关来举例说明进出口货物的报关程序。

图 9-3 所示的是一般贸易进出口货物报关操作流程。

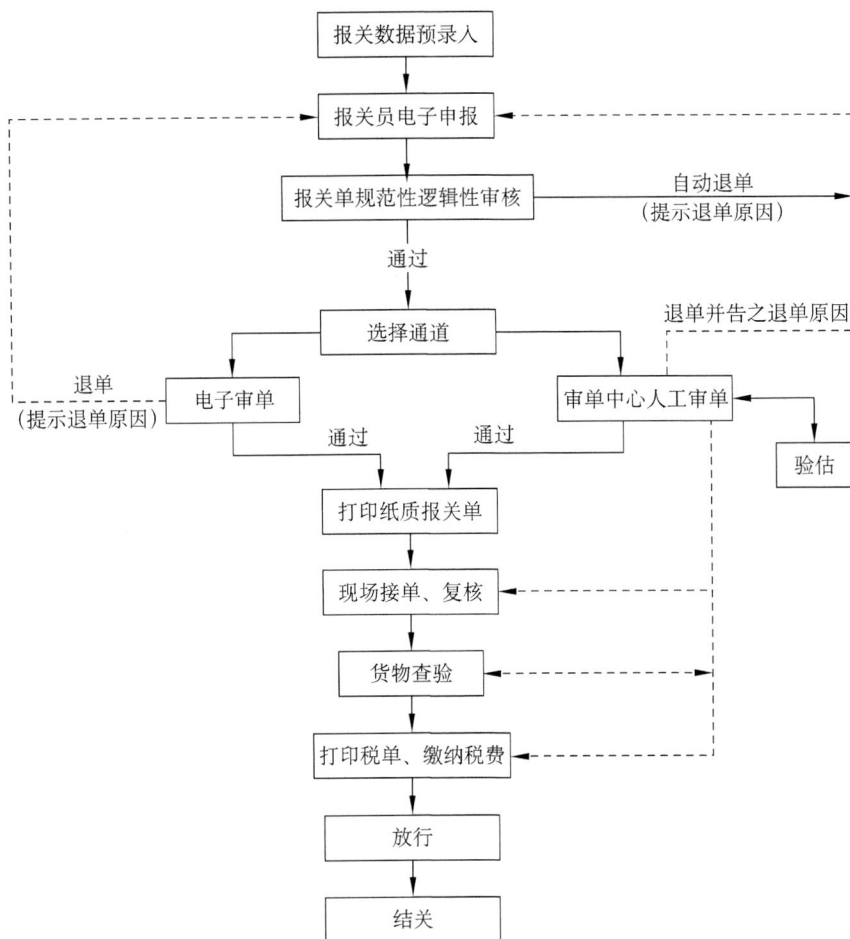

图 9-3   进出口货物报关流程图

为了便于了解货物报关各个环节的详细操作，特别是相关单证的使用、各环节的时间安排，如图 9-4 所示进口货物海关报关和货场提货操作流程。

1. 报关申报

报关申报是指进口货物的收货人、出口货物的发货人或他们的代理人以书面或电子数据交换（电子口岸）方式在海关规定的期限内，按海关的规定要求向海关报告其进出口货物情况，申请海关审查、放行，并对所报内容的真实准确性承担法律责任的行为，即通常所说的"报关"。

（1）申报方式

进出口货物收到发货人或其代理人，应以电子数据报关单形式和采用纸质报关单形式向海关申报。进出口货物收发货人或其代理人先向海关计算机系统发送电子数据报关单，接收到海关计算机系统发送的"接受申报"电子报文后，凭以打印纸质报关单，并随附有关单证，向海关现场提交。

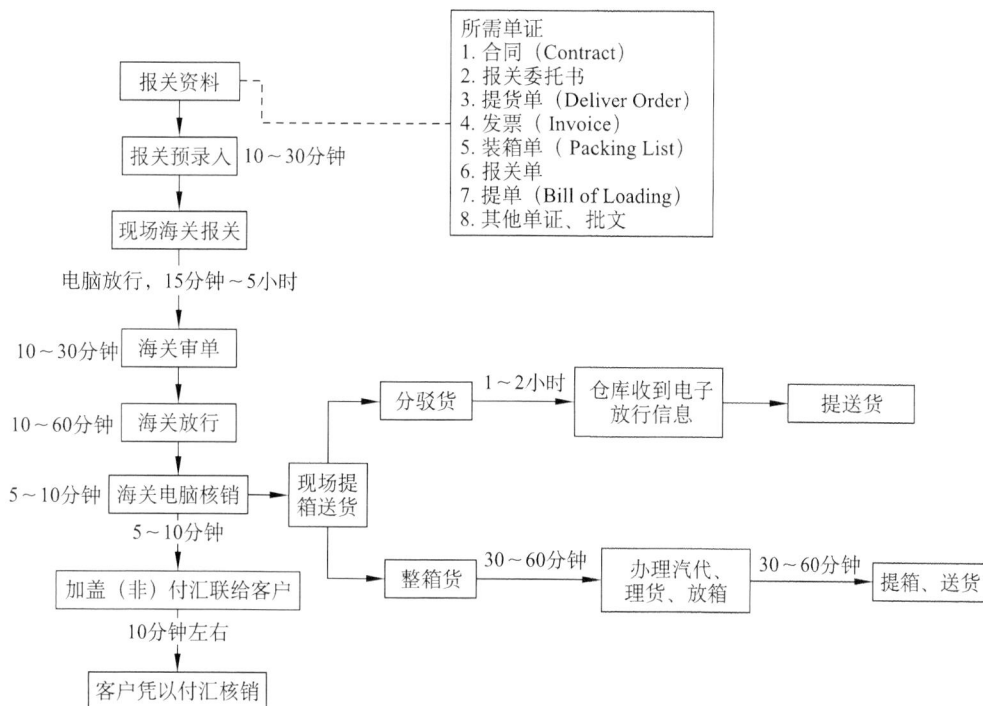

图 9-4　进口货物报关操作流程

① 电子数据申报,包括终端申报、委托 EDI 申报、自行 EDI、网上申报四种申报方式。海关对申报内容审查后,给予接受申报或不接受申报的结果。

接受申报,表示报关单位收到海关反馈的"接受申报"的报文和"现场交单"或"放行交单"通知,表示本单位申报成功。

不接受申报,则表示报关单位收到海关反馈的"不接受申报"的报文,说明海关不受理其申报。对于不成功的申报,报关单位应根据报文提示的问题进行修改,并重新申报。

海关接受电子数据申报以后,报关单位就要提交纸质报关单和随附单证即现场交单。

② 现场申报。完成电子数据申报后,报关单位应在收到"现场交单"或"放行交单"通知之日起 10 日内,持打印的纸质报关单及随附单证(要签名盖章),到货物所在地海关提交书面单证并办理相关手续。

在申报过程中须注意以下情况。

申报日期,是指申报数据被海关接受的日期。

修改申报内容或取消申报。通常海关接受申报后,申报内容不得修改,不得撤销。

下列五种情况,经批准可以进行修改或撤销。

由于计算机或网络系统等方面的原因导致数据错误。

原申报的进出口货物,全部或部分退关。

报关时,报关员操作或书写错误造成申报差错,但未形成危害后果。

海关审核价格或归类后,须对原数据进行修改的申报。

根据国际惯例采用暂时价格先行成交,实际结算时按商品品质,或国际市场价格付款方式需要修改原申报单,以及特殊的申报。

(2) 进口货物的申报

① 申报时间。进口货物的收货人应当自运输工具申报进境之日起 14 日内,向海关申报。超过规定期限来自海关申报的,由海关从第 15 天起按日征收滞报金;如果自运输工具申报进境之日起超过三个月未向海关申报,其进口货物将由海关提取变卖。

② 申报应备文件及申报地点。进口货物申报时,报关人应填写一式两份"进口货物报关单",并随附以下单证:许可证;提货单;发票;装箱单;减免税或免验的证明文件。根据规定,进口货物应当由收货人在货物的进境地海关办理海关手续。

③ 海关审核单证。海关在接受报关后,首先要对各项单证予以签收,对报关单进行编号登记,并批注接受申报的日期;其次对交报的单证要认真细致地进行审核,如发现不合格时,应通知申报单位及时补充和更正。

(3) 出口货物的申报

① 申报时限和申报地点。出口货物在出境时,出口货物的发货人或他们的代理人,应在装货的 24 小时以前,向海关申报。具体地说就是,当出口货物运到码头、车站、机场、邮局等仓库、场地后,在海关规定的 24 小时以前向海关申报。按照海关规定,出口货物应由发货人在货物的出境地向海关申报。

② 报关应具备的单证。出口货物报关时应填写一式两份出口货物报关单,并随有出口许可证、发票、装箱单等货运单证。海关在接受报关后,同样也需对各项单证予以签收和审核。

③ 出口产品的退税。出口企业申请退税(产品增值税),须提供两单两票,即出口货物报关单、银行的出口结汇单和出口销售发票、出口产品增值税发票。有权退税的企业,包括有进出口经营权并承担出口创汇任务的外贸公司,工业企业受托具有出口经营权的企业出口自产产品,也准予退税。

2. 海关审单

海关审单是指海关在收到企业或报关人将申报数据传送至海关后,进行规范检查、逻辑审核,并做出不受理审报、现场海关验放指令的过程。

海关审单主要内容如下。

(1) 接受申报,审核单据是否齐全、有效。

(2) 逐项审核报关单,确定申报是否属实,与商业单证是否相符。

(3) 审核归类,申报价格。

(4) 通过审核,发现走私、违规行为。

3. 进出口货物的查验

海关查验,是海关代表国家行使货物监管权的有效体验,是海关依法为确定进出境货物的性质、原产地、货物状况、数量、价值等是否与货物的申报单上已填报的详细内容相符,对货物进行实际检查的行政执法行为。海关查验分彻底查验、抽查、外形查验三种方式。

海关对进出口货物的查验,通常是在海关规定的时间、场地,即海关的监管区域内的仓库、场所进行。如有必要,也可经报关人申请,到监管区域以外的场地,就地查验放行货物。海关查验货物时,进出口货物的收发货人或其代理人应到达现场,并按海关要求负责搬移货物,开拆和重封货物的包装。验货过程中,海关认为有必要时,可以进行开验、复验或提取货样。

海关对进出口货物的查验工作结束后,报关人应在查验记录单上签名、确认。

4. 进出口货物的税费征收

税费计征是指海关根据国家的有关政策、法规对进出口货物征收关税及进口环节的税费。根据《海关法》和《进出口关税条例》的有关规定,进出口的货物除国家另有规定的以外,均应征收关税。关税由海关依照《海关进出口税则》征收。

(1)征收对象

在中国境内进口货物的发货人、出口货物的发货人,是关税的纳税义务人。

在中国境内销售货物或者提供加工、修理、修配劳务以及进口货物的单位和个人,是增值税的纳税义务人。

在中国境内生产、委托加工和进口《中华人民共和国消费税暂行条例》规定的消费品的单位和个人,是消费税的纳税义务人。

(2)征收各税

报关人在海关完成核定进出口货物应缴纳的税费数额后,便可办理税费征收手续,缴纳进出口货物的关税、增值税、消费税、海关监管手续费等应征税费。

对于列为反倾销货物的要征收反倾销税,打印税款缴纳单;逾期纳税的货物要征收滞纳金,并打印滞纳金缴款单。

减免税货物、保税货物按海关规定征收监管手续费,超出规定期限向海关办理报关手续的进出口货物要征收滞报金,打印海关行政事业性专业发票,在指定银行缴款。

暂时进出口货物或按有关规定需征收保证金的,打印保证金收据。完成对所缴纳税费的核销后,便可完成办理税费征收手续工作。

在缴纳进出口货物的税费时,业务办理人员一定要严格按照海关规定,准确核算应缴税费数额。

5. 货物放行

按照我国海关法的规定,除海关特准的货物以外,进出口货物在收发货人缴清税费款或者提供担保后,可由海关签章放行。

进出口货物海关放行的业务办理,分现场通关单证放行和口岸海关实货放行两部分。

(1)现场通关单证放行

接单现场单证复核关员对电子报关数据、书面单证及批注情况进行复核。对于情况正常的进出口货物,海关做出结束海关进出境现场监管的决定,允许进出口货物离开海关监管场所的工作环节。

其办理方式是对未设定查验的货物，给予办理单证放行手续，并在提货单或运单上加盖单证专用章及工号章，报关单备用联和提货单退还货主或其代理人。

对已设定查验的货物，直接在提货单或运单上加盖单证专用章和工号章，报关单备用联和提货单退还货主或其代理人。接单现场对查验的单证不再制作关封。

对于实行无纸通关的海关，货物的收发货人根据海关的发出的海关放行的报文，自行打印放行凭证。

（2）口岸海关实货放行

在获得运输工具到港信息后，货主或其代理人持提货单或运单及报关单备用联交口岸海关风险管理/放行部门，根据计算机的提示进行放行处理。

其办理方式是当计算机显示"货物未到港"，则不予办理放行手续。如计算机显示"与实卸情况不符或未找到实卸记录"，海关要根据实际情况办理放行手续。

对无须查验的货物，海关在处理完计算机操作后即在正本提货单或运单上加盖放行章，计算机自动将有关实货放行的电子信息传送至港区或机场货代，货主即可办理放行手续。

对需查验的货物，放行关员在提货单或运单上加盖查验章退还货主，由货主带至查验点接受海关对货物的查验，查验手续处理完毕后再办理放行手续。

6. 结关

结关就是经口岸放行后仍需实施后续管理的货物，海关要在规定的期限内进行核查，对需补证、补税货物做出处理直至完全结束海关监管的行为。

对于一般贸易项下的货物，海关对货物的放行意味着结束海关对货物的监管的行为。自此，货物的进出口通关业务办理完成。

第四节　进出口货物报关单的填制

进出口货物报关单是进出口企业在出口货物装运前，向海关申报进出口许可的单据，也是海关凭以征税的主要凭证。通常使用的进出口货物报关单，是由海关总署统一印制并经过进出口地海关审核、签发而生效的。

在办理货物出口报关业务时，为了便于统计和管理，不同的出口贸易方式使用不同颜色的报关。例如，一般贸易进出口货物填写白色报关单；来料加工、补偿贸货物填写浅绿色报关单；进料加工专用粉色，出口退税专用黄色，三资企业专用蓝色等。

进口货物纸质报关单为一式六联：海关作业联、海关留存联、企业留存联、海关核销联、证明联（出口收汇用）、证明联（出口退税用）。

出口货物报关单和进口货物报关单，如表9-1和表9-2所示。

表 9-1　中华人民共和国海关出口货物报关单

预录入编号:1 　　　　　　　　　　　　　　　　　　　　　　　　　　　海关编号:2

出口口岸 3	备案号 4		出口日期 5		申报日期 6	
经营单位 7	运输方式 8		运输工具名称 9		提运单号 10	
发货单位 11	贸易方式 12		征免性质 13		结汇方式 14	
许可证号 15	运抵国(地区)16		指运港 17		境内货源地 18	
批准文号 19	成交方式 20	运费 21		保费 22	杂费 23	
合同协议号 24	件数 25	包装种类 26		毛重(kg)27		净重(kg)28
集装箱号 29	随附单据 30			生产厂家 31		
标记唛码及备注 32						

项号	商品编号	商品名称、规格型号	数量及单位	最终目的国(地区)	单价	总价	币制	征免
33	34	35	36	37	38	39	40	41

税费征收情况

42

录入员	录入单位	兹声明以上申报无讹并承担法律责任	海关审单批注及放行日期 47
43	44		

报关员

申报单位(签章)　46

审单　　　　　　　　　　审价

单位地址

邮编　　　电话

征税　　　　　　　　　统计

填制日期 45

表 9-2　中华人民共和国海关进口货物报关单

预录入编号:1 　　　　　　　　　　　　　　　　　　　　　　　　　　　海关编号:2

进口口岸 3	备案号 4		进口日期 5		申报日期 6	
经营单位 7	运输方式 8		运输工具名称 9		提运单号 10	
收货单位 11	贸易方式 12		征免性质 13		结汇方式 14	
许可证号 15	运抵国(地区)16		装运港 17		境内货源地 18	
批准文号 19	成交方式 20	运费 21		保费 22	杂费 23	
合同协议号 24	件数 25	包装种类 26		毛重(kg)27		净重(kg)28
集装箱号 29	随附单据 30			用途 31		
标记唛码及备注 32						

项号	商品编号	商品名称、规格型号	数量及单位	原产国(地区)	单价	总价	币制	征免
33	34	35	36	37	38	39	40	41

税费征收情况

42

续表

录入员	录入单位	兹声明以上申报无讹并承担法律责任	海关审单批注及放行日期 47	
43	44		审单	审价
报关员				
		申报单位（签章）　46		
单位地址			征税	统计
		填制日期 45		
邮编　　电话			查验	放行

　　注：表 9-1 和表 9-2 各栏目中的数字，表示该栏目内容填写规则说明。

1. 报关单的填制规范

　　进出口货物报关人在办理货物的报关业务时，要认真填写进出口货物报关单。报关单中各栏目的填写，应按照海关总署 2008 年第 52 号公告及 10 月 1 日起执行修订的《中华人民共和国海关进出口货物报关单填制规范》的规定如实填报。报关单各栏目数据填制要求如下。

　　（1）预录入编号，指申报单位或预录入单对该单位填制录入的报关单的编号。用于申报单位与海关之间引用其申报后尚未接受申报的报关单。

　　预录入编号由接受申报的海关决定编号规则。报关单录入凭单的编号规则由申报单位自行决定。

　　（2）海关编号，指海关接受申报时给予报关单的编号，应标识在报关单的每一联上。此栏由海关填写。

　　① H883/EDI 通关系统。报关单海关编号为 9 位数码，其中第 1～2 位为接受申报海关的编号（关区代码表中相应海关代码的后 2 位），第 3 位为海关接受申报公历年份 4 位数字的最后 1 位，后 6 位为顺序编号。

　　进口报关单和出口报关单应分别编号，确保在同一公历年度内，能按进口和出口唯一地标识本关区的每一份报关单。

文件名称：海关关区代码表
文件类型：DOC
文件大小：336KB

　　② H2000 通关系统。报关单海关编号为 18 位数字，其中第 1～4 位为接受申报海关的编号（关区代码表中相应海关代码），第 5～8 位为海关接受申报的公历年份，第 9 位为进出口标志（"1"为进口，"0"为出口），后 9 位为顺序编号。

　　在海关 H883/EDI 通关系统向 H2000 通关系统过渡期间，后 9 位的编号规则同 H883/EDI 通关系统的要求。

　　（3）进口口岸/出口口岸，指货物实际进出我国关境口岸海关的名称。本栏目应根据货物实际进出关境的口岸海关，填关区代码表中相应的口岸海关名称及代码。

　　进口转关运输货物应填报货物进境地海关名称及代码，出口转关运输货物应填报货物出境地海关名称及代码。按转关运输方式监管的跨关区深加工结转货物,出口报关单填报转出地海关名称及代码,进口报关单填报转入地海关名称及代码。例如,货物由天津新港进境,"进口口岸"栏填"新港海关"＋"0202"。

在不同出口加工区之间转让的货物,填报对方出口加工区海关名称及代码。

其他无实际进出境的货物,填报接受申报的海关名称及代码。

(4) 备案号,指进出口企业在海关办理加工贸易合同备案或征、减、免税审批备案等手续时,海关给予进料加工登记手册、来料加工及中小型补偿贸易登记手册、外商投资企业履行产品出口合同进口料件及加工出口成品登记手册、电子账册及其分册(以下均简称加工贸易手册)、进出口货物征免税证明可简称征免税证明或其他有关备案审批文件的编号。

一份报关单只允许填报一个备案号。备案号栏目为 12 位字符,其中第 1 位是标记代码,第 2～5 位是关区代码,第 6 位为年份,第 7～12 位为序号。备案号中的标记代码,要与"贸易方式"以及"征免性质"栏目一致。例如,贸易方式为来料加工,其那么征免性质也是来料加工,对应的备案号标记代码应为"B"。无备案审批文件的报关单,本栏目免予填报。

具体填报要求如下。

① 加工贸易合同项下货物,除少量低价值辅料按规定不使用加工贸易手册以外,填报加工贸易手册编号。

② 涉及征、减、免税备案审批的报关单,填报征免税证明编号。

③ 出入出口加工区的保税货物,应填报标记代码为"H"的电子账册备案号。出入出口加工区的征免税货物、物品,应填报标记代码为"H"、第六位为"D"的电子账册备案号。

④ 使用异地直接报关分册和异地深加工结转出口分册在异地口岸报关的,本栏目应填报分册号;本地直接报关分册和本地深加工结转分册限制在本地报关,本栏目应填报总册号。

⑤ 加工贸易成品凭征免税证明转为享受减免税进口货物的,进口报关单填报征免税证明编号,出口报关单填报加工贸易手册编号。

⑥ 对减免税设备及加工贸易设备之间的结转,转入和转出企业分别填制进、出口报关单,在报关单"备案号"栏目分别填报加工贸易手册编号、征免税证明编号或免予填报。

⑦ 优惠贸易协定项下实行原产地证书联网管理的货物,应填报原产地证书代码"Y"和原产地证书编号;未实行原产地证书联网管理的货物,本栏目免予填报。

(5) 进口日期/出口日期。

① 进口日期,指运载所申报货物的运输工具申报进境的日期。本栏目填报的日期必须与相应的运输工具进境日期一致。

进口申报时无法确知相应的运输工具的实际进境日期时,本栏目免予填报。

② 出口日期,指运载所申报货物的运输工具办结出境手续的日期。本栏目供海关打印报关单证明联用,在申报时免予填报。

无实际进出境的报关单填报办理申报手续的日期,以海关接受申报的日期为准。

（6）申报日期，填写海关接受出口货物发货人或其代理人申请办理货物出口手续的日期。

以电子数据报关单方式申报的，申报日期为海关计算机系统接受申报数据时记录的日期。以纸质报关单方式申报的，申报日期为海关接受纸质报关单并对报关单进行登记处理的日期。

在 H883/EDI 通关系统中，本栏目为 6 位数，顺序为年、月、日各 2 位；在 H2000 通关系统中，本栏目为 8 位数字，顺序为年（4 位）、月（2 位）、日（2 位）。

（7）经营单位，指对外签订并执行进出口贸易合同的中国境内企业、单位或个体工商户。

本栏目应填报对外已签订合同，并在海关登记的境内出口企业的名称和 10 位数编码。如果签订合同企业与执行合同企业不同时，应填报执行合同企业名称。企业名称和编码必须同时填写。

（8）运输方式。本栏目应根据实际运输方式按海关规定的《运输方式代码表》选择填报相应的运输方式。

文件名称：运输方式代码表
文件类型：DOC
文件大小：20.5KB

（9）运输工具名称，填写载运货物出境的运输工具的名称或运输工具编号。填制内容应与运输部门向海关申报的载货清单所列内容一致。一份报关单，只允许填报一个运输工具名称，如海运则填船名和船次。船名与航次应与出口载货清单一致。

（10）提运单号，填写出口货物提单号码或运单的编号。一份报关单只能填报一个提单或运单号，一票货物对应多个提单货运单时，应分别填报。

（11）收/发货单位。填写货物的供货商或出口商的中文名称或其海关注册编号。

（12）贸易方式。按照海关《贸易方式代码表》中的规定填写代码。填写时必须按海关规定，如实填写贸易性质名称及代码。例如，一般贸易，代码 0110；来料加工，代码 0214。

文件名称：贸易方式代码表
文件类型：DOC
文件大小：102KB

（13）征免性质，指海关对出口货物实施征、减、免税管理的性质类别。本栏目应按海关《征免性质代码表》中规定的征免性质名称及代码填报。

文件名称：征免性质代码表
文件类型：DOC
文件大小：40.5KB

（14）结汇方式，指出口货物的发货人或其代理人收结外汇的方式。按海关规定的

《结汇方式代码表》选择相应的结汇方式英文缩写或代码填报。

　　例如,常用的结汇方式英文缩写有信汇(M/T)、电汇(T/T)、票汇(D/D)、付款交单(D/P)承兑交单(D/A)、信用证(L/C)。表 9-3 为常见结汇方式代码表。

表 9-3　结汇方式代码表

结汇方式代码	结汇方式名称
1	信汇
2	电汇
3	票汇
4	付款交单
5	承兑交单
6	信用证
7	先出后结
8	先结后出
9	其他

　　(15) 许可证号。如需许可证的货物,则填许可证的编号,如不需则空白。

　　(16) 运抵国(地区)。按照海关国别地区代码表,填写货物运达目的地国家(地区)的中文名称或代码,例如法国(305)。

　　文件名称:国别地区代码表
　　文件类型:DOC
　　文件大小:200KB

　　(17) 指运港/装运港。指运港填报出口货物运往境外的最终目的港口、车站、机场等的名称或代码。装运港填报进口货物在抵达我国关境前的最后一个境外装运港。

　　(18) 境内货源地。本栏目按海关规定的国内地区代码表选择填报相应的出口货物,在国内的产地或始发地名称或代码,例如武汉(42019)。

　　文件名称:国内地区代码表
　　文件类型:DOC
　　文件大小:316KB

　　(19) 批准文号。进口报关单中本栏目免予填报。出口报关单中本栏目填报出口收汇核销单编号。

　　(20) 成交方式。填写合同成交的贸易术语条件,按海关规定的成交方式代码表(见表 9-4),选择填报相应的成交方式代码。无实际进出境的报关单,进口填报 CIF 术语,出口填报 FOB 术语。

表 9-4　成交方式代码表

成交方式代码	成交方式名称
1	CIF
2	C&F
3	FOB
4	C&I
5	市场价
6	垫仓

（21）运费。进口货物填报，运抵我国境内输入地点起卸前的运输费用。出口货物填报货物运至我国境内输出地点装载后的运输费用。在成交价格中含有运费的出口货物，应填报该份报关单所含全部货物的国际运输费用，可按运费单价、总价或运费率三种方式之一填报，同时注明运费标记，并按海关规定的货币代码表选择填报相应的币种代码。运费标记"1"表示运费率，"2"表示每吨货物运费单价，"3"表示运费总价。

例如，3%的运费率填报为 3/1；63 美元的运费单价填报为 502/63/2；8 000 美元的运费总价填报为 502/8 000/3. 常用的币种有美元（代码 502）、欧元（代码 300）、港元（代码 110）、日本元（代码 116）、英镑（303）等。如成交价格中不含有运费的出口货物，则空白此栏。

文件名称：货币代码表
文件类型：DOC
文件大小：36.5KB

（22）保费。本栏目进口货物填报，运抵我国境内输入地起卸前的保险费用。用于成交价格中含有保险费的出口货物，应填报该份报关单含全部货物国际运输的保险费用。可按保险费总价或保费率两种方式一填报，同时注明保险费标记，并按海关规定的货币代码表选择填报相应的币种代码。

运保费合并计算的本栏目免予填报。保险标记"1"表示保险费率，"3"表示保险总价。例如，0.2%的保费率填报为 0.2/1；20 000 欧元保险费总价填报为 300/20 000/3。

（23）杂费。本栏目填报成交价格以外的、应计入完税价格或应从完税价格中扣除的费用，如手续费、佣金、回扣等，可按杂费总价或杂费率两种方法之一填报，同时注明杂费标记，并按海关规定的货币代码表选择填报相应的币种代码。

杂费标记中"1"表示杂费率，"3"表示杂费总价。应计入完税价格的杂费填报为正值或正率，应从完税价格中扣除的杂费填报为负值或负率。例如，应计入完税价格的 1.6%的杂费，填报为 1.6/1；应从完税价格中扣除 2%的回扣率填报为−2/1；应计入完税价格的 600 美元杂费总价填报为 502/600/3。

（24）合同协议号。本栏目应填报进出口货物合同（协议或订单）的全部字头和号码。

（25）件数，填报有外包装的出口货物的实际件数。裸装货物填报"1"。本栏目不得填报为零。

（26）包装种类，应根据出口货物的实际外包装种类，按海关规定的包装种类代码表（见表 9-5）选择填报相应的包装种类代码，例如木箱、纸箱、铁桶等。

表 9-5　包装种类代码表

中文名称	英文名称
木箱	(Wooden)Case
纸箱	Carton,CTNS(Cartons)
桶装	Drum/Barrel
散装	Bulk
裸装	Nude
托盘	Pallet
包	Bale,BLS(Bales)

（27）毛重,填制货物及其包装材料的重量之和总毛重。计量单位为千克,如重量不足 1kg 的填报为"1"。

（28）净重,填货物的毛重减去外包装材料后的重量。计量单位为千克,重量不足 1kg 的填报为"1"。

（29）集装箱号。本栏目填报集装箱号、集装箱规格和集装箱的自重。集装箱数量按四舍五入填报整,非集装箱货物填报为"0"。以 20ft 集装箱数计数,如一个 20ft 集装箱号为 TEXU3605231 应填制为 TEXU3605231 * 1(1)。如有 20ftTEXU3605231 和一个 40ft 的集装箱号为 TEXU3605232,应填 TEXU3605231 * 2（3）,另一个集装箱号 TEXU3605232 应填制在备注栏中。其中 * 2 说明共有 2 个集装箱,(3)说明这两个集装箱按 20ft 计,应为 3 个标准集装箱。

（30）随附单据,本栏目按海关规定的监管证件代码表选择填报除第 15 栏条规定的许可证件以外的其他进出口许可证或监管证件代码及编号。随出口货物报关单一并向海关递交的单证或文件。合同、发票、装箱单、许可证等必备的随附单证不在本栏目填报。

文件名称:监管证件代码表
文件类型:DOC
文件大小:31.5KB

（31）用途/生产厂家。进口货物本栏目填报用途,按海关规定的用途代码表(见表 9-6),根据进口货物实际用途选择填报相应的用途。出境货物,本栏目填报其境内生产企业,本栏目在必要时可用手工填写。

表 9-6　用途代码表

编号	用　途	编号	用　途	编号	用　途
1	外贸自营内销	5	加工返销	9	作价提供
2	特区内销	6	借用	10	货样、广告品
3	其他内销	7	收保证金	11	其他
4	企业自用	8	免费提供	12	以产顶进

（32）标记唛码及备注，填制装船唛头，如无，则填 N/M。多个集装箱编号、其他要说明的事项也填在本栏内（注：有时把报关员代号也填在此栏）。

（33）项号，本栏目分两行填报。第一行填报报关单中的商品排列序号；第二行填报专用于加工贸易，减免税等已备案、审批的货物，填报该项货物在《加工贸易手册》或《征免税证明》等备案、审批单证中的顺序编号。

（34）商品编号。根据《中华人民共和国海关统计商品目录》中所列明的编号填写。不同商品编写与项号对齐。

（35）商品名称、规格型号。本栏目分两行填报，第一行按信用证和合同填报出口货物规范的中文商品名称，第二行填报打印规格、型号、成分、品牌、等级含量等反映商品品质的说明。填报的说明要与商业发票、提单一致。

（36）数量及单位。本栏目分三行填报打印。第一行填报海关规定法定计量单位，以《中华人民共和国海关统计商品目录》中的计量单位为准。第二行填报第二法定计量单位（如无，则为空）。第三行填报打印成交计量单位及数量。例如，13 600kg 或13 600KGS。

（37）原产国/最终目的国（地区）。原产国（地区）按《中华人民共和国进出口货物原产地条例》的规定填报。同一批进口货物原产地不同的，应分别填报原产国（地区）。进口货物原产地无法确定的，填报"国别不详"（其代码为 701）。

最终目的国（地区）填报出口货物的最终实际消费、使用或进一步加工制造国家（地区）的名称或代码。同一批出口货物的最终目的国（地区）不同的，应分别填报最终目的国（地区）。出口货物的最终目的国（地区）不能确定时，填报预知的最后运往国。本栏目应按海关规定的国别（地区）代码表选择相应的国别（地区）名称及代码填报，例如日本（116）。

（38）单价。本栏目填报，同一项目下进出口货物实际成交商品的单位价格。如无实际成交价格的，本栏目填报单位货值。

（39）总价。本栏目填报，同一项目下进出口货物实际成交商品的总价格。如无实际成交价格的，本栏目填报货值。

（40）币制。本栏目按海关规定的货币代码表，选择相应的货币名称及代码填报。如货币代码表中无实际成交币种，应将实际成交货币按申报日外汇折算成货币代码表中列出的货币填报。

（41）征免。按海关核发的《征免税证明》或有关政策规定，选择海关规定的征免税方式代码表（见表 9-7）中相应的增减免税方式填报。对应零税率的一般贸易出口商品，填报"照章征税"。

表 9-7   征免税方式代码表

代码	方 式	代码	方 式	代码	方 式
1	照章征税	4	特案	7	保函
2	折半征税	5	征免性质	8	折半补税
3	全免	6	保证金	9	全额退税

（42）税费征收情况。本栏目由海关批注出口货物税费征收及减免情况。

（43）录入员。本栏目用于预录入和 EDI 报关单，打印录入人员的姓名。

（44）录入单位。本栏目用于预录入和 EDI 报关单，打印录入单位名称。

（45）填制日期。填报报关单的填制日期，本栏目为 8 位数字，依次为年（4 位）、月（2 位）、日（两位）。预录入和 EDI 报关单位由计算机自动打印。

（46）申报单位（签章）。盖上申报单位报关专用章。自理报关的，填报进出口货物的经营单位名称及代码。委托代理报关的填报，经海关批准的专业或代理报关企业名称及代码。

本栏目还包括报关单位地址、电话、邮编等应有申报单位的报关员填报。

（47）海关审批注栏及放行日期。本栏目是海关内部作业时签注的总栏目，由海关关员手工填写。

文件名称：世界港口列表
文件类型：DOC
文件大小：668KB

2. 报关单填制的要求

报关单填制要求可归纳如下。

（1）填报的项目要准确齐全。电脑预录入的报关单，其内容必须与原始报关单内容完全一致。

（2）如有多种不同商品，应分别填写，但一张报关单上一般最多不要超过五项海关统计商品编号的货物。

（3）报关单必须做到两相符。一是单、单之间相符；二是单、货相符，即报关单内容与实际出口货物相符。

（4）凡由某种原因申报后需要更改，应填写报关单更正单，错什么，改什么。

（5）不同托运单的货物不能填在同一报关单上。

（6）不同贸易方式下成交的货物不能填在同一报关单上。

（7）不同贸易方式的货物，要用不同颜色的报关单填报。例如，一般贸易及其他贸易出口货物报关单为白色；进料加工出口货物报关单为粉红色；来料加工及补偿贸易出口货物报关单为浅绿色；需国内退税的出口货物报关单为浅黄色；外商投资企业出口货物为蓝色等。

图 9-5 是湖北 HWY 贸易公司从一家加拿大公司进口服装，填制的进口货物报关单实样。

中华人民共和国进口货物报关单

预录入编号 TJ9110006

海关编号

出口口岸 上海海关	备案号		出口日期 2010-04-17	申报日期 2010-04-19
经营单位 5230412559 湖北 HWY 贸易公司	运输方式 海运	运输工具名称 Volendam Voy 1124		提运单号 182-02458690
发货单位	贸易方式 一般贸易(0110)		征免性质 一般征税(101)	征税比例
许可证号 CT88661182577	运抵国(地区) CANADA	装货港 MONTREAL		境内目的地 MONTREAL
批准文号	成交方式 CIF	运费	保费	杂费
合同协议号 FYLCB05127	件数 85	包装种类 纸箱	毛重(kg) 19.00KGS	净重(kg) 17.00KGS
集装箱号	随附单据		用途	

标记唛码和备注：
FASHION FORCE
FOIL CB05127
CTN NO.
SHANGHAI
MADE IN CANADA

项号	商品编号	商品名称、规格型号	数量及单位	原产国(地区)	单价	总价	币制	征免
1	62043200	LADIES COTTON	2 550PCS	CANADA	USD 12.80	USD 32 640.00	USD	一般
		BLAZER 100% COTTON						
		40SX20/140X60						

Total:　　2 550PCS USD 32 640.00

税费征收情况
税务登记号码：1201021334773852

录入员	录入单位	兹声明以上申报无讹并承担法律责任	海关审单批注及放行日期（签章）	
			征税	审价
报关员　　任捷		申报单位（签章）		
单位地址 邮编 430000　电话(86-27)26677993　填制日期 2015-04-19			查验	放行

图 9-5　进口货物报关单实样

第五节 实训操作

一、操作目的

熟悉进出口报关单的填制,掌握具体填制方法。

二、操作要求

将本章显示的出口货物报关(见表 9-1);进口货物报关(见表 9-2),按以下实训题给出的补充资料,填制完备。

三、操作内容

实训一 缮制出口货物报关单

湖北 HWY 公司与加拿大 AKD 公司,签订了一份服装布料出口合同。请按照本章叙述内容根据下列资料,缮制一份出口货物报关单。

依据文件如下。

(1) 第一章中的销售合同。

(2) 第一章中的商业发票。

(3) 报关补充资料。

出口口岸:深圳海关 5300;申报日期:2009/05/23;出口日期:2009/05/24;

预录入编号:36125236;运费:USD 2 600;保费:USD 261;

运输工具:VJAT. 82D;提单号:COSCO239613;集装箱号:No. 362532(拼箱);

出口收汇核销单号:No. 26/0093183;报关单位:深圳新亚报关有限公司;

出口公司:湖北 HWY 贸易公司;报关员:关力 510678236596。

实训二 缮制出口货物报关单

湖北 HWY 公司与土耳其的 K. J. WILKINSON 公司签订了出口厚砂带的合同,请根据下列资料填制出口货物报关单。

资料 1 销售合同

HUBEI HWY TRADE CO.

HONGBO RD. WUHAN 430060 CHINA

TEL:(86-27)26677993   FAX:(86-27)26677885   POST CODE:430060

E-MAIL:whrenjie@hubelhwysive.com   Home Page:http://www.hubeihwysive.com

SALES CONTRACT
No. BR10TH227W

买方/BUYER：K. J. WILKINSON CO. ,LIT.   日期/DATE：APR. 22，2010
卖方/SELLER：HUBEIHWY TRADE CO.

双方同意按下列条款由买方购进卖方售出的下列商品：

THE BUYER AGREES TO BUY AND THE SELLER AGREES TO SELLTHE FOLLOWING GOODS ON TERMS AND CONDITIONS AS SET FORTH BELOW：

1) 货号 CODE	商品名称及规格 DESCRIPTION OF COMMODITIES	数量 QTY	单价 PRICE/USD	总值 AMOUNT/USD
Neutral	Jb-8 J weight cloth backing blue color			
	1 400mm×100m 80♯	3 rolls	528	1 584.00
	1 400mm×65m 80♯	1 roll	343.20	343.20
	1 400mm×100m 180♯	4 rolls	528	2 112.00
	1 400mm×31m 180♯	1 roll	163.68	163.68
	1 400mm×100m 240♯	4 rolls	528	2 112.00
	1 400mm×100m 280♯	3 rolls	528	1 548.00
	1 400mm×128m 280♯	1 roll	675.84	675.84
	1 400mm×100m 320♯	3 rolls	528	1 584.00
	1 400mm×107m 320♯	1 roll	564.96	564.96
	1 400mm×100m 400♯	3 rolls	528	1 584.00
	1 400mm×145m 400♯	1 roll	765.60	765.60
	1 400mm×100m 600♯	4 rolls	528	2 112.00
	Bky71 X weight blue color cloth backing			
	1 400mm×100m 180♯	1 roll	680	680
	1 400mm×30m 180♯	1 roll	204	204.00
	220♯	1 roll	680	680
	240♯	1 roll	680	680
	Gxk61 X weight cloth brown color backing			
	1 400mm×100m 280♯	1 roll	498	498
	1 400mm×67m 280♯	1 roll	333.66	333.66
	1 400mm×100m 320♯	1 roll	498	498
	1 400mm×63m 320♯	1 roll	313.74	313.74
	1 400mm×100m 400♯	1 roll	498	498
	1 400mm×73m 400♯	1 roll	363.54	363.54
	1 400mm×100m 600♯	1 roll	498	498
	1 400mm×47m 600♯	1 roll	234.06	234.06
	Dcy71 1 400mm×20m 24♯	1 roll	219.80	219.80
	1 400mm×20m 36♯	1 roll	219.80	219.80
	1 400mm×20m 60♯	1 roll	219.80	219.80
				21 289.68

允许溢短装/QUANTITY ALLOWANCE MORE OR LESS 5％

2) 价格条件及总值/PRICE TERMS AND TOTAL VALUE：FOB Shanghai at USD 21 289.68

3) 保险/INSURANCE：

    A. 出买方自理/TO BE EFFECTED BY THE BUYER. (×)

资料 2　商业发票

COMMERCIAL INVOICE

TO:	Shipping Marks:	INVOICE No. :	BT100200
K. J. WILKINSON CO. .LIT	N/M	DATE:	Jun. 12,2010
		PORT OF LOADING:	SHANGHAI CHINA
		SHIPPED PER:	BY VESSEL
		SHIPMENT TO:	IZMIR TURKIYE
		TERMS OF PAYMENT:	L/C AT SIGHT
			REF. 0609A00406

FOB SHANGHAI

@USD　　USD

BR10TH227W

　ABRASIVE ROLL　　　　　　　　　　　　44 ROLLS　486. 422 954 5　21 402

TOTAL：21 402

　PACKED IN 44 ROLLS

ABRASIVE ROLLS
QUANTITY：44 ROLLS
AS PER SALES CONTRACT DD. 22. 04. 2010 NR. BR10TH227W
FOB SHANGHAI,CHINA INCOTERMS 2000
L/C REF. 0609A00406

湖北 HWY 贸易公司
HUBEI HWY TRADE CO.

资料 3　重量单

湖北 HWY 贸易公司
HUBEI HWY TRADE CO.
HONGBO RD. WUHAN 430060 CHINA
WEIGHT LIST

Marks & Nos. :
N/M

INVOICE No. ;BT100200
DATE:　　Jun. 12,2010

PKGS.	SIZE.	QTY.	G. W(KGS).	N. W(KGS).	DIM(CM).
	BR10TH227W				
	ABRASIVE ROLL				
44 ROLLS		44 ROLLS	3 442.00	3 398.00	4.922CBM
44 ROLLS			3 442.00KGS	3 398.00KGS	4.922CBM

　　PACKED IN 44 ROLLS
L/C REF. 0609A00406

湖北 HWY 贸易公司
HUBEI HWY TRADE CO.

第十章 进出口贸易结算

【学习目标】

• 了解国际汇兑的概念、国际结算方式的类别；
• 理解汇款方式、托收方式、跟单信用证的结算应用；
• 掌握汇款业务、托收业务、信用证业务的流转程序（有关信用证结算部分见本书第四章）。

国际结算方式又称为支付方式，通常是指国际通过结算工具，办理因债权债务所引起的货币资金的收付所采取的方式。国际货物买卖中货款的结算方式主要分成汇付、托收、信用证三大类。随着信用工具的多样化和银行业务的发展，银行保函、国际保理、福费廷等结算方式在国际结算中的应用也逐渐增多。

国际结算方式的具体内容包括买卖双方为了保证买方可靠地获得代表货物所有权的单据及卖方安全地收汇，所采取的交单与付款方式；结算过程中，买方、卖方和相关银行之间各自权责的确定；订明具体的付款时间、使用货币、所需单据和凭证；相关银行之间的汇款头寸划拨安排；交易双方为了加速资金的周转，以提高经营效益，结合结算方式，争取银行融资的安排。

按照国际结算依据的信用基础，可以将其分为两类：以商业信用为基础的结算方式和以银行信用为基础的结算方式。

以商业信用为基础的结算方式是指银行对结算中的收付双方均不提供信用，只是接受委托，办理款项的收付，如汇款方式和托收方式。以银行信用为基础的结算方式是指银行为交易提供信用保证的结算方式，如信用证方式和银行保函方式等。

第一节　汇款支付

一、汇付的含义

汇付(Remittance),是汇出行(Remitting Bank)应汇款人(Remitter)的要求,以一定的方式,把一定的金额,通过汇入行或付款行(Paying Bank)支付给收款人(Payee)的一种结算方式。

汇款是顺汇,可单独使用,也可与其他结算方式结合使用。它既适用于贸易结算,也可适用于非贸易结算,凡属外汇资金的调拨都是采用汇款方式。在汇付方式下,原始付款人与最后收款人均不是银行,银行只提供资金划拨渠道,把一方资金输送给另一方,银行只提供服务而不提供信用,不用承担任何风险,所以它是基本的结算方式,是银行的主要外汇业务之一。

二、汇付的当事人

汇款方式一般有四个基本当事人:汇款人、收款人、汇出行和汇入行。

(1) 汇款人(Remitter)是指向银行交付款项并委托银行将该款交付给收款人的人。在国际贸易中,汇款人通常是进口商。其责任是填写汇款申请书、提供汇出的款项并承担相关费用。

(2) 收款人或受益人(Payee/Beneficiary)是指被汇款人委托银行交付汇款的对象。在国际贸易中,收款人即出口商。其权利是凭证取款。

(3) 汇出行(Remitting Bank)是受汇款人的委托,汇出款项的银行,通常是汇款人所在地的银行或进口方银行。进口方银行办理的是汇出汇款业务(Outward Remittance),其职责是按汇款人的要求通过一定的途径将款项汇交收款人。

(4) 汇入行(Paying Bank)是受汇出行的委托将一定货币金额解付给汇款通知书上指定的受益人的银行,通常又称解付行。当收款人与汇入行在同城时,汇入行和解付行可能是同一家银行;当收款人与汇入行不在同城时,汇入行可能委托其与收款人同城的联行充当解付行。汇入行或解付行通常是收款人所在地的银行或出口方银行。出口方银行办理的是汇入汇款业务(Inward Remittance)。其职责是证实汇出行的委托付款指示的真实性,通知收款人取款并付款;同时也有权在收妥头寸后再解付款项。

汇付当事人的相关关系如图 10-1 所示。图 10-2 为汇出汇款申请书样本。

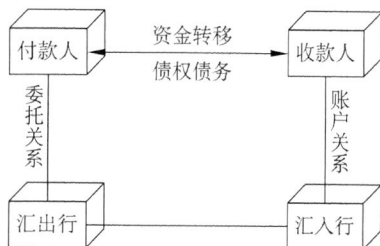

图 10-1　汇付当事人关系图

中国银行汇出款申请书
APPLICATION FOR OUTWARD REMITTANCE

0068501

致：中国银行＿＿＿＿＿＿分行
TO：BANK OF CHINA,＿＿＿＿＿＿ BRANCH

日期：
DATE：＿＿＿＿＿＿

请用打字机填制
PLEASE FILL IN BLOCK LETTERS

		本行编号 OUR REF	TT

汇款金额 AMOUNT	AMOUNT IN FIGURES（小写）		
	AMOUNT IN WORDS（大写）		
汇款人 BY ORDER OF	名称 NAME		
	账号 ACCOUNT NO.		
中转行之名称及地址 INTERMEDIATE BANK'S NAME & ADDRESS		SWIFT CODE：	
		清算代码： CHIPS ABA. FED ABA.	
	收款人开户银行在中转行账号 BANE BANKER'S A/C NO.		
收款人开户银行名称及地址 BENE'S BANKER NAME & ADDRESS		SWIFT CODE：	
		CHIPS UID：	
收款人 BENEFICIARY'S NAME & ADDRESS			
	收款账号 BENEFIARY'S A/C NO.		
汇款附言 DETAILS OF PAYMENT			
汇款形式 FORM OF REMITTANCE	□ 电汇 T/T □ 票汇 D/D	银行费用承担人 ALL BANKING GHARGES ARE TO BE BORNE BY	□汇款人 REMITTER □收款人 BENEFICARY

请按照贵行背面所列条款办理上述汇款。
PLEASE EFFECT THE ABOVE REMITTANCE SUBJECT TO THE CONDITIONS OVERLEAP

银行专用栏　FOR BANK USE ONLY			申请人签单 APPLICANT'S AUTHORISED SIGNATURE （账户预留印览）
经办	复核	核印	
科长意见：	处长意见：	行长意见：	

联系人及电话（Contacting PERSON & PHONE NO. ）

图 10-2　汇出汇款申请书

汇款人和收款人在国际贸易结算中表现为债权债务关系,在非国际贸易结算中表现为资金的提供和接受的关系。

汇款人与汇出行之间是委托和被委托的关系。

汇出行和汇入行既有代理关系又有委托与被委托的关系,代理关系一般在前。

汇入行与收款人之间通常有账户往来关系,收款人在汇入行开立了存款账户,此外,双方之间也可以没有关系,在这种情况下,汇款人有责任向收款人解付汇款。

三、汇付方式的种类

根据汇出行通知汇入行付款的方式,或支付委托书、汇款委托书的传递方式不同,汇款可以分为电汇、信汇和票汇三种方式。

1. 电汇

电汇(Telegraphic Transfer)简称 T/T。

(1) 电汇业务流程

电汇是指汇出行应汇款人的申请,用加押电报(Cable)、电传(Telex)或通过环球同业银行金融电讯协会(SWIFT)给在另一个国家的分行或代理行(即汇入行)指示解付一定金额给收款人的一种汇款方式,使用电传和 SWIFT 的居多。该方式最大优点是资金调拨速度快、安全。在三种汇款方式中,电汇是最快捷的方式,因此目前使用最普遍。但电汇的费用较高,电汇收费高于信汇和票汇,成本较高。

在进出口贸易中,电汇业务流程如图 10-3 所示。

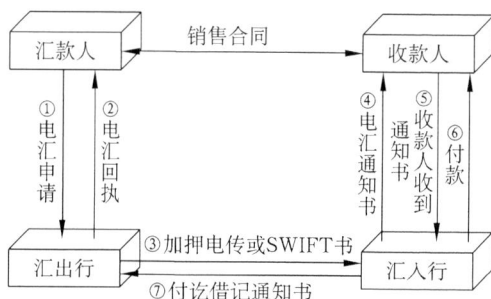

图 10-3 电汇业务流程图

① 汇款人(债务人)填写汇款申请书,交款项、汇费,并在申请书上说明使用电汇方式。

② 汇出行审核后,汇款人取得电汇回执。

③ 汇出行发出加押电报/电传/SWIFT 给汇入行,委托其解付款项给收款人。

④ 汇入行收到并核对密押后,缮制电汇通知书,通知收款人收款。

⑤ 收款人收到通知书后在收据联上盖章,交汇入行。

⑥ 汇入行借记汇出行账户,并解付款项给收款人。

⑦ 汇入行将付讫借记通知书寄给汇出行,通知其款项已解付完毕。

(2) 采用电报或电传的电汇方式

采用电报或电传方式汇款的格式如下。

FM:汇出行名称。

TO:汇入行名称。

DATE:发电日期。

TEST:密押。

OUR REF. NO. ＿＿:汇款编号。

NO ANY CHARGES FOR US:我行不负担费用。

PAY(<u>AMT</u>)VALUE (<u>DATE</u>)TO:付款金额、起息日。

BENEFICIARY:收款人。

MESSAGE:汇款附言。

ORDER:汇款人。

COVER:头寸拨付。

举例如下。

FM:BANK OF ASIA,FUZHOU

TO:THE HONGKONG AND SHANGHAI BANKING CORP. ,HONGKONG

DATE:12TH MAY

TEST:1234 OUR REF. 209TT0468.

NO ANY CHARGES FOR US PAY HKD 12 000.

VALUE 12TH MAY.

TO HKABC100 QUEEN'S ROAD CENTRAL.

ORDER FUZHOU LIGHT IMP. AND EXP. CORP.

MESSAGE COMMISSION UNDER CONTRACT NO. 2009.

COVER DEBIT OUR ACCOUNT.

说明如下。

FM:发报行,亚洲银行福州分行

TO:收报行,汇丰银行

日期:12TH MAY

密押:1234 汇款编号 209TT0468。我方不负担费用,支付金额 HKD 12 000。

起息日 12TH MAY 致你方 HKABC100 QUEEN'S ROAD CENTRAL ORDER FUZHOU LIGHT IMP. AND EXP. CORP 附言:合同号 NO. 2009 头寸:借记我方账户的。

（3）采用 SWIFT 系统的电汇方式

环球同业银行金融电讯协会（Society for Worldwide Interbank Financial Telecommunication,SWIFT）,是一个国际银行同业间非营利性的金融合作组织,总部设在比利时的布鲁塞尔,成立于 1973 年 5 月,并在 1977 年 9 月正式启用。目前已经在全世界拥有会员银行 2 000 多家,日均处理电报 1 000 多万份,每天电汇的资金达到近 6 万亿美元。

为了保证自动支付系统精确地识别会员,SWIFT 系统编制了一套银行识别码（BIC）,现已获得了广泛的应用,利用它可以精确地识别有关金融交易中的金融机构。例如,BKCHCNBJ300 是中国银行上海分行的 BIC,其中前四位 BKCH 是银行代码,CN 是国家代码,BJ 是方位代码,300 是分行代码。

为了安全有效地传递客户信息、清算资金头寸,SWIFT 系统为各种各样的金融信息设计了一整套标准化的统一格式。例如,MT100 是客户汇款信息,MT400 是托收项下的付款通知。

以下是客户汇款 MT100 报文格式，如表 10-1 所示。

表 10-1　客户汇款 MT100 报文格式

MT100 CUSTOMER TRANSFER

M/O	Tag(项目编号)	Field Name(项目名称)
M	20	Transaction Reference Number(TRN)(交易编号)
M	32A	Value Date,Currency Code,Amount(起息日、货币、金额)
M	50	Ordering Customer(付款人)
O	52a	Ordering Institution(付款行)
O	53a	Sender' Correspondent(发报行)
O	54a	Receiver' Correspondent(收报行)
O	57a	"Account with" Institution(账户行)
M	59	Beneficiary Customer(收款人)
O	70	Details of Payment(支付细目)
O	71a	Details of Charges(费用细目)
O	72	Sender to Receiver Information(银行同业信息)

注：M＝Mandatory Field(必选项目)；O＝Optional Field(可选项目)。

例如，FRANZ CO. ,LTD. 指示 OESTERREICHISCHE LAENDERBANK,VIEN-NA 向 JANSSEN CO. ,LTD. 在 ALGEMENE BANK NEDERLAND,AMSTERDAM 开立的荷兰盾账户支付 NLG 1 958. 47(假设该两家银行之间有直接的荷兰盾账户关系)。

SWIFT MT100 报文如下。

MT100

TRANSACTION REFERENCE NUMBER　　　　　:20:494931/DEV

VALUE DATE/CURRENCY CODE/AMOUNT　　　:32A:910527

　　　　　　　　　　　　　　　　　　　　　NLG1958,47

ORDERING CUSTOMER　　　　　　　　　　　:50:FRANZ CO. ,LTD.

BENEFICIARY CUSTOMER　　　　　　　　　　:59:JANSSEN CO. ,LTD.

　　　　　　　　　　　　　　　　　　　　　LEDEBOERSTERAAT 27

　　　　　　　　　　　　　　　　　　　　　AMSTERDAM

SWIFT 报文图示如下。

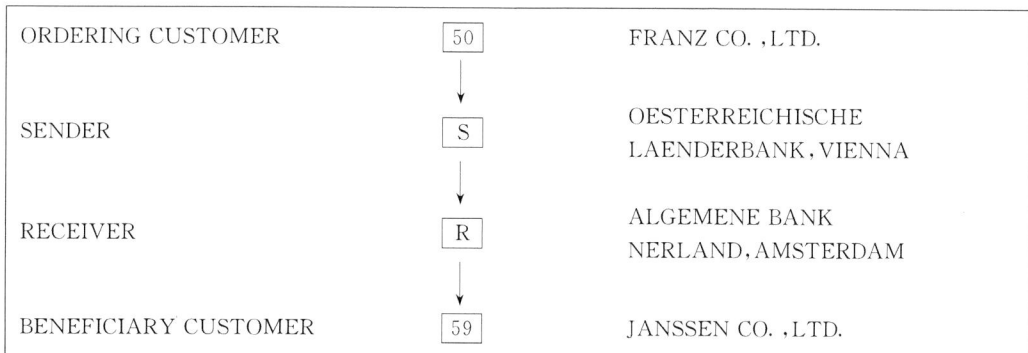

ORDERING CUSTOMER	50	FRANZ CO. ,LTD.
	↓	
SENDER	S	OESTERREICHISCHE LAENDERBANK,VIENNA
	↓	
RECEIVER	R	ALGEMENE BANK NERLAND,AMSTERDAM
	↓	
BENEFICIARY CUSTOMER	59	JANSSEN CO. ,LTD.

（4）采用 CHIPS 的支付方式

纽约清算所银行同业支付系统（Clearing House Interbank Payment System）是建立于 1970 年 4 月用于银行间支付的计算机网络系统，它是目前世界上最重要的美元支付系统。国际银行间的美元清算，90％以上是通过 CHIPS 清算的。

CHIPS 成员是在纽约营业的商业银行、投资公司、外国商业银行的分行或附属机构。这些成员银行根据其在 CHIPS 的地位可以分成两类。一类是直接参加 CHIPS 头寸清算的清算成员行；另一类是通过清算成员行进行清算的非清算成员行。

每个 CHIPS 会员银行都有一个美国银行工会号码（American Bankers Association number，ABA 号码）。每个 CHIPS 会员银行所属客户在该行开立账户，清算所发给其通用认证号码（UID）。它是 CHIPS 为每一个客户规定的唯一六位数号码。

（5）采用 CHAPS 的支付系统

自动支付系统清算所（Clearing House of Automated Payments System）是英国伦敦的同城支付清算中心，同时也是世界所有英镑的支付清算中心。CHAPS 成立于 1984 年，目前有 21 家会员银行，其中包括苏格兰银行、德意志银行、汇丰银行、花旗银行等。

2. 信汇

信汇（Mail Transfer），简称 M/T，是汇出行应汇款人的要求，以邮寄或快邮方式将信汇委托书（M/T advice）或支付授权书（payment order）寄给汇入行，授权其解付一定金额给收款人的一种汇款方式。信汇委托书上一般不加密押，而加具有权签字人的签字，汇入行凭汇出行的印鉴核对签字无误后，即行解付。其速度慢、费用低而且安全性较差，目前实务中较少使用。

（1）信汇业务流程

信汇的业务程序比较简单。在进出口贸易中，信汇业务流程如图 10-4 所示。可以看出，信汇业务程序与电汇基本相同，仅在第三步不同。汇出行邮寄信汇委托书或支付委托书给汇入行，而不是采用电讯方式授权。

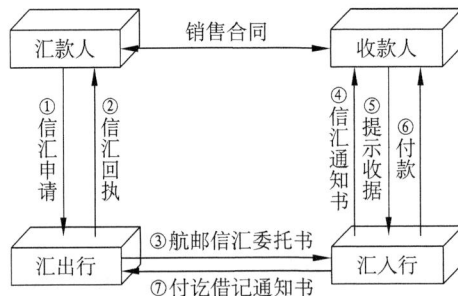

图 10-4 信汇业务流程图

① 汇款人填写汇款申请书，交款项、汇费，并在申请书上说明使用信汇方式。

② 汇出行审核后，汇款人取得信汇回执。

③ 汇出行根据汇款申请书缮制信汇委托书或支付委托书，邮寄给汇入行。

④ 汇入行收到后，核对印鉴无误，将信汇委托书的第二联信汇通知书及第三、四联收据正副本一并通知收款人。

⑤ 收款人凭收据取款。

⑥ 汇入行借记汇出行账户,并解付款项给收款人。

⑦ 汇入行将付讫借记通知书寄给汇出行,通知其款项已解付完毕。

(2) 信汇业务的结算工具

信汇业务的结算工具有两种:信汇委托书(mail transfer advice)和支付授权书(payment order)。

信汇委托书的内容主要有汇入行名称、地址;编号;收款人;货币金额大小;汇款人;附言。

信汇委托书通常是一式四联。

第一联是信汇委托书,经有权签字人签字后寄给汇入行。

第二联是信汇通知书,寄给汇入行,汇入行据以通知收款人领取汇款。银行通常将第二联与汇款申请书附在一起,由汇款人套填。

第三联是信汇的正收条,由收款人签收领取汇款后,寄还汇出行。

第四联是信汇的副收条,经收款人签收后,由解付行代替传票,核销账目。

有些国家和地区,信汇委托书不仅要求四联,汇出行还必须根据国外银行习惯做法缮制。信汇委托书样式如表 10-2 所示。

表 10-2　信汇委托书样式

中国银行广州分行
BANK OF CHINA,GUANGZHOU BRANCH

下列汇款,请即照解,如有费用请内扣。我行已贷记你行账户。	日期:＿＿＿＿＿ GUANGZHOU	
Please advise and effect the following payment less your charge if any. In cover, we have CREDIT your A/C with us.	此致 TO:	
信汇号码 No. of Mail transfer	收款人 To be paid to	金额 Amount
大写金额 Amount in words	附言 Message	
汇款人 By order of		
	中国银行广州分行 BANK OF CHINA,GUANGZHOU BRANCH	

支付授权书的内容主要有标明"Payment order"字样;汇入行名称、地址;支付授权书号码(No. of payment order);收款人(To be paid or credit to);金额(Amount);汇款人(By order of);附言(Remarks)。

支付授权书的格式如表 10-3 所示。

表 10-3　支付授权书样式

中国银行支付授权书 BANK OF CHINA PAYMENT ORDER		
Guangzhou　　　　　Date：	此致 TO	
信汇号码 No. of payment order	收款人 To be paid of credited to	金额 Amount
大写金额 Amount in words		
汇款人 By order of		附言 Remarks
You are authorized to debit our account with you. We have credited your A/C with us. 中国银行广州分行 BANK OF CHINA,GUANGZHOU BRANCH		

3. 票汇

票汇(Remittance by Banker's Demand Draft)简称 D/D,是汇出行应汇款人的申请,代汇款人开立以其分行或代理行为解付行的银行即期汇票(banker's demand draft),汇款人自行寄送给收款人或自己携带出国,收款人凭此票到指定付款地银行取款的一种汇款方式。其特点是方便、灵活。

（1）票汇的业务程序

票汇业务流程与电汇和信汇稍有不同,如图 10-5 所示。

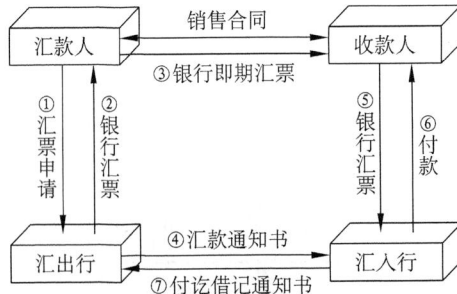

图 10-5　票汇业务流程图

① 汇款人填写汇款申请书,交款项、汇费,并在申请书上说明使用票汇方式。

② 汇出行作为出票行,开立银行即期汇票交给汇款人。

③ 汇款人将汇票寄收款人。

④ 汇出行将汇款通知书,又称票根,即汇票一式五联中的第二联寄汇入行。汇入行凭此联与收款人提交的汇票正本核对。近年来,银行为了简化手续,汇出行已不再寄汇款通知书了,汇票从一式五联改为一式四联,取消汇款通知书联。

⑤ 收款人提示银行即期汇票要求付款。

⑥ 汇入行借记汇出行账户,并解付款项给收款人。

⑦ 汇入行将付讫借记通知书寄给汇出行,通知它款项已解付完毕。

（2）汇票格式

票汇中的汇票主要使用三种不同的即期汇票:画线的不可流通的汇票;无画线可流通的汇票;磁性数码汇票。票汇中的银行即期汇票格式,如表10-4所示。

表 10-4　汇票格式

BANK OF CHINA
This draft is valid for one year from the date of issue　　No. _____
AMOUNT _____
To: _____
Pay to _____
THE SUM OF _____
PAY AGAINST THIS DRAFT TO THE
DEBIT OF OUR ACCOUNT　　　　BANK OF CHINA TIANJIN
_____

从汇票格式我们可以看出,银行汇票的收款人是汇款的收款人,出票人是汇出行,付款人是汇入行,票面没有注明付款期限,所以是银行即期汇票或银行支票。如果出票行和付款行是同一家银行,还可视为银行本票。有时出票行在汇票上作不可流通画线,使得收款人只能凭票取款,不能转让他人。

4. 三种汇款方式比较

电汇、信汇、票汇三种方式各有特点,下面从不同方面加以比较。

（1）使用支付工具的比较

电汇使用电报、电传或通过SWIFT方式,用密押证实;信汇使用信汇委托书或支付委托书,用印鉴或签字证实;票汇使用银行即期汇票,用印鉴或签字证实。

（2）汇款人的成本费用比较

电汇因其使用现代化通信设施且银行不能占用客户资金，所以其成本费用较高；而信汇、票汇费用较电汇低。

（3）安全方面比较

电汇因在银行间直接通信，能短时间迅速到达对方，减少了中间环节，其安全性较高；信汇必须通过银行和邮政系统来完成，信汇委托书有可能在邮寄途中遗失或延误，影响款项的及时性；票汇虽有灵活的优点，但有丢失或毁损的风险，背书转让带来一连串的债权债务关系，容易陷入汇票纠纷，汇票遗失以后，挂失或止付的手续比较麻烦。因此，信汇、票汇的安全性不及电汇。

（4）汇款速度的比较

电汇因使用现代化手段且优先级较高，一般均当天处理，交款迅速，成为一种最快捷的汇款方式。

尽管电汇费用较高，但可以缩短资金在途时间的利息来抵补。目前实务中，电汇在整个汇款业务笔数中，有比例增大的趋势；信汇方式由于其资金在途时间长，手续多，所以日显落后，在实务中已基本不用；而票汇的速度不及电汇，但因其灵活简便的特点，其使用量仅次于电汇。

四、退汇

退汇是指汇款在解付以前的撤销。退汇可能由收款人提出，也可能由汇款人提出。

1. 收款人退汇

收款人退汇比较方便，在电汇、信汇时，只要收款人拒收电汇、信汇，通知汇入行，汇入行可以将汇款委托书退回汇出行。必要时说明退汇的原因，然后由汇出行通知汇款人前来办理退汇，取回款项。在票汇时，收款人退汇，只要将汇票寄给汇款人，然后汇款人到汇出行办理退汇手续。

2. 汇款人退汇

汇款人退汇处理手续比较复杂。退汇的原则为须在汇入行解付款项之前办理。票汇方式下，汇票已寄给收款人或估计汇票已在市场上流通，则汇款人就要直接与收款人交涉。汇款人退汇较为常见，其程序如图 10-6 所示。

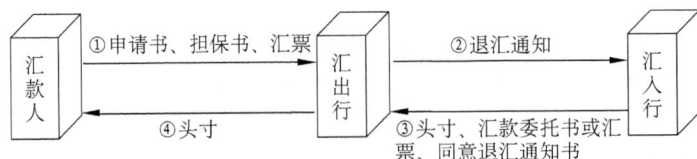

图 10-6　退汇程序图

具体说明如下。

（1）汇款人向汇出行填交退汇申请书，详细说明退汇理由，必要时提交担保书（票汇下，出具，担保若发生重付，由汇款人负责）。如果票汇退汇，须将汇票背书后交汇出行。

（2）汇出行对申请书进行审查，确认退汇理由合理后，向汇入行发出退汇通知，并要求退回汇款时已划拨的头寸。

（3）汇入行核对退汇通知书的印押，查清汇款确未付款后，退回汇款头寸，并寄回汇款委托书、汇票等，且一并寄上退汇通知。

（4）汇出行收到退回头寸后，将其退给汇款人。有关汇票上加盖退汇图章注销。

3. 汇入行退汇

在电汇和信汇方式下，若收款人迟迟不来取款，过了一定时期，汇入行有权主动通知汇出行注销，办理退汇。凭汇票取款的期限，一般是半年到一年。

五、汇款在国际贸易中的应用

在国际贸易中，使用汇款方式结清买卖双方债权债务，多用于定金、运杂费用、佣金、小额贷款或货款尾数的支付。根据货款交付和货物运送先后时间的不同，主要有预付货款、货到付款和交单付现三种方式。

1. 预付货款

预付货款（Payment in Advance）是指买方先将货款通过银行汇交卖方，卖方收到货款后，根据买卖合同规定，在一定时间内或立即将货发运至进口商的一种汇款结算方式。预付货款是对进口方而言的，对出口方来说，就是预收货款，又称"先结后出"。

在国际贸易中预付货款一般有两种做法。

（1）随订单付现（Cash with Order），是指买方发出订单时，或与卖方订立买卖合同后，就将全部货款用汇付方式给卖方。

（2）支付定金（Down Payment），通常为全部预付方式。如果预付金额过大，进口商一般要求出口商提供预付担保，一般为银行担保，以保证预付金额的安全。

这种方式对卖方最为有利，卖方甚至可以无偿占用进口商的资金，做一笔无本生意，根本没有什么风险，掌握了货物出口的主动权。但对进口商是不利的，不仅进口商的资金被占用，会造成利息损失，影响自身资金周转；而且进口商在付款后要承担不能按时、按量、按质收到合同规定的货物的风险。

因此，进口商有时为了保障自身利益，可以规定汇入行解付汇款的条件，如卖方收取货款时，必须提供银行保函，由银行担保卖方如期履行交货义务，保证提供全套装运单据，否则担保行负责退还预收货款，并加付利息等。

进口商之所以愿意以这种方式，原因在于以下方面。

（1）出口商的商品是国内外市场上紧俏商品，进口商迫切需求以取得高额利润。

（2）进口商双方关系十分密切，有的买方是卖方在国外的联号。

（3）出口商的货物旺销，进口商为了保证购到货物，以预先付款为附加条件来吸引出口商成交。

（4）在成套设备、大型机械、大型运输工具，如飞机船舶等，或者在工程承包交易中，或者在专为进口商生产的特订商品交易中，出口商往往要求预付一定比例的预付货款作为定金，或采用分期付款方式，定金和分期支付的款项采用汇付方式。

2. 货到付款

货到付款(Payment after Arrival of the Goods)是指出口商先发货,进口商收到货物后,立即或在一定期限内将货款汇交出口商的一种汇款结算方式。它实际上是属于赊销交易(Sold On Credit)或记账赊销方式(Open Account Transaction),具有延期付款(Deferred Payment)性质。

货到付款对进口商有利。进口商不承担风险,货不到或货不符合要求就不付款,在整个交易中占据主动;往往在收到货后过一段时间再付款,所以可以占用出口商的资金。对出口商不利,先发货,要承担买方不付款的风险;货款往往不能及时收回,资金被占用,造成一定损失。

货到付款在国际贸易中有售定和寄售两种方式。

(1) 售定(Goods Sold)是指买卖双方签订合同,在合同中明确规定了货物的售价及付款时间等条款,进口商按实收货物数量将货款汇交出口商的一种汇款结算方式。

售定在我国是对中国港、澳地区出口鲜活商品的一种特定的结算方式,由于鲜活商品出口时间性较强或以实收货物数量结算,出口商就采取先发货,出口单据随同货物直接交给进口商,待收到货物时,进口商按实收货物数量、规定的价格、期限将货款通过银行汇交出口方。所以,售定方式又称“先出后结”。

(2) 寄售(Consignment)是指出口方(委托人,寄售方)将货运交给进口国的约定代销人(受托人),暂不结算货款,仅委托其按照双方约定的条件和办法代为销售的方式。当商品售出后,所得货款,由代销人扣除佣金和其他费用后交给寄售方,这种方式货价和付款时间均不确定。出口商承担的风险很大,能否收回货款取决于国外受托人的营销能力。因此采用寄售时必须十分重视受托人的资信和经营能力。一般寄售方式只适用于推销新产品、处理滞销品或一些不看实物难以成交的商品。

寄售的装运单据多由委托人直接寄给受托人,个别的也通过银行寄单。交单给受托人的条件是凭受托人的收据(Receipt)和信托收据(Trust Receipt)表示借取单据,以及受托人的保证书和当地银行的保证书。

3. 交单付现

交单付现(Cash Against Documents,CAD),又称凭单付汇,是指进口商通过银行将款项汇给出口商所在地银行(汇入行),并指示该行凭出口商提交的货运单据即可付款给出口商的一种结算方式。

(1) 交单付现的特点,如下所述。

① 有条件的汇款。一般汇款都是无条件的,而交单付现则是有条件的汇款,即买方汇付货款,卖方收取货款以装运交单为前提条件。

② 风险较均衡。对于预付货款的买方和货到付款的卖方,一旦付了款或发了货就失去了制约对方的手段,届时买方能否顺利地收到符合合同规定的货物,或卖方能否顺利地收回货款,完全取决于对方的信用。所以,在预付货款和货到付款下,买卖双方风险的承担是极不平衡的。

而交单付现下,由于卖方交单时才能收取货款,对进口商而言可以防止在预付货款下可能出现的出口商支取货款后不及时交货的风险。对出口商而言,只要及时交货,便可立即支取全部的货款,避免了在货到付款下可能出现的发了货后收不回款的风险。所以,这种结算方式对买卖双方都有一定的保证作用,对进出口商都显公平,易被双方所接受。

(2)交单付现的影响。对于进口商来说,交单付现相当于预付货款,会造成资金占用;同时要防止出口商以假单据、假货进行诈骗的风险。因此,加强对交易对方的资信调查是必要的。

对于出口商来说,交单即可收汇。但汇款是可撤销的,在汇款尚未被支取之前,汇款人随时可以通知汇款行将汇款退回,所以出口商在收到银行的汇款通知后,应尽快发货,尽快交单收汇。

六、汇付的风险与防范

汇付方式应用的增加有其特殊的原因。因为其他结算方式如信用证结算方式等是以社会经济结构稳定、经济秩序良好、银行体系完善、企业经营正常为前提。在缺乏上述前提时,即缺乏银行信用时,只能使用商业信用。

从贸易角度来看,如果双方缺乏信任,则采用该方式风险很大。因此,企业对汇付风险的防范首先在于加强信用风险管理,同时,为了保障其权益,减少风险,可以在买卖合同中规定保障条款,以获得银行信用担保或第三方的商业信用加入。例如,在买卖合同中可约定卖方收取货款时,必须提供银行保函,由银行担保卖方如期履行交货义务,保证提供全套装运单据等。

从银行角度来看,国际资金偿付作为银行的基本业务在整个业务流程中环节较多,涉及面广,加强风险防范与控制,是一项非常重要的基础工作。银行收到付款指示时,由电脑系统自动识别与控制,对指示行所有的付款指示在确认已收妥相应的头寸后方予以解付,以避免头寸风险的发生。对于经常发生头寸风险问题的国外汇款银行,应格外注意。当退汇时,银行要注意按国际惯例办事,防范头寸风险。

第二节　托收支付

一、托收方式的定义

国际商会《托收统一规则》(URC522)对托收的定义如下。

Collection means the handling by banks of documents as defined in sub article 2(b),in accordance with instructions received,in order to:

(1) obtain payment and/or acceptance.

(2) deliver documents against payment and/or against acceptance.

(3) deliver documents on other terms and conditions.

托收意指银行根据所收到的指示处理金融单据或商业单据，其目的如下。

(1) 取得付款和/或承兑。

(2) 或者凭付款和/或承兑交付单据。

(3) 或者按其他条款和条件交单。

托收业务基本流程，如图 10-7 所示。

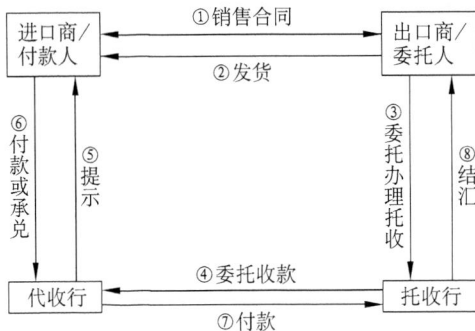

图 10-7　托收业务基本流程图

二、托收方式的当事人

一项托收业务一般涉及以下四种当事人。

1. 委托人

委托人（Principal）是将单据委托银行向国外付款人收款的人，即委托银行办理托收业务的当事人。委托人可以是出口商（exporter）、卖方（seller）、出票人（drawer）、托运人（consignor），也可以是托收汇票上的收款人（payee）。

2. 托收行

托收行（Remitting Bank）又称为寄单行，是指受委托人的委托而办理托收的银行。它是出口方银行（Exporter's Bank）。托收行一方面受委托人委托，受理托收业务；另一方面，通过寄单委托其国外联行或代理行，代为向付款人收款。它可以作为托收汇票的收款人，也可以作为托收汇票的被背书人。

3. 代收行

代收行（Collecting Bank）是指受托收行的委托，参与办理托收业务的银行，也是受委托向付款人收取款项的银行。代收行是进口方银行（Importer's Bank）。它可以是托收汇票的收款人，也可以是托收汇票的被背书人。

4. 付款人

付款人（Drawee）是指代收行接受托收行的委托向其收取款项的人，也是委托人开立汇票的受票人。在付款人未兑付托收业务中的汇票票款之前，也就是汇票的受票人。在国际贸易中，付款人还是进口商（Importer）、买方（Buyer）。

5. 提示行

提示行(Presenting Bank)是指向付款人提示汇票和单据的银行。它也是进口方银行。若代收行与付款人有直接的账户往来,则提示行与代收行是同一家银行。这种情况在实务中常见。否则,代收行使用它选择的一家银行作为提示行,这时提示行与代收行分别是两家银行。

在托收方式的有关当事人中,委托人与托收行之间的关系是委托代理关系,托收行与代收行同样也是委托代理关系。其间存在着两个契约关系。一是委托人与托收行之间以托收申请书(客户交单联系单)为代表的契约关系。托收申请书是委托人对托收行的指示,构成了委托人与托收行之间的委托代理合同,其指示力求明确具体。二是托收行与代收行之间原先订立代理业务关系。具体的业务办理以相关的托收指示为约定,托收申请书是托收指示的依据,托收指示在内容上必须与托收申请书一致。双方契约关系,如图10-8所示。

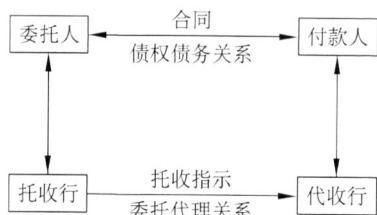

图 10-8 托收业务中的当事人之间的契约关系图

三、托收方式的种类及业务流程

根据是否附带运输单据,托收结算方式分为光票托收、跟单托收和直接托收。

1. 光票托收

光票托收(Clean Collection)是指金融单据的托收,即卖方仅开立汇票而不附带任何货运单据,委托银行收取款项的一种托收结算方式。它不涉及货权的转移或货物的处理,处理比较简单。一般只用于贸易从属费用和非贸易款项的收取。托收中所使用的汇票示样,如样本 10-1 所示。

2. 跟单托收

跟单托收(Documentary Bill for Collection)是指伴随货运单据的托收,可能使用汇票,也可能因进口商为避免印花税的负担而不使用汇票。跟单托收最实质的要件是代表物权的货运单据。国际贸易中货款的托收大多采用跟单托收。

根据银行交单条件的不同,跟单托收可分为付款交单和承兑交单两种。

(1)付款交单(Documents against Payment,D/P)是指被委托的代收行必须在进口商付清票款以后,才能将货运单据交给进口商的一种托收方式。付款交单的特点是先付款后交单,付款人付款之前,出口商仍然掌握着对货物的支配权,因此其风险较小。

样本 10-1　托收汇票

BILL OF EXCHANGE

No. _____

Documents against PAYMENT/ACCEPANCE

Fo

Due date _____

At sight of this FIRST Bill of Exchange(SECOND being unpaid)pay to

_____

Value received and charge the same to account

To：_____

_____

AUTHORIZED SIGNATURE

_____

根据托收汇票付款期限的不同,付款交单又有即期和远期之分。

① 即期付款交单(D/P at sight)是指委托人开立即期汇票(向欧洲大陆国家的托收免开汇票,以发票替代),在代收行向付款人提示汇票后,付款人只有立即付清货款才能获得货运单据。其业务流程如图 10-9 所示。

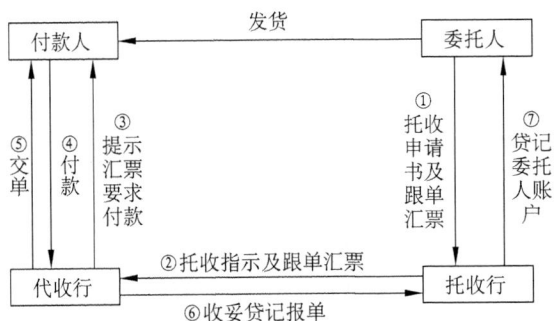

图 10-9　即期付款交单操作流程图

② 远期付款交单(D/P at ×× days after sight)是指委托人开立远期汇票,代收行在向进口商提示汇票时,进口商立即承兑汇票,代收行收回汇票并掌握货运单据,直至到期日,代收行再提示,进口商付款后,代收行才交出货运单据。其业务流程如图 10-10 所示。

URC522 第 7a 条规定:托收不应该含有远期付款汇票而同时又指示商业单据需在付款后交给付款人。第 7c 条进一步指出:如果托收包含在将来日期付款的,以及托收指示注明商业单据凭付款而交出,则单据实际只能凭这样付款才可交出,代收行对产生于延迟交单的任何后果不负责任。可见,国际商会明确表示不赞成远期付款交单的安排。

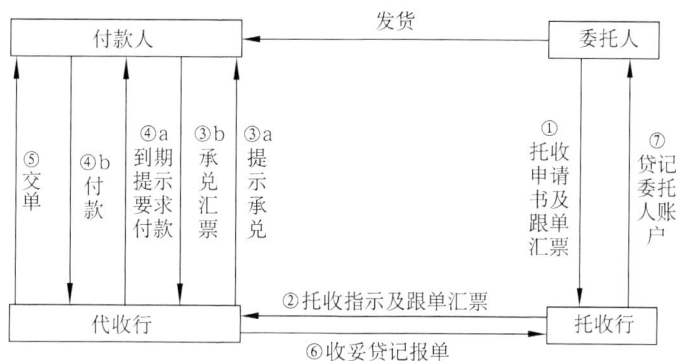

图 10-10　远期付款交单业务流程图

（2）承兑交单（Documents against Acceptance，D/A）是指被委托的代收行根据托收指示，于付款人承兑汇票后，将货运单据交给付款人，付款人在汇票到期时履行付款责任的一种托收方式。它适用于远期汇票的托收。这种方式因为出口商在进口商承兑汇票后就不能控制单据而风险较大，承兑的期限越长，风险越大。在实际出口业务中，应避免或者严格控制采用承兑交单方式，在不得不使用承兑交单方式时（如推销滞销产品或产品竞争力较差等情况），也应尽可能缩短承兑的期限。其业务流程如图 10-11 所示。

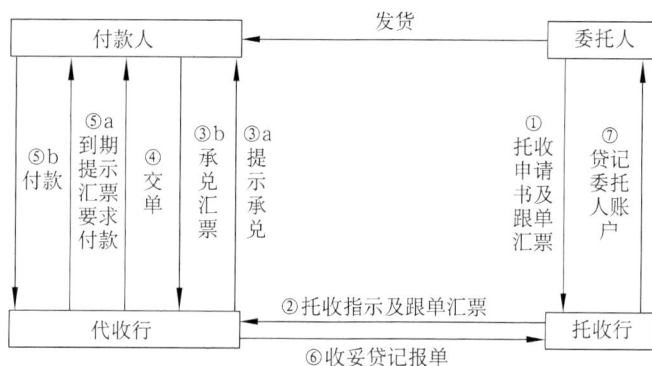

图 10-11　承兑交单业务流程图

客户（出口商）向银行提交单据或汇票时，要在银行事先印就的空白的"客户交单联系单"上填写相关的事项，并交给银行，银行凭以点收客户所提交的单据，和按客户所选择的结算方式，办理相关的业务手续。

3. 直接托收

直接托收（Direct Collection）是指委托人从托收行获得空白的托收指示格式后，自行填制，连同其他单据直接寄给代收行，由代收行向付款人提示，以代收款项，即绕开托收行办理托收业务。代收行将直接托收项下由委托人直接寄送的单据视同由托收行寄出的单据，即视同为正常的托收业务来处理。从理论上讲，这种托收最大的好处在于缩短了办理托收业务所经过的途径，可节约办理所需的时间。但是，在直接托收方式中存在一系列具体的问题难以解决。

（1）委托人与代收行之间没有代理协议之类的契约，委托人难以把握代收行的资信及代收行与付款人的关系。

（2）按许多国家的法律规定，都不允许本国企业私自在境外银行开立账户，则在直接托收方式下，即使代收行愿意接受委托办理收款，在付款人支付了有关的票款后，代收行也无法直接将所收得的款项贷记委托人账户，而仍然要通过汇款方式，汇交委托人的账户银行，才能入账。

（3）直接托收无相应的银行惯例可循，各项跟单托收指示都可以注明"本项业务根据国际商会的《托收统一规则》（URC522）办理"。但是，国际商会第 522 号出版物不涉及直接托收，这就使得在直接托收的指示中，即使也做相应记载，事实上仍无法从国际商会的规则中找到业务办理的依据。这就大大增加了有关各方产生异议时缺乏协商、调解或仲裁基础的风险。事实上，可以认为，国际商会的托收规则不对直接托收做出规定的本身，就表明国际商会不赞成直接托收的做法。

四、托收指示

1. 托收指示的定义

托收指示（Collection Instruction）是指托收行寄送托收单据给代收行的寄单面函（Covering Letter）。根据 URC522，要求托收的所有单据必须伴随着托收指示，注明托收受到《托收统一规则》的约束，并做出完全和准确的指示，银行仅被允许根据该项托收指示所做出的各项指示和按照国际商会出版物第 522 号办理。除非托收指示另有授权，代收行将不会理会除向其发出托收的一方/银行以外的任何一方/银行的任何指示。因此，托收行的主要责任就是严格按照委托人的托收申请书缮制托收指示，做到托收指示的内容与托收申请书的内容严格一致。

2. 托收指示的内容

根据 URC522 第 4 条规定，托收指示应包括下列各项适用的内容。

（1）托收行、委托人、付款人、提示行（如有）的详情，包括全称、邮政地址和 SWIFT 地址（若有）、电传、电话、传真号码。

（2）托收金额及货币种类。

（3）所附单据及每一项单据的份数。

（4）取得付款及/或承兑的条款和条件。据以交单的条件：付款和/或承兑；其他条件，并有责任确保交单条件表述清楚、意思明确。

（5）要求收取的费用，注明是否可以放弃。

（6）如有应收利息，应注明利率、计息期、所适用的计息基础，并注明可否放弃。

（7）使用何种付款方法及通知付款的方式。

（8）发生拒绝付款、拒绝承兑和/或与其他指示不符时的指示。

托收指示的样式如样本 10-2 所示。

样本 10-2　托收指示

9046 - ①

中 国 银 行
BANK OF CHINA

ORIGINAL

ADDRESS：
CABLS　　　　COLLECTION INSTRUCTION
TELES：　DG720103
SWIFT：
FAX：

WHEN CORRESFONON3
PLEASE QUOTE OUR REF. NO.

YEAR MONTH OAY

MAIL TO. COLLECTING BANK：

Dear Sirs：
We enclose the following draft（s）/documents as speclfled hereunder which please collect in acconrdance with the instructions indicated herein.

DRAWER

PRESENTING BANK：

OELIVER DOCUMENTS AGAINST

DUE DATE/TENOR

DRAWER'S REF NO.

DRAWEE：

AMOUNT

DOCUMENTS

DRA QFT	COMM INVO ICE	CUST/ CONS UL INV	PACK/ WT LIST	CFB ON C ERT	OSP PO SMA	CUAL; QVA N; W T; CE RT	INSP ANAL Y CE RT	E/L; SHIP CERT; VISA INV	INS; POL ICY; DECL AR	BLA DING; P. P. R; A. W. B/ C. R	N/N; BLA DIN G;C/ R	TLX CABL E/F AX C OPY	DENE LETT ER/CE RT	SS CO CE RT		

Special instructions （See box marked "×"）
☒ Please acknowledge receipt of this collection instruction.
☒ All your charges are to be borne by the drawees.
☒ In case of a time bill，please advise us of acceptance giving maturity date.
☒ In case of dishonor，please do not pretest but advise us of non-payment/non-acceptance by telex，giving reasons.
☒ Any payment/acceptance should be made within seven working days by the drawee
☒ Do not waive interest and/or collection charges if refused.

Disposal of proceeds upon collection

REMARKS：

yours faithfully，
For BANK OF CHINA

Unless otherwise speclfled this Collection is subject to
Uniform Rules for Collections（URC NO. 522）

Authorized signature（s）

3. 托收指示的重要性

国际商会《托收统一规则（URC522）》指出，托收指示的重要性主要有以下三点。

（1）所有托收业务都必须附有一个单独的托收指示，该项托收业务离不开该托收指示。

（2）代收行仅被托收指示中载明的指示所引导。

（3）代收行不从其他地方（包括托收委托当事人之外的其他人和托收委托当事人在托收指示之外的其他地方所提出的指示）寻找指示，也没有义务审核单据以获得指示；即使个别单据上带有指示，银行也不予理会。

托收指示应包含 URC522 第 4 条所规定的内容，同时必须注明"本项托收业务按照国际商会的第 522 号出版物的规定办理（This collection is subject to Uniform Rule for Collection —1995 Revision ICC. Publication No. 522）"。否则，容易引发各当事人之间的异议纠纷，而使对方不愿意接受办理该项托收业务。

五、托收汇票

在即期付款交单方式下，托收汇票不是必要单据。例如，对于欧洲大陆国家的托收，进口商为了避免负担印花税，一般均要求出口商不开立汇票，而以商业发票替代汇票的使用，这时应注意发票上加列交单方式，以便代收行掌握和日后查考。而在远期付款交单和承兑交单方式下，汇票则是必不可少的。

托收汇票通常是跟单的商业汇票，它除了具备一般汇票的 8 个必要项目外，还应加注交单条件（在付款期限前注明 D/A 或 D/P）；出票条款（通常以"Drawn against shipment of(merchandise)for collection"为固定格式），以表明开立汇票的原因。托收汇票见样本 10-3 所示。

托收汇票的出票人是出口商或卖方，付款人是进口商或买方，收款人可以有三种形式表示：出票人抬头、托收行抬头和代收行抬头。

（1）出票人抬头，即以委托人或出口商为收款人，如样本 10-3 所示。

委托人向托收行提交全套单据时可做成空白背书（如样本 10-4 第一部分所示），或以托收行为被背书人的记名背书。

托收行将单据寄给代收行时，应以代收行作为被背书人，做成托收背书，如样本 10-4 第二部分所示。

样本 10-3　　出票人为抬头人的汇票

Exchange for USD 5 000.00　　　　　　　　　　　　Hong Kong 10 July. 200x.
At sight pay this first bill of exchange(second unpaid)to the order of ourselves the sum of five thousand US dollars only
Drawn against shipment of(merchandise)for collection.
To buyer or importer
London.　　　　　　　　　　　　　　　　　　For seller or exporter
Hong Kong.
Signature

样本 10-4 出票人为抬头人的汇票背书

（汇票背面）

        Seller's name, place

        <u>   Signature   </u> （第一部分）

For collection Pay to the order of

collecting bank, place

               For remitting bank, place

              <u>   Signature   </u> （第二部分）

图 10-12 为出票人为抬头人的汇票流通过程。

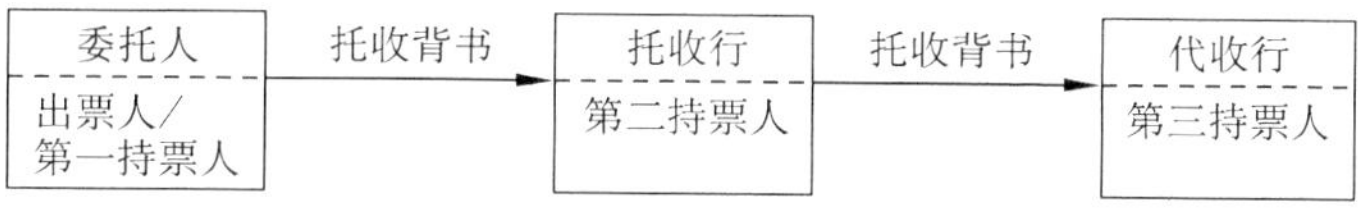

图 10-12 出票人为抬头人的汇票的流程图

（2）托收行抬头，如样本 10-5 所示。

样本 10-5 托收行为抬头人的汇票

Exchange for USD 5 000.00   Hong Kong 10 July. 200x.

D/P At 30 days sight pay this first bill of exchange(second unpaid)to the order of remitting

bank   the sum of five thousand US dollars only

Drawn against shipment of(merchandise)for collection.

To buyer or importer

London.   For seller or exporter

                              Hong Kong.

                              Signature

寄单时汇票由托收行做成托收记名背书，背书给代收行，如样本 10-6 所示。

样本 10-6 托收行为抬头人的汇票背书

（汇票背面）

For collection Pay to the order of collecting bank, place

    For remitting bank, place

                Signature

托收行为抬头人的汇票的流通过程如图 10-13 所示。

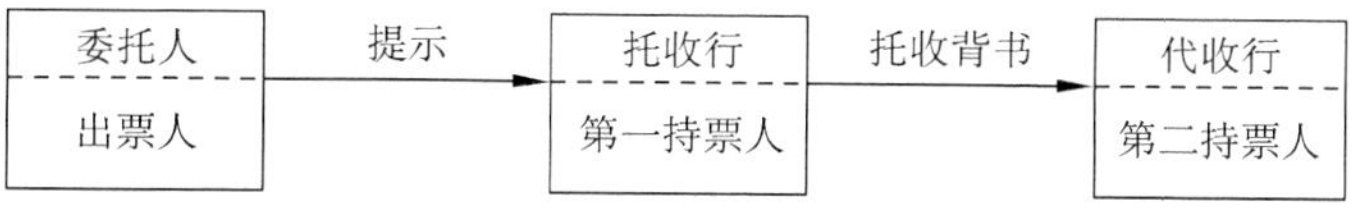

图 10-13 托收行为抬头人的汇票的流程图

(3) 代收行抬头,即直接以代收行为收款人,如样本 10-7 所示。

样本 10-7　代收行为抬头人的汇票

Exchange for USD 5 000. 00　　　　　　　　　Hong Kong 10 July. 200x.

D/P At 30 days sight pay this first bill of exchange(second unpaid)to the order of collecting

bank　　　　　　the sum of five thousand US dollars only

Drawn against shipment of(merchandise)for collection.

To buyer or importer

London.　　　　　　　　　　　　　　　　　For seller or exporter

　　　　　　　　　　　　　　　　　　　　　　　　　Hong Kong.

　　　　　　　　　　　　　　　　　　　　　　　　　Signature

这种抬头方式可以避免背书。代收行为抬头人的汇票的流通过程如图 10-14 所示。

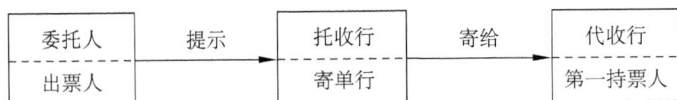

图 10-14　代收行为抬头人的汇票的流程图

六、托收方式下的运输单据

鉴于托收方式是建立在商业信用基础上的结算方式,银行只是受委托办理有关款项的转移,因此,银行应该避免更多地介入与款项无关的事项中,如提货或保管货物等。

国际商会 URC522 第 10 条就此做了明确规定:

a 款:未经银行事先同意,货物不得直接发至银行或运至银行或其指定人。

b 款:即使接到特别指示,银行也没有义务对与跟单托收有关的货物采取任何行动,包括对货物进行存储和保险。银行只有在个案中、在其同意的限度内,才会采取该类行动;

d 款:银行采取任何行动保护货物发生的任何费用及/或花费应由发出托收当事人负担。

因此,出口商为保证在进口商未承兑/付款情况下对货物的控制,托收项下的运输单据应做成空白抬头、空白背书,而不应该做成银行或银行的指定人抬头,或者进口商抬头。

另外,对出口商来说,交易中使用的贸易条件应选择 CIF 为好,由出口商投保,万一货物出险进口商不付款时,保险赔偿归出口商受益。同时注意加保出口信用险,以保障出口商的利益。

七、托收项下的资金融通

1. 对出口商的融资

(1) 托收出口押汇(Collection Bills Purchased),是指银行有追索权地向出口商购买跟单汇票的行为,是托收行向出口商提供的一种资金融通方式。在这种方式下,银行凭出口商开立的以进口商为付款人的跟单汇票以及所附的商业单据为质押,将货款扣除利息及费用后,净额付给出口商。等到代收行收妥款项并将头寸拨给托收行,托收行须做托收出口押汇的垫款才得以归还。如果出现拒付,押汇行(托收行)有权向出口商追索票款及利息。

银行叙做托收出口押汇实际上是将原来由出口商承担的风险转移到托收行,风险较大,因此在实务中,银行对托收出口押汇会提出一些严格的要求,如要求进口商的资信良好、押汇单据必须是全套货运单据、必须取得出口信用保险、出口货物是畅销的等,此外还要求收取较高的押汇利息和手续费用。

(2)出口贷款(Advance against Collection)。出口商在其流动资金不足的情况下可以要求托收行发放少于托收金额的贷款,待其到期时还贷。它相当于以部分货款做押汇。

(3)使用融通汇票贴现融资(Accommodation Bill for Discount)。出口商事先与托收行或其他银行订立承兑信用额度协议(Acceptance Credit Agreement),货物出运后,出口商开立一张远期融通汇票,以订立协议的银行(即托收行)作为受票人,以出口商作为出票人和收款人,金额略低于托收汇票,期限略长于托收汇票,并以托收跟单汇票作为融通汇票的质押品,一起交给托收行。托收行在对融通汇票承兑后,送交贴现公司贴现,出口商即可得到净款融资。托收行将托收跟单汇票寄代收行,收取货款后,向贴现公司付融通汇票到期日应付的票款。其业务流程,如图 10-15 所示。

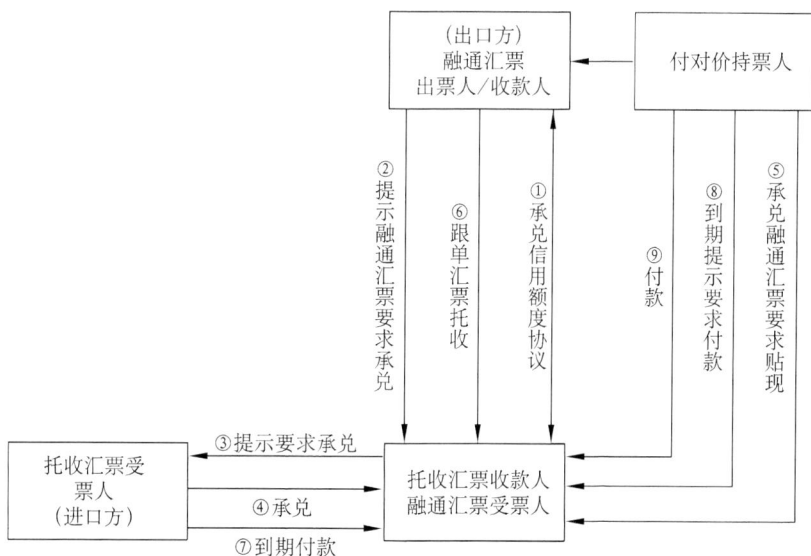

图 10-15　带有质押的融通汇票的业务流程图

2. 对进口商的融资

(1)信托收据融资

信托收据融资(Trust Receipt,T/R)是进口商表示愿意以代收行受托人的身份代银行提货,承认货权属于银行,并保证在汇票到期日向银行付清货款的一种书面文件。它是在远期付款交单条件下代收行向进口商提供的资金融通方式。这种融资有一定的风险。若在托收指示中注明"D/P at ×× days after sight to issue trust receipt in exchange for documents,简称 D/P,T/R"(远期付款交单凭信托收据借单),是出口商允许进口商以开立信托收据方式借得货运单据提货,则到期进口商不向代收行缴清货款的风险由出口商自己承担;若代收行在未得到出口商的授权,自行给进口商提供这项融资,则风险应由代收行承担。其业务流程,如图 10-16 所示。

凭信托收据借得货物运输单据所提取的货物,其所有权并不随货物的转移而转移。进口商的义务是将信托收据项下的货物与其他货物分开保管;售得的货款应交付给代收行,或暂代代收行保管,并在账目上与自有资金明确分开;不得将信托收据项下的货物抵押给他人。代收行是信托人,其权利是可以随时取消信托,收回货物;可随时向进口商收回已经售出货物的货款;若进口商倒闭破产清理,对该信托收据项下的货物和货款有优先债权。

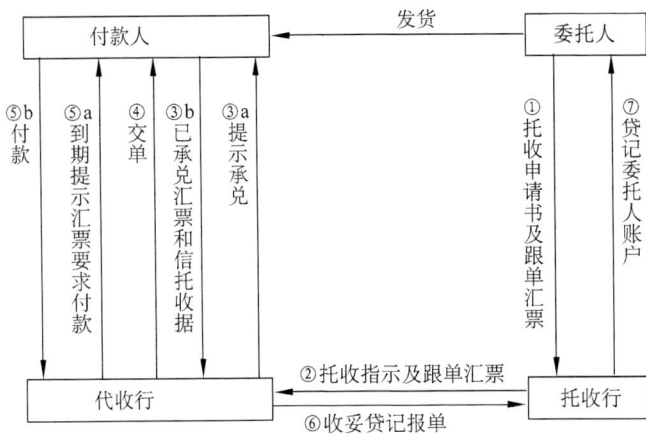

图 10-16　D/P、T/R 业务流程图

（2）融通汇票融资

进口商事先与代收行或其他银行订立承兑信用额度协议,当进口商收到代收行的通知书要求他付款时,开立一张远期融通汇票,以订立协议的银行（即代收行）作为受票人,以进口商作为出票人和收款人,要求代收行在对融通汇票承兑后,送交贴现公司贴现,进口商即可得到净款用来支付给代收行。待融通汇票到期,进口商将提取的进口货物销售所得的货款归还融通汇票到期的票款。其业务流程如图 10-17 所示。

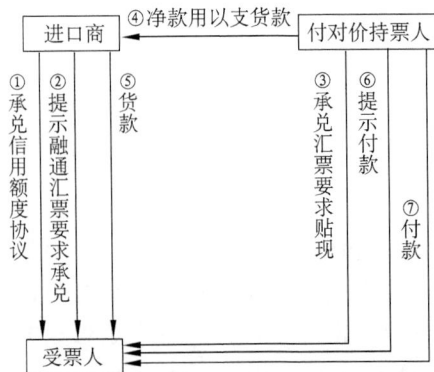

图 10-17　不带有质押的融通汇票的业务流程图

八、托收项下风险及其防范

托收仍是出口商先出运商品后收款，所以是相对有利于进口商，不利于出口商的一种结算方式。托收项下的风险主要指出口商面临的风险。

进口商经营风险，来自进口商破产或倒闭，丧失支付能力的风险。

市场风险，来自国际市场行市下跌、买方借故不履约、拒不付款的风险；或进口商利用不赎单给卖方造成被动、借以压低合同价格的风险。

进口国国家风险。进口国由于政治或经济的原因，加强外管，使进口商无法领到进口许可证或申请不到进口所需的外汇，造成货抵进口国无法进口，或不能付款带来风险。

其他风险。如由以上情况所导致的货到目的地后发生的提货、存仓、保险费用和货物变质、短量的风险；转售货物可能发生的价格损失的风险；货物转运的费用负担以及因储存时间过长被当地政府拍卖的风险。

鉴于该方式对出口商风险大，为了保证收汇安全，应采取相应的防范措施如下。

（1）加强对进口商的资信调查。托收是出口商先出运商品后收款的结算方式，出口商能否顺利地收回货款完全依赖于进口商的资信状况，所以出口商必须事先详细地调查进口商的资信和经营状况，成交的合同金额不宜超过其经营能力和信用程度。

（2）选择适当的商品采用托收方式。采用托收的出口商品种类，应是那些市场价格相对平稳、商品品质稳定、交易金额不大的商品或是向国际市场推销（试销）的新产品。

（3）选择合理的交单条件。出口商应尽量地选择即期付款交单方式。如果一定要使用远期付款交单方式，应把握好付款期限，一般应掌握在不超过从出口地到进口地的运输时间，不宜过长。应尽可能地避免使用承兑交单方式。

（4）选择好价格条款，应争取以 CIF 签订合同。因为 CIF 项下由卖方投保，万一货物出事，买方拒付，出口商仍然掌握货运单据，控制货物的所有权，出口商可凭保险单向保险公司索赔，直接获得赔款，不至于造成重大损失。

（5）了解进口国的有关规定。出口商应随时注意了解进口国的有关贸易法令、外管条例等方面的内容，避免货到目的地不准进口或收不到外汇的损失。

（6）投保出口信用险。现在很多国家都开办了出口信用保险业务，即对买方不付款和买方国家因国家风险导致不能如期付款的损失进行保险。例如，我国出口商可以向中国出口信用保险公司投保"短期出口信用保险"，这项保险业务适用于以付款交单和承兑交单为结算方式且期限不超过 180 天的出口合同。投保该险后，如果进口商无力支付货款、不按期支付货款、违约拒收货物，或因进口国实行外汇和贸易管制、发生战争和骚乱而给出口商造成的损失，保险公司将予以赔偿。

第三节   实 训 操 作

一、操作目的

通过本实训练习，掌握汇款、托收、信用证的一般流程；掌握信用证的开立；掌握对信用证的审核原则和对单据审核的要求。

二、操作要求

按下面实训操作练习给出的资料，完成练习。

三、操作内容

1. 流程练习

（1）绘制电汇流程图并简要说明。

（2）绘制即期付款交单方式流程图并简要说明。

（3）绘制跟单信用证结算方式流程图并简要说明。

2. 操作练习

（1）中国武汉 A 贸易公司（A Trade Co., Ltd. Wuhan, China）从美国进口价值 10 万美元（USD 100 000.00）的商品，采用汇款方式结算。货物已抵达，A 公司于 2010 年 10 月 26 日去自己的开户行 Credit Bank of China, Wuhan，用 SWIFT 方式汇出全部货款。出口商的开户银行为 Bank of Tokyo, New York. 本贸易合同号位 S/C No.2500789；汇出行编号：AE250398；密押：467529；汇入行费用由收款人承担；头寸拨付为：借记汇出行在汇入行账户。

① 以 A 公司业务员身份，填写下面汇款申请书。

汇款申请书
APPLICATION FOR REMITTANCE

日期：
DATE：

□电汇 T/T   □票汇 D/D   □信汇 M/T

金额：
AMOUNT：＿＿＿＿＿＿＿＿＿＿＿＿＿＿＿＿＿＿＿＿＿

收款人名称：
NAME OF BENEFICIARY：＿＿＿＿＿＿＿＿＿＿＿＿＿＿＿

收款人地址：
ADDRESS OF BENEFICIARY：＿＿＿＿＿＿＿＿＿＿＿＿＿

续表

收款人开户行名称及账号：
BENEFICIARY'S ACCOUNTING BANK & A/C NO. :_____

汇款人名称：
NAME OF REMITTER:_____

汇款人地址：
ADDRESS OF REMITTER:_____

附言：　　　　　　　　　　　　汇款人签章
REMARKS：　　　　　　　　　SIGNATURE:

　　　　　　　　　　　　　　　经办人：　　　　电话：

② 以银行职员身份，利用 SWIFT 汇款 MT100 报文格式拟出汇款电文。

M/O	Tag 项目编号	Field Name 项目名称
O	15	
M	20	
M	32A	
M	50	
O	52X	
O	53s	
O	54s	
O	57s	
M	59	
O	70	
O	71A	
O	72	
	M＝Mandatory(必选)	O＝Optional(可选)

（2）2003 年 5 月 18 日 Guangdong Arts & Craft Imp. & Exp. Company 向中国银行广州分行提交下面这张跟单托收委托书，请仔细审核该托收委托书的内容。

<table>
<tr><td colspan="2">托收委托书</td></tr>
</table>

致：中国银行广州分行 TO：BANK OF CIUNA GUANGZJIOU We hand the undermentioned item for disposal in accordance with the following instructions and sub- ject to the terms and conditions set out overleaf for ☒ collection　代收 ☐ NEGOTLATION under Documentary Credit 　议付信用证下单证	Original Collection Application Date：18th，May，2003 兹送上下列文件，请按照下述指示办理，本 避开并同意遵照背面之条款。 ☒ Please advance against the bill/documents 　请予垫款 ☐ Please do not made any advance 　无须垫款

Please mark 请填上下列文件的份数
Number of DOCUMENTS ATTACHED　　　　我司账号 Our A/C No. 87364-752-9251

Draft 汇票	Bill of lading 提单	Airway bill 空运单	Cargo Receipt 货物 收据	Invoice 发票		Memo. 中旅社 承运收 据	Cert. of Qual/Quan. 品质/数 量证明书	Cert. of Origin 产地证 明书	Ins. Pol/ Cert. 保险 单/证书	Packing List 装箱单	Weight List 重量单	Bene. Cert. 受益人 证明书	Cable Copy 电报 副本
				Com.	cust.								
2/2	4/4			2/2				1/1	1/1		1/1		

OTHER DOCUMENTS 其他文件

DRAWEE 付款人 Good kuck Company，Hongkong

ISSUING BANK 开证银行	DOCUMENTARY CREDRNT NO. 信用证编号
TENOR 期限 AT SIGHT DRAFT NO. / DATE 票号/日期 18th May	DRAFT AMOUNT 金额 HK ＄652 450.00

FOR "BILLS NOT UNDER L/C" PLEASE FOLLOW INSTRUCTIONS MARKED "X" 如属非信用
证下单据请按下列有×之条款办理

Deliver documents against PAYMENT　　　　　　　　　　　　　付款
☐ Acceptance/payment may be defered pending arrival of carrying vessel　货到后方承兑/交款
Collection charges outside Guangzhou for account of Drawee　外埠代收手续费付款人负担
Please collect interest at 5％p. a. from Drawee　请向付款人按年息5％计收利息
☒ Please waived interest/charges Do not waive interest/charges　如拒付利息/手续费可免收/不可免收
if refuse in the event of dishonour　　　　　　　　　　　　如付款人拒绝承兑或付款
Please warehouse and insure goods for our account 请将各货物入仓投足保险，各项费用由我司负责
☒ Please do not protest ☐ Protest　　　　　　　请不须/请做拒绝承兑/付款证书
Advice dishonour by Aimail Cable　　　　　　　若未兑付请以/电报通知

☒ In case of need refer to A Trading Co. ， Hong Kong	Who will assist you to obtain acceptance/payment but who has no authority to amend the terms of the bill 该司会协助贵行取得承兑/付款但无权更改任何条款

☒ Designated Collecting Bank (if any)：指定托收银行 Standard Chartered Bank Lid. Hong Kong

PAYMENT INSTRUCTIONS
请将款项收我司账号
☒ Please credit proceeds to our A/C No. 9005-2727985473
其他☐ Others

OTHER INSTRUCTIONS 其他指示
如有查询，请电话我司。
In case of any questions，please contact our Mr. /Miss　王江 Tel No. 35678765

For：Guandong Arts & Craft Imp. & Exp. Company

　　　　　　　　　　　　　　　　Authorized Signature (s)负责人签字

根据审核的跟单托收申请书的内容,填写以下表格。

(1) 委托人公司名称、账号	
(2) 付款人公司名称	
(3) 指定代收行	
(4) 托收金额、付款期限	
(5) 托收单据种类、份数	
(6) 银行费用由哪方支付	
(7) 交单条件	
(8) 利息支付情况	
(9) 拒付时是否需发出退票通知	
(10) 拒付时是否需要出具拒绝证书	
(11) 需要时的代理人及作用	
(12) 托收行邮寄单据遗失时,是否需承担责任	

第十一章 外汇结汇和核销业务

【学习目标】
- 掌握外汇结汇、出口收汇核销和进口付汇核销的基本流程；
- 熟悉信用证下的结汇单据的缮制和审核；
- 学会缮制出口收汇核销和进口付汇核销的主要单据。

为平衡国际收支和维持本国货币汇率稳定，我国对外汇的收入和支出实行了出口结汇和外汇核销政策。在我国的任何个人、机构，在进行涉外经济活动时，都要遵守国家现行外汇管理制度的相关规定。

第一节　外汇结汇业务

一、外汇结汇的基本知识

1. 结汇的概念

结汇是外汇结算（exchange settlement/foreign exchange settlement）的简称，是指外汇收入所有者将其外汇收入出售给外汇指定银行，外汇指定银行按一定汇率付给等值的本币的行为。出口商在完成货物装运后，要按照合同或信用证的要求，正确缮制各种单证，并对缮制的单证进行审核，并在规定的有效期内将单据递交银行办理结汇手续，从而完成出口任务。

2. 结汇的具体流程

结汇的具体流程如图 11-1 所示。

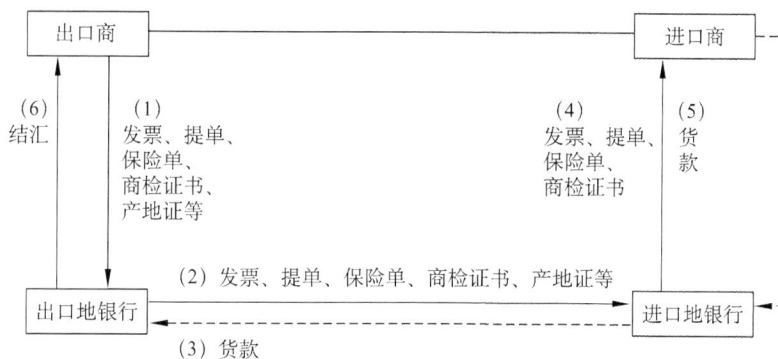

图 11-1　结汇流程图

（1）出口商将整套出口结汇单据（包括外销发票、海运提单、保险单、商检证书、出口货物原产地证等）发送给出口地银行。

（2）出口地银行将该整套单据发送给进口地银行。

（3）进口地银行在单据符合信用证要求的情况下，通过出口地银行向出口商付款（在托收方式下，则由进口商付款后，进口地银行才向出口商付款）。

（4）进口地银行向进口商发送整套单据，并由进口商向其付款。

（5）进口商向进口地银行付款。

（6）出口地银行收到货款后，向出口商发送结汇水单。

二、结汇单证

目前国际贸易大多采用凭单交货、凭单付款方式。因此，在出口业务中做好制单工作,对及时安全收汇,意义重大。结汇单据是指在国际贸易结算时,为解决货币收付问题所使用的各种单据及证明。由于各国对外贸易管制的措施不同、各国贸易的惯例不同以及各种商品性能、用途的差异,各国银行开来的信用证内,对单据的要求也不完全一致。

1. 结汇单证的种类

结汇单证的种类很多,每笔业务所需要的单据的种类、内容、份数和缮制方法,应视不同要求而定。但一般而言,包括基本单据和附属单据两个部分。其中,基本单据是指根据贸易条件,出口商必须提供的单据,包括商业发票、提单、保险单和装箱单等,附属单据是卖方根据买方要求而协助取得的单据,如领事发票、海关发票、产地证、普惠制证、检验检疫证等。在上述单据中,提单、保险单、检验检疫证等一般无须出口企业自行缮制或填写,但须加以审核。

常见的结汇单证如表 11-1 所示。

表 11-1 常见结汇单证

运输单据	海运提单(Marine/Ocean bill of lading)
	不可转让海运单(Non-negotiable sea waybill)
	租船合同提单(Charter party bill of lading)
	多式联运提单(Multimodal transport document)
	空运单据(Air transport document)
	公路、铁路和内陆水运单据(Road, rail, or inland waterway transport document)
	专递及邮政收据(Courier and post receipts)
	运输行签发的运输单据(Transport documents issued by freight forwarders)
保险单据	保险单(Insurance policy)
	保险凭证(Insurance certificate)
商业票据	商业发票(Commercial Invoice)
	汇票(Bill of Exchange/Postal Order/Draft)
其他单据	装箱单(Packing list)
	普惠制原产地证(GSP FORM A)
	一般原产地证(Certificate of origin)
	商检证书(Inspection certificate)
	领事发票(Consular invoice)
	海关发票(Customs invoice)
	受益人证明(Beneficiary's certificate/declaration)
	装运通知的证实副本(Certified copy of telex/fax of shipping advice)
	船公司证明(Certificate by owner)

2. 结汇单证的缮制

(1) 制单要求

对于结汇单证,要求做到正确、完整、及时、简明、整洁。

① 正确性。制作单据只有做到内容正确,才能保证及时收汇,单据应做到两个一致,即单证一致(指单据与信用证一致)和单单一致(指单据与单据一致)。此外,还应注意单据对货物的描述与实际装运货物相一致,这样单据才能真实地代表货物。

② 完整性。单据的完整是指信用证规定的各项单据必须齐全,不能短缺,单据的份数和单据本身的项目等都必须完整。

③ 及时性。制作单据必须及时,各种单据的出单日期应及时、合理,每一种单据都有一个适当、合理的签发日期。例如,海运提单的签发日期通常就是装运日期,这个日期不能迟于信用证规定的装运期。而按国际惯例,保险单、检验检疫证书的签发日期则不能晚于提单签发日期,采用 FOB 或 CFR 贸易术语成交,应在装船时或装船完毕后立即发送装运通知。及时性还要求在规定的交单有效期和信用证规定的交单期内将各项单据送交指定的银行办理议付、付款或承兑手续。如有可能,最好在货物装运前,先将有关单据送交银行预审,以便有较充裕的时间来检查单据,及早发现其中的差错并进行改正。

④ 简明性。单据内容应按信用证规定和有关的国际惯例填写,力求简单明了,切勿加入不必要的内容,以免弄巧成拙。

⑤ 整洁性。单据的布局要美观大方,缮写或打印的字迹要清楚,单据表面要整洁,更改的地方要加盖校对图章。有些单据,如提单、汇票以及其他一些重要单据的主要项目,如金额、件数、数量、重量等,均不宜更改。

由于运输单据、保险单据等在其他章节中均有详细介绍,这里重点介绍商业发票、汇票和受益人证明的缮制。

(2) 商业发票的缮制

商业发票是出口商开立的发货价目清单,是出口商对装运货物的全面情况(包括品质、规格、数量、价格等)的总说明,发票全面反映了合同的内容。它虽不是物权凭证,但作为买卖双方交接货物、结算货款的主要单据,对该笔交易进行详细的叙述,是贸易必不可缺的单据,也是信用证项下单据的中心单据。

商业发票的作用如下。

① 商业发票是交易的证明文件,发票是一笔交易的全面叙述,它详细列明了货物名称、数量、单价、总值、重量和规格等内容,它能使进口商识别所装的货物是否属于某笔订单,是否按照合同规定的内容和要求装运所需货物。所以发票是最重要的履约证明文件。

② 商业发票是记账的凭证,发票是销售货物的凭证,世界各国的企业都凭发票记账。对出口商来说,通过发票可以了解销售收入、核算盈亏,掌握经济效益。对进口商来说,同样根据发票逐笔记账,按时结算货款,履行合同义务。

③ 商业发票是报关征税的依据,货物装运前,出口商需向海关递交商业发票等单据向海关报关,发票中载明的价值和有关货物的说明是计税和统计的依据。因此,它是海关验关放行的重要凭证之一。国外进口商进口申报时同样需向当地海关当局呈送发货人的发票,海关凭以核算税金,并使进口商得以迅速清关提货。

④ 商业发票有时替代汇票,在信用证不要求使用跟单汇票时,开证行应根据发票金额付款,这时发票就代替了汇票。其他在不用汇票结汇的业务中(如汇款方式),也用发票替代汇票进行结算。此外,发票还作为统计、投保、理赔、外汇核销、出口退税等业务的重要凭证。

商业发票是全套进出口单据的核心,其他单据均以其为中心来缮制。因此,商业发票一般也是最早开具的单据。

商业发票没有统一的格式，一般由各出口公司自己设计格式，其内容应符合合同规定，在以信用证方式结算时，还应与信用证的规定严格相符。发票的制作要求正确无误、排列规范、整洁美观。

商业发票的样式如表11-2所示。

表 11-2　商业发票样式

①COMMERCIAL INVOICE

To:		②	Invoice No. :	③
			Invoice Date:	④
			S/C No. :	⑤
			S/C Date:	⑥
From:	⑦		To:	⑧
L/C No. :	⑨		Issued By:	⑩
Marks and Numbers	Description of goods	Quantity	Unit Price	Amount
⑪	⑫	⑬	⑭	⑮
TOTAL: ⑯				

⑰
STAMP OR SIGNATURE

① 发票上方空白处填制卖方名称、地址和商业发票的名称。发票名称应与信用证一致，如信用证要求为"Certified Invoice"或"Detailed Invoice"，则发票的名称也应如此。若信用证只要求发票而未做进一步定义，则提交"发票（invoice）"、"商业发票（commercial invoice）"、"海关发票（customs invoice）"、"税务发票（tax invoice）"、"领事发票（consular invoice）"等形式的发票都可以接受，但是"临时发票（provisional invoice）"、"形式发票（pro-forma invoice）"或类似的发票不可接受的，除非信用证另有授权；当信用证要求提交商业发票时，标为"发票"和"商业发票"的单据都是可以接受的。若信用证无另外规定，商业发票的出单人为受益人。发票的顶端往往要有醒目的出单人名称、详细地址，出单人名称字体要大于正文字体，而其地址往往要比正文部分字体略小一点。地址中的电传或传真号码等内容无须提供，如果提供，也不必与信用证中的相同。有许多出口企业在印刷空白发票时就印刷上这些内容，或将这些内容编入计算机程序一并打印。如果是这样，则无须填写此栏。

② 买方，一般是信用证申请人。按信用证的规定详细填写买方的名称、地址。注意名称不能换行，地址应合理分行。

③ 发票号码，由卖方自行填制，一般采用顺序号，便于查对。

④ 发票日期，即发票签发日期，可以早于开证日期，但不得早于合同日期，发票出单日期不能迟于信用证有效期。

⑤ 合同号码，按合同填写。合同是一笔业务的基础，内容较完善的发票应包括合同号。合同号应与信用证上列明的一致，一笔交易有几份合同的，都应打在发票上。

⑥ 合同日期，按照合同填写日期。

⑦ 启运地,信用证规定的装货港、收货地或接受监管地,要写明具体港名,重名的港口根据来证规定加打国名。

⑧ 目的地,信用证规定的卸货港、交货地或最终目的地。

⑨、⑩ 信用证号码和开证行,按照信用证填写。

⑪ 装运标志,即唛头。按信用证规定,凡是来证有指定唛头的,必须逐字按照规定制唛。如未规定,可填入"N/M",即"NO MARK"。如为裸装货,则注明"naked"或散装"in bulk"。如唛头过多,则加附页,在该栏注"SEE ATTACHED SHEET",并在附页注明发票号码,或将附页贴在发票上并加骑缝章。

⑫ 货物描述,要与信用证的货物描述完全一致,不能有任何遗漏和改动。如果信用证用其他文字描述货物,制单时应照打,必要时后面可加括号用英文注释。对证中未做要求的内容,少做说明。

⑬ 数量,按照实际出运情况填写。若信用证的数量前面有"about"字样,允许增减10%;散装货,即使无"about"字样,也允许增减5%,但以包装单位或个位计数的,则不适用。

⑭ 单价。按照合同或信用证填写,应包括价格术语。

⑮ 金额。用单价乘以计数数量即得。

单价和金额是发票的主要项目,必须准确计算,正确缮打,并认真复核,特别要注意小数点的位置是否正确,金额和数量的横乘、竖加是否有矛盾。如果要求列明折扣或佣金,如信用证明确规定"LESS ＊＊％ COMMISSION",则应在总金额下列出所扣百分率和金额,然后得出净值。

【例 11-1】

			CIFC 5 NEWYORK
ART NO. JB003	3 000DOZ	USD 3.00/DOZ	USD 9 000.00
ART NO. JC004	6 000DOZ	USD 6.00/DOZ	USD 36 000.00
	9 000DOZ		USD 45 000.00
		Less 5％	USD 2 250.00
			USD 42 750.00

有时信用证内没有扣除佣金的规定,但来证金额正好是减佣后的净额,这时发票应显示减佣,否则发票金额超证。

CIF 条件下,如需要列明运费、保险费支出,则扣除金额根据实际支出计算。

【例 11-2】

CIF	USD 40 000.00
F(FREIGHT)	USD 4 000.00
I(PREMIUM)	USD 120.00
FOB	USD 35 880.00

⑯ 总额。如果有两种或两种以上商品时,要分别列出每一种的金额小计,最后列出总额。

⑰ 签署。凡要求提供"signed commercial"或"manually signed"发票的,则必须签署或手签。如果信用证要求提交签署的发票"SIGNED COMMERCIAL INVOICE..."或手签的发票"MANUALLY SIGNED...",则发票必须签署,且后者还必须由发票授权签字

人手签。

　　此外,信用证上规定的特别要求应按照原文打在发票上。例如,信用证要求在发票上加注各种费用金额、特定号码,有时要求受益人在其提交的商业发票上打上特定的证明文句,如"The commercial invoice must certify that the goods are of Chinese origin."一般可将这些内容打在发票商品栏以下的空白处。

　　发票有正、副本之分,发票正、副本份数的确定方法如下。若信用证规定"发票若干份 Invoice in × copies"时,如发票三份,则提交至少一份正本发票。若信用证规定"一份发票 One invoice"或"发票一份 Invoice in one copy"时,则需提交一份正本发票。若信用证规定"发票的一份 One copy of invoice"时,则提一份副本发票即为符合要求。

　　(3) 汇票的缮制

　　汇票是卖方收款的凭证,缮制必须准确,不得修改。

　　汇票的样式如表 11-3 所示。

表 11-3　汇票样式

BILL OF EXCHANGE			
凭 Drawn Under　①	不可撤销信用证 Irrevocable L/C No.		②
日期 Date　③	支取 Payable With interest		④
号码 No.　⑤	汇票金额 Exchange for		⑥ ⑦ ⑧
见票 at　⑨	日后(本汇票之副本未付)付交 sight of this FIRST of Exchange (Second of Exchange Being unpaid)Pay to the order of	⑩	
金额 the sum of		⑪	
此致 To　⑫ ⑬			

　　①、②、③为出票条款,按信用证的规定分别填写开证行名称、信用证号码和开证日期。

　　④ 年息。这一栏由结汇银行填写,用以清算企业与银行间利息费用。出口公司不必填写此栏目。

　　⑤ 汇票号码,一般都以相应的发票号码兼作汇票号码。其用意是核对发票与汇票中相同和相关的内容,如金额、信用证号码等。一旦出现这一栏内容在一套单据错误或需要修改时,只要找出与发票号码相同的汇票,就能确定它们是否是同一笔交易的单据,给核对和纠正错误带来了方便。

　　⑥ 汇票小写金额,填汇票小写金额。汇票小写金额,由货币名称缩写和阿拉伯数字组成,金额数保留两位小数。例如 USD 100.20、HKD 345.78。在填制汇票金额时,应注意以下几点。除非信用证另有规定,汇票金额应与发票金额一致。如信用证规定汇票金额为发票金额的百分之几,例如 97%,那么发票金额应为 100%,汇票金额为 97%,其差额 3%一般为应付的佣金。这种做法通常用于中间商代开信用证的场合。如信用证规定部分信用证付款,部分托收,则分做两套汇票。信用证下支款的汇票按信用证允许的金额填制,其余部分为托收项下汇票的金额,两者之和等于发票金额。如信用证要求两张汇票分别支付一笔交易额,则在两张汇票上打上信用证所要求的金额。汇票上的金额

大、小写必须一致，不得涂改，不允许更改后加盖校对章。

⑦、⑧ 为出票地点和出票日期。地点一般已印好，无须现填。出票地点后的横线填出票日期，信用证方式下，一般以议付日期作为出票日期。该日期不得早于随附的各种单据的出单日期，同时不能迟于信用证的交单日期或有效期。该日期一般由银行代填。

⑨ 汇票付款期限。汇票付款期限分即期和远期两种。即期汇票的付款期限这一栏的填法较简单，只需在横线上用"＊＊＊"、"——"或"×××"表示，也可直接打上"AT SIGHT"，但不能留空。远期汇票，按信用证的规定填入相应的付款期限。

如果来证规定"drafts at 30 days after sight"，这是见票后 30 天付款的远期汇票，填写时，在此栏打上"30 DAYS AFTER"。如来证规定"drafts at 45 days after date."，这是汇票出票日后 45 天付款的远期汇票，填写时，在此栏打上"45 DAYS AFTER DATE"，并把已印的"sight"划掉。如果来证规定"drafts at 60 days after the B/L date"，提单（B/L）日期为 2008 年 8 月 20 日，这是提单日后 60 天付款远期汇票，填写时，在此栏打上"60 DAYS AFTER THE B/L DATE，AUG. 20，2008"，并把已印的"sight"划掉。

如果来证规定"drafts to be drawn as follows：USD 29 000.00—drafts to be drawn at sight on National Australia Bank LTD. ，Brisbane，Queensland，Australia USD 21 000.00 —drafts to be drawn at 90 days sight on National Australia Bank LTD. ，Brisbane，Queensland，Australia"，这是要求一笔交易分两个期限付款的信用证，需要填写两证汇票。一张在付款期限上用"＊＊＊"或"——"或"×××"表示，也可直接打上"AT SIGHT"，该汇票金额为 USD 29 000.00。另一张在付款期限栏目中填"90 DAYS"，表示见票后 90 天付款，该汇票金额为 USD 21 000.00。

⑩ 受款人/收款人，应从信用证的角度来理解这一栏目的要求。在信用证支付的条件下，汇票中受款人这一栏目中填写的应是银行名称和地址，一般都是议付行的名称和地址。究竟要哪家银行作为受款人，这要看信用证中是否有具体的规定。通常信用证对受款人的规定是通过两种形式表示的。一种是限制受款人，即限制议付行。另一种是不限制受款人，即不限制议付行，可自由议付。

例如，来证规定"By negotiation against the documents detailed herein and beneficiary's drafts at 30 days after sight with BANK OF CHINA，HANGZHOU BRANCH. "，此证限制在中国银行杭州分行议付，即受款人是中国银行杭州分行。在填写这样要求的汇票时，应在"pay to the order of"之后的栏目中打上"BANK OF CHINA，HANGZHOU BRANCH"。

如果来证规定"by negotiation against the documents detailed herein and beneficiary's drafts at 30 days after sight with ABC Banking group LTD. 120 Wall Street，New York，USA"，此证限制在美国纽约的 ABC 银行集团议付，即受款人是美国纽约的 ABC 银行集团。在填写这样要求的汇票时，应在"pay to the order of"之后的栏目中打上"ABC Banking group LTD. 120 Wall Street，New York，USA"。但是，对限制在国外银行议付的来证，受益人往往要仔细考虑是否办得到，这意味着受益人要把全套制作好的单据交到在美国的一家银行，从那里取得货款。对于这种限制在国外议付的信用证，我方不主张接受。

如果来证规定"by negotiation against the documents detailed herein and beneficiary's drafts at 30 days after sight with any bank in beneficiary's country. "，此证不限制议付行，不

限制受款人,可在受益人所在国家的任何银行议付。收款人可以在自己的国家里选择任何一个合适的银行作为受款人或议付行。在填写这样要求的汇票时,应在此栏目中直接填入选择好的银行名称、地址。如选择中国银行杭州分行议付的,则在此栏目中打上"BANK OF CHINA,HANGZHOU BRANCH"。

⑪ 汇票大写金额,填汇票大写金额。汇票大写金额由货币名称和货币金额组成。一般要求顶格填写,以防有人故意在汇票金额上做手脚。货币名称写在数额之前,大写金额后加"ONLY"(整),也可在货币名称前加"SAY"(计)。例如,USD 100.20 大写金额可表述为(SAY)UNITED STATES DOLLARS ONE HUNDRED AND CENTS TWENTY ONLY。

⑫ 付款人。在信用证方式下,应按照信用证的规定,以开证行或其指定的付款行为付款人。倘若信用证中未指定付款人,应填写开证行。

⑬ 出票人,一般填信用证的受益人,在可转让信用证情况下,也有可能为信用证的第二受益人。出票人应签署企业全称和负责人的签字或盖章。

汇票在没有特殊规定时,都打两张,一式两份。汇票一般都在醒目的位置上印着"1"、"2"字样,表示第一联和第二联。汇票的第一联和第二联在法律效力上无区别。第一联生效则第二联自动作废,第二联生效则第一联自动作废,即付一不付二,付二不付一。

(4) 受益人证明

受益人证明(Beneficiary's Certificate)是根据信用证条款,由出口商签发的用来证实有关内容的书面证明。证明的内容包括寄出有关的副本单据、船样、样卡、码样、包装标签;商品已经检验;已发出装船通知等。如来证要求"Beneficiary's certificate certifying that non-negotiable documents have been sent to applicant by DHL",按此条款,受益人应提供受益人证明。

受益人证明的样式如表 11-4 所示。

表 11-4　受益人证明样式

①				
BENEFICIARY'S CERTIFICATE②				
To:	③	Invoice No.：		④
		Date：		⑤
		⑥		⑦

① 填写出口公司名称和地址。

② 填写单据名称,按 L/C 规定填,如"Beneficiary's Certificate"、"Beneficiary's Statement"、"Beneficiary's Declaration"等。

③ 抬头栏,可采用笼统填法。TO：WHOM IT MAY CONCERN。

④ 发票号码,填写发票号码。

⑤ 日期。日期应与证明的内容符合。例如,提单的日期是 2008 年 5 月 25 日,证明日期不能早于 5 月 25 日,也不能晚于交单期。

⑥ 内容。根据信用证缮制,但有时应对所用时态做相应变化。例如,将来时态要变

成完成时态。

⑦ 签署,注明出口公司名称并签章。

3. 单证的审核

出口商(受益人)有责任按照货物销售合同、跟单托收和跟单信用证的条款制单和提交单证。如果单证有错或有不符点,就会有被拒绝的风险,从而不仅浪费时间和金钱,还有可能危害交易本身。因此,在制作完信用证规定的各种结汇单证后,出口商应该严肃认真核查结汇单证。审核结汇单证主要从两个方面进行。一是将单证对照信用证条款进行纵向审核,做到"单证一致"。二是将单据与单据对比进行横向审核,做到"单单相符"。单证容易出现的问题如下。

(1) 信用证已经错过装运期、交单期、有效期。

(2) 实际议付金额超过来证金额。

(3) 货物溢装或短装,超过来证许可幅度。

(4) 发票的货物描述与信用证不符,金额超证,发票的名字与开出信用证的名字不一致。

(5) 运输单据不清洁,运输单据类别不能接受,运费由受益人承担但运输单据上没有"运费付讫"字样,启运港、目的港或转运港与信用证规定不相符,来证不许分批和转运,实际却分批或转运了。

(6) 保险单的签发日期迟于运输单据的签发日期,保险金额不足,保险比例与证不符,投保险别与证规定不符。

(7) 汇票的出票日期不明,汇票的付款人名称、地址不符。

(8) 保险单、产地证等单据出具的类别与证不符,汇票、发票或保险金额的大小写不一致,汇票、运输单据和保险单的背书错误,或应有背书而没有背书。

(9) 单据上没有必要的签字或有效印章,单据的份数与信用证要求不一致。

(10) 各种单据上的唛头不一致,各种单据的币别不一致,各种单据上有关货物数量或重量的描述不一致。

三、交单结汇

1. 单证的交付、修改

审单完毕之后,则是单证的交付阶段。单证的交付是指受益人在规定的时间内向议付银行送交信用证项下的全套单证。一般出口商可将单证交银行预审、改单,直至正式交单,但注意最后交单日期不得晚于以下三个日期:信用证的有效期、信用证规定的交单日期和运输单证签发日后 21 天。

银行接到出口商交来的单证后要对单证进行预审。一般来说,银行对非受益人出具的单证只能退改,不能代改,如提单只能由出具提单的运输公司修改,商检局的检验证只能由商检局更改等。银行对受益人出具的单据可以代改,但受益人要和银行签委托协议,银行修改前会请受益人确认。

当单据出现不符点时,出口商首先要争取时间及时修改更换单证,使其与信用证相符。如果来不及,视具体情况,可选择以下办法处理。

（1）表提。表提是单据出现不符点时，受益人向议付行书面提出不符点并出具保函，担保日后遭到拒付时，一切后果由受益人承担。受益人的银行在寄单面函上明确注明不符点，这样单证到开证行后就可以提醒开证行单证有不符点。这种做法适用于不符点并不严重或虽然是实质性不符，但事先已经买方确认可以接受的情形。

（2）电提。电提也称电报提出，即出现单证不符时，议付行先给国外开证行去电，列明不符点，待开证行同意后再将单据寄出。如买方同意，开证行授权议付，出口地银行立即寄单收汇；如不同意，卖方要及时处理运输中的货物。

2. 结汇

目前，我国的银行采取的结汇方式有三种。

（1）收妥结汇。收妥结汇又称"先收后付"，是指议付行收到出口公司的出口单据后，经审查无误，将单据寄交国外付款行索取货款，待收到付款行将货款拨入议付行账户通知书时，即按当时外汇牌价，折成人民币拨给出口公司。目前，我国银行一般采用收妥结汇方式，因为这种方式议付行不垫付任何外汇资金，不承担任何风险。

（2）定期结汇。定期结汇是指议付行在收到出口商提交的单据后，经审核无误后，将单据寄到国外开证行或指定付款行、偿付行索汇，并根据向国外付款行索偿所需时间，预先确定一个固定的结汇期限（7～14 天），到期后主动将票款金额折成人民币拨交出口企业。

（3）出口押汇。出口押汇也称"买单结汇"或"议付"，是指议付行在审单无误的情况下，按信用证条款买入受益人（出口商）的汇票和单据，从票面金额中扣除从议付日到估计收到票款之日的利息，将余款按议付日牌价，折成人民币拨给出口公司。议付行向受益人垫付资金，买入跟单汇票后，即成为汇票持有人，可凭票向付款行索取票款。银行同意做出口押汇，是为了对出口公司提供资金融通，有利于出口公司的资金周转。出口押汇方式下，出口地银行买入跟单汇票后，面临开证行自身的原因或单据的挑剔而拒付的风险。因此，目前我国银行只对符合以下条件的出口信用证业务作押汇：开证行资信良好；单证相符的单据；可由议付行执行议付、付款或承兑的信用证；开证行不属于外汇短缺或有严重政治经济危机的国家和地区。

第二节　出口收汇核销

出口收汇核销是国家为了加强出口收汇管理，确保国家出口外汇收入，防止外汇流失，指定外汇管理部门在每笔出口业务结束后，对出口是否安全、及时收取外汇以及其他有关业务情况进行监督管理的制度。

一、出口收汇核销的基本原则

（1）属地管理的原则，即出口企业开户登记、领取核销单、核销报告均应在注册地所在的外汇局办理。

（2）遵循"五者一致"的原则。办理出口核销的全过程，即领取核销单、出口报关、收汇申报、出口收汇、出口核销应为同一企业。

（3）收支两条线的管理原则，即进口付汇和出口收汇，严禁进行相互抵扣的结算方式，国家外汇管理实行进口与出口的分别管理办法（贸易方式是"以进料对口"、"进料加工"可"以收抵支"，核销时须提供进口货物报关单核销）。

（4）合同总价原则，即进、出口报关均应以合同成交总价报关，收汇须以报关总价进行收汇的核销管理原则。

二、出口收汇核销的流程

出口收汇核销的流程，如图 11-2 所示。

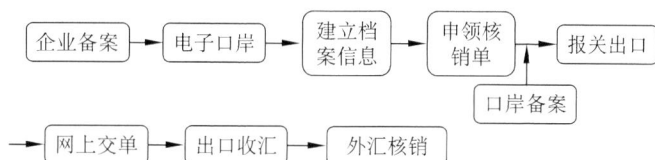

图 11-2　出口收汇核销流程图

（1）出口单位到商务部或其委托的机构办理备案登记，取得对外贸易经营权。

（2）出口单位到海关办理"中国电子口岸"入网手续，并到有关部门办理"中国电子口岸"企业法人 IC 卡和"中国电子口岸"企业操作员 IC 卡电子认证手续。

（3）出口单位持有关材料到注册所在地外汇局办理核销备案登记，外汇局审核无误后，为出口单位办理登记手续，建立出口单位电子档案信息。出口单位向外汇局申请办理出口收汇核销登记时需提供单位介绍信、申请书；《中华人民共和国进出口企业资格证书》或《中华人民共和国外商投资企业批准证书》或《中华人民共和国台港澳侨投资企业批准证书》正本及复印件；《企业法人营业执照》（副本）或《企业营业执照》（副本）及复印件；《中华人民共和国组织机构代码证》正本及复印件；海关注册登记证明书正本及复印件；外汇局要求提供的其他材料。

（4）申领核销单。出口单位到外汇局领取核销单前，应当根据业务实际需要先通过"中国电子口岸出口收汇系统"向外汇局提出领取核销单申请，然后凭本企业操作员 IC 卡及其他规定的凭证到外汇局领取纸质出口收汇核销单。初次申领出口核销单，应凭中国电子口岸操作员 IC 卡、加盖单位公章的出口合同等有关资料到外汇局领取；上年度考核为高风险的出口企业、新出口企业还需提供单位介绍信及领单人身份证明。首次领单的企业同时申请开通网上核销系统，并带上 64MB 以上 U 盘一个，到外汇局复制安装程序。外汇局根据出口单位申请的核销单份数和出口收汇核销考核等级向出口单位发放核销单，并将核销单电子底账数据传送至"中国电子口岸"数据中心。出口单位在核销单正式使用前，应当加盖单位名称及组织机构代码条形章，在骑缝处加盖单位公章。空白核销单长期有效。

（5）出口单位报关前通过"中国电子口岸出口收汇系统"在网上向报关地海关进行出

口核销单的口岸备案。"出口收汇系统"是"中国电子口岸"中企业专用的一个子系统。该系统利用现代信息技术,借助国家电信公网,在公共数据中心建立出口收汇核销单的电子底账数据库。出口单位到海关报关前,应对本单位所领用的,"外汇局使用状态"为"有效"、"海关使用状态"为"未用"、"备案口岸"为"空白"的核销单,通过"中国电子口岸出口收汇系统"向报关地海关进行核销单的口岸备案。一张核销单只能备案到一个口岸,未进行口岸备案的核销单不能用于出口报关。已进行口岸备案的核销单,在核销单未被用于出口报关的情况下,出口口岸发生变化的,可上网申请变更并重新设置出口口岸。

(6) 出口单位出口报关。出口单位持在有效期内、加盖出口单位公章的核销单和相关单据办理报关手续。

(7) 出口单位报关出口后上网通过"中国电子口岸出口收汇系统"将已用于出口报关的核销单向外汇局交单。

(8) 出口单位在银行办理出口收汇后,到外汇局办理出口收汇核销手续。收汇后30 天内进行网上核销并上传电子数据,打印核销信息登记表一式两份,加盖公章。即期出口项下,企业应当在出口收汇后凭核销单、报关单、出口收汇核销专用联到外汇局办理出口收汇核销手续。远期出口项下,企业必须提交出口合同,在外汇管理局办理远期收汇备案,并在合同规定收汇日收汇后持上述材料到外汇局办理出口收汇核销手续。企业可按月集中到外汇局办理核销。

出口收汇逾期未核销简称逾期未核销,是指货物出口后,出口单位超过预计收汇日期 30 日未到外汇局办理出口收汇核销手续。出口单位应当及时收汇并办理核销手续,远期收汇的还应及时办理远期收汇备案手续,尽力避免逾期未核销的发生。如果发生了逾期未核销,出口单位接到外汇局"催核通知书"后,应当对照"逾期未核销清单"进行认真清理,核对数据、确认数据,及时办理出口收汇核销手续。对无法办理核销的,应主动向外汇局说明情况,接受外汇局的现场和非现场检查;逾期未核销情况严重的,应接受外汇局的处罚决定,如数交纳罚款,并积极整改。对逾期后又收回外汇的,应向外汇局说明情况,按照正常核销要求提交的单证办理核销手续。

三、出口收汇核销的方式

外汇局可以根据各地业务量和出口单位的具体情况,按照下列规定分别采取逐笔核销、批次核销、自动核销的出口收汇核销方式。

(1) 逐笔核销,即由出口单位按核销单证一一对应进行报告,外汇局按照一一对应的原则逐笔为出口单位办理核销手续的核销方式,适用于出口收汇高风险企业以及差额核销和无法全额收汇的出口收汇数据。

(2) 批次核销,即由出口单位集中报告,外汇局按批次为出口单位办理核销手续的核销方式,是按照核销单与核销专用联总量对应的原则进行。适用于除出口收汇高风险企业外的所有出口单位的全额收汇核销,以及来料加工项下和进料加工抵扣项下需按合同核销的出口收汇数据。

(3) 自动核销,即出口单位不需向外汇局报告,外汇局根据从"中国电子口岸出口收汇系统"采集的核销单信息和报关信息，以及从"国际收支统计申报系统"采集的收汇信息，进行总量核销的核销方式。外汇局按年度核定出口单位自动核销资格，对符合下列规定条件的出口单位，外汇局核定其自动核销资格。国际收支申报率为100%；上年度出口收汇核销考核等级为"出口收汇荣誉企业"；近两年没有违反外汇管理规定的行为；外汇局规定的其他条件。自动核销单位无须向外汇局进行核销报告，也无须到外汇局办理核销手续，但应将用于核销的报关单进行网上交单，由外汇局按月通过"出口收汇核报系统"对其出口报关数据和银行收汇数据按时间顺序自动总量核销。

四、出口收汇核销单

1. 出口收汇核销单的样式

出口收汇核销单如表 11-5 所示。

表 11-5　出口收汇核销单样式

出口收汇核销单存根 编号：	出 口 单 位 盖 章	出口收汇核销单 编号：	出 口 单 位 盖 章	出口收汇核销单出口退税专用 编号：	未 经 核 销 此 联 不 得 撕 开
出口单位		出口单位		出口单位	
单位代码		单位代码		单位代码	
出口币种总价		银行签注栏 · 类别 · 币种金额 · 日期 · 盖章		货物名称 · 数量 · 币种总价	
收汇方式					
预计收款日期					
报关日期					
备注		海关签注栏		报关单编号	
此单报关有效期截止到 　年　月　日		外汇局签注栏 　年　月　日		外汇局签注栏 　年　月　日	

2. 出口收汇核销单的缮制

出口收汇核销单分为存根、正联、退税联共三联，各部分填写方法如下。

（1）存根

① 编号，与出口报关单的编号一致。

② 出口单位。此栏填写对签订并执行合同的有出口经营权的外贸单位的全称。委托报关时，填写委托单位名称；委托出口并以代理出口单位名义签订出口合同并负责收汇时，填写代理出口单位名称；两个或两个以上单位联合出口时，填写负责报关的出口单位的名称。

③ 单位代码，填写领取核销单的单位在外汇管理局备案的号码，并在骑缝处加盖公司章。

④ 出口币种总价，填写出口成交货物总价和使用币种。一般情况下，须与报关单一致。溢短装出口时，可以不一致，但是须提供该笔出口的货运提单副本。提单上有实际出口的数量和重量，根据发票或报关单上的单价与提单上的重量或数量相乘，即可得出实际出口的总金额。

⑤ 收汇方式，合同规定的收汇方法，如 T/T、L/C 等。

⑥ 预计收款日期。依付款期限、地点不同按规定填写。即期信用证和即期托收项下的货款，从寄单之日起，近洋地区（中国香港和中国澳门）20 日内，远洋地区（中国香港和中国澳门以外的地区）30 天内结汇或收账。例如，2010 年 6 月 1 日寄单，预计收款日期即应填写 2010 年 6 月 21 日。远期信用证和远期托收项下货款，从汇票规定的付款日起，中国港、澳地区 30 日内，远洋地区 40 天内结汇或收账。如中国港、澳地区，预计收款日期为寄单日期加上邮程日期加上汇票规定的远期天数加上 30 天。例如：寄单日期为 2010 年 6 月 1 日，汇票为远期 180 天，则预计收款日期应为 2010 年 6 月 1 日＋10 天＋180 天＋30 天，则为 2011 年 1 月 8 日。

⑦ 报关日期。填写海关放行日期，同出口报关单右上角的出单日期。

⑧ 备注，填写出口单位就该核销单项下需说明的事项。例如，北京甲进出口公司代广西乙进出口公司出口，收汇后，原币划转广西进出口公司，则该事项连同该受托公司的联系地址和电话应批注在备注栏内并加盖批注单位的公章。

⑨ 有效期。自领单日起 4 个月。此栏由外汇管理局填。

（2）正联

① 编号、出口单位、单位代码，同存根。

② 银行签注（类别、币种金额、日期、公章），填写收汇方式、币种总价、收结汇日期及银行盖章。

③ 海关签注栏。海关验放该核销单项下的出口货物后，在该栏目内加盖“放行”或“验讫”章，并填写放行日期。如遇退关，海关需在该栏目加盖有关更正章。

④ 外汇管理局签注栏。由外汇管理部门将核销单、报关单、发票等配对审核无误后，在该栏内签注意见，并由核销人员签字，加盖“已核销”章。

（3）退税联

退税联一般包括以下内容。

① 编号、出口单位、单位代码，同存根。

② 货物名称、出口数量、币种总价，按报关单相关内容填写。

③ 报关单编号，按报关单左上角号码填写。

第三节　进口付汇核销

一、进口付汇核销制度概述

进口付汇核销制度是指外汇管理局在海关的配合与外汇指定银行的协助下，对进口单位的进口付汇直至报关到货的全过程进行监管、核查的一种管理制度。为加快进出口核销制度改革，实现货物贸易外汇管理向总量核查、非现场核查和主体监管转变，国家外汇管理局自 2010 年 5 月 1 日开始在天津、江苏、山东、湖北、内蒙古、福建以及青岛 7 个地区进行货物贸易进口付汇核销制度改革试点。在此基础上，2010 年 10 月，国家外汇管理局发布了《关于实施进口付汇核销制度改革有关问题的通知》,自 2010 年 12 月 1 日开始施行《货物贸易进口付汇管理暂行办法》及其实施细则,在全国范围内推广实施进口核销改革。自《货物贸易进口付汇管理暂行办法》实施之日起,进口单位应按《货物贸易进口付汇管理暂行办法》规定办理进口付汇业务;银行应按《暂行办法》规定为进口单位办理进口付汇业务。

　　进口付汇核销制度改革的主要内容有四点:一是企业的正常业务无须再办理现场核销手续,贸易项下对外支付得到极大便利。二是取消银行为企业办理进口付汇业务的联网核查手续,减轻银行负担,便利银行日常业务操作。三是外汇局对企业实行名录管理,进口付汇名录信息在全国范围内实现共享,企业异地付汇无须再到外汇局办理事前备案手续。四是外汇局利用"贸易收付汇核查系统",以企业为主体进行非现场核查和监测预警,对异常交易主体进行现场核查,确定企业分类考核等级,并实施分类管理。

　　进口付汇核销制度改革是对现行核销管理方式的根本性变革,是贸易外汇管理体制机制的有益创新。通过实施该项改革,推动了外汇管理理念和方式创新,实现由逐笔核销向总量核查、由现场核销向非现场核查、由行为监管向主体监管的转变;推进了贸易便利化,简化企业进口付汇手续,降低企业成本,方便企业经营,使合规企业的正常业务活动"无障碍"进行;能切实防范风险,在外汇形势发生变化以及贸易主体实施不当行为时,外汇局将采取有效的控制措施,加大对"B 类"和"C 类"企业现场核查力度,实施严格的分类监管措施,并对违规企业予以处罚。

二、进口付汇核销的基本流程

　　进口付汇核销的基本流程如图 11-3 所示。

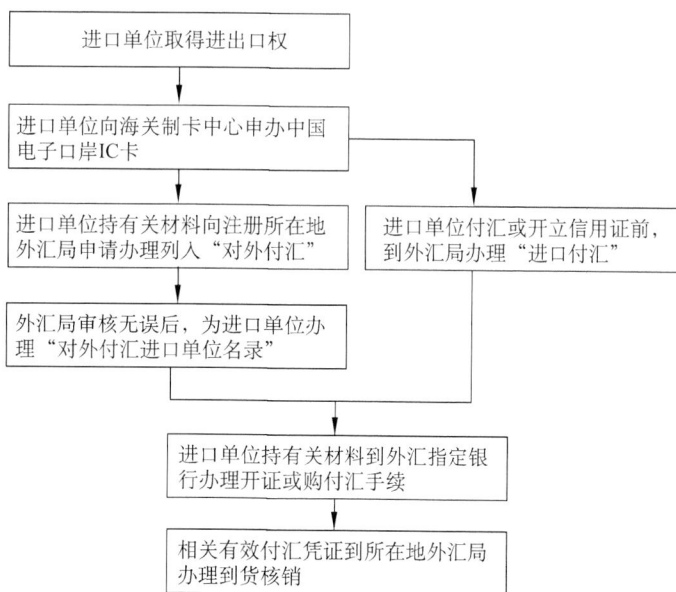

图 11-3　进口付汇核销的基本流程

1. 进口单位名录登记

进口单位依法取得对外贸易经营权后，应当持有关资料到外汇局办理"进口单位付汇名录"登记手续，并签署进口付汇业务办理确认书，不在名录的进口单位，不得直接在银行办理进口付汇业务。进口单位需持名录登记申请书及下列材料到外汇局办理名录登记手续。对外贸易经营者备案登记表，依法不需要办理备案登记的提交中华人民共和国外商投资企业批准证书或中华人民共和国台、港、澳、侨投资企业批准证书等相关证明材料；企业法人营业执照或企业营业执照；中华人民共和国组织机构代码证；中华人民共和国海关进出口货物收发货人报关注册登记证书；法定代表人签字、加盖单位公章的确认书；外汇局要求提供的其他材料。外汇局审核上述材料无误后，将进口单位列入名录，并向银行发布名录信息。名录信息在全国范围内共享，进口单位异地付汇无须再到外汇局办理事前登记手续。进口单位名录信息发生变更的，应当在变更之日起 30 日内，持相关变更文件或证明到外汇局办理名录变更手续。

2. 进口付汇登记

外汇局对不在名录进口单位和"C 类进口单位"的进口付汇实行事前登记管理。进口单位应当按规定到外汇局办理进口付汇业务登记。银行应当凭外汇局出具的登记证明和相关单证为进口单位办理进口付汇业务。不在名录进口单位的进口付汇办理所需材料：按照不同结算方式除提供相应单证；对外贸易经营者备案登记表或中华人民共和国外商投资企业批准证书或中华人民共和国台、港、澳、侨投资企业批准证书；企业法人营业执照或企业营业执照；中华人民共和国组织机构代码证；外汇局要求提供的其他相关材料。

3. 进口付汇

进口单位在银行办理进口付汇时，应根据结算方式和资金流向填写进口付汇核查凭证。付汇凭证是国家外汇管理局制定格式、进口单位填写、外汇指定银行审核并凭以办理进口售付汇的凭证。一份付汇凭证只可凭以办理一次售付汇。进口单位贸易项下向境外支付贸易进口货款时，应依据不同的结算方式，分别填写境外汇款申请书、对外付款/承兑通知书。以汇款方式通过境内银行办理对外付款业务时，应当填报境外汇款申请书，采用信用证、保函、托收及其他国际结算方式办理对外付款业务时，应当使用对外付款/承兑通知书。

4. 进口付汇核销

除货到汇款实行自动核销管理以外，进口单位通过其他结算方式办理对外付汇手续的，应在最迟装运日期后 60 日内，填写贸易进口付汇到货核销表，持贸易进口付汇到货核销表、付汇凭证、进口货物报关单（付汇证明联）、海关电子口岸 IC 卡等相关有效付汇凭证到所在地外汇局办理到货核销手续。

根据《货物贸易进口付汇管理暂行办法》，外汇局核销管理部门依据付汇凭证进行进口付汇核销监管。对进口付汇数据和进口货物数据（或进口项下收汇数据）进行非现场总量比对，核查进口单位进口付汇的真实性和一致性。外汇局以进口单位为主体，参考地区、行业、经济类型等特点，设置监测预警指标体系，对进口付汇和货物进口及进口项下收汇情况进行监测分析，实施风险预警，识别异常交易和主体。根据非现场核查及监测预警的结果,对于总量核查指标超过规定范围或存在其他异常情况的进口单位进口项下外汇收支业务实施现场核查。

进口单位下列进口付汇业务应在进口货物报关单进口日期或收付汇日期后 30 日内向外汇局逐笔报告:"B 类进口单位"的进口付汇;单笔合同项下付汇与实际到货或收汇差额超过合同金额 10%且金额超过等值 10 万美元的进口付汇;单笔金额超过等值 10 万美元的进口退汇;进口单位列入名录后自发生进口付汇业务之日起 3 个月内的进口付汇;其他需进行逐笔报告的进口付汇。上述进口单位进口付汇后,需向外汇局逐笔报告其进口付汇和对应的到货或收汇信息,并提供相关单证或证明材料。进行逐笔报告需要提交的材料有进口付汇逐笔核查报告表;进口付汇核查凭证;进口货物报关单(货到付款项下还需根据进口货物报关单的贸易方式,审查相应凭证);收汇凭证(进口项下退汇、转口贸易和境外承包工程需提供);进口合同、发票及差额说明材料(单笔合同项下付汇与实际到货或收汇差额超过合同金额 10%且金额超过等值 10 万美元的进口付汇需提供);退汇协议(进口项下退汇时需提供);外汇局要求提供的其他材料。进口单位可通过"贸易收付汇核查系统"(企业版)或到外汇局现场办理逐笔报告业务。

三、进口付汇核销的相关单据

根据《货物贸易进口付汇管理暂行办法》,原有的贸易进口付汇核销单(代申报单)被境外汇款申请书、对外付款/承兑通知书取代,外汇局核销管理部门依据上述付汇凭证进行进口付汇核销监管。这里主要介绍信用证结算方式下使用的相关单据。

1. 对外付款/承兑通知书

对外付款/承兑通知书如表 11-6 所示。

表 11-6　对外付款/承兑通知书

银行业务编号:　　　　　　　　　　　　　　　　　　日期:

结算方式	□ 信用证 □ 保函 □ 托收 □ 其他	信用证/保函编号	
来单币种及金额		开证日期	
索汇币种及金额		期限	到期日
来单行名称		来单行编号	
收款人名称			
收款行名称及地址			
付款人名称			
□对公　组织机构代码	□ 对私	□ 个人身份证号码	
扣费币种及金额		□ 中国居民个人　□ 中国非居民个人	
合同号		发票号	
提运单号		合同金额	
银行附言(各银行可根据本行业务要求规定其内容及格式)			
申报号码		实际付款币种及金额	
付款编号		若为购汇支出,购汇汇率	
收款人常驻国家(地区)名称及代码 □□□		是否为进口核销项下付款	□是　□否
是否为预付款 □ 是 □ 否	最迟装运期	外汇局批件/备案编号	

续表

付款币种及金额			金额大写	
其中	购汇金额		账号	
	现汇金额		账号	
	其他金额		账号	
交易编码	□□□□□□	相应币种及金额		交易附言	
□ 同意即期付款 □ 同意承兑并到期付款 □ 申请拒付 联系人及电话 申报日期		付款人印鉴（银行预留印鉴）		银行业务章	

（1）在填写对外付款/承兑通知书时，应根据信用证准确填写信用证（保函）编号、金额、开证日期、期限、到期日、来单行名称、来单行编号。根据本次交易的基本信息准确填写收款人名称、收款行名称、收款人常驻国家（地区）名称及代码、付款人名称、合同号、提单号、发票号、合同金额等基本信息。

（2）申报号码由22位字符组成，具有唯一性，由系统自动产生。其具体构成是6位地区标识码＋4位金融机构标识码＋2位金融机构顺序码＋6位汇入/汇出日期＋4位银行业务流水码。

（3）进口单位应在"是否为进口核销项下付款"栏内必须选择"是"，并按照付款性质，选择本笔付款是否为"预付货款"、"货到汇款"、"退汇"。

（4）进口单位应根据实际对外付款交易性质，按照"国际收支交易代码"填写交易编码。国际收支交易编码是国家外汇管理局根据国际货币基金组织《国际收支手册》（第五版）的分类，同时参考国内现行的国民账户体系，以及相关经济部门的统计口径而编制的，用来区分中国居民与非居民之间经济交易性质的统计编码。国际收支交易编码由4位数字组成，是国际收支统计数据汇总和查询的重要条件，为申报单中的必填项。一般贸易的交易编码为0101，补偿贸易的交易编码为0104，来料加工装配贸易的交易编码为0105，进料加工贸易的交易编码为0106。

（5）进口单位应根据合同约定如实填写"最迟装运日期"。进口单位进口付汇应当按合同约定的货物装运期限填写付汇核查单证中最迟装运日期，如合同约定装运期限与实际装运日期不一致，船期或装运日期修改，应按实际装运期限填写。合同未书面约定装运日期，银行可要求进口单位书面补充说明。货到汇款项下多张报关单对外付汇的，单份合同的最迟装运日期应按照合同约定的货物装运期限填写，多份合同的最迟装运日期应按照合同约定的最迟一笔货物装运期限填写。

（6）对于一笔付款涉及多种交易性质，按照"贸易从大原则"，无论贸易项下付款金额大小，进口单位必须将贸易项下支付金额填写在交易币种金额第一栏内。对于一笔贸易项下付款涉及多种贸易方式付款的，按照金额从大原则，在相应币种金额第一栏内填写最大付款金额，第二栏填写次大付款金额。

2. 贸易进口付汇到货核查表

贸易进口付汇到货核查表样式如表 11-7 所示。

表 11-7　　　年　月贸易进口付汇到货核查表

单位名称：　　　　　单位代码：　　　　　　　联系电话：　　　　　　　联系人：

序号	付汇情况							报关到货情况					备注
	核销单号/申报号码	备案表号	付汇币种金额	付汇日期	结算方式	付汇银行名称	最迟装运日期	报关单号/涉外收入申报号码	报关/收汇币种金额	报关/收汇日期	与付汇差额	余额是否留用	
付汇合计笔数			付汇合计金额				报关合计金额						

（1）贸易进口付汇到货核销表一式二联，第一联送外汇局，第二联进口单位留存。

（2）付汇情况：根据《境外汇款申请书》和《对外付款/承兑通知书》相关内容填写。

（3）报关到货情况：根据报关单的相关内容填写。

（4）一次到货多次付汇的，在"付汇情况"栏填写本次实际付汇情况；在"报关到货情况"栏只填写一次。

（5）本表合计和累计栏金额为折美元金额。

3. 进口付汇逐笔核查报告表

进口付汇逐笔核查报告表样式如表 11-8 所示。

表 11-8　进口付汇逐笔核查报告表

报告表编号：
外汇局代码：
企业代码：
企业名称：　　　　　　　　　　　　　　　　　　　　　　　　　　　单位：美元

序号	进口付汇信息								货物报关、收汇信息						
	申报号码	付汇币种	付汇金额	付汇金额折美元	付汇银行	结算方式	付汇日期	最迟装运日期	报关单编号	收汇申报号码	报关/收汇币种	报关/收汇金额	报关/收汇金额折美元	差额金额		
														多收汇差额	多到货差额	多付汇差额
合计																

填报人：　　　　　　　　　　填报日期：　　　　　　　　联系电话：
外汇局审核意见：　　　　　　审核日期：　　　　　　　　经办人：
　　　　　　　　　　　　　　　　　　　　　　　　　　　（外汇局签章）

第四节　应用举例

一、出口结汇

2008 年 2 月 15 日，浙江金苑进出口有限公司与阿联酋的 SIK 贸易有限公司签订了一份全棉女式夹克出口的销售合同。2008 年 2 月 25 日，浙江金苑进出口有限公司外贸单证员陈红收到了杭州市商业银行（HANGZHOU CITY COMMERCIAL BANK）国际业务部的信用证通知函，告知 SIK 贸易有限公司已经通过汇丰银行迪拜分行（HSBC BANK PLC，DUBAI）开来信用证。交易的基本信息和信用证的内容如下。

交易的基本信息如下。

商品名称：Ladies Jacket						
货号	数量	单价	包装	毛重	净重	尺码
L357	2 250PCS	USD 12.00/PC	250CTNS	2 500KGS	2 250KGS	29.363M³
L358	2 268PCS	USD 12.00/PC	252CTNS	2 520KGS	2 268KGS	29.597M³

合同号码：ZJJY0739	合同日期：FEB.15,2008

装运标志：SIK ZJJY0739 L357/L358
　　　　　DUBAI,U. A. E.
　　　　　C/NO.；1-502

发票号码：JY08018	发票日期：APR.11,2008
装运船名：QING YUN HE	航次：VOY. NO.132S
提单号码：2651	装船日期：APR.17,2008
提单日期：APR.17,2008	保单号码：BJ123456

保险代理：China Continent Property & Casualty Insurance Company Ltd.

信用证内容如下。

MT700	ISSUE OF A DOCUMENTARY CREDIT
SENDER	HSBC BANK PLC,DUBAI,U. A. E.
RECEIVER	HANGZHOU CITY COMMERCIAL BANK,HANGZHOU,CHINA
SEQUENCE OF TOTAL	27:1/1
FORM OF DOC. CREDIT	40A:IRREVOCABLE
DOC. CREDIT NUMBER	20:FFF07699
DATE OF ISSUE	31C:080225
APPLICABLE RULES	40E:UCP LATEST VERSION
DATE AND PLACE OF	31D:DATE080510 PLACE IN CHINA EXPIRY.
APPLICANT	50:SIK TRADING CO. ,LTD. 16 TOM STREET,DUBAI,U. A. E.
BENEFICIARY	59:ZHEJIANG JINYUAN IMPORT & EXPORT CO. ,LTD. 118 XUEYUAN STREET,HANGZHOU,P. R. CHINA
AMOUNT	32B:CURRENCY USD AMOUNT 54 000.00
AVAILABLE WITH/BY	41D:ANY BANK IN CHINA,BY NEGOTIATION
DRAFTS AT...	42C:30 DAYS AFTER SIGHT
DRAWEE	42A:HSBC BANK PLC,NEW YORK
PARTIAL SHIPMENT	43P:PROHIBITED
TRANSSHIPMENT	43T:ALLOWED
PORT OF LOADING/ AIRPORT OF DEPARTURE	44E:CHINESE MAIN PORT
PORT OF DISCHARGE	44F:DUBAI,U. A. E.
LATEST DATE OF SHIPMENT	44C:080425

DESCRIPTION OF GOODS   45A: 4 500 PIECES OF LADIES JACKET,
SHELL: WOVEN TWILL 100%

AND/OR SERVICES.   COTTON, LINING: WOVEN 100% POLYESTER,
ORDER NO. SIK768,

AS PER S/C NO. ZJJY0739

STYLE NO. QUANTITY UNIT PRICE AMOUNT

L357   2 250PCS USD 12. 00/PC USD 27 000. 00

L358   2 250PCS USD 12. 00/PC USD 27 000. 00

AT CIF DUBAI, U. A. E.

DOCUMENTS REQUIRED   46A: + COMMERCIAL INVOICE SIGNED IN
TRIPLICATE.

+ PACKING LIST IN TRIPLICATE.

+ CERTIFICATE OF CHINESE ORIGIN CERTIFIED BY
CHAMBER OF COMMERCE OR CCPIT.

+ FULL SET (3/3) OF CLEAN ON BOARD OCEAN BILLS OF
LADING MADE OUT TO ORDER MARKED FREIGHT
PREPAID AND NOTIFY APPLICANT.

+ INSURANCE POLICY/CERTIFICATE IN DUPLICATE ENDORSED
IN BLANK FOR 110% INVOICE VALUE, COVERING ALL RISKS OF
CIC OF PICC(1/1/1981) INCL. WAREHOUSE TO WAREHOUSE AND
I. O. P. AND SHOWING THE CLAIMING CURRENCY IS THE SAME
AS THE CURRENCY OF CREDIT.

+ SHIPPING ADVICE SHOWING THE NAME OF THE CARRYING
VESSEL, DATE OF SHIPMENT, MARKS, QUANTITY, NET
WEIGHT AND GROSS WEIGHT OF THE SHIPMENT TO APPLI-
CANT WITHIN 3 DAYS AFTER THE DATEOF BILL OF LADING.

ADDITIONAL CONDITION 47A: + DOCUMENTS DATED PRIOR TO THE
DATE OF THIS CREDIT ARE NOT
ACCEPTABLE.

+ THE NUMBER AND THE DATE OF THIS CREDIT AND THE NAME
OF ISSUING BANK MUST BE QUOTED ON ALL DOCUMENTS.

+ MORE OR LESS 5 PCT OF QUANTITY OF GOODS IS ALLOWED.

+ TRANSSHIPMENT ALLOWED AT HONGKONG ONLY.

+ SHORT FORM/CHARTER PARTY/THIRD PARTY BILL OF LADING
ARE NOT ACCEPTABLE.

+ SHIPMENT MUST BE EFFECTED BY 1×40' FULL CONTAINER LOAD. B/L

TO SHOW EVIDENCE OF THIS EFFECT IS REQUIRED.

　　+ THE GOODS SHIPPED ARE NEITHER ISRAELI ORIGIN NOR DO THEY CONTAIN ISRAELI MATERIALS NOR ARE THEY EXPORTED FROM ISRAEL.BENEFICIARY'S CERTIFICATE TO THIS EFFECT IS REQUIRED.

　　+ ALL PRESENTATIONS CONTAINING DISCREPANCIES WILL ATTRACT A DISCREPANCY FEE OF USD 60.00 PLUS TELEX COSTS OR OTHER CURRENCY EQUIVALENT. THIS CHARGE WILL BE DEDUCTED FROM THE BILL AMOUNT WHETHER OR NOT WE ELECT TO CONSULT THE APPLICANT FOR A WAIVER

CHARGES 　　　　71B: ALL CHARGES AND COMMISSIONS OUTSIDE U. A. E. ARE FOR ACCOUNT OF BENEFICIARY EXCLUDING REIMBURSING FEE.

PERIOD FOR 　　48 WITHIN 15 DAYS AFTER THE DATE OF SHIPMENT, BUT WITHIN

PRESENTATION 　　　　　　;THE VALIDITY OF THIS CREDIT.

CONFIRMATION 　　　　　　　49:WITHOUT

INSTRUCTION

REIMBURSING BANK 　　　53A:HSBC BANK PLC,NEW YORK

NFORMATION TO 　　78:ALL DOCUMENTS ARE TO BE REMITTED IN ONE LOT BY PRESENTING BANK COURIER TO HSBC BANK PLC,TRADE SERVICES, DUBAI BRANCH, P O BOX 66, HSBC BANK BUILDING 312/45 Al SUQARE ROAD,DUBAI,UAE.

1. 缮制结汇单据

　　2008 年 4 月 21 日,浙江金苑进出口有限公司外贸单证员陈红收到浙江海州国际货运代理有限公司寄来的海运提单。根据信用证的要求,准备如下单据:商业发票;装箱单;海运提单、装运通知、保险单、产地证明书、受益人证明、汇票。

　　(1) 商业发票

ZHEJIANG JINYUAN IMPORT AND EXPORT CO. ,LTD.
118 XUEYUAN STREET,HANGZHOU,P. R. CHINA
TEL:0086-571-86739177 FAX:0086-571-86739178
COMMERCIAL INVOICE

To:	SIK TRADING CO. ,LTD. 16 TOM STREET,DUBAI,U. A. E.		Invoice No. :	JY08018
			Invoice Date:	APR. 11,2008
			S/C No. :	ZJJY0739
			S/C Date:	FEB. 15,2008
From:	SHANGHAI,CHINA	To:		DUBAI,U. A. E.

续表

L/C No.:	FFF07699	Issued By:	HSBC BANK PLC,DUBAI,U. A. E.		
Marks and Numbers	Description of goods	Quantity	Unit Price		Amount
SIK ZJJY0739 L357/L358 DUBAI,U. A. E. C/NO. ;1-502	LADIES JACKET SHELL:WOVEN TWILL 100% COTTON,LINING: WOVEN 100% POLYESTER,ORDER NO. SIK768 STYLE NO. L357 STYLE NO. L358 PACKED IN 9 PCS/CTN, TOTALLY FIVE HUNDRED AND TWO CARTONS ONLY.	2 250PCS 2 268PCS	CIF DUBAI,U. A. E. USD 12. 00/PC USD 12. 00/PC		USD 27 000. 00 USD 27 216. 00
	TOTAL:	4 518PCS			USD 54 216. 00
SAY TOTAL:	U. S. DOLLARS FIFTY FOUR THOUSAND TWO HUNDRED AND SIXTEEN ONLY.				

ZHEJIANG JINYUAN IMPORT AND EXPORT CO. ,LTD.

李四

(2) 装箱单

ZHEJIANG JINYUAN IMPORT AND EXPORT CO. ,LTD.
118 XUEYUAN STREET,HANGZHOU,P. R. CHINA
TEL:0086-571-86739177 FAX:0086-571-86739178

PACKING LIST

To:	SIK TRADING CO. ,LTD. 16 TOM STREET,DUBAI,U. A. E.		Invoice No. :	JY08018		
			Invoice Date:	APR. 11,2008		
			S/C No. :	ZJJY0739		
			S/C Date:	FEB. 15,2008		
From:	SHANGHAI,CHINA	To:	DUBAI,U. A. E.			
L/C No.:	FFF07699	Issued By:	HSBC BANK PLC,DUBAI,U. A. E.			
Marks and Numbers	Description of goods	Quantity	Package	G. W	N. W	Meas.
SIK ZJJY0739 L357/L358 DUBAI,U. A. E. C/NO. :1-502	LADIES JACKET STYLE NO. L357 STYLE NO. L358 PACKED IN 9 PCS/CTN SHIPPED IN 1×40' FCL	2 250PCS 2 268PCS	250CTNS 252CTNS	2 500KGS 2 520KGS	2 250KGS 2 268KGS	29. 363M³ 29. 597M³
	TOTAL:	4 518PCS	502CTNS	5 020KGS	4 518KGS	58. 96M³
SAY TOTAL:	FIVE HUNDRED AND TWO CARTONS ONLY.					

（3）海运提单

Shipper Insert Name，Address and Phone	B/L No. 2651
ZHEJIANG JINYUAN IMPORT AND EXPORT CO. ，LTD. 118 XUEYUAN STREET，HANGZHOU，P. R. CHINA	中远集装箱运输有限公司 **COSCO CONTAINER LINES**

Consignee Insert Name，Address and Phone	
TO ORDER	TLX：33057 COSCO CN
Notify Party Insert Name，Address and Phone	FAX：+86(021)6545 8984
SIK TRADING CO. ，LTD. 16 TOM STREET，DUBAI，U. A. E. TEL：00971-4-3535876 FAX：00971-4-3535878	ORIGINAL

Ocean Vessel Voy. No.	Port of Loading	
QING YUN HE，VOY. NO. 132S	SHANGHAI	Port-to-Port
Port of Discharge	Port of Destination	**BILL OF LADING**
DUBAI，U. A. E.		Shipped on board and condition except as other...

Marks &. Nos. Container/Seal No.	No. of Containers or Packages	Description of Goods	Gross Weight	Measurement
SIK ZJJY0739 L357/L358 DUBAI，U. A. E. C/NO. ：1-502 CN：GATU8585677 SN：3320999	502CARTONS 1×40' FCL	LADIES JACKET L/C NO. ：FFF07699 DATE：FEB. 25，2008 NAME OF ISSUING BANK：HSBC BANK PLC， DUBAI，U. A. E.	5 020KGS FREIGHT PREPAID	58. 96M³

Description of Contents for Shipper's Use Only(Not part of This B/L Contract)

Total Number of containers and/or packages(in words)：FIVE HUNDRED AND TWO CARTONS ONLY.

Ex. Rate：	Prepaid at	Payable at	Place and date of issue
	SHANGHAI		SHANGHAI APR. 17，2008
	Total Prepaid	No. of Original B(s)/L	Signed for the Carrier
		THREE(3)	COSCO CONTAINER LINES 张三

（4）装运通知

ZHEJIANGJINYUAN IMPORTAND EXPORT CO. ，LTD.
118 XUEYUAN STREET，HANGZHOU，P. R. CHINA
TEL：0086-571-86739177 FAX：0086-571-86739178

SHIPPING ADVICE			
TO：	SIK TRADING CO. ，LTD. 16 TOM STREET，DUBAI， U. A. E.	ISSUE DATE：	APR. 18，2008
		S/C NO. ：	ZJJY0739
		L/C NO. ：	FFF07699

续表

		L/C DATE:	FEB. 25,2008
		NAME OF ISSUING BANK:	HSBC BANK PLC,DUBAI,U. A. E.

Dear Sir or Madam,

We are glad to advice you that the following mentioned goods has been shipped out,full details were shown as follows:

Invoice Number:	JY08018
Bill of loading Number:	2651
Ocean Vessel:	QING YUN HE,VOY. NO. 132S
Port of Loading:	SHANGHAI
Date of shipment:	APR. 17,2008
Port of Destination:	DUBAI,U. A. E. .
Estimated date of arrival:	MAY 4,2008
Containers/Seals Number:	GATU8585677/3320999
Description of goods:	LADIES JACKET
Shipping Marks:	SIK ZJJY0739 L357/L358 DUBAI,U. A. E. C/NO. :1-502
Quantity:	4 518PCS
Gross Weight:	5 020KGS
Net Weight:	4 518KGS
Total Value:	USD 54 216. 00

Thank you for your patronage. We look forward to the pleasure of receiving your valuable repeat orders.

Sincerely yours,

ZHEJIANG JINYUAN IMPORT AND EXPORT CO. ,LTD.
李四

（5）受益人证明

ZHEJIANG JINYUAN IMPORTANDEXPORT CO. ,LTD.
118 XUEYUAN STREET,HANGZHOU,P. R. CHINA
TEL:0086-571-86739177 FAX:0086-571-86739178

BENEFICIARY'S CERTIFICATE

To:	WHOM IT MAY CONERN.	Invoice No. :	JY08018
		Date:	APR. 17,2008

WE HEREBY CERTIFY THAT THE GOODS SHIPPED ARE NEITHER ISRAELI ORIGIN NOR DO THEY CONTAIN ISRAELI MATERIALS NOR ARE THEY EXPORTED FROM ISRAEL.

L/C NO. :FFF07699
L/C DATE:FEB. 25,2008
NAME OF ISSUING BANK:HSBC BANK PLC,DUBAI,U. A. E.
ZHEJIANG JINYUAN IMPORT AND EXPORT CO. ,LTD.
李四

（6）汇票

BILL
OF EXCHANGE

凭 Drawn Under	HSBC BANK PLC， DUBAI，U. A. E.	不可撤销信用证 Irrevocable L/C No.	FFF07699				
日期 Date	FEB. 25，2008	支取 Payable With interest					
号码 No.	JY08018	汇票金额 Exchange for	USD 54 216.00	杭州 Hangzhou	APR. 21，2008		
	见票 at	30 DAYS AFTER	日后（本汇票之副本未付）付交 sight of this FIRST of Exchange（Second of Exchange Being unpaid）				

Pay to the order of HANGZHOU CITY COMMERCIAL BANK，HANGZHOU，CHINA.

金额 the sum of	U. S. DOLLARS FIFTY FOUR THOUSAND TWO HUNDRED AND SIXTEEN ONLY.
此致 To	HSBC BANK PLC， NEW YORK	ZHEJIANG JINYUAN IMPORT AND EXPORT CO. ，LTD. 李四

2. 交单结汇

2008 年 4 月 21 日，浙江金苑进出口公司外贸单证员陈红通过审核，认为各单据都单证一致、单单一致。然后，就把准备好的结汇单据以及信用证的正本向杭州市商业银行国际业务部进行交单。交单时，外贸单证员需填写交单联系单。

杭州市商业银行
客户交单联系单

致：杭州市商业银行

兹随附下列信用证项下出口单据一套，请按国际商会第 600 号出版物《跟单信用证统一惯例》办理寄单索汇。

开证行：HSBC BANK PLC，DUBAI，U. A. E.	信用证号：FFF07699
通知行：HANGZHOU CITY COMMER- CIAL BANK，HANGZHOU，CHINA	通知行编号：AD2006869105555

最迟装期：20080428	效期：20080513		交单期限：15 天

汇票付款期限：AT 30 DAYS AFTER SIGHT	汇票金额：USD 54 216.00
发票编号：JY08018	发票金额：USD 54 216.00

单据	名称	汇票	发票	海关发票	海运提单正本	海运提单副本	航空运单	货物收据	保险单	装箱/重量单	数量/质量/重量证	产地证	GSP FORM A	检验/分析证	受益人证明	船公司证明	电抄	装运通知	一
	份数	2	3		3	1			2	3		1			1			1	

续表

委办事项:(打"×"者)

☒ 附信用证共 2 页。

□ 单据中有下列不符点:

□ 请向开证行寄单,我公司承担一切责任。

□ 请电提不符点,待开证行同意后再寄单。

□ 寄单方式: ☒ 特快专递 □ 航空挂号

□ 索汇方式: □ 电索□ 信索(□ 特快专递□ 航空挂号)

核销单编号: 338667890

公司联系人:		联系电话:		公司签章:
银行审单记录:		银行接单日期:		寄单日期:
		汇票/发票金额:		BP No.:
	银行费用	通知/保兑:		银行经办:
		议/承/付:		
		修改费:		
		邮费:		
		电传:		银行复核:
退单记录:		小计:		
		费用由　　　承担		

二、出口收汇核销

2008 年 6 月 9 日,浙江金苑进出口有限公司收到杭州市商业银行结汇收账通知(银行水单),如下表所示。

外汇结汇收账通知(人民币)	杭州市商业银行	
□ 日期 2008 年 6 月 9 日		第五联
□ 户名　浙江金苑进出口有限公司		
□ 账号　767081009999		
□ 外汇金额 USD 54 123.18	□ 牌价 USD 1＝RMB 6.909 2	□ 人民币金额 RMB 373 947.88
□ 摘要	□ 净额 USD 54 123.18	

业务编号:111BP0700178　　　发票号码:JY08018　　　核销单号:338667890

发票金额:USD 54 216.00

国外扣费:USD 25.00

国内扣费:USD 67.82　　　　　　　　备注:

扣费合计:USD 92.82

□ 会计　王丽	□ 复核　李红	□ 记账　张静

浙江金苑进出口有限公司业务员填写出口收汇核销单,办理出口收汇核销手续。

<table>
<tr><td>

出口收汇核销单
存根

（浙）编号：338667890

出口单位：
浙江金苑进出口有限公司

单位代码：3101003833

出口币种总价：
USD 54 216.00

收汇方式：L/C AT 30
DAYS AFTER SIGHT

预计收款日期：2008 年
5 月 30 日

报关日期：2008 年 4 月
15 日

备注
JY08018

此单报关有效期截止到
　　年　月　日

</td></tr>
</table>

出口单位盖章

出口收汇核销单

（浙）　编号：338667890

出口单位章　　外管局监制章

浙江金苑进出口有限公司

单位代码：3101003833

	类别	币种金额	日期	盖章
银行签注栏		USD 54 216.00		银行签章

海关签注栏：2008 年 4 月 15 日
此货已经结关　　海关验讫章

外汇局签注栏
　年

外管局签章

出口单位盖章

海关签章

出口收汇核销单
出口退税专用

（浙）编号：338667890

出口单位：　外管局监制章
浙江金苑进出口有限公司

单位代码：3101003833

货物名称	数量	币种总价
全棉女式夹克	502 箱	USD 54 216.00

报关单编号：
0910020070007000930　外管局签章

外汇局签注栏
　年

未经核销此联不得撕开

三、进口付汇核销

1. 收到相应单据

2008 年 8 月 28 日，广州机械进出口有限公司接到中国农业银行广东省分行到单通知和相关单据。

（1）到单通知

中国农业银行
AGRICULTURAL BANK OF CHINA
进口信用证到单通知
ADVICE OF BILL ARRIVAL

To: 致：	GUANGZHOU MACHINERY IMP. & EXP. CO. ,LTD. 广州机械进出口有限公司		Date： 日期：	2008-08-28
Contract No. ： 合同号	08CN0418 USA	Draft Amount 汇票金额		USD 280 000.00
L/C No. ： 信用证号	LC200807980	AB No. ： 到单编号		AB200808213
Tenor Type 即期/远期	AT SIGHT	Maturity Date 到期日		2008-09-15
Negotiating Bank 议付行	HSBC New York Branch.			

续表

Doc. Mail Date 寄单日期	2008-08-25	Payment Date 付款日	2008-09-03

PLEASE FIND HEREWITH ENCLOSED THE FOLLOWING DOCUMENTS SENT FROM NEGOTIATING BANK AND ACKNOWLEDGE RECEIPT BY SIGNING AND RETURNING US.
兹附议付行寄来的下列单据，请查收。

INVOICE	B/L	P/L	C/O	C/Q	P/R	BENE CERT.	L/G
4	2/3＋1	3	3	3	1		

1DISCREPANCY(IF ANY)：
单据不符点：

REMARKS：
备注：

NOTE：

1. 该单据将于上述付款日对外付款，请贵司于该日期前将所附《对外付款/承兑通知书》签署意见及核销单一式三联填妥加盖公章后交我行，以便及时对外付款。否则，我行将与上述付款日对外付款，不再另行通知。
2. 如贵司因单据有不符点需拒付，请于上述付款日前将所附单据交我行，并退回全套单据。

（银行盖章）

（2）商业发票

MOON ELECTRONICS TECHNOLOGY CO. ,LTD.

8 SUNSET BLVRD NY BOSTON,USA.

COMMERCIAL INVOICE

To： GUANGZHOU MACHINERY IMP. & EXP. CO. ,LTD. 118 XUEYUAN STREET, GUANGZHOU,CHINA	Invoice No. ：CHNF09-JY
	Invoice Date：AUG. 10,2008
	S/C No. ：08CN0418　USA

From：BOSTON,USA　　　　To：GUANGZHOU,CHINA

L/C No. ：LC200807980　　　Issued by：AGRICULTURAL BANK OF CHINA, GUANGDONG BRANCH

Marks & Nos.	Description of Goods	Quantity	Unit Price	Amount
08CN0418USA GUANGZHOU MADE IN USA	PRECISION HIGN SPEED AUTOMATIC PRESS Mate-3 WITH GRIPPER FEEDER GX-80B	1 SET	CIF BOSTON USD 110 000.00/SET	USD 110 000.00
	PRECISION HIGN SPEED AUTOMATIC PRESS ANEX-3 WITH GRIPPER FEEDER GX-40B	1 SET	USD 170 000.00/SET	USD 170 000.00
TOTAL：		2 SETS		USD 280 000.00

续表

SAY TOTAL：U. S. DOLLARS TWO HUNDRED AND EIGHTY THOUSAND ONLY.
COUNTRY OF ORIGIN：USA
EXPORT STANDARD PACKING IN WOODEN CASE
NO. OF PACKAGES：2 SHIPPED IN 1×20' FCL

                               MOON ELECTRONICS TECHNOLOGY CO. ,LTD.

（3）提单

Shipper Insert Name，Address and Phone	KDL8963M321

MOON ELECTRONICS TECHNOLOGY CO. ,LTD. 8 SUNSET BLVRD NY BOSTON，USA.	中远集装箱运输有限公司 **COSCO CONTAINER LINES**
Consignee Insert Name，Address and Phone TO ORDER	TLX：33057 COSCO CN FAX：+86(021)6545 8984
Notify Party Insert Name，Address and Phone	ORIGINAL
GUANGZHOU MACHINERY IMP. & EXP. CO. ,LTD. 118 XUEYUAN STREET，GUANGZHOU，CHINA	

Ocean Vessel Voy. No.	Port of Loading	
PRESIDENT V. 002	BOSTON，USA	Port-to-Port
Port of Discharge	Port of Destination	**BILL OF LADING**
GUANGZHOU，CHINA		Shipped on board and condition except as other…

Marks & Nos. Container/Seal No.	No. of Containers or Packages	Description of Goods	Gross Weight	Measurement
08CN0418USA GUANGZHOU MADE IN USA 1×20' GP FCL CN：TCLU9236621 SN：SJSC0321438	2 CASES	PRECISION HIGN SPEED AUTOMATIC PRESS	14 635KGS	25. 08CBMS

Description of Contents for Shipper's Use Only(Not part of This B/L Contract)

Total Number of containers and/or packages(in words)：SAY ONE CONTANER　CONTAINS TWO
CASES ONLY. FIVE HUNDRED AND TWO CARTONS

Ex. Rate：	Prepaid at	Payable at	Place and date of issue
	GUANGZHOU		GUANGZHOU AUG. 15，2008
	Total Prepaid	No. of Original B(s)/L	Signed for the Carrier
		THREE(3)	COSCO CONTAINER LINES 张三

2. 审单付汇

经审核无误后,填写对外付款/承兑通知书,进行进口付汇。

对外付款/承兑通知书

银行业务编号:　　　　　　　　　　　　　　　　　　日期:

结算方式	☑ 信用证 □ 保函 □ 托收 □ 其他		信用证/保函编号	LC200807980
来单币种及金额	280 000 美元		开证日期	2008 年 5 月 12 日
索汇币种及金额		期限		到期日
来单行名称	HSBC New York Branch		来单行编号	
收款人名称	MOON ELECTRONICS TECHNOLOGY CO. ,LTD.			
收款行名称及地址	汇丰银行纽约分行			
付款人名称	广州机械进出口有限公司			
☑ 对公　组织机构代码　＊＊＊＊＊＊		□ 对私	□ 个人身份证号码	
扣费币种及金额			□ 中国居民个人　□ 中国非居民个人	
合同号	08CN0418USA		发票号	CHNF09-JY
提运单号	KDL8963M321		合同金额	280 000 美元

银行附言(各银行可根据本行业务要求规定其内容及格式)

申报号码	＊＊＊＊＊＊＊＊＊＊＊＊＊＊＊＊＊＊＊＊＊＊	实际付款币种及金额	280 000 美元
付款编号		若为购汇支出,购汇汇率	
收款人常驻国家(地区)名称及代码 美国　084		是否为进口核销项下付款	☑ 是　□ 否
是否为预付款 □ 是 ☑ 否 最迟装运期 2008 年 8 月 31 日		外汇局批件/备案编号	

付款币种及金额		280 000 美元		金额大写	贰拾捌万元整
其中	购汇金额			账号	
	现汇金额	280 000 美元		账号	66678924315
	其他金额			账号	

交易编码	0101	相应币种及金额	280 000 美元	交易附言	
□ 同意即期付款 ☑ 同意承兑并到期付款 □ 申请拒付		付款人印鉴(银行预留印鉴)		银行业务章	
联系人及电话　张悦 ＊＊＊＊＊＊＊＊					

3. 进口付汇核销

货物到货后,准备进口货物报关单、贸易进口付汇到货核销表等资料办理进口付汇。

（1）进口货物报关单

中华人民共和国海关进口货物报关单

预录入编号：　　　　　　　　　　　　　　　　　　　　　海关编号：

进口口岸：广州海关	备案号	进口日期 JUL. 15,2008	申报日期 SEP. 15,2006
经营单位：广州机械进出口有限公司	运输方式	运输工具名称	提运单号
440193××××	江海运输	PRESIDENT V. 002	KDL8963M321
收货单位：广州机械进出口有限公司 440193××××	贸易方式 进口对料	征免性质 进料加工	征税比例*
许可证号 C51066000019	起运国（地区）* 美国	装货港* 波士顿	境内目的地* 广州
批准文号	成交方式 CIF	运费	保费	杂费
合同协议号 08CN0418USA	件数 2	包装种类 木箱	毛重（千克）	净重（千克）
集装箱号	随附单据	用途* 加工返销

标记唛码及备注
08CN0418USA
GUANGZHOU
MADE IN USA

项号	商品编号	商品名称、规格型号	数量及单位	原产国（地区）*	单价	总价	币制	征免
01	********	PRECISION HIGN SPEED AUTOMATIC PRESS Mate-3 WITH GRIPPER FEEDER GX-80B	一套	美国	110 000.00	110 000.00	美元	全免
02	********	PRECISION HIGN SPEED AUTOMATIC PRESS ANEX-3 WITH GRIPPER FEEDER GX-40B	一套	美国	170 000.00	170 000.00	美元	全免

税费征收情况

录入员　　　　录入单位 ***　　广州机械进出口有限公司	兹声明以上申报无讹并承担法律责任	海关审单批注及放行日期 （签章）
报关员　　　***		审单　　　审价
单位地址　广州学院路 118 号	申报单位（签章） 广州机械进出口有限公司	征税　　　统计
邮编 ********　　电话 ********　　2008 年 9 月 15 日		

（2）贸易进口付汇到货核销表

年　月贸易进口付汇到货核销表

单位名称：广州机械进出口有限公司　　　　单位代码：440193××××　　　联系电话：　　　　联系人：

序号	核销单号／申报号码	备案表号	付汇币种金额	付汇日期	结算方式	付汇银行名称	最迟装运日期	报关单号／涉外收入申报号码	报关／收汇币种金额	报关／收汇日期	与付汇差额	余额是否留用	备注
	付汇情况							报关到货情况					
1	＊＊＊＊＊＊＊＊＊＊＊＊＊＊＊＊＊＊＊＊＊＊		280 000美元	2008年9月4日	信用证	中国农业银行广东省分行	2008年8月31日	＊＊＊＊＊＊	280 000美元	2008年9月15日			
付汇合计笔数	1		付汇合计金额	280 000美元				报关合计金额	280 000美元				

第五节　实训操作

一、操作目的

通过本次实训，使学生加深对各种国际贸易单据基本知识的认识，学会根据信用证要求，熟练准确地制作相应的单据。

二、操作要求

（1）分析信用证中有关单据的条款。

（2）要特别留意特别条款中对单据的要求。

（3）完成制作后,要审单。

（4）熟悉出口收汇核销流程,填写出口收汇核销单。

三、操作内容

1. 信用证

MT700	ISSUE OF A DOCUMENTARY CREDIT
SENDER	HSBC BANK PLC,DUBAI,UAE
RECEIVER	HANGZHOU CITY COMMERCIAL BANK,HANGZHOU,CHINA
SEQUENCE OF TOTAL	*27:1/1
FORM OF DOC. CREDIT	*40A:IRREVOCABLE
DOC. CREDIT NUMBER	*20:KKK061888
DATE OF ISSUE	31C:061115
APPLICABLE RULES	40E:UCP LATEST VERSION
DATE AND PLACE OF EXPIRY	*31D:DATE 070205 PLACE IN CHINA
APPLICANT	*50:SUN CORPORATION
	5 KING ROAD,DUBAI,UAE
BENEFICIARY	*59:ZHEJIANG JINYUAN IMPORT AND EXPORT CO. ,LTD.
	118 XUEYUAN STREET,HANGZHOU,P. R. CHINA
AMOUNT	*32B:CURRENCY USD AMOUNT 53 500. 00
PERCENTAGE CREDIT AMOUNT TOLERANCE	39A:05/05
AVAILABLE WITH/BY	*41A:ANY BANK IN CHINA BY NEGOTIATION
DRAFTS AT...	42C:60 DAYS AFTER SIGHT
DRAWEE	42A:HSBC BANK PLC,NEW YORK
PARTIAL SHIPMENTS:	43P:PROHIBITED
TRANSHIPMENT	43T:ALLOWED
PORT OF LOADING/ AIRPORT OF DEPARTURE	44A:SHANGHAI,CHINA.
PORT OF DISCHARGE	44B:DUBAI,UAE

LATEST DATE OF SHIPMENT　　　44C：070115

DESCRIPT OF GOODS　　　　　　45A：5 000 PCS BOYS JACKET, SHELL：WOVEN
TWILL 100% AND/OR SERVICES COT-
TON, LINING：WOVEN 100% POLYES-
TER, STYLE NO. BJ123, ORDER
NO. 989898, AS PER S/C NO. JY06125
AT USD 10. 70/PC CIFC 5% DUBAI,
PACKED IN 20 PCS/CTN

DOCUMENTS REQUIRED 46A：
+ COMMERCIAL INVOICE SIGNED IN TRIPLICATE ONE ORIGINAL OF
WHICH SHOULD BE CERTIFIED BY CHAMBER OF COMMERCE OR
CCPIT AND LEGALIZED BY UAE EMBASSY/CONSULATE IN SELLER'S
COUNTRY.
+ PACKING LIST IN TRIPLICATE.
+ CERTIFICATE OF CHINESE ORIGIN CERTIFIED BY CHAMBER OF COM-
MERCE OR CCPIT AND LEGALIZED BY UAE EMBASSY/CONSULATE IN
SELLER'S COUNTRY.
+ INSURNCE POLICY/CERTIFICATE IN DUPLICATE ENDORSED IN BLANK
FOR 110% INVOICE VALUE, COVERING ALL RISKS AND WAR RISK OF
CIC OF PICC（01/01/1981）INCL. WAREHOUSE TO WAREHOUSE AND
I. O. P. AND SHOWING THE CLAIMING CURRENCY IS THE SAME AS
THE CURRENCY OF CREDIT.
+ FULL SET(3/3)OF CLEAN ON BOARD OCEAN BILLS OF LADING MADE
OUT TO ORDER MARKED FREIGHT PREPAID AND NOTIFYING
APPLICANT.
+ SHIPPING ADVICE SHOWING THE NAME OF THE CARRYING VESSEL,
DATE OF SHIPMENT, MARKS, QUANTITY, NET WEIGHT AND GROSS
WEIGHT OF THE SHIPMENT TO APPLICANT WITHIN 3 DAYS AFTER
THE DATE OF BILL OF LADING.

ADDITIONAL CONDITION. 47A：
+ DOCUMENTS DATED PRIOR TO THE DATE OF THIS CREDIT NOT
ACCEPTABLE.
+ THE NUMBER AND DATE OF THIS CREIDT AND THE NAME OF ISSU-
ING BANK MUST BE QUOTED ON ALL DOCUMENTS.
+ TRANSHIPMENT ALLOWED AT HONGKONG ONLY.
+ SHORT FORM/CHARTER PARTY/THIRD PARTY BILL OF LADING ARE
NOT ACCEPTABLE.
+ SHIPMENT MUST BE EFFECTED BY 1×20' FCL. B/L TO SHOW EVIDENCE OF

THIS EFFECT IS REQUIRED.

+THE GOODS SHIPPED ARE NEITHER ISRAELI ORIGIN NOR DO THEY CONTAIN ISRAELI MATERIALS NOR ARE THEY EXPORTED FROM ISRAEL.BENEFICIARY'S CERTIFICATE TO THIS EFFECT IS REQUIRED.

+ALL PRESENTATIONS CONTAINING DISCREPANCIES WILL ATTRACT A DISCREPANCY FEE OF GBP40.00 PLUS TELEX COSTS OR OTHER CURRENCY EQUIVALENT. THIS CHARGE WILL BE DEDUCTED FROM THE BILL AMOUNT WHETHER OR NOT WE ELECT TO CONSULT THE APPLICANT FOR A WAIVER.

CHARGES 71B:ALL CHARGES AND COMMISSIONS OUTSIDE UAE ARE FOR ACCOUNT OF BENEFICIARY EXCLUDING REIMBURSEMENT FEE.

PERIOD FOR PRESENTATION　48:WITHIN 15 DAYS AFTER THE DATE OF SHIPMENT BUT WITHIN THE VALIDITY OF THE CREDIT.

CONFIRMATION INSTRUCTION　*49:WITHOUT

REIMBURSING BANK　53A:HSBC BANK PLC.NEW YORK

INFORMATION TO　78:ALL DOCUMENTS ARE TO BE REMITTED IN ONE PRESENTING BANK LOT BY COURIER TO HSBC BANK PLC, TRADE SERVICES, DUBAI BRANCH, P. O. BOX 66, HSBC BANK BUILDING 312/45 AL SQUARE ROAD,DUBAI, U. A. E.

2. 其他信息

（1）合同号:JY06125

（2）发票号码:JY20060098

（3）发票日期:2006 年 12 月 22 日

（4）唛头:SUN

       S/C NO. :JY06125

       STYLE NO. :BJ123

       DUBAI

       C/NO. :1-250

（5）装箱情况:

20PCS/CTN

G. W. :10KGS/CTN

N. W. :9KGS/CTN

MEAS. :(57×40×40)CM/CTN

（6）商品编号:6203320090

（7）原产地证书号:COS98989

（8）运费：USD 726.00；保险费：USD 264.00

（9）佣金：USD 2 782.00

（10）船名：PUHE V.246W

（11）提单号：COSUS HA003189

（12）出口口岸：上海海关 2200

（13）海关编号：3301215555

（14）出境货物通关单编号 4936290

（15）核销单编号：33859888

（16）单位代码：3101003833

以上是 SUN CORPORATION 给 ZHEJIANG JINYUAN IMPORT AND EXPORT CO.，LTD.（金苑公司）开立的信用证和交易的相关信息，请依据以上信息作以下训练。

（1）根据信用证的内容缮制商业发票、汇票和受益人证明。

（2）2006 年 12 月 30 日货物装船后，金苑公司缮制全套单据到杭州市商业银行进行交单，填写客户交单联系单。

（3）根据以上信息填写出口收汇核销单。

第十二章 出口退税

【学习目标】

- 熟悉出口退税的概念、程序；
- 掌握出口退税的方法、税额计算。

出口退税是开放经济的基本制度之一,是指出口国在增值税制度下,为避免本国出口产品遭遇国际双重征税,而将出口货物在国内生产和流通过程中缴纳的间接税退还给出口企业,使出口货物以不含税的价格进入国际市场,属于间接税国际协调的范畴。

出口退税有利于提高资源配置效率,降低出口产品的成本,增强本国产品的国际竞争力。

第一节　出口退税概述

一、出口退税的定义

出口货物退（免）税（Export Rebates）简称出口退税，其基本含义是指对出口货物退还其在国内生产和流通环节实际缴纳的产品税、增值税、营业税和特别消费税。出口货物退税制度，是一个国家税收的重要组成部分，主要是通过退还出口货物的国内已纳税款来平衡国内产品的税收负担，使本国产品以不含税成本进入国际市场，与国外产品在同等条件下进行竞争，从而增强竞争能力，扩大出口创汇。

二、出口退税的产生

出口货物退（免）税是在国际贸易中，对报关出口的货物退还或免征在国内各生产环节和流转环节按税法规定交纳的增值税和消费税，即对出口货物实行零税率。它是国际贸易中通常采用并为各国接受的，目的在于鼓励各国出口货物公平竞争的一种税收措施。

出口退税的产生，是出于国际贸易中各国生产货物公平竞争和鼓励本国货物出口的需要。一方面，由于世界各国税制不同，各国货物在生产、流转环节承担的税负就有所差异。这些差异，通过税负转嫁就会在出口货物价格上体现出来，不利于公平竞争。出口退税通过退还或免征出口货物在生产、流转环节已纳或应纳的税款，可以消除因各国税制规定的货物用于消费时所应负担的税捐标准的差异而造成的成本差异，从而使出口货物价格接近因生产、销售而发生的成本，并在此基础上进行公平竞争。另一方面，出口退税政策对实施国来说，也起到了鼓励出口，带动生产，增加就业，刺激经济增长的作用。再者，依据国际法的国家领域原则，进口国还要根据本国税法规定对出口货物征税，出口货物实行零税率可以有效地避免国际双重征税。与我国税制相适应，我国出口退税是指退还或免征增值税和消费税。

三、出口退税的特点

1985 年 3 月，国务院正式颁发了《关于批转财政部〈关于对进出口产品征、退产品税或增值税的规定〉的通知》，规定从 1985 年 4 月 1 日起实行对出口产品退税政策。1994 年 1 月 1 日起，随着国家税制的改革，我国改革了已有退还产品税、增值税、消费税的出口退税管理办法，建立了以新的增值税、消费税制度为基础的出口货物退（免）税制度。为规范出口货物退（免）税管理，2005 年，国家税务总局继而发布了《出口货物退（免）税管理办法（试行）》。这是根据 1994 年以来出口货物退（免）税政策、管理规定的变化，适应新《外贸法》的实施,对现行出口货物退(免)税的认定、申报、受理、审核、审批、日常管理和违章处理等环节和内容进行的一次重新梳理和规范。该办法自 2005 年 5 月 1 日起施行。

我国的出口货物退(免)税制度是参考国际上的通行做法,在多年实践基础上形成的、自成体系的专项税收制度。这项新的税收制度与其他税收制度比较,有以下几个主要特点。

1. 出口退税是一种收入退付行为

税收是国家为满足社会公共需要,按照法律规定,参与国民收入中剩余产品分配的一种形式。出口货物退(免)税作为一项具体的税收制度,其目的与其他税收制度不同。它是在货物出口后,国家将出口货物已在国内征收的流转税退还给企业的一种收入退付或减免税收的行为,这与其他税收制度筹集财政资金的目的显然是不同的。

2. 出口退税具有调节职能的单一性

我国对出口货物实行退(免)税,意在使企业的出口货物以不含税的价格参与国际市场竞争。这是提高企业产品竞争力的一项政策性措施。与其他税收制度鼓励与限制并存、收入与减免并存的双向调节职能比较,出口货物退(免)税具有调节职能单一性的特点。

3. 出口退税属间接税范畴内的一种国际惯例

世界上有很多国家实行间接税制度,虽然其具体的间接税政策各不相同,但就间接税制度中对出口货物实行"零税率"而言,各国都是一致的。为奉行出口货物间接税的"零税率"原则,有的国家实行免税制度,有的国家实行退税制度,有的国家则退、免税制度同时并行,其目的都是对出口货物退还或免征间接税,以使企业的出口产品能以不含间接的价格参与国际市场的竞争。出口货物退(免)税政策与各国的征税制度是密切相关的,脱离了征税制度,出口货物退(免)税便将失去具体的依据。

第二节　出口退税的应用

一、出口货物退(免)税的范围

1. 出口货物退(免)税的企业范围

国家政策规定,可以享受出口退税政策的企业单位是出口退税的主体,它与税法中规定的纳税人既有联系又有区别。凡是出口退(免)税的享受人都是纳税人,享受人只是纳税人的一种负概念。享受人必须按规定履行出口货物退(免)税的所有事项,否则应由该行为的当事人承担相应的责任。

我国现行享受出口退税政策的企业有以下八类。

(1) 经对外贸易经济合作部及其授权单位批准的有进出口经营权的外贸企业。

（2）经对外贸易经济合作部及其授权单位批准的有进出口经营权的自营生产企业和生产型集团公司。

（3）经对外贸易经济合作部批准的有进出口经营权的工贸企业、集生产与贸易为一体的集团公司。

（4）外商投资企业。

（5）委托外贸企业代理出口的企业。

（6）经国务院批准设立享有进出口经营权的商业合资企业。

（7）特准退税的企业。例如，对外承包工程公司、对外承接修理修配业务的企业、外轮供应公司和远洋运输供应公司、国际招标机电产品中标的企业、"以产顶进"钢材的列名钢铁企业、免税店等。

（8）特定退税的企业。例如，国家指定经营贵重货物出口的企业。

2. 出口货物退（免）税的货物范围

（1）一般退（免）税货物范围

确定出口货物退（免）税的货物范围，是正确执行出口货物退（免）税政策的基本依据，在实际制定及执行的政策中，出于限制紧缺资源出口、政府财力、货物实际税负等多方面考虑，并非所有出口货物都可以退税，可以退税的货物也不一定都能全额退还或免征两税。按照《出口货物退（免）税管理办法》的规定，对出口的凡属于已征或应征增值税、消费税的货物，除国家明确规定不予退（免）税的货物和出口企业从小规模纳税人购进并持普通发票的部分货物外，都是出口货物退（免）税的货物范围，均予以退还已征增值税和消费税或免征应征的增值税和消费税。

可以退（免）税的出口货物一般应具备以下四个条件。

① 必须是增值税、消费税征收范围内的货物。增值税、消费税的征收范围，包括除直接向农业生产者收购的免税农产品以外的所有增值税应税货物，以及烟、酒、化妆品等11类列举征收消费税的消费品。

之所以必须具备这一条件，是因为出口货物退（免）税只能对已经征收过增值税、消费税的货物退还或免征其已纳税额和应纳税额。未征收增值税、消费税的货物（包括国家规定免税的货物）不能退税，以充分体现"未征不退"的原则。

② 必须是报关离境出口的货物。所谓出口，即输出关口，它包括自营出口和委托代理出口两种形式。区别货物是否报关离境出口，是确定货物是否属于退（免）税范围的主要标准之一。凡在国内销售、不报关离境的货物，除另有规定外，不论出口企业是以外汇还是以人民币结算，也不论出口企业在财务上如何处理，均不得视为出口货物予以退税。

对在境内销售收取外汇的货物，如宾馆、饭店等收取外汇的货物等，因其不符合离境出口条件，均不能给予退（免）税。

③ 必须是在财务上作出口销售处理的货物。出口货物只有在财务上作出销售处理后，才能办理退（免）税。也就是说，出口退（免）税的规定只适用于贸易性的出口货物，而对非贸易性的出口货物，如捐赠的礼品、在国内个人购买并自带出境的货物（另有规定者除外）、样品、展品、邮寄品等，因其一般在财务上不作销售处理，故按照现行规定不能退（免）税。

④ 必须是已收汇并经核销的货物。按照现行规定,出口企业申请办理退(免)税的出口货物,必须是已收外汇并经外汇管理部门核销的货物。

一般情况下,出口企业向税务机关申请办理退(免)税的货物,必须同时具备以上四个条件。但是,生产企业(包括有进出口经营权的生产企业、委托外贸企业代理出口的生产企业、外商投资企业,下同)申请办理出口货物退(免)税时必须增加一个条件,即申请退(免)税的货物必须是生产企业的自产货物(外商投资企业经省级外经贸主管部门批准收购出口的货物除外)。

（2）特准退(免)税货物范围

在出口货物中,有一些虽然不具备"出口货物"的四个条件,但由于这些货物销售方式、消费环节、结算办法的特殊性以及国际的特殊性,国家特准退还或免征增值税的消费税。这些货物主要有以下类型。

① 对外承包工程公司运出境外用于对外承包项目的货物。

② 对外承接修理修配业务的企业用于对外修配的货物。

③ 外轮供应公司、远洋运输供应公司销售给外轮、远洋货轮而收取外汇的货物。

④ 企业在国内采购并运往境外作为在国外投资的货物。

⑤ 利用外国政府或国际金融组织贷款,通过国际招标由国内企业中标的机电产品。

⑥ 对境外带料加工装配业务所使用的出境设备、原材料和散件。

⑦ 利用中国政府的援外优惠贷款和合资合作基金项目方式下出口的货物。

⑧ 对外补偿贸易及易货贸易、小额贸易出口的货物。

⑨ 列名钢铁企业销售给加工出口企业用于生产出口货物钢材。

⑩ 中纺棉进出口公司、新疆维吾尔自治区棉麻公司和新疆农垦纺织五矿化工机械进出口公司三家出口商运入海关监管的"以出顶进"监管库的新疆棉花。

⑪ 从 1995 年 7 月 1 日起,保税区内企业从区外有进出口经营权的企业购进货物,保税区内企业将这部分货物出口或加工后再出口的货物。

⑫ 从 2000 年 7 月 1 日起,对保税区外的出口企业委托保税区内仓储企业仓储并代理报关离境的货物。

⑬ 从 1999 年 9 月 1 日起,外商投资企业采购国产设备。

⑭ 一般外贸企业直接从生产企业购进的该企业自产(含扩散、协作 生产)货物,或从其他外贸企业购进的用于出口的货物,而不能是从普通流通企业购进的货物。

⑮ 对集团公司的外贸企业,只能是从进出口权批文列明的成员企业购进的自产货物。

⑯ 在出口方面,若出口货物属专营、专卖商品,要求外贸企业具有相应的专营商品经营权或专卖权。

二、外贸企业常见的可退税出口业务及其税收管理

1. 一般贸易

一般贸易是外贸企业最典型的出口贸易方式,它是指外贸企业在国内组织货物后转

售给外商的出口贸易形式。根据出口企业是否自行报关的差异，一般贸易出口货物又可为代理出口和自营出口两种类型。在退税凭证方面，外贸企业一般贸易出口货物后，必须向退税机关提供的凭证包括专用税票（出口货物专用缴款书和分割单，仅限征消费税货物提供）、专用发票、外销发票、出口货物报关单（退税联）、收汇核销凭证。一般贸易出口货物应退税款的计算依据主要是外贸企业购进货物支付的金额和相应的退税率。一般情况下，可用进货金额乘以退税率得到应退税额。

2. 代理出口货物

代理出口货物是指外贸企业代理生产企业或其他外贸企业办理报关出口手续而出口的货物。在代理出口货物中，委托方不向代理方开具发票，仅向代理方支付手续费。按现行政策规定，代理出口货物由委托方申请办理退税。若外贸企业委托其他外贸企业代理出口货物后，凭受托代理方报关的出口货物报关单、收汇核销单（根据代理协议，可能在委托方收汇，也可能在受托代理方收汇）、代理出口货物证明（由受托方所属退税部门开具）、外销发票、购进货物的增值税专用发票及专用税票申请办理退税。若同一张关单上又有代理又有自营的，可将关单复印件与代理出口证明交予委托企业退税，本企业用报关单原件退税。

3. 国内原料委托加工货物出口

国内原料委托加工货物出口贸易方式是指外贸企业从国内其他外贸企业或生产企业购进生产加工出口货物所需的原料后，再委托生产加工企业进行加工，出口加工成品的业务。在委托加工业务中，外贸企业只支付加工企业加工费，加工企业开具加工费专用发票及专用缴款书。外贸企业委托加工可退税出口货物所包含的原材料和加工费均可办理退税，这里所说的原材料和加工费并不是都按出口货物代码和相应退税率退税，按政策规定，委托加工货物退税时应按以下三个原则办理。原材料和加工费在同一次申报中分开填写，而商品代码都用出口成品的商品代码。原材料和加工费分别计算应退税款，加工费的退税率按出口商品的退税率计算，原材料适用原材料的退税率。外贸企业除提供与一般贸易出口货物相同的凭证外，还应提供委托加工协议及原料耗用比例证明文件（若委托加工协议有关耗料比的内容，可不再单独提供）。

4. 进料加工贸易

进料加工是指外贸企业动用外汇从国外购进原料、辅料、材料、零配件、器件等进口料件，经加工生产后收回成品复出口的贸易形式。按外贸企业向生产、加工企业提交进口料件的不同方式，国内加工环节可分为作价加工和委托加工两种方式。作价加工是指外贸企业进口料件后，将料件销售给生产、加工企业加工，再回购成品并出口的加工方式。委托加工是指外贸企业与生产、加工企业签订委托加工协议，将进口料件运往生产、加工企业加工，向生产、加工企业支付加工费的加工方式。外贸企业进料加工贸易的税收监管是一个较为复杂的过程，涉及了与外经贸部门、海关的凭证、资料的传递和国税的征、退税机关的衔接。其具体过程包含以下五个环节。

（1）备案。外贸企业向外经贸管理部门申请进料加工业务获批准后，持外经贸部门签发的、加工贸易业务批准证、料件购进合同、加工货物复出口合同、空白手册到退税机关登记备案。

（2）手册登记。外贸企业将税务机关签章的手册报送海关后,若海关审核通过,将给手册编号。外贸企业持海关编号后的手册封面复印件,到退税机关登记手册号码。

（3）料件进口登记。料件进口时,海关要核实进口数量,并在手册上签注意见。料件进口后,外贸企业持手册中的"进口料件报关登记表"复印件到退税机关登记料件进口数量、金额。

（4）免税申请和退税抵扣进料后,采用委托加工方式加工货物出口的外贸企业没有这道环节。按现行政策规定,采用作价加工方式的外贸企业在将进口料件销售给生产、加工企业时应先填具进料加工贸易申报表,报经主管出口退税的税务机关同意并签章后再将此表报送主管征税机关,并据此在开具增值税专用发票时按规定税率计算注明销售料件的税额,征税机关对这部分销售料件的销售发票上所注明的应交税额不计征入库,而由主管退税的税务机关在出口企业办理出口退税时,在当期应退税额中抵扣。

① 免税申请。外贸企业销售进口料件并开具增值税专用发票后,填写外贸企业进料加工贸易申请表（以下简称申请表）,并持发票抵扣联复印件到退税机关申请免税。若退税机关审核并签发申请表后,外贸企业凭该表到主管其征税的税务机关办理所售进口料件的免税事宜。

② 退税抵扣。在退税机关审核并签发了申请表,则应从外贸企业当月其他出口货物应退税款中,扣减申请表注明的抵扣税额。若当月退税额小于应抵扣税额,则扣完当月应退税款,余额下月继续抵扣。

（5）退税。加工货物出口后,外贸企业凭出口货物报关单、收汇核销单、外销发票、委托加工协议和加工费增值税发票及专用税票（委托加工方式提供）,回购加工货物的增值税专用发票和专用税票（作价加工方式）等凭证向退税机关申报退税。

5. 来料加工贸易

来料加工贸易是指出口企业与外商签订合同,由外商提供原料、元器件、半成品等外商指定的物质生产条件,由出口企业按外商要求组织生产加工,并将成品交外商,收取加工费的贸易方式。按现行政策规定,来料加工出口货物实行免税管理,即对加工企业来料加工货物及其加工费免征消费税和增值税。来料加工贸易的申报包括以下环节。

（1）业务获批准后,持外经贸部门签发的"加工贸易备案:外贸企业向外经贸管理部门申请来料加工业务批准证"、成品复出口合同、空白手册到退税机关办理备案手续。

（2）手册登记。海关签批手册后,外贸企业应持海关编号后的手册封面复印件,到退税机关登记手册号码和手册有效期。

（3）免税申请。外贸企业进口料件后,凭海关签发的进口货物报关单、来料加工手册、委托加工企业生产加工的委托加工协议到退税机关办理来料加工贸易免税证明。

（4）核销。来料加工货物全部出口后,外贸企业应持出口货物报关单、来料加工手册、海关核销手册的结案通知、收汇凭证,到退税机关办理核销手册。对超过手册有效期不办理核销手续的,主管加工企业的征税机关将补征其加工环节免征的增值税和消费税。此外,来料加工业务其国内采购耗用的辅料不予退税。

除此之外,相关的贸易方式还有易货贸易、境外带料加工贸易、中标机电产品、出口卷烟、对外承包工程、境外投资出口货物、出口加工区货物的退（免）税、保税区货物的退

（免）税规定、钢材"以产顶进"退（免）税规定、援外出口货物退（免）税规定、出口样品、展品的规定等，在此就不一一赘述了。

三、出口退税的主要办法

以一般贸易为例，这里重点介绍出口退税的主要办法。目前，外商投资企业出口货物退税办法包括"先征后退"和"免、抵、退"税。

1. 先征后退

"先征后退"是指生产企业自营出口或委托代理出口的货物，一律先按照增值税暂行条例规定的征税率征税，然后由主管出口退税业务的税务机关在国家出口退税计划内按规定的退税率审批退税。

（1）"先征后退"的含义

"先征后退"是指对生产企业在货物报关出口并在财务上作销售的当期先按增值税有关规定征税，然后由企业凭有关退税单证按月报主管税务机关根据国家出口退税政策的规定办理退税。

有关退税单证是指盖有海关验讫章的出口货物报关单（出口退税专用联）原件、外汇管理部门确认的出口货物外汇核销单（出口退税专用联）原件和企业出口货物的出口专用发票（第四联）原件。

（2）"先征后退"的适用范围

生产企业自营出口或委托外贸企业代理出口的报关离境的自产货物。

（3）"先征后退"纳税和退税的计算公式

公式中的征税税率、退税税率均指出口货物适用的增值税税率和退税率。

① 一般贸易方式，计算公式如下：

当期应纳税额＝当期内销货物销项税额＋当期出口货物离岸价×外汇人民币牌价
×征税税率－当期全部进项税额

当期应退税额＝当期出口货物的离岸价×外汇人民币牌价×退税税率

以上计算公式的有关说明如下。

a. 当期进项税额包括当期全部国内购料、水电费、允许抵扣的运输费、当期海关代征增值税等税法规定可以抵扣的进项税额。

b. 外汇人民币牌价应按财务制度规定的两种办法确定，即国家公布的当日牌价或月初、月末牌价的平均价。计算方法一旦确定，企业在一个纳税年度内不得更改。

c. 企业实际销售收入与出口货物报送但、外汇核销单上记载的金额不一致时，税务机关按金额大的征税，按出口货物报关单上记载的金额退税。

d. 应纳税额小于零的，结转下期抵减应交税额。

【例 12-1】 某鞋厂 2000 年 3 月出口鞋 30 000 打。其中，28 000 打以 FOB 价成交，每打 200 美元，人民币外汇牌价为 1∶8.283 6；2 000 打以 CIF 价格成交，每打 240 美元，并每打支付运费 20 元、保险费 10 元、佣金 2 元，人民币外汇牌价为 1∶8.283 6。当期实现内销鞋 19 400 打，销售收入 34 920 000 元，销项税额为 5 936 400 元，当月可予抵扣的进项税额为 10 800 000 元，鞋的退税率为 13%。用"先征后退"方法计算应交税额和应退税额。计算出口自产货物销售收入。

$$出口自产货物销售收入 = 离岸价格 \times 外汇人民币牌价$$
$$+ (到岸价格 - 运输费 - 保险费 - 佣金) \times 外汇人民币牌价$$
$$= 28\,000 \times 200 \times 8.283\,6 + 2\,000 \times (240 - 20 - 10 - 2) \times 8.283\,6$$
$$= 49\,834\,137.60(元)$$

$$当期应纳税额 = 当期内销货物的销项税额 + 当期出口货物离岸价格$$
$$\times 外汇人民币牌价 \times 征税率 - 当期全部进项税额$$
$$= 5\,936\,400 + 49\,834\,137.60 \times 17\% - 10\,800\,000$$
$$= 3\,608\,203.39(元)$$

$$当期应退税额 = 当期出口货物离岸价格 \times 外汇人民币牌价 \times 退税税率$$
$$= 49\,834\,137.60 \times 13\%$$
$$= 6\,478\,437.89(元)$$

② 进料加工贸易方式,计算公式如下:

$$当期应纳税额 = 当期内销货物销项税额 + 当期出口货物的离岸价$$
$$\times 外汇人民币牌价 \times 征税税率 - (当期全部进项税额$$
$$+ 当期海关核销免税进口料件组成计税价格 \times 征税税率)$$
$$当期应退税额 = 当期出口货物离岸价 \times 外汇人民币牌价 \times 退税税率$$
$$- 当期海关核销免税进口料件组成计税价格 \times 退税税率$$

公式中当期海关核销免税进口料件组成计税价格×退税税率,称为扣除进料税金。

$$当期海关核销免税进口料件组成计税价格 = 当期海关核销免税进口料件的到岸价$$
$$\times 外汇人民币牌价$$

(4) 申报纳税

企业以一般贸易方式出口货物,每月增值税申报纳税所需报送的资料为增值税一般纳税人申报纳税时所需报送的资料。企业以进料加工贸易方式出口货物,还需报送下列资料。

① 生产企业进料加工贸易申请表(一式五份,其中一份随进口单位装订)。

② 装订成册的进口货物报关单(复印件一式一份)。

③ 装订成册的进料加工合同备案表(复印件一式一份)。

④ 进口料件申报明细表一式一份(该表由企业根据进口货×物报关单的进口料件明细情况,录入计算机后生成)。

进口单证装订顺序为进口报关单装订封面→生产企业进料加工贸易申请表→进口货物报关单(复印件)→进料加工合同备案表。

(5) 申报退税

外商投资企业采用"先征后退"办法申报退税,需报送下列资料。

① 盖有海关验讫章的出口货物报关单(出口退税专用联)原件、外汇管理部门确认的出口外汇核销单(出口退税专用联)原件和企业出口货物的出口专用发票(第四联)原件。

② 出口产品退(免)税申请表一式六份,其中一份随出口单证装订。

③ 出口货物退税明细申报表一式一份(该表由企业根据出口货物报关单的出口货物明细情况,录入计算机后生成)。

④ 经征税主管税务机关签章的出口货物税款所属时期的增值税纳税申报表及附表、财会报表(利润表、资产负债表)和增值税税款入库缴款书(完税证)复印件各一份,从事进料加工业务的企业还要报送出口企业"先征后退"模拟扣税申报附表复印件一份。

出口退税单证装订顺序为出口退税申报凭证封面→出口产品退(免)税申请表(一份)→出口专用发票→外汇核销单→出口货物报关单(后三者要求按出口货物明细情况录入计算机顺序并一一对应装订)。

如果申报退税时既有一般贸易又有进料加工贸易方式的退税单证,可将两种贸易方式的单证合并装订和填具出口产品退(免)税申请表,但具体要求如下。

① 单证装订顺序为先一般贸易,后进料加工贸易。

② 在同一出口产品退(免)税申请表中分贸易方式填列。

2. "免、抵、退"税

生产企业出口货物"免、抵、退税额",应根据出口货物离岸价、出口货物退税率计算。出口货物离岸价(FOB)以出口发票上的离岸价为准(委托代理出口的,出口发票可以是委托方开具的或受托方开具的),若以其他价格条件成交的,应扣除按会计制度规定允许冲减出口销售收入的运费、保险费、佣金等。若申报数与实际支付数有差额的,在下次申报退税时调整(或年终清算时)一并调整。若出口发票不能如实反映离岸价,企业应按实际离岸价申报"免、抵、退"税,税务机关有权按照《中华人民共和国税收征收管理法》、《中华人民共和国增值税暂行条例》等有关规定予以核定。

(1)核心概念

免:外销免销项税;

抵:所有的进项税对内销销项税的抵免;

退:退还因出口而多交纳的增值税进项税;

留抵税额:上期未抵完的进项税;

免抵退税的进项税组成:计入外销货物的成本,进而影响企业所得税免抵部分退还的部分。

(2)计算公式

① 一般贸易方式,计算公式如下。

当期应纳税额=当期内销货物的销项税额-(当期进项税额
　　　　　　　-当期出口货物不予免征、抵扣和退税的税额)

$$\begin{matrix} 当期出口货物不予免征、\\ 抵扣和退税的税额 \end{matrix} = \begin{matrix} 当期出口货物\\ 的离岸价格 \end{matrix} \times \begin{matrix} 外汇人民\\ 币牌价 \end{matrix} \times (增值税税率-退税率)$$

当生产企业本季度出口销售额占本企业同期全部货物销售额50%及以上,且季度末应纳税额出现负数时,按下列公式计算应退税额。

当应纳税额为负数且绝对值≥本季度出口货物的离岸价格×外汇人民币牌价×退税率时:

当期应退税额=本季度出口货物的离岸价格×外汇人民币牌价×退税率

当应纳税额为负数且绝对值＜本季度出口货物的离岸价格×外汇人民币牌价×退税率时：

　　　　应退税额＝应纳税额的绝对值

　　　　结转下期抵扣的进项税额＝本期末抵扣完的进项税额－应退税额

以上计算公式中的有关说明如下。

当期进项税额包括当期全部国内购料、水电费、允许抵扣的运输费、当期海关代征增值税等税法规定可以抵扣的进项税额。

外汇人民币牌价应按财务制度规定的两种办法确定，即国家公布的当日牌价或月初、月末牌价的平均价。计算方法一旦确定，企业在一个纳税年度内不得更改。适用"免、抵、退"办法的企业，月度申报退税时使用的人民币外汇牌价在季度汇总填报时不再重新折合计算。

企业实际销售收入与出口货物报关单、外汇核销单上记载的离岸价不一致时，税务机关按关单金额计算免抵退税，对关单金额与金额大的差异部分应照章征税。

"当期应纳税额"是指"月度应纳税额"。

各月计算的应纳税额为正数时应在税务部门规定的征收期内照章纳税。

"应退税款"计算公式内"季度末应纳税额"和"当期应纳税额"均是指"季度末最后一个月的应纳税额"。

只有当季度末最后一个月的应纳税额为负数时，才适用"应退税额"计算公式，其他月份的应纳税额出现负数时，只能结转下月继续抵扣。

当外商投资企业本季度出口销售额占本企业同期全部货物销售额50%以下，且季度末应纳税额出现负数时，结转下期抵扣的进项税额＝应纳税额的绝对值。

② 进料加工贸易方式，计算公式如下。

$$\begin{array}{l}当期出口货物不予免征、\\抵扣和退税的税额\end{array}=\begin{array}{l}当期出口货物的\\离岸价格\end{array}\times\begin{array}{l}外汇人民\\币牌价\end{array}\times(征税税率-退税率)$$

$$-\begin{array}{l}当期海关核销免税进口\\料件组成计税价格\end{array}\times(征税税率-退税率)$$

公式所列的"当期海关核销免税进口料件组成计税价格"，原则上以核销时海关计算免征增值税的价格掌握。

其余"免、抵、退"税公式按前述公式执行。

四、出口退税数额的确定

要准确地确定出口退税数额，必须正确地确定计税依据。出口退税的计税依据，指按照出口货物适用退税率计算应退税额的计税金额或计税数量。

外贸企业出口货物退增值税的计税依据为出口产品购进金额。如果出口货物一次购进一票出口，可以直接从专用发票上取得；如果一次购进多票出口或多次购进、多票出口，不能具体到哪一票业务时，可以用同一产品加权平均单价乘以实际出口数量计算得出。如果出口货物是委托加工产品，其退税计税依据为用于委托加工的原材料购进金额和支付的加工费金额。

外贸企业出口货物退消费税的计税依据为出口消费税应税货物的购进金额或实际出口数量。可根据出口情况，从消费税缴款书中直接取得或计算得出。

1. 出口货物退税率的确定

退税率是指出口产品应退税额与计算退税的价格比例，它反映出口产品在国内已纳的税收负担。我国现行出口产品的退税中，由于出口产品所属的税种和实际税负不同，分别运用以下六种不同的退税率计算退税：一是产品税的税率；二是核定的产品税的综合退税率；三是增值税的税率；四是核定的增值税退税率；五是核定的营业税的综合退税率；六是特别消费税的单位退税额。退税率是计算出口产品退税额的关键，如出口企业将适用不同退税率的出口产品放在一起申报退税，一律按从低退税率计算退税。

出口货物的退税率，可以从国家税务总局关于下发《出口货物退税税率对照表》或各年份的中华人民共和国进出口货物征退税对照手册及法规汇编中查询。具体执行时以出口货物报关单上确定的商品代码来对应退税率。以出口家具为例，家具的出口退税率现有 9%、13%、14% 三档，如出口报关单上的商品代码是 94032000，则对应的退税率为 9%；如出口报关单上的商品代码为 9403300090，则对应的退税率为 13%。

出口货物退税率执行日期应参照国家税务总局下发的相应文件中明确标示的开始执行日期。具体执行时间，以海关"出口货物报关单（出口退税专用）"上注明的出口日期为准。

2. 外贸企业出口货物退税的计算

根据《出口货物退（免）税管理办法》的规定：出口货物应退增值税税额，依进项税额计算。具体地说是依据购进出口货物增值税专用发票所列明的进项金额和税额计算，在实际操作中，考虑部分退税税率与征税税率不一致的情况，在不违背上述计算原则的前提下，一般依据购进出口货物增值税专用发票上所注明的进项金额和出口货物的退税税率来计算应予退还的增值税。

（1）从一般纳税人收购货物出口退增值税的计算，基本计算公式如下：

$$应退税额＝增值税专用发票所列进项金额×退税率$$

出口退（免）税实行电子化网络化管理后，企业在具体申报操作中一般采用"单票对应法"计算应退税额。所谓"单票对应法"，是指在同一笔出口业务下出口报关单与进货增值税专用发票相对应计算应退税额的方法，其特点是出口与进货需配齐申报，进、出数量应完全一致，不允许有结余，对一笔进货分批出口的，应开具"出口退税进货分批申报单"分批申报退税。以不同的关联号来标识每一笔出口业务，在关联号内按商品代码对进货进行加权平均，计算出每种商品的进货加权平均单价，再乘以该商品的有效出口数量和相应的退税率，从而得出该商品的应退税额，将关联号内所有商品的应退税额相加得出该关联号的应退税额，将本次申报的所有关联号的应退税额相加即为本次申报的应退税额。计算公式如下：

$$应退税额＝关联号内有效出口数量×关联号内加权平均单价×退税率$$
$$关联号内有效出口数量＝关联号内进货数量和出口数量相比的最小值$$
$$关联号内加权平均单价＝\frac{\sum 关联号内该商品的进项金额}{\sum 该商品的进货数量}$$

出口与进货的对应关系主要有四种,即一条出口对应一条进货;多条出口对应一条进货;一条出口对应多条进货;多条出口对应多条进货。

【例 12-2】　某外贸企业 2003 年 12 月出口退税申报情况如下(多票进货对应多张关单)。

进货明细:

商品代码	数量	单价	计税金额	退税率
61011000	1 000 件	90 元	90 000 元	17%
61011000	3 000 件	70 元	210 000 元	17%
61011000	1 000 件	80 元	80 000 元	17%

出口明细:

商品代码	出口数量
61011000	1 500 件
61011000	3 500 件

根据以上资料计算应退税额。

分析:本例为多对多的情况,根据"单票对应法"申报要求,进货和出口数量要保持一致,如进货数量大于出口数量,则要申请开具"进货分批申报单"将进货进行分割,作为下次申报退税的进货依据;如出口数量大于进货数量,则按进货数量计算退税,多余出口数量视同放弃退税。根据公式计算如下。

$$关联号内有效出口数量 = 5\ 000\ 件$$

$$关联号内加权平均单价 = \frac{\sum 关联号内该商品的进项金额}{\sum 该商品的进货数量}$$

$$= \frac{90\ 000 + 210\ 000 + 80\ 000}{1\ 000 + 3\ 000 + 1\ 000}$$

$$= 76(元)$$

$$应退税额 = 关联号内有效出口数量 \times 关联号内加权平均单价 \times 退税率$$

$$= 5\ 000\ 件 \times 76\ 元 \times 17\%$$

$$= 64\ 600\ 元$$

(2) 从小规模纳税人收购货物,出口退增值税的计算方法如下。

从小规模纳税人收购货物分两种情况:一种是购进国家规定特准予以退税的十二种商品并持普通发票的货物;另一种是购进由税务机关代开增值税专用发票的货物。

第一种情况的计算公式如下:

$$应退税额 = \frac{普通发票所列(含增值税)销售金额}{1 + 征收率} \times 6\%(或\ 5\%)$$

【例 12-3】　某外贸企业 2003 年 12 月从某厂(小规模纳税人)购进抽纱制品 2 000 件出口,开具普通发票,注明单价 100 元,金额 200 000 元,计算其应退税额。

$$应退税额 = \frac{普通发票所列(含增值税)销售金额}{1 + 征收率} \times 6\%$$

$$= \frac{200\ 000}{1 + 6\%} \times 6\%$$

$$= 11\ 320.75(元)$$

第二种情况的计算公式如下：

$$应退税额＝增值税专用发票所列进项金额×6\%（或5\%）$$

【例12-4】　某外贸企业从某厂(小规模纳税人)购进服装一批出口,税务机关代开增值税专用发票,注明金额120 000元,征收率6%,税额7 200元,计算应退税额。

$$
\begin{aligned}
应退税额 &＝增值税专用发票所列进项金额×6\% \\
&＝120\ 000×6\% \\
&＝7\ 200（元）
\end{aligned}
$$

(3) 从加工企业收回委托加工货物,出口退增值税的计算方法如下。

委托加工收回的出口货物,按原辅材料和加工费分类,有不同的退税率,分别计算应退税额。计算公式如下：

$$原辅材料应退税额＝购进原辅材料增值税专用发票所列进项金额×原辅材料的退税率$$
$$加工费应退税额＝加工费发票所列金额×出口货物的退税率$$

【例12-5】　某外贸出口企业从某坯布厂购进化纤布一批,取得增值税专用发票。金额100 000元,将坯布交某服装厂加工成成衣后出口,取得加工费的增值税专用发票,金额10 000元,计算其应退税额。

分析:购进化纤布一批,其退税率应为15%,加工成成衣退税率为17%。

$$
\begin{aligned}
原辅材料应退税额 &＝购进原辅材料增值税专用发票所列进项金额×原辅材料的退税率 \\
&＝100\ 000×15\% \\
&＝15\ 000（元）
\end{aligned}
$$

$$
\begin{aligned}
加工费应退税额 &＝加工费发票所列金额×出口货物的退税率 \\
&＝10\ 000×17\% \\
&＝1\ 700（元）
\end{aligned}
$$

$$
\begin{aligned}
应退税额 &＝15\ 000＋1\ 700 \\
&＝16\ 700（元）
\end{aligned}
$$

(4) 进料加工复出口货物,退增值税的计算方法如下。

进料加工复出口业务按进口料件的国内加工方式不同,分为作价加工和委托加工两种。

① 作价加工方式复出口货物退税计算

外贸企业将免税进口料件转售加工企业生产时,应先申请开具进料加工贸易免税证明,据此可在开具增值税专用发票时,只按规定的税率计算注明销售料件的税款,征税机关对这部分注明的增值税款不计征入库,而由退税机关在办理出口企业退税时,在当期应退税额中抵扣。具体计算公式如下：

$$出口退税额＝应退税额－进料加工应抵扣税额$$
$$进料加工应抵扣税额＝销售进口料件金额×复出口货物退税率－海关实征增值税额$$

销售进口料件金额,指外贸企业销售进口料件的增值税专用发票上注明的金额。

海关实征增值税额,指海关完税凭证上注明的增值税额,出口企业不得将进料加工贸易方式下取得的海关进口环节完税凭证用于进项抵扣,而应交退税机关作为办理进料加工贸易免税证明和计算退税的依据。

【例 12-6】　某外贸企业以进料加工贸易方式进口布料一批,到岸价格 100 000 美元,以作价方式销售给某服装厂,开具增值税专用发票,注明金额 830 000 元,税额 141 100 元,并向退税机关申请开具了进料加工贸易免税证明。次月服装厂加工成成衣后,外贸企业收回该成品复出口,服装厂开具增值税专用发票,注明销售金额 1 000 000 元。计算其应退税额。

进料加工应抵扣税额＝销售进口料件金额×复出口货物退税率－海关实征增值税额

$$=830\ 000×17\%$$

$$=141\ 100(元)$$

出口退税额＝应退税额－进料加工应抵扣税额

$$=1\ 000\ 000×17\%-141\ 100$$

$$=28\ 900(元)$$

② 委托加工方式复出口货物退税计算

委托加工方式收回货物复出口的,应按原辅材料和加工费,依不同的退税率分别计算应退税额,对进料加工进口环节海关实征的增值税,凭海关完税凭证,计算应退税额。其计算公式如下。

应退税额＝购进原辅材料增值税专用发票所列进项金额×原辅材料适用退税率

＋加工费发票所列金额×复出口货物的退税率

＋海关进口环节实征增值税(不得用于进项抵扣)

(5) 出口应税消费品退税的计算方法如下。

纳税人出口应税消费品,与出口货物一样,按照税法规定,享受退(免)税优惠。

① 出口应税消费品退(免)消费税在政策上分为以下三种情况。第一,出口免税并退税。第二,出口免税但不退税。例如,对于出口的来料加工产品、军品以及军队系统企业出口的军需工厂生产或军需部门调拨的货物,以及卷烟等,免征消费税,但不办理退税。第三,出口不免税也不退税,如禁止出口货物。

只有适用出口免税并退税政策时,才会涉及计算应退消费税的问题。生产企业直接出口应税消费品或委托外贸企业出口应税消费品,按规定直接予以免税的,可不计算应缴消费税。外贸企业出口应税消费品,按规定计算(退)消费税。

② 出口应税消费品退税税率的确定。计算出口应税消费品应退消费税的税率或单位税额,应按照《消费税暂行条例》所附《消费税税目税率(税额)表》及《关于调整和完善消费税政策的通知》财税〔2006〕33 号文件执行。企业应将不同消费税税率的出口应税消费品分开核算和申报,凡划分不清适用税率时,一律从低适用税率计算应退消费税。

③ 出口应税消费品退税的计算,有从价征收、从量征收、复合征收三种情况。

从价定率计征消费税的应税消费品,应依照外贸企业委托从工厂购进货物时,计算征收消费税的价格。对含增值税的购进金额应换算成不含增值税的金额,作为计算退税的依据,其计算公式如下:

$$不含增值税的购进金额＝\frac{含增值税的购进金额}{1＋增值税税率或征收率}$$

应退消费税税款＝出口货物的工厂销售额(出口数额)×税率

从量定额计征消费税的应税消费品,应按货物购进和报关出口的数量计算应退消费

税税款,其计算公式如下:

$$应退消费税税款＝出口数量×单位税额$$

复合计征消费税的应税消费品,应按货物购进和报关出口的数量以及外贸企业从工厂购进货物时征收消费税的价格计算应退消费税税款,其计算公式如下:

$$应退消费税税额＝出口货物的工厂销售额×税率＋出口数量×单位税额$$

【例 12-7】 某外贸企业从国外进口 10 000 套化妆品,关税完税价格为 80 万元,关税为 80 万元,当月售出 3 000 套,每套售价 298 元。又从国内一生产厂家(增值税一般纳税人)购进化妆品 5 000 套全部出口,每套工厂销售价 60 元(含增值税),出口离岸价为 168 元。请计算该外贸企业当月应缴、应退的消费税。

(1)纳税人进口应税消费品应缴纳消费税。

$$组成计税价格＝\frac{80＋80}{1－30\%}＝228.57(万元)$$

$$应纳消费税＝228.57×30\%＝68.57(万元)$$

(2)外贸企业出口化妆品应退消费税。

$$应退消费税税款＝出口货物的工厂销售额×税率$$

$$＝\frac{60}{1＋17\%}×5\,000×30\%$$

$$＝76\,923.08(元)$$

第三节　出口退税单证及基本流程

一、出口退税单证

1. 原始凭证

(1)申请出口退税必须提供下列凭证

申请出口退(免)税必须提供办理出口退(免)税有关凭证,先报外经贸主管部门稽核签章后,再报送主管出口退税的税务机关申请退税。

① 购进出口货物的增值税专用发票(抵扣联)或普通发票。提供增值税专用发票(抵扣联)必须有套印税务总局全国统一发票监制章,并盖有供货单位的发票专用章或财务专用章。增值税专用发票(抵扣联)所填列的应税项目不得超项,金额不得超格,不得涂改;否则,视同废票处理。

② 必须附送"税收(出口货物专用)缴款书"(以下简称"专用税票")或"出口货物完税分割单"(以下简称"分割单")。

③ 盖有海关验讫章及海关经办人员签字的出口货物报关单(出口税联)。

④ 必须提供出口已收汇核销单(出口退税)专用联。

⑤ 出口销售发票(外销发票),必须详细列明合约号或订单号码、货物名称、规格、重量、单价、计量单位、贸易总额、运输工具和起止地点,并有发货人的签名或印章。

⑥ 提供出口货物销售明细账(备核)。

(2) 不同情况的企业办理退税需提供的资料

① 货物已报关出口,外贸企业申报出口退税应提供的资料,包括出口货物报关单(出口退税专用联);出口收汇核销单(出口退税专用联)或远期收汇证明;增值税专用发票(抵扣联);出口货物专用发票;税收(出口货物专用)缴款书或出口货物完税分割单;委托出口的,还需提供代理出口货物证明。

② 货物已报关出口,有进出口经营权的生产企业申报退税应提供的资料,包括出口货物报关单(出口退税专用联);出口收汇核销单(出口退税专用联)或远期收汇证明;出口货物专用发票;委托出口的,还需提供代理出口货物证明;出口企业增值税纳税申报表、消费税纳税申报表;增值税税收缴款书(复印件);运保费单据(复印件);如果属于进料加工复出口的,还需附送进料加工贸易申请表。

2. 申报办理退税需填写的资料及要求

(1) 外贸企业办理退税需填写资料

① 将有关退税资料,按账上做销售的顺序,按月按同类产品归集填报"出口退税申报表"(一式四份)。

② 可将同一年度内不同月份的申报表,按装订册归集,填报审批表,每册一张。

③ 根据购进出口货物增值税专用发票抵扣联和专用缴款书的装订顺序,填报"出口退税进货凭证登记表"(一式四份)。

④ 根据出口发票、出口报关单、收汇核销单、远期收汇证明单、代理出口证明单等,依凭证装订顺序,填报"出口发票、出口报关单登记表"(一式四份)。

⑤ 根据消费税出口专用缴款书,填报"出口退税进货凭证登记表"(一式四份)。

⑥ 填写登记表时,应每笔一行(一票多笔或一笔多票时都应分别填写)。若发生以前申报的有关项目错误,可用正负数填报相关的登记表进行调整。

⑦ 根据每次申报的资料汇总,填报"出口货物退税单证汇总表"(一式四份)。

⑧ 用于申报退税的所有单证必须是合法有效,各种单证与填报的登记表、申报表等内容必须一致。

(2) 生产企业申报办理退税需填写资料

生产企业申报办理退税必须填写出口货物退税审批表、生产企业自营(委托)出口货物免抵退税申报表或生产企业自营(委托)出口货物先征后退申报表、出口货物退税单证汇总表。用于申报退税的所有单证必须是合法有效,各种单证与填报的登记表、申报表等内容必须一致。

3. 其他规定

其他规定有以下条款。

(1) 下列出口货物可不提供出口收汇单。

① 易货贸易、补偿贸易出口的货物。

② 对外承包工程出口的货物。

③ 经省、自治区、直辖市和计划单列市外经贸主管部门批准远期收汇而未逾期的出口货物。

④ 企业在国内采购并运往境外作为在国外投资的货物。企业在国内销售货物而收取外汇的，不得计入出口退税的出口收汇数额中。

（2）对特准退税的出口货物向出口退税税务机关申报退税时，除提供上述列举的有关凭证外，还需提供下列资料。

① 外轮供应公司、远洋运输供应公司销售给外轮、远洋货轮的货物，提供的外销发票必须列明销售货物名称、数量、销售额并经外轮、远洋货轮船长签名方可有效。

② 对外承包工程公司运出境外用于对外承包工程项目的设备、原材料、施工机械等货物的有关对外承包工程合同等。

③ 企业在国内采购并运往境外作为在国外投资的货物，还应提供对外贸易经济合作部及其授权单位批准其在国外投资的文件（影印件）；在国外办理的企业注册登记副本和有关合同副本。

（3）内资生产企业和新外商投资企业出口退税申报的补充规定。内资生产企业和新外商投资企业在申报办理出口退税除了提供前述有关单证外，还需填写提供的报表有出口货物退（免）税申报表明细及汇总；出口企业外销货物进项税额申报表（1995 年 7 月起用出口企业内外销进项划分表）；增值税纳税申报表。

二、出口退税的基本程序

出口退税程序基本如下。出口退税登记→出口退税申报→出口退税审核→税款退付与退税清算，图 12-1 为退税单据准备流程图。

1. 出口退税登记

出口退税登记是办理出口退税的第一步。出口企业在征税机关办理税务登记和增值税一般纳税人认定登记之后，应到主管退税的税务机关办理出口退税登记手续。

首先，出口企业在获准具有进出口经营权之日起 30 日内，持国家外经贸部及其授权单位批准其出口经营权的批件、工商营业执照副本、税务登记证副本等证件到所在地主管退税机关办理出口退税登记手续。

（1）填写出口退税登记表，经主管退税机关审核。

（2）办理出口退税登记证。

（3）提交出口专职或兼职办税员的有关资料，经由主管退税机关考核，发给办税员证。出口企业只有在领取了出口退税登记证明之后，才具有办理出口退税的权利和资格。未办理退税登记的出口企业，一律不予办理出口货物的退（免）税。

其次，出口企业的出口退税登记的内容如有变更，或发生改组、分立、合并、撤销等情

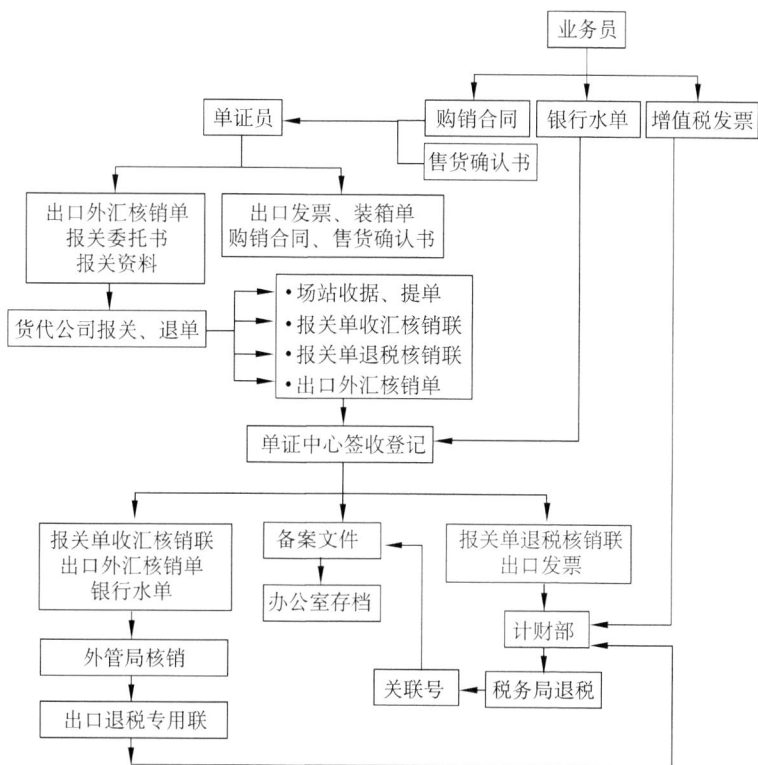

图 12-1　退税单据准备流程图

况,应于主管部门批准之日起 30 日内,持有关证件向所在地主管退税的税务机关办理变更或注销出口退税登记手续。出口企业如更换办税员,亦应办理变更手续。

2. 出口退税申报

由于出口企业的情况不同,出口退税申报的要求也有所差别。一般规定是,外商投资企业应在货物报关出口并在财务上作销售后,按月填报"外商投资企业出口货物退税申报表",并提供海关签发的出口退税专用报关单、外汇结汇水单、购进货物的增值税专用发票(税款抵扣联)、外销发票、其他有关账册等到当地涉外税收管理机关申请办理免税抵扣和退税手续。

3. 出口退税审核

出口退税的审批权原则上集中在省级和计划单列市国家税务局,也可根据出口退税审核工作的实际情况,由地(市)一级国家税务局参与出口退税的具体审核工作。在上述有权的国家税务局,设立有进出口受税管理处(分局),直接办理出口退税业务。

关于外商投资企业出口退税审批管理问题。外商投资企业出口退税的日常管理,如办证、检查、清算及资料的审核、保管等工作,统一由各地国家税务局涉外税收管理机关具体负责,企业出口退税的退库手续,由同级进出口税收管理机关负责办理。

涉外税收管理机关接到企业退(免)税申报表后,经审核无误,报上级涉外税收管理机关审批后办理。对于采用"免、抵、退"办法以及采取先征后退办法应予办理退税的,经上级涉外税收管理机关审查后,送同级进出口税收管理机关审批核准办理退库。

负责出口退税审核的税务机关在接到出口企业的退税申报表时,亦必须严格按照出口退税规定认真审核,确认无误后,逐级报请有权审批的税务机关审批,只有在批准后,才可填写收入退还书,送当地银行(国库)办理退税。

出口退税审核的主要内容有出口报关单原始单据、进项税额原始单据、出口货物销售账簿和应交税金账簿等。

外商投资企业提出的退税申请手续齐备、内容真实的,当地涉外税收管理机关必须自接到申请之日起 15 日内审核完毕;上一级涉外税收管理机关必须自接到有关材料后15 日内审批完毕;进出口税收管理机关必须在接到有关材料后,30 日内办完有关退税手续。

4. 税款退付与退税清算

(1) 税款退付是在出口退税申报和审批之后,银行依据《收入退还书》将出口退税款从国库退付到出口企业的开户银行账户的行为。出口货物在办理退税手续后,如发生退关、国外退货或转为内销,企业必须向所在地主管出口退税的税务机关办理申报手续,补交已退(免)的税款。

(2) 退税清算。出口企业要于年度终了后 3 个月内,进行上一年度出口退税的清算,按规定期限向主管退税机关报送"清算表"及相关资料由主管税务机关进行全面清查。主管退税机关在出口企业清算结束后两个月内,对企业上报清算报表的清算资料进行清算核查,并向出口企业发出清算情况通知书,说明以下问题。

① 出口企业的性质和清算范围,出口货物的品种、数量及销售额,清算后出口企业应退税款、已退税款。

② 清算中发现的问题,多退、少退、错退的金额。

③ 清算处理结果及意见。

如图 12-2 所示,为生产型出口企业办理出口退税业务流程图。

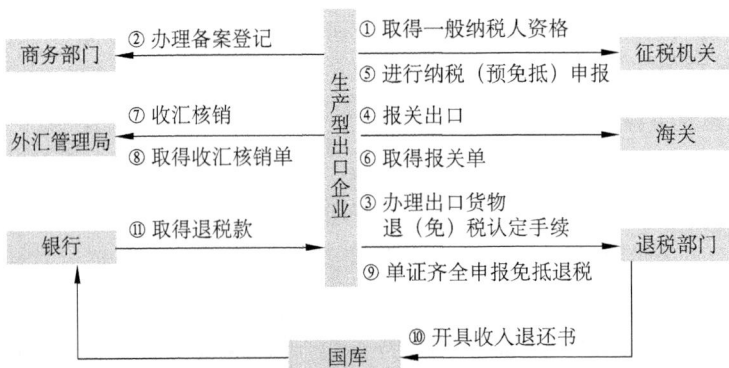

图 12-2　生产型出口企业办理出口退税业务流程图

第四节　应用实例

通达皮鞋厂提供的进货资料如下。

品名:安全靴/骑兵靴

货号:JL608TS/JL803TS

进货价:每双 128 元/149 元(含税)

包装:每箱 12 双装,包装尺寸:50cm×35cm×78cm=0.136 5m³

50cm×38cm×78cm=0.148 2m³

毛净重:每箱 27kg/21.6kg;29kgs/23.6kgs

增值税率:17%

出口退税率:11%

生产周期:每月 10 000 双

交货期:收到订单后 2 个月装运

起订量:1 000 双

支付方式和交货地点:生产前预付 90%,交货后支付余款;工厂交货

与该项交易退税相关的单据如下。

出口收汇核销单 存根 编号: 225098595	出口收汇核销单 编号: 225098595	出口收汇核销单 出口退税专用 编号: 225098595
	出口单位章	外管局监制章
出口单位: 吉轻工业品进出口公司	外管局监制章	外管局监制章
出口单位: 吉轻工业品进出口公司	出口单位: 吉轻工业品进出口公司	出口单位: 吉轻工业品进出口公司
单位代码: 2200123976417	单位代码: 2200123976417	单位编码: 2200123976417
出口币种总价: USD 115 920.00		
收汇方式:跟单信用证		
预计收款日期: 2003年6月30日		报关单编号: 0910020030107414370
报关日期: 2003年5月22日		
备注:		
此单报关有效期截止到 2003年7月22日		

类别　币种金额　日期　盖章

USD 115 920.00

货物名称　数量　币种总价

安全靴　552箱　115 920.00美元

银行签注栏

银行签章

海关签注栏:2003年5月22日
此货已经结关

海关验讫章

外汇局签注栏
2003 年 6 月 30 日 (盖章)

外管局签章

外管局签章

外汇局签注栏
2003年 6 月 30 日 (盖章)

出口单位盖章

出口单位盖章

出口单位盖章

海关签章

未经核销此联不得撕开

出口收汇核销单(含出口退税专用联)

中华人民共和国海关出口货物报关单

预录入编号:107414370　　　　　　　　　　海关编号:0910020030107414370

出口口岸　大连		备案号	出口日期 2003-05-23	申报日期 2003-05-20
经营单位　吉轻业品进出口公司		运输方式 江海	运输工具名称 YUN FENG 9455	提运单号 COS03456
发货单位　吉轻工业品进出口公司		贸易方式 一般贸易	征免性质 一般片税	给汇方式 信用证

许可证号	运抵国(地区) 巴林	指运港 巴林	境内货源地 白山市

批准文号 核销单编号:225098595	成交方式 CIF	运费	保费	杂费
合同协议号 03DO70ASBG0701	件数 552	包装种类 纸箱	毛重(kg) 14 904	净重(kg) 11 923.2
集装箱号　COSU2345989 　　　　　3746672 　　　　　3554345	随附单据 出境货物关单 品质证书			生产厂家 通达皮鞋厂

标记唛码及备注

H. E. BUKAMAL & SONS

03BT0082

BAHRAIN

C/NO. 1-552

项号	商品编号	商品名称、规格型号	数量及单位	最终目的国 (地区)	单价	币制	征免
01	64034000	安全靴 货号:JL608TS 39～45	552 箱 6 624 双	巴林	17.50	115 920.00	USD

税费征收情况

录入员　　　录入单位	兹声明以上申报无讹并承担法律责任。	海关审单批注及放行日期(签章) 2003-05-22 海关验讫章
		审单　　　审价
报关员　　王立 　　　　　　　　申报单位(签章) 单位地址　中山大街27号		征税　　　统计
邮编　　电话 7890222　　填制日期:2003-05-20		查验　　　统计

0910020090107414370

(条形码)

中华人民共和国海关出口货物报关单（出口退税专用）

EXPORTER/SELLER/BENEFICIARY JIQING INDUSTRIAL PRODUCTSI/E CORP. A12 YUEYANG STREET, NAN GUAN DISTRICT CAHNGCHUN,CHINA	发票 吉轻工业品进出口公司 中国　长春　岳阳街　甲12号 **商业发票** COMMERCIAL INVOICE	
To:MESSRS HASSAN EBRAHIM BUKAMAL & SONS W. L. L.; P. O. BOX 5682 MANAMA,BAHRAIN.	Invoice No. SB03038	DATE 15-MAY-2003
SHIPMENT FROM DALLAN PORT,CHINA TO BAHRAIN BY VESSEL VESSEL/FLIGHT/VEHICLENO. YUN FENG 9455 B/L NO. COSO3456	CONTRACT No. /SALES CONFIRMATION No. 03DO70ASB0701	DOCUMENTARY CREDIT No. 5082390
	TERMS OF DELIVERY AND PAYMENT CIT C5%BAHRAIN　BYL/C	

Marks and Numbers	Number and kind of package Description of goods	Quantity	Unit Price	Amount
H. E. BUKAMAL & SONS 03BT0092 BAHRAIN C/No. 1-552	SAFETY BOOTS ART NO. JL608TS Name and address of producer: TONGDALEATHER SHOES FACTORY & YUE JIN STREET, BAISHAN,CHINA. As per applicant's order No,03BT0092 and beneficiary's Sales Confirmation No. 03DO70ASB0701. Total gross weight and net weight: 14 904KGS/11 923. 20KGS Measurement of the goods:75. 348M³ Total number of package: 552 CARTONS	6 624pairs	USD 17.50	USD 115 920. 00

JIQING INDUSTRIAL PRODUCTS I/E CORP.
A12 YUE YANG STREET,NAN GUAN DISTRICT
CHANGCHUN,CHINA
盖章
STAMP OR SIGNATURE

REF. No. DL03374 225098595

商业发票

2200062170

No.03234567

开票日期：2003 年 5 月 10 日

购货单位	名称：吉轻工业品进出口公司 纳税人识别号：220102123976417 地址、电话：长春市岳阳街甲 12 号　8206901 开户行及账号：市中行 0019010660917900	密码区	2>++9<>63606710＊>5＊74 加密版本：01 3＊/<7761//80<9/2793－7 2200062170 ＊<065760//11</37</＋＊18 ＋>>6＋/9－26－5＊5/82>>/9 03234567

货物或应税劳务名称	规格型号	单位/双	数量	单价	金额	税率	税额
安全靴	JL608TS		6 624	109.402	724 678.85	17％	123 193.15
合计					￥724 678.85		￥123 193.15

价税合计（大写）	捌拾肆万柒仟捌佰柒拾贰元零角零分　　（小写）￥847 872.00

销货单位	名　称：通达皮鞋厂 纳税人识别号：220109854387546 地址、电话：白山市跃进大街 8 号 04309-2987654 开户行及账号：市农行 654789030332358921	备注

收款人：　　　　复核：　　　　　　开票人：　　　　　　销货单位：（章）

税收（出口货物专用）缴款书

中华人民共和国

税收（出口货物专用）缴款书（0962）4533028

经济类型：国有独资　　填发日期 2003 年 5 月 5 日　　征收机关：白山市税务局			
缴款单位	税务登记号 220109854387 全称达皮鞋厂 开户银行 白山市农业银行 账号 654789	预算科目 款项级次收款国库	增值税 税票号 0015308505 国有企业增值税 中央 75％高级 25％ 工行市分行营业部
购货企业	全称 吉轻工业品进出口公司 税务登记号 220102123976417 海关代码	销货发票号码	03234567

税款所属时期 2003 年 5 月 5 日　　　税款限缴日期 2003 年 5 月 30 日					
货物名	课税数量	单位价格	计税金额	法定税率（额）	征收率	实缴税额
安全靴	6 624 双	128.00 元	847 872.00	17％	6.8％	57 655.30

金额合计（大写）伍万柒仟陆百伍拾伍元叁角整　　　￥57 655.30
缴款单位　税务机关　上列款项已收妥并划转收款单位账户　备注
（盖章）　　（盖章）
白山市税务局
经办人（章）填票人（章）国库（银行）盖章 2003 年 5 月 6 日 第一税务所
王菁

第五节　实训操作

根据第四节提供的交易数据及单据,填写该项贸易出口退税所需的下列报表。

贸企业出口退税出口明细申报表

企业代码:

企业名称(章):

纳税人识别号:　　　　　　所属期:　年　月　申报批次　　　　　　金额单位:元至角分、美元

序号	关联号	出口发票号	报关单号	出口日期	核销单号	商品代码	商品名称	计量单位	美元离岸价	出口数量	出口进货金额	退税率	应退增值税税额	应退消费税税额	代理证明号	进料加工手册号	备注
合计																	

企业填表人:　　　财务负责人:　　　企业负责人:　　　制表日期:　　年　月　日　　第　页

填表说明如下。

(1) 表头填写规则,参照外贸企业出口退税进货明细申报表。

(2) 表体项目填写规则。

① 序号、关联号、商品代码、商品名称及计量单位的填写规则,参照外贸企业出口退税进货明细申报表。

② 出口发票号,企业外销货物出口发票号码。

③ 报关单号,一般填写海关出口货物报关单右上角的海关统一编号＋0＋项号,共12位;特殊退税业务可以按税务机关要求填写。

④ 出口日期,出口货物报关单右上角的出口日期,退税率由此判定。

⑤ 核销单号,外管局统一出口收汇核销单编号,应录入9位。

⑥ 出口数量,按实际出口数量或申报出口退税的数量填写,和出口货物报关单上第一计量单位的数量一致。

⑦ 美元离岸价格。美元离岸价格为FOB价格,如果成交方式为CIF或其他,应折成FOB,是换汇成本监测的重要参考数据。

⑧ 出口进货金额。此项目由申报系统自动计算。按进货表中同一关联号、同一商品代码下加权平均计算出该商品的平均单价。再用出口数量乘以该平均单价得出该出口进货金额,可能和每一笔进货凭证号对应的计税金额不一致,但是总计税金额是一致的。

⑨ 退税率。此项目申报系统自动计算。同一关联号、同一商品代码下加权平均计算出的退税率,可能和每一笔进货凭证号对应的退税率都不一致;如属于特准退税范围的按照现行政策规定的退税税率填写。

⑩ 应退增值税税额。此项目申报系统自动计算。同一关联号、同一商品代码下加权

平均计算出的应退增值税,可能和每一笔进货凭证号对应的退税额都不一致,但是总退税额是一致的。

⑪ 应退消费税税额。此项目申报系统自动计算。同一关联号、同一商品代码下加权平均计算出的应退消费税,可能和每一笔进货凭证号对应的退税额都不一致,但是总退税额是一致的。

⑫ 代理证明号。委托出口时取得的受托方开具的代理出口货物证明编号。

⑬ 进料加工手册号,与出口货物报关单的"备案登记号"一致。

⑭ 备注,按税务机关要求录入。

外贸企业出口退税汇总申报表

企业代码:

企业名称(章):

纳税人识别号:　　　　　　　所属期:　年　月　申报批次　　金额单位:元至角分、美元

出口企业申报			主管退税机关审核		
			审单情况	机审情况	
出口退税出口明细申报表	份,记录	条		本次机审通过退增值税额	元
出口发票	张,出口额	美元		其中:上期结转疑点退增值税	元
出口报关单	张,			本期申报数据退增值税	元
代理出口货物证明	张,			本次机审通过退消费税额	元
收汇核销单	张,收汇额	美元		其中:上期结转疑点退消费税	元
远期结汇证明	张,其他凭证	张		本期申报数据退消费税	元
出口退税进货明细申报表	份,记录	条		结转疑点数据退增值税	元
增值税专用发票	张,其中非税控专用发票	张		结转疑点数据退消费税	元
普通发票	张,专用税票	张			
其他凭证	张,总进货金额	元			
总进货税额	元,				
其中:增值税	元,消费税	元			
本月申报退税额	元,				
其中:增值税	元,消费税	元			
进料应抵扣税额	元,				
申请开具单证					
代理出口货物证明	份,记录	条			
代理进口货物证明	份,记录	条			
进料加工免税证明	份,记录	条			
来料加工免税证明	份,记录	条			
出口货物转内销证明	份,记录	条			
补办报关单证明	份,记录	条			
补办收汇核销单证明	份,记录	条			
补办代理出口证明	份,记录	条			
			审单人:	审核人	
内销抵扣专用发票	张,其他非退税专用发票	张	年　月　日	年　月　日	
企业填表人:			签批人:		
财务负责人:		(公章)		(公章)	
企业负责人:	年　月　日			年　月　日	

填表说明如下。

(1) 表头填写规则,参照外贸企业出口退税进货明细申报表。

（2）表体项目的填写规则，如下所述。

① 有关退税的进货、出口凭证的张数应与本次申报纸质单证的张数一致。

② 单证申报部分，填写出口企业本次申报到退税机关各种单证的张数和具体记录数。

③ 本表空行部分填写税务机关要求或企业需要申报的其他单证。

④ 其他。内销抵扣专用发票，该所属期内出口企业已认证但用于内销抵扣的增值税发票张数。其他非退税专用发票，该所属期内其他不用于退税或内销抵扣用途的发票张数。

⑤ 本次机审通过退增值税额＝上期结转疑点退增值税＋本期申报数据退增值税
－结转疑点数据退增值税

本次机审通过退消费税额＝上期结转疑点退消费税＋本期申报数据退消费税
－结转疑点数据退消费税

出口退税申请书

收款单位名称：

开户银行：		账号：	
纳税人识别号：		税款所属期：　　年　　月	
预算科目编码	预算科目名称	申请退税金额	
101010301	出口货物退增值税		
1010203	出口货物退消费税		
退税金额合计（小写）			
退税金额合计（大写）　仟　佰　拾　万　仟　佰　拾　元　角　分			
申请退税理由：	税　务　机　关		
	审核人：　　　专务部门负责人：　　　审批人：		
经办人签名（章）：			
申请单位（公章）：	（盖章）	（盖章）	
年　月　日	年　月　日	年　月　日	年　月　日

本表一式三联：第一联退税部门留存；第二联送国库；第三联税务会计部门留存。

第十三章 贸易融资

【学习目标】
- 掌握贸易融资的概念、特点；
- 熟悉出口信用融资的多种方法；
- 掌握国际保理的概念、应用；
- 熟悉国际保理的操作程序。

贸易融资(trade financing)是银行的业务之一，是指银行对进口商或出口商提供的与进出口贸易结算相关的短期融资或信用便利。

贸易融资中的借款人、贸易融资保理商提供无追索权的贸易融资，手续方便，简单易行，基本上解决了出口商信用销售和在途占用的短期资金问题。

对于从事金融服务的商业银行来说，如何把握机遇，扩大国际贸易融资，揽收国际结算业务，最大限度地获取融资效益和中间业务，同时又要有效地防范和控制融资风险，是需要我们不断学习和探讨的重要问题。

<h1 style="text-align:center">第一节　贸易融资概述</h1>

一、贸易融资的定义及特点

1. 贸易融资的定义

贸易融资概念的产生首先是伴随着国内、国际贸易的发展而派生出来的,由于贸易具有广泛性灵活性等特点,因此贸易融资的提法和概念也同样比较宽泛、灵活。此处,我们引用银行业认同度较高的《巴塞尔协议》中对贸易融资归纳的定义是这样阐述的:贸易融资,是指在商品交易中,银行运用结构性短期融资工具,基于商品交易(如原油、金属、谷物等)中的存货、预付款、应收账款等资产的融资。它是以银行为中介的融通资金活动,是银行的业务之一,是银行对进口商或出口商提供的与进出口贸易结算相关的短期融资或信用便利。

2. 贸易融资的特点

从上述贸易融资定义的表述中,可以归纳出此类业务的一些共同特点。

(1)自偿性。自偿性主要反映在用于融资的贸易产品的自偿性程度以及贷款人对交易进行结构化设计方面的技能,而不是借款人本身的信用等级。银行更多关注用于融资货物自身的价值,货物价值的足值与否决定融资企业是否具有稳定的还款来源。

(2)贸易的真实性。银行对融资企业的信用评级不再强调企业所处的行业、企业规模、固定资产价值、财务指标和担保方式,转而强调企业的单笔贸易真实背景。

(3)贸易的连续性。银行评估的是整个贸易流转过程及供应链的信用状况,供应链金融业务的开展实际上建立在对供应链的物流、资金流和信息流的充分掌握基础上。

(4)资金封闭性。贸易融资中的资金流严格要求专款专用,用于货物在贸易流转过程中的资金一直处在相对封闭的资金闭合圈中,这一点严格区别与传统的授信制度,基于某种特定货物的贷款不允许用作他途。

(5)期限短。贸易融资的融资期限较项目融资等其他模式来讲,周期相对较短,一般为 180 天内的短期资金融通。

期限短这一概念包含两层意思。一是资金周转期限短,贸易融资主要针对商品的流通环节进行资金融通,处于正常贸易状态的货物流转时间相对较短且便于控制。二是审批周期短。由于贸易融资以商品自身价值作为银行授信基础,这就改变了以往以企业信用为依托的授信审批方式,公司的财务报表等情况不再是银行贷款与否的决定性因素而转变为辅助因素,这无疑大大提高了银行提供授信的效率,缩短了信审周期。

(6)可选择性。银行根据贸易背景的真实性、贸易的连续性,贷款客户的信用记录、上下游、客户违约成本、金融工具的组合应用、银行的贷后管理和操作手续等情况综合审查项目的可行性,从而进行产品及客户的筛选。

(7)融资形式灵活多样。除了传统贷款业务的流贷及银承外,银行和企业之间可以根据贸易融资货物的特点及贸易方式，结合银行的金融衍生工具，提供更为灵活的资金融通方式以及贷款、还款方式。

二、贸易融资的作用和意义

对银行而言，开展贸易融资业务成为其新的利润增长点，在稳定银行现有客户的同时也加强了银行的市场推广。

对国际贸易结算客户而言，贸易融资解决了客户贸易流动资金不足的困境，部分化解了客户的贸易风险，提高了客户信用风险的管理能力，增强了客户的贸易能力，节约了客户的人力资源成本。

此外，国际贸易融资与国际结算之间存在着相互促进的关系。国际结算引起贸易融资，贸易融资推进国际结算的大发展。

三、贸易融资的种类

自入世以来，中国对外贸易的数量及范围迅速扩大，对外贸易的主体将向多层次扩展，国际贸易结算工具将呈现出多样化且新业务不断推出，与之相应的国际贸易融资方式亦将呈现出前所未有的多样化、复杂性和专业化，其潜在的风险也在不断地增长和变化。目前银行提供的贸易融资业务主要有以下几种。

1. 授信开证

授信开证是指银行为客户在授信额度内减免保证金对外开立信用证。

2. 进口押汇

进口押汇（Import Bill Advance）是指开证行在收到信用证项下全套相符单据时，向开证申请人提供的，用以支付该信用证款项的短期资金融通。进口押汇通常是与信托收据（Trust Receipt，T/R）配套操作的。也就是说，开证行凭开证申请人签发给银行的信托收据释放信用证项下单据给申请人，申请人在未付款的情况下先行办理提货、报关、存仓、保险和销售，并以货物销售后回笼的资金支付银行为其垫付的信用证金额和相关利息。开证行与开证申请人由于信托收据形成信托关系，银行保留单证项下货物销售收入的受益权，开证申请人拥有单证法律上的所有权，能够处分单证项下的货物。

3. 提货担保

提货担保（Shipping Guarantee）是指在信用证结算的进口贸易中，当货物先于货运单据到达目的地时，开证行应进口商的申请，为其向承运人或其代理人出具的承担由于先行放货引起的赔偿责任的保证性文件。

4. 出口押汇业务

出口押汇业务（Bills Purchase）是指信用证的受益人在货物装运后，将全套货运单据质押给所在地银行，该行扣除利息及有关费用后，将货款预先支付给受益人，而后向开证行索偿以收回货款的一种贸易融资业务。

5. 打包放款

打包放款（Packing Loan）是指出口商收到进口商所在地银行开立的未议付的有效信用证后，以信用证正本向银行申请，从而取得信用证项下出口商品生产、采购、装运所需的短期人民币周转资金融通。

6. 外汇票据贴现

外汇票据贴现（Discount）是银行为外汇票据持票人办理的票据融资行为，银行在外汇票据到期前，从票面金额中扣除贴现利息后，将余额支付给外汇票据持票人。

7. 国际保理融资业务

国际保理融资业务（Factoring）是指在国际贸易中承兑交单（D/A）、赊销方式（O/A）下，银行（或出口保理商）通过代理行（或进口保理商）以有条件放弃追索权的方式对出口商的应收账款进行核准和购买，从而使出口商获得出口后收回货款的保证。

8. 福费廷

福费廷（Forfeiting）也称票据包买或票据买断，是指银行（或包买人）对国际贸易延期付款方式中出口商持有的远期承兑汇票或本票进行无追索权的贴现（即买断）。

9. 出口买方信贷

出口买方信贷是向国外借款人发放的中长期信贷，用于进口商支付中国出口商货款，促进国内货物和技术服务的出口。

下面就几种常见的贸易融资方式的应用做具体介绍。

第二节　出口信用证融资——出口押汇和打包放款

一、出口押汇

出口押汇（Bills Purchase）是指企业（信用证受益人）在向银行提交信用证项下单据议付时，银行（议付行）根据企业的申请，凭企业提交的全套单证相符的单据作为质押进行审核，审核无误后，参照票面金额将款项垫付给企业，然后向开证行寄单索汇，并向企业收取押汇利息和银行费用并保留追索权的一种短期出口融资业务。

1. 出口押汇的适用对象及条件

企业如具有进出口经营权并具备独立法人资格，且以信用证作为出口结算的方式，即可凭信用证项下的出口单据向银行申请叙做出口押汇。

企业如需向银行申请叙作出口押汇，必须满足以下条件。

（1）企业应在申请行开立人民币或外币往来账户，办理进出口结算业务，并在押汇融资业务项下核算一切收支。

（2）企业资信良好，履约能力强，收汇记录良好，具有一定的外贸经验。

（3）出口的商品应为企业主要出口创汇产品，适应市场需求，国内外进销网络健全畅通，并能取得必要的配额及批文。

（4）企业应具有健全的财务会计制度，能按时向银行报送财务报表，接受银行对您的企业生产经营及财务状况的实时审核。出口押汇款项应用于合理的资金周转需要。

（5）开证行及偿付行所在地政局及经济形势稳定，无外汇短缺，无特别严格外汇管制，无金融危机状况，且开证行自身资信可靠，经营作风稳健，没有故意挑剔单据不符点而无理拒付的不良记录。

（6）信用证条款清晰完整且符合国际惯例，经银行认可无潜在风险因素。转让信用证银行原则上不予办理出口押汇。

（7）叙作出口押汇的单据必须严格符合信用证条款，做到单单一致、单证一致。对远期信用证项下的出口押汇，须在收到开证行承兑后方可叙作。

2. 办理出口押汇业务的要求

（1）出口押汇的申请人应为跟单信用证的受益人且资信良好，银行为客户提供出口押汇融资时，与客户签定出口押汇总押书，并要求客户逐笔提出申请，银行凭其提交的单证相符的单据办理出口押汇。出口押汇按规定利率计收外币利息。

（2）出口押汇是银行对出口商保留追索权的融资，但银行若作为保兑行、付款行或承兑行时不能行使追索权。

（3）银行只办理跟单信用证项下银行承兑票据的贴现，申请人办理贴现业务应向银行提交贴现申请书，并承认银行对贴现垫款保留追索权。

（4）贴现票据的期限不超过 360 天，贴现天数以银行贴现日起算至到期日的实际天数，贴现利率将按规定执行并计收外币贴现息，贴现息将从票款中扣除。

3. 出口押汇的操作

（1）企业如需向银行申请叙作出口押汇，须向银行各分支机构的国际结算部门或总行国际业务部贸易科提交以下资料，包括经工商局年检的企业法人营业执照复印件；借款人有权签字人授权书及签字样本；公司近期财务报表；银行需要的其他文件资料。

（2）企业应填制出口押汇申请书及出口押汇质押书各一式二份，加具公司公章及有权签字人签字，连同出口单据和正本信用证一并交银行办理进行审核。

（3）银行在收到企业提交的出口押汇申请书和出口单据后，如符合条件，经审核无误后叙做出口押汇。审核要点如下。

① 所交单据与信用证要求相符。

② 信用证项下单据收款有保障。

③ 已办妥相关手续。

④ 对有下列情况之一的，银行将拒绝接受押汇申请。

来证限制其他银行议付。

远期信用证超过 180 天。

运输单据为非物权凭证。

未能提交全套物权凭证。

带有软条款的信用证。

转让行不承担独立付款责任的转让信用证。

单证或单单间有实质性不符点。

索汇路线迂回曲折,影响安全及时收汇。

开证行或付款行所在地是局势紧张动荡或发生战争的国家或地区。

收汇地区外汇短缺,管制较严,或发生金融危机,收汇无把握的。

此外,还包括其他银行认为不宜提供押汇的情况。

以中国银行业务为例,出口押汇的流程如图 13-1 所示。

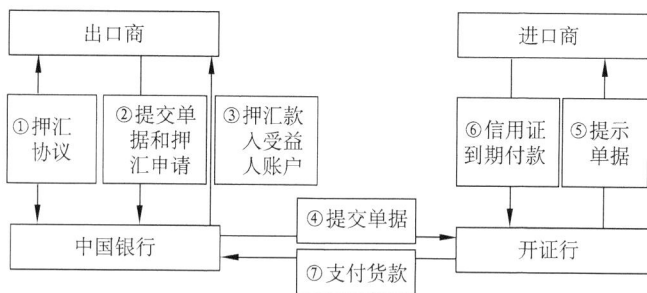

图 13-1　出口押汇流程图

4. 出口押汇的具体办法

交单指出口商(信用证受益人),在信用证有效期内和交单期限内,向指定银行提交符合信用证条款规定的单据。这些单据经银行审核确认无误后,根据信用证规定的付款条件,由银行办理出口结汇。由于银行的付款、承兑和议付均以受益人提交的单据符合信用证条款的规定为条件,所以交付单据应严格做到完整、明确、及时。

在我国出口业务中,使用议付信用证比较多。对于这种信用证的出口结汇办法,主要有三种:收妥结汇、定期结汇和买单结汇。

(1) 收妥结汇又称先收后结,是指出口地银行收到受益人提交的单据,经审核确认与信用证条款规定相符后,将单据寄给国外付款行索偿,待付款行将外汇划给出口银行后,该行再按当日外汇牌价结算成人民币交付给受益人。

(2) 定期结汇是指出口地银行在收到受益人提交的单据经审核无误后,将单据寄给国外银行索偿,并自交单日起在事先规定期限内将货款外汇结算成人民币贷记受益人账户或交付给受益人。此项期限视不同国家地区,根据银行索汇邮程的时间长短分别确定的。

(3) 买单结汇又称出口押汇或议付,是议付行在审核单据后确认受益人所交单据符合信用证条款规定的情况下,按信用证的条款买入受益人的汇票和/或单据,按照票面金额扣除从议付日到估计收到票款之日的利息,将净数按议付日人民币市场汇价折算成人民币,付给信用证的受益人。

议付行买入汇票和/或单据后,就成为汇票的善意持有人,即可凭汇票向信用证的开证行或其指定的银行索取票款。根据《UCP600》规定,银行若仅仅审核单据而不付出对价,不能构成议付。如前所述,买单结汇是议付行向信用证受益人提供了资金融通,有利于扩大出口业务。在实际业务中,由于主、客观原因,发生单、证不符的情形是难以完全避免的。

　　倘若有较充足的时间改单或改证,做到单证相符,可以确保安全收汇。倘若因时间关系,无法在信用证有效期内和交单期限内做到单证相符,则可根据实际情况灵活处理。例如,不符点并不严重,则可在征得信用证的开证人同意的前提下,由受益人出具保证书请求议付行"凭保议付"声明,若国外开证行拒付,由受益人自行负责,同时电请信用证的开证申请人迅即授权开证行付款。如果单证不符情况较为复杂,可请议付行电告开证行单据中的不符点,征得开证行同意后议付,然后对外寄单。这种方式在我国银行业务中习称"电提"。

　　倘若议付行对不符单据不办理议付或经电提开证行不同意付款,那么就只能改做"跟证托收"。值得注意的是,"凭保议付"与"跟证托收"已失去信用证的银行信用保证,对出口商十分不利,即使出口商事先取得进口商的同意,仍有可能被拒付,所以不宜轻易使用。而"信用证项下的托收业务"已完全改为"托收方式",除已无银行信用可言外,甚至比一般的托收风险可能还要大。因为,"跟证托收"通常是在开证行拒绝接受存在不符点的单据后办理的,开证行不接受单据的实质是开证申请人拒绝接受。所以,等到开证行向开证人提示汇票与单据时,大都可能会遭到进口商的拒付。因此,除非确有把握或万不得已,决不能轻易采用这种方式。此外,在单据经开证行审核被发现有不符点,并确属我方责任时,除需抓紧时间与进口商联系商榷处理办法外,还需做必要的准备,采取补救措施(如将货物转卖、运回国内等),防止造成更大的经济损失。

　　如上所述,在信用证支付条件下,受益人(出口商)为了安全收汇必须做到"单、证一致和单单一致"。但不能疏忽的是,出口商还需承担买卖合同规定的义务。所以,出口商在履行合同时,除了要做到"单证一致和单单一致"外,还必须做到所交付的货物与合同的规定一致,货物与单证一致。这样环环相扣,才能保证安全收汇,并避免买方收到货物后提出异议或索赔。

二、打包放款

　　关于打包放款(Packing Loan)的界定有不同的主张,是与信用证有关的贸易融资形式之一,是出口商收到进口商开来的信用证后,因需要资金支付材料、生产费用、装运费用等信用证交到银行,以信用证为还款保证,向银行申请出口货物装运前融资,当货物装运后,客户把出口单据交贷款银行做议付,将所得款项偿还打包款。这种做法是出口商所在地银行给予出口商的一种"装运前融资"。融通银行须承担融资预支款的风险。银行为了减少风险,有时于预支款时须出口商提供抵押品并办理有关手续。打包放款的贷款金额一般是信用证金额折人民币的60%~80%,期限一般不超过4个月,利率为流动资金贷款利率。也有将打包放款称为信用证抵押贷款,是指出口商收到境外开来的信用证,出口商在采购这笔信用证有关的出口商品或生产出口商品时,资金出现短缺,用该笔信用证作为抵押,向银行申请本、外币流动资金贷款,用于出口货物进行加工、包装及运输过程出现的资金缺口。

1. 打包放款的作用

　　打包放款业务可以使出口企业(信用证项下受益人)在收到国外开来的信用证后,能较容易地向银行申请短期融资,使公司获得短期资金周转,办理出口备货、备料、加工等,使出口贸易得以顺利进行,解决出口企业因生产或收购商品及其他从属费用而造成的资金不足。在流动资金紧缺、国外进口商同意开立信用证的情况下宜选择打包放款。

2. 打包放款的特点及流程

打包放款的特点,如下所述。

(1)单前融资。发放贷款的时间段为收到信用证之后,向出口地银行提交信用证规定的单据以前。

(2)专款专用。一般只能用于对生产或收购商品开支或其他费用的资金融通,不得用于对固定资产的投资、归还贷款等其他资本项目的支出。

(3)贷款期限较短。一般不超过 360 天,大型设备出口项下,由于收款期可达 3~5 年,因此,打包放款从理论而言也可达 3~5 年,但实务中仍用"分批打包,期限不超过1 年"的办法。

(4)贷款行留存信用证正本。

(5)有追索权。

打包放款的流程,如图 13-2 所示。

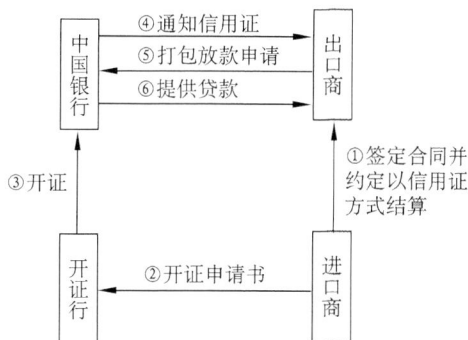

图 13-2 打包放款的流程图

3. 打包放款的利息计算

有些银行办理打包放款通常不收手续费,仅收取利息,利息计算公式如下:

打包放款利息=实际打包放款金额×打包放款年利率×打包天数/360

实际打包放款金额=信用证金额×打包折扣(70%~90%)

打包天数=打包放款日至信用证最迟装运日的天数+30 天

打包放款年利率,可根据贷款使用的币种选择使用外汇贷款利率或人民币贷款利率。

(1)若打包放款使用人民币,则使用人民币贷款利率。贷款利率按中国人民银行公布的同币种利率执行,收息一般采用"后收利息"方法,待贷款到期后本金与利息一并收取。

(2)外币融资年利率的计算,一般根据贷款当日同期银行间拆放利率(如美元为LIBOR,日元为 TIBOR,港币为 HIBOR)为基础加一定浮点(Margin)来确定。例如,一般银行在 LIBOR 基础上加 0.5%~1.5%;贷款协议中议定的 LIBOR 通常是由几家指定的参考银行,在规定的时间(一般是伦敦时间上午 11:00)报价的平均利率,最大量使用的是 3 个月和 6 个月的 LIBOR。

4. 银行办理打包放款需考虑的一般因素

(1) 办理条件

申请打包放款的企业,必须有进出口经营权,有真实的贸易背景,对外履行合同能力和制作出口索汇单据能力较强。用于打包放款的正本信用证,必须由信誉良好的银行开出,开证行与承办行往往有正式的代理行关系,业务往来无不良记录,所在地政局稳定、无金融危机,信用证无限制他行议付和对承办银行不利的条款,信用证项下单据应为物权单据。具体而言,办理的条件应包括以下因素。

① 在本地区登记注册、具有独立法人资格、实行独立核算、有进出口经营权、在银行开有人民币账户或外汇账户的企业。

② 出口商应是独立核算、自负盈亏、财务状况良好、领取贷款证、信用等级评定 A 级以上。

③ 申请打包放款的出口商,应是信用证的受益人,并已从有关部门取得信用证项下货物出口所必需的全部批准文件。

④ 信用证应是不可撤销的跟单信用证,并且信用证的结算不能改为电汇或托收等其他的结算方式,开证行应该是具有实力的大银行。

⑤ 信用证条款应该与所签订的合同基本相符。

⑥ 最好能找到另外企业提供担保,或提供抵押物。

⑦ 出口的货物应该属于出口商所经营的范围。

⑧ 信用证开出的国家的政局稳定。

⑨ 如果信用证指定了议付行,该笔打包放款应该在议付行办理。

⑩ 信用证类型不能为可撤销信用证、可转让信用证、备用信用证、付款信用证等。

⑪ 远期信用证不能超过 90 天。

值得注意的是,有些银行对某些信用证禁止办理打包放款。例如,有的银行内部规章规定:为了保证我行的资金安全,各经办行要严格审核信用证条款,凡信用证有下列情况之一者,一律不得为信用证受益人办理打包放款:信用证的真实性不能确定;信用证已过装效期或效期太近;限制议付的信用证,承办行为非指定议付行;开证行资信欠佳;开证行所处国家或地区外汇管制严格或发生、可能发生严重的金融危机或战乱;可撤销、可转让信用证;信用证载有其他影响我行正常收汇的条款。

(2) 贷款期限

打包放款的期限从批准放款之日起至信用证办理出口押汇或信用证项下货款收妥结汇日加上合理的传递时间,期限不超过信用证有效期后的 15 天,一般为 3 个月,最长不超过半年。当信用证出现修改最后装船期、信用证有效期时,出口商不能按照原有的时间将单据交到银行那里,出口商应在贷款到期前 10 个工作日向银行申请展期。展期所需要提供的资料:贷款展期申请书和信用证修改的正本。

(3) 币种和金额、利率

打包放款的币种通常为人民币,也可以是外币。每份信用证项下的打包放款金额,通常最高不得超过信用证总金额（按当日银行买入价折算）的 80%（含）。利率通常按同档次人民币流动资金利率执行。

（4）打包放款的用途

各银行通常将打包放款的用途限于出口合同和信用证上列明出口商品的进货、生产和装运的资金需要。

（5）申请人提交的材料

各银行在申请人的材料要求上，主要包括以下因素。

① 信用证正本。

② 流动资金借款申请书。

③ 外销合同。

④ 境内采购合同。

⑤ 营业执照副本。

⑥ 贷款证。

⑦ 近三年的年度报表。

⑧ 最近一个月的财务报表。

⑨ 法人代表证明书。

有的银行在内部管理上，还就打包放款的追索问题做出规范。对于打包放款的偿还和追索，通常要求已叙做打包放款的信用证项下的单据必须向承办银行交单议付，在办理出口押汇或收妥结汇时，银行自动从押汇或结汇金额中扣除打包放款的本金、利息和其他费用。借款人也可在押汇或结汇前主动归还打包放款本金和利息，但应提前 3 个营业日通知银行。若借款人未能在信用证的有效期内提交议付单据或因议付单据与信用证条款不符而遭拒付，银行有权在贷款到期时从企业的存款账户或另一批出口押汇或信用证收妥结汇中扣除放款本金、利息及其他因本放款而发生的费用。若借款人未按申请用途使用打包放款，银行对挪用金额加收罚息并限期收回上述放款。

5. 银行开展打包放款业务的风险及其防范对策

银行开展打包放款业务的主要风险有申请客户的资信能力方面的风险，由于打包放款在性质上类似于信用贷款，因此客户的能力将是极为重要的；信用证的真实性、合法性、有效性方面的风险，信用证作为银行放款的质押品，信用证的特质将直接影响到银行债权的受偿情况；开证行的偿付能力及开证行所在国家的国家信用风险；汇率风险，这是因为打包放款结汇具有结汇时间商的提前性。

构建防范打包放款业务风险机制时，必须注意以下几点。

（1）严格审查出口商的条件，确保进口商的偿还能力的真实性。出口商应该在本地区登记注册、具有独立法人资格、实行独立核算、有进出口经营权、在银行开有人民币账户或外汇账户的企业；出口商应是独立核算、自负盈亏、财务状况良好、领取贷款证、信用等级评定 A 级以上；申请打包放款的出口商，应是信用证的受益人，并已从有关部门取得信用证项下货物出口所必需的全部批准文件；要了解客户是否为制造商，原则上打包放款是贷给厂家，银行一般不宜为普通的贸易商提供打包放款；客户的生产能力能否应付生产货物的要求；客户的信誉、经营作风、财务状况和在银行以往的记录如何；银行应分析客户产品的成本结构,计算生产成本占信用证金额的比例,从而决定打包放款的百分比。

（2）银行应要求留存信用证的正本,并应认真审查信用证,防止信用证瑕疵给银行带来的风险。尤其应重点审查:信用证要求的货物是否属客户惯常经营范围,货物价格是否合理,是否有批文、出口配额等;信用证是否为不可撤销的跟单信用证,并且信用证的结算不能改为电汇或托收等其他的结算方式,开证行是否伪具有实力的大银行;信用证条款应该与所签订的合同基本相符。如果信用证指定了议付行,该笔打包放款应该在议付行办理;信用证类型不能为可撤销信用证、可转让信用证、备用信用证、付款信用证等;远期信用证不能超过 90 天;信用证开出地国家的政局稳定。

银行还必须防范出口商为了自身的利益与外商串通一气套取银行贷款,用信用证正本在放款行做打包,又用副本到其他银行贷款并担保交单,甚至到其他银行作托收,导致放款行得不到单据。

（3）对客户所借款项用途的监督。银行应要求客户对打包放款实行专款专用。对客户提出以打包放款直接来偿还对银行的其他融资欠款,银行要高度注意,考虑在是客户企图掩饰其往来不正常的表现。

（4）把握客户的贸易背景,防范客户欺诈风险。客户偿还打包放款时,银行应该注意其贸易行为的正常性,避免客户在无实际贸易背景之下,利用打包放款骗取银行资金（如交来另一张出口信用证续做打包放款,而非递交出口单据议付后以清偿打包放款）。对客户经常以信用证修改展期为理由而要求银行延长打包放款到期日的情况,要保持警觉,了解客户的贸易背景,以免客户长期占用打包放款资金。

（5）信用证交易的合法性审查,如出口的货物应该属于出口商所经营的范围信用证交易的合法性,出口的货物应该属于出口商所经营的范围。

（6）银行应要求出口商在打包放款协议中做出如下保证承诺。协议项下的全部商品必须向银行认可的保险公司投保,如有意外,保险赔偿金应优先用于支付银行的贷款;出口商在协议条款等变更前应先征得银行同意;如出口商违反有关规定的要求,银行有权停止对出口商继续提供贷款、提前扣收已贷出的款项。协议中应进一步强调出口商的违约责任:出口商如不按协议规定使用贷款,及不按期归还贷款本息,银行有权从出口商的任何银行中的账户中扣收并在原定利率的基础上加收罚息。

（7）最好通过第三方企业提供担保,或提供抵押物。如果能得到来自第三方提供的保证,或者申请人提供的抵押物品的担保,则银行的债权安全程度将得到大大的增加。为了将信用证相关的风险转移到保证人身上,银行应要求保证人在保证承诺中排出其针对信用证权利义务方面的抗辩要求。

第三节　出口信用证融资——福费廷

福费廷或称为无追索权的融资,又称买断或包买票据,英文名称为"Forfeiting",但"Forfaiting"也有使用,源于法语的"àforfait",本来是"放弃权利"之意。福费廷是其中文音译。

1. 福费廷业务的概念和当事人

福费廷业务,是指银行从出口商那里无追索权地买断由开证行承兑的远期汇票或由进口商所在地银行担保的远期汇票或本票的一种贸易融资方式。其特点是远期票据应产生于销售货物或提供技术服务的正当贸易;叙做包买票据业务后,出口商放弃对所出售债权凭证的一切权益,将收取债款的权利、风险和责任转嫁给包买商,而银行作为包买商也必须放弃对出口商的追索权;出口商在背书转让债权凭证的票据时均加注"无追索权"字样从而将收取债款的权利、风险和责任转嫁给包买商。

福费廷业务的基本当事人包括出口商、进口商、包买商、担保行。大的福费廷业务可由几个包买商形成包买商辛迪加,共同从事大笔业务。

2. 福费廷业务的内容、特点及优势

(1)福费廷业务的内容

福费廷业务包括自营业务、转卖业务及转买业务。

自营业务是指自融资日至付款到期日在 180 天(含)以下,且承兑行/承诺付款行在银行有金融机构额度,银行根据客户的要求对该应收款进行无追索权的融资。

转卖业务是指自融资日至付款到期日在 180 天(含)以下但承兑行/承诺付款行在银行无金融机构额度,或自融资日至付款到期日在 180 天以上,由银行将应收款卖给其他金融机构。

转买业务是指自融资日至付款到期日在 180 天(含)以下,且承兑行/承诺付款行在银行有金融机构额度,银行根据其他金融机构的要求对该应收款进行无追索权的融资。

(2)福费廷业务的特点

① 福费廷业务中的远期票据产生于销售货物或提供技术服务的正当贸易,包括一般贸易和技术贸易。

② 福费廷业务中的出口商必须放弃对所出售债权凭证的一切权利,做包买票据后,将收取债款的权利,风险和责任转嫁给包买商,而银行作为包买商也必须放弃对出口商的追索权。

③ 出口商在背书转让债权凭证的票据时均加注"无追索权"字样,从而将收取债款的权利,风险和责任转嫁给包买商,包买商对出口商、背书人无追索权。

④ 福费廷业务融资期限可以是短期或长期,按照票据的期限一般在 1~5 年,属中期贸易融资,但随着福费廷业务的发展,其融资期限扩充到 1 个月至 10 年不等,时间跨度很大。

⑤ 传统的福费廷业务属批发性融资工具,是 100% 合同金额的融资,融资金额由 10 万美元至 2 亿美元,可融资币种为主要贸易货币。

⑥ 包买商为出口承做的福费廷业务,大多需要进口商的银行做担保,没有官方出口信贷担保机构或私人保险公司的担保或保险。

⑦ 固定利率融资

⑧ 出口商支付承担费,在承担期内,因为包买商对该项交易承担了融资责任而相应限制了他承做其他交易的能力,以及承担了利率和汇价风险,所以要收取一定的费用。

(3)福费廷业务的优势

① 对单据文件的要求简洁明了,单据准备简单易行。

② 能够提供卖方信贷,使产品更具吸引力。

③ 终局性融资便利——福费廷是一种无追索权的贸易融资便利,出口商一旦取得融资款项,就不必再对债务人偿债与否负责;同时不占用银行授信额度。

④ 改善现金流量——将远期收款变为当期现金流入,有利于出口商改善财务状况和清偿能力,从而避免资金占压,进一步提高筹资能力。

⑤ 节约管理费用——出口商不再承担资产管理和应收账款回收的工作及费用,从而大大降低管理费用。

⑥ 提前办理退税——办理福费廷业务后客户可立即办理外汇核销及出口退税手续。

⑦ 规避各类风险——叙做福费廷业务后,出口商不再承担远期收款可能遭遇的商业风险、国家风险、汇率风险,利率风险及资金转移风险等风险。

⑧ 增加贸易机会——出口商能以延期付款的条件促成与进口商的交易,避免了因进口商资金紧缺无法开展贸易的局面。

⑨ 实现价格转移——可以提前了解包买商的报价并将相应的成本转移到价格中去,从而规避融资成本。

3. 福费廷业务的适用对象和申请条件

(1) 适用对象

叙做福费庭业务的企业需具有进出口经营权并具备独立法人资格。由于福费廷业务主要提供中长期贸易融资,所以从期限上来讲,资本性物资的交易更适合福费廷业务。以下情况适合叙做福费廷交易。

① 为改善财务报表,需将出口应收账款从资产负债表中彻底剔除。

② 应收账款收回前遇到其他投资机会,且预期收益高于福费廷全部收费。

③ 应收账款收回前遇到资金周转困难,且不愿接受带追索权的融资形式或占用宝贵的银行授信额度。

(2) 申请条件

① 企业须具有法人资格和进出口经营权。

② 在包买商处开立本币或外币账户,与包买商保持稳定的进出口结算业务往来,信誉良好,收付汇记录正常(商业银行或银行附属机构)。

③ 融资申请具有真实的贸易背景,贸易合同必须符合贸易双方国家的有关法律规定,取得进口国外汇管理部门的同意。

④ 利用这一融资方式的出口商应同意进口商以分期付款的方式支付货款,以便汇票、本票或其他债权凭证按固定时间间隔依次出具,以满足福费廷业务需要。

⑤ 除非包买商同意,否则债权凭证必须由包买商接受的银行或其他机构无条件地、不可撤销地进行保付或提供独立的担保。

⑥ 银行要求的其他条件。

4. 福费廷业务的办理流程

(1) 申请资料

出口商向包买商申请办理福费廷业务时,需提供下列资料。

① 出口商情况介绍,经工商局年检的企业法人营业执照复印件。

② 进口商情况介绍。

③ 交货情况及进口许可证（若需要）。

④ 信用证及其项下全部修改、贸易合同副本、全套出口单据及签字、文件真实性的证明等文件。

⑤ 保函或银行本票副本及转让书。

⑥ 银行要求的其他资料。

（2）申办程序

① 签订进出口合同与福费廷合同，同时进口商申请银行担保。

② 出口商发货，并将单据和汇票寄给进口商。

③ 进口商将自己承兑的汇票或开立的本票交给银行要求担保。银行同意担保后，担保函和承兑后的汇票或本票由担保行寄给出口商。

④ 出口商将全套出口单据（物权凭证）交给包买商，并提供进出口合同、营业执照、近期财务报表等材料。

⑤ 收到开证行有效承兑后，包买商扣除利息及相关费用后贴现票据，无追索权地将款项支付给出口商。

⑥ 包买商将包买票据经过担保行同意向进口商提示付款。

⑦ 进口商付款给担保行，担保行扣除费用后把剩余货款交给包买商。

以中国银行为例，其福费廷业务流程如图 13-3 所示。

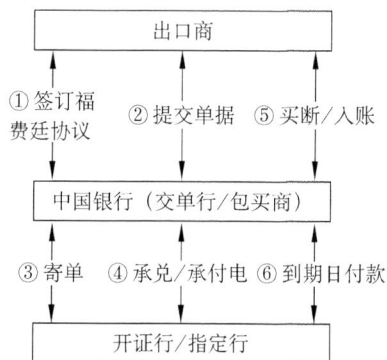

图 13-3　中国银行福费廷业务流程图

以下是光大银行远期信用证项下票据包买业务流程图，如图 13-4 所示。

（3）收费标准

福费廷业务的收费包含贴现利息、承诺费和宽限期贴息三个部分，具体各项收费通过合同约定。贴现息由票面金额按一定贴现率计算而成。贴现率一般分成复利贴现率和直接贴现率两种。前者以年利率计算，通常每半年滚利计息一次。后者系根据面值和到期日得出的百分比贴现率。贴现率一般以 LIBOR 利率为基准，在考虑进口国国家风险、开证行信用风险、贴现期限长短和金额的基础上加一定点数。从票据到期日到实际收款日的期限称为"付款宽限期"，包买商通常将宽限期计算在贴现期中，收取贴息。从出口商和包买商达成福费廷协议到票据实际买入之日的时间为承诺期，在此期间，包买

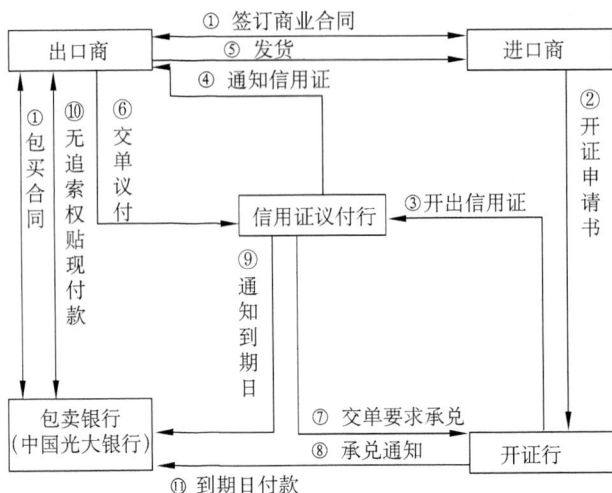

图 13-4　光大银行福费廷业务流程图

商要筹集资金，形成实际资金成本和机会成本，因此要向出口商收取承诺费。一般每月收取一次，如果承诺期少于一个月，也可同贴现息一并收取。

5. 福费廷业务涉及的法律关系

办理福费廷业务时，出口商向包买商提出融资要求后，包买商一般可以根据具体情况提出自己的报价。如果包买商的报价可以接受，出口商将在报价的有效期内要求包买商确认报价，包买商在确认报价的同时确定其承担责任的期限，即选择期，通常为几天。出口商则将已确定的融资费用打入成本并向进口商提出报价，报价经进口商接受后，出口商则在选择期内尽早通知包买商他将利用融资的决定，选择期至此结束。从货物买卖合同成立到实际缴付货物也有一段时间，这段短则数月，长可达一年的时间就叫做承担期。

在选择期内，包买商的报价属福费廷合同关系在成立之前的要约，一旦报价，则构成包买商明确的责任，且确定了有效期，则在期限内不可撤销，如经出口商承诺，则双方的福费廷合同成立。当然，如果包买商未给予选择期，则要求出口商立即承诺。若出口商未能在选择期内承诺，福费廷则合同未成立或可将其视为新的要约。

在承担期内，因福费廷合同已经成立，包买商和出口商均对这笔融资交易承担契约责任。一般来讲，双方会签订合同书，但在实务中也可不签订正式的合同书，而是以双方往来的信函或以其他方式作为合同成立的证明。无论何种情况，如果违约或单方中止交易，责任方须承担违约责任，主要表现在两个方面。

（1）因某种特殊情况，出口商不能正常交货并出售作为债权凭证的有关票据，那么包买商为提供融资而发生的筹资费用以及为消除业务风险而在金融市场上采取防范措施发生的业务费用应全部由出口商承担。

（2）如果包买商因某种原因而无法正常提供融资或被迫中止交易时，出口商由于要重新安排融资，并且通常是成本更高的融资而发生的费用和利息损失也要由包买商承担。

在提交单据和贴现付款阶段，双方处于合同的履行过程中。信用证项下的福费廷应先办理信用证项下的交单、承兑，待承兑后办理福费廷业务。福费廷只是对信用证项下已承兑汇票所做的一种融资。此时,汇票是福费廷业务的债权凭证,包买商应履行其合同义务,对已承兑汇票进行无追索权的贴现。

在汇票到期后,包买商或持票人直接向汇票承兑人(一般为开证行)请求付款,出口商不会参与其中。一般来讲,包买商与出口商之间的福费廷合同关系到贴现付款阶段就结束了。

6. 业务示例

我国机械设备制造企业 A 公司拟向中东某国 B 公司出口机械设备。该种设备的市场为买方市场,市场竞争激烈,A 公司面临以下情况。

(1) B 公司资金紧张,但在其国内融资成本很高,希望 A 公司给予远期付款便利,期限 1 年。A 公司正处于业务快速发展期,对资金需求较大,在各银行的授信额度已基本用满。

(2) B 公司规模不大,信用状况一般。虽然 B 公司同意采用信用证方式结算,但开证银行 C 银行规模较小,A 公司对该银行了解甚少。

(3) A 公司预计人民币在一年内升值,如等一年后再收回货款,有可能面临较大汇率风险。

A 公司与中国银行联系,希望提供解决方案。

为满足 A 公司融资、规避风险、减少应收账款等多方面需求,中行设计了福费廷融资方案,A 公司最终采用了中行方案,并在商业谈判中成功将融资成本计入商品价格。业务过程如下。

(1) C 银行开来见票 360 天远期承兑信用证。

(2) A 公司备货发运后,缮制单据交往中行。

(3) 中行审单无误后寄单至 C 银行。

(4) C 银行发来承兑电,确认到期付款责任。

(5) 中行占用 C 银行授信额度,为 A 公司进行无追索权贴现融资,并结汇入账。

(6) 中行为 A 公司出具出口收汇核销专用联,A 公司凭以办理出口收汇核销和退税手续。

通过福费廷业务,A 公司不但用远期付款的条件赢得了客户,而且在无须占用其授信额度的情况下,获得无追索权融资,解决了资金紧张的难题,有效规避了买方信用风险、国家风险、汇率风险等各项远期收汇项下风险,同时获得提前退税,成功将应收账款转化为现金,优化了公司财务报表。

(资料来源:http://www.boc.cn/cbservice/cb3/cb35/200806/t20080627_887.html)

第四节　国际保理

国际保理业务起源于 18 世纪美国东海岸,当时只是作为一种国内业务,由保理商向货物卖主无追索权预付一定货款金融以取得向货物买主收取货款的权利,在付款到期日向买主收取货款。到 20 世纪 60 年代以来，保理业务的服务已发展成为集贸易融资、商业资信调查、应收账款管理及信用风险担保于一体的综合性金融服务，并已成为国际贸易竞争的一种新工具，广泛应用于国际贸易中。目前，全世界保理公司已达 500 多家，年经营业务量在 5 000 亿美元以上。

一、国际保理概述

1. 国际保理的定义

国际保理（International Factoring）又称为承购应收账款，是在以记账赊销（O/A）、承兑交单（D/A）为支付方式的国际贸易中，由保理商（Factor）向卖方/出口商/供应商提供的基于双方契约关系的一种集贸易融资、销售分户账管理、应收账款催收、信用风险控制与坏账担保为一体的综合性金融服务。

在保理业务中，保理商承担第一付款责任。国际保理的当事人包括出口商、进口商、出口保理商和进口保理商。

由上述定义可得出国际保理当事人的法律关系，如下所述。

不同的国际保理其参与的当事人是不同的。在国际双保理的情况下，会形成出口商与进口商、出口商与出口保理商、出口保理商与进口保理商、进口商与进口保理商之间的四层关系。

（1）在出口商与进口商之间是货物买卖合同关系。

（2）在出口商与出口保理商之间是根据出口保理协议建立的一种合同关系。出口保理协议是国际保理交易中的主合同。依该协议，出口商应将出口保理商协议范围内的所有合格应收账款转让给出口保理商，使出口保理商对这些应收账款获得真实有效而且完整的权利，以便从实质上保证应收账款是有效的和具有相应价值的并且不存在也不会产生任何障碍。

（3）出口保理商与进口保理商之间是相互保理合同关系。进出口保理商之间应签订的相互保理协议，双方的关系具有债权转让人与受让人间的法律关系，即出口保理商将从供应商手中购买的应收账款再转让给进口保理商即再保理而形成法律关系。

（4）在进口商与进口保理商之间是一种事实上的债权债务关系。从法律意义上说，进口商与进口保理商之间没有合同上的法律关系，但由于进口保理商最终收购了出口商对进口商的应收账款，只要出口商与进口商之间的买卖合同或其他类似契约未明确规定该合同或契约项下所产生的应收账款禁止转让，保理商就可以合法有效地获得应收账款，而无须事先得到进口商的同意，与进口商之间事实上形成债权债务关系。

2. 国际保理的分类

（1）根据运作方式不同而分类

① 单保理。单保理是指一项保理业务中只涉及出口或进口一方的保理商，即同一保理商在出口商、进口商间进行保理代理业务。

② 双保理。双保理是指在一项保理业务中同时涉及进出口双方的保理商。目前，国际保理多采用双保理方式。

（2）根据保理商是否为出口商提供资金融通分类

① 融资保理。融资保理又称标准型保理，是指出口保理商收到出口商的融资申请书和装运提单、发票和汇票等单据后，就以预付款方式向出口商提供不超过发票金额80%的贸易融资额，余下20%的价款，则于保理商收妥货款后再进行清算。

② 非融资保理。非融资保理是指在保理业务中，保理商不为出口商提供资金融通。

（3）根据保理商是否承担坏账风险、买断应收账款分类

① 有追索权保理。保理商向出口商收购有效发票，按照预先协商的比率支付预付款，之后凭发票向进口商追偿货款。若进口商到期支付全部票面金额的货款，保理商扣除预付款本息及相关费用，将余额交给出口商；若进口商因信用原因延期支付货款，或因争议、破产而无力支付货款，从而导致保理商无法按时追回货款时，保理商有权要求出口商回购发票，偿还已获预付款本息及相关费用的，为有追索权保理。

② 无追索权保理。保理商承担一切风险，并无权要求供应商回购发票、返还预付款的，为无追索权保理。无追索权的保理在国际保理中占主导地位。保理商根据出口商提供的进口商名单进行资信调查，并为出口商核定出针对每个进口商的相应的信用额度。出口商在信用额度内的赊销，保理商对应收账款的收购没有追索权。

（4）根据出口商是否告知债务人/进口商采用了国际保理业务分类

① 公开型保理。出口商将拟采用保理业务和所选定的保理商的名称，以书面形式通知其债务人/进口商，要求其直接向保理商支付应收账款。

② 隐蔽型保理。保理商与供应商/出口商约定不向债务人/进口商披露保理活动的一种保理形式。

（5）根据保理商凭债权转让向销售商支付货款的时间分类

① 到期保理。到期保理是不论应收账款是否收妥，保理商在一个事先约定的固定期向销售商付款的保理方式。

② 预付保理。预付保理是保理商在到期日或收款日之前向销售商提供预付款而非货款的保理方式。

（6）根据债务人付款对象不同分类

① 直接保理。直接保理是指根据保理合同债务人直接向保理商付款。

② 间接保理。间接保理是指根据保理合同债务人应向供应商/出口商付款。

（7）根据保理业务的操作方式分类

① 批量保理。保理商向供应商提供关于全部销售或某一系列销售活动的保理服务，即保理商批给出口商一个最高信用额度。在此额度范围内，出口商可循环使用额度，不必每次申请，直到保理商撤销此批准。

② 逐笔保理。供应商逐笔向保理商询价并要求提供保理服务的保理方式。

（8）根据一项销售活动中涉及的保理合同的数量分类

① 单一保理。单一保理是指只有一个保理合同的普通保理方式。

② 背对背保理。背对背保理是指涉及两个保理合同，其中一个保理合同是根据另一个保理合同来考虑保理风险的保理方式。背对背保理是在进口商是中间商的情况下产生的。

（9）其他分类形式

① 保密保理。保密保理又称商业发票贴现，是指卖方（包括出口商）与银行之间签订协议，在协议有效期内，卖方将其现在或将来应向债务人收取的应收账款转让给保理商，从而获得贴现融资。

② 综合保理。综合保理是指提供的保理服务项目较为全面，其内容范围满足现代保理的定义。

表 13-1 为常见保理方式提供服务内容情况表。

表 13-1　几种常见保理方式提供服务内容情况表

服务内容 保理方式	融通资金	收款风险担保	通知债务人	销售账务管理	收取应收账款
综合保理	提供	提供	提供	提供	提供
有追索权保理	提供	不提供	提供	提供	提供
批量保理	提供	不提供	提供	不提供	不提供
到期保理	不提供	提供	提供	提供	提供
代理保理	提供	很少提供	有时提供	很少提供	不提供
发票贴现	提供	很少提供	不提供	不提供	不提供
隐蔽保理	提供	很少提供	不提供	不提供	不提供

3. 国际保理业务的适用条件

作为国际贸易融资的方式之一，国际保理业务具有其自身的适用条件。

（1）贸易方式基本为赊销方式

国际贸易赊销方式下，卖方发运货物后，将包括物权单据在内的全套单据直接寄交买方，而不需经银行转递，也没有诸如承兑交单或付款交单的附加条件。此外，对于 D/A 托收方式，国际保理也可适用。

（2）出口商良好的经营状况和管理水平

保理商通过对稽核后的财务文件的分析和研究，便于其准确掌握出口企业的经营状况和管理水平以及出口商是否适宜在对外贸易中采用保理业务作为结算手段。

（3）出口商必须严格按照合同规定的质量标准进行生产

保理商向出口商提供融资，依赖于进口商在被提供保理的销售合同下连续不断的偿付活动。因此出口商必须提供严格符合合同规定的商品，只有这样，进口商才不能因商品质量问题提出拒付。

（4）出口商必须有较大的经营规模

如果销售商的经营规模较小，较高的保理费率在不同程度上抵消了国际保理给销售商带来的经济效益，甚至会出现营业收益的增加不足以支付保理费用的情况。

（5）销售商品不是复杂昂贵的资本性商品

如果销售的商品是复杂昂贵的资本性商品，销售合同往往要涉及复杂的贸易融资和结算方式，还要包括一系列的售后服务，货款一般采取分期支付的方式。由于贸易合同执行期长、内容繁多、条款复杂，容易发生贸易纠纷，且商品的市场流通性较差，所以这类商品的贸易不适合采用国际保理方式。

（6）客户分布的国家风险不大

国家和地区的风险的大小直接影响着当地贸易公司的资信等级和清偿能力。保理商为了分散风险，减少潜在的坏账损失，均要求销售商的客户分布在风险较小的国家和地区，并根据客户分布地区的风险等级情况制定有关保理费率。

4. 国际保理业务的优势

（1）对于卖方

① 一份出口保理协议可以覆盖其向不同国家的多个买方出口的资信风险。

② 与出口保理商打交道时，可以使用自己的语言。

③ 保理商们处理和买方付款有关的所有问题，从而使卖方可以与其客户保持良好的商业关系。但是，在有争议的时候，卖方会需要介入。

④ 不需要详细了解买方国家的法律和商业习惯。

⑤ 通过出口保理商和进口保理商，他能够得到国外买方的商业信誉、贸易惯例和市场潜力等方面的有价值的信息。

⑥ 能够用赊销的方式出售，避免信用证费用的负担。

（2）对于买方

① 所有的沟通都可以用本国语言进行。

② 可以在本地以最方便的方式支付发票金额，也可以确定能够带来清偿好的资金、特定需要的币种并以最快捷、最低价格完成选择。

③ 可以赊购，避免开立信用证的花费。

5. 国际保理在国际贸易中的作用

国际保理在国际贸易中可以为出口商/供应商的赊销出口提供了融资保障；使出口商/供应商得到信用额度内的收汇保障，转嫁进口商的信用风险；有助于出口商/供应商实现其营销战略；有助于进口商扩大利润；为进出口商提供了更有竞争力的 O/A、D/A 付款条件并节约了成本；使进出口商避免外汇风险；简化了进出口商在国际贸易中的手续流程；减少了国际贸易中的纠纷以及障碍。

二、国际保理的实际应用

1. 双保理（基于 O/A 方式）

前面说到，国际保理业务有两种运作方式，即单保理和双保理。前者仅涉及一方保理商，后者涉及进出口双方保理商。国际保理业务一般采用双保理方式。双保理方式主要涉及四方当事人，即出口商、进口商、出口保理商及进口保理商。下面以一笔出口保理为例，介绍其业务流程。

出口商为国内某纺织品公司，欲向英国某进口商出口真丝服装，且欲采用赊销（O/A）的付款方式。

进出口双方在交易磋商过程中，该纺织品公司首先找到国内某保理商（作为出口保理商），向其提出出口保理的业务申请，填写出口保理业务申请书（又可称为信用额度申请书），用于为进口商申请信用额度。申请书一般包括出口商业务情况；交易背景资料；

申请的额度情况，包括币种、金额及类型等内容。

国内保理商于当日选择英国一家进口保理商，通过由国际保理商联合会（简称 FCI）开发的保理电子数据交换系统 EDIFACTORING 将有关情况通知进口保理商，请其对进口商进行信用评估。通常出口保理商选择已与其签订过代理保理协议、参加 FCI 组织且在进口商所在地的保理商作为进口保理商。

进口保理商根据所提供的情况，运用各种信息来源对进口商的资信以及此种真丝服装的市场行情进行调查。若进口商资信状况良好且进口商品具有不错的市场，则进口保理商将为进口商初步核准一定信用额度，并于第 5 个工作日将有关条件及报价通知我国保理商。按照 FCI 的国际惯例规定，进口保理商应最迟在 14 个工作日内答复出口保理商。国内保理商将被核准的进口商的信用额度以及自己的报价通知纺织品公司。

纺织品公司接受国内保理商的报价，与其签订出口保理协议，并与进口商正式达成交易合同，合同金额为 50 万美元，付款方式为 O/A，期限为发票日后 60 天。与纺织品公司签署出口保理协议后，出口保理商向进口保理商正式申请信用额度。进口保理商于第 3 个工作日回复出口保理商，通知其信用额度批准额、有效期等。

纺织品公司按合同发货后，将正本发票、提单、原产地证书、质检证书等单据寄送进口商，将发票副本及有关单据副本（根据进口保理商要求）交国内出口保理商。同时，纺织品公司还向国内保理商提交债权转让通知书和出口保理融资申请书，前者将发运货物的应收账款转让给国内保理商，后者用于向国内保理商申请资金融通。国内保理商按照出口保理协议，向其提供相当于发票金额 80%（即 40 万美元）的融资。

出口保理商在收到副本发票及单据（若有）当天将发票及单据（若有）的详细内容通过 EDIFACTORING 系统通知进口保理商，进口保理商于发票到期日前若干天开始向进口商催收。

发票到期后，进口商向进口保理商付款，进口保理商将款项付与我国保理商，我国保理商扣除融资本息及有关保理费用，再将余额付给纺织品公司。

通过以上介绍可以看出，相比单保理方式，双保理具有以下优势。

（1）出口商与出口保理商签订协议后，一切有关问题均可与出口保理商交涉，并可由此获得全部的保理服务，从而消除在语言、法律、贸易习惯等方面存在的障碍。

（2）出口商有可能获得条件较为优惠的融资。例如，进口保理商的贴现率比出口保理商低，可要求进口保理商以预付款方式或贴现方式提供融资。进口保理商按自己的贴现率将融资款项付给出口保理商，并由其转交给出口商。在这种情况下，出口保理商必须代出口商向进口保理商担保，对发生纠纷或违约行为的应收账款保证退还相应的融资款项。

（3）出口保理商不必深入细致地研究债务人所在国的有关法律、贸易习惯等就可提供各项专门服务，因为债务人所在地的进口保理商将负责这方面的工作，并为债务人核定相应的信用限额供出口保理商和出口商参照执行。尽管进口保理商对贸易纠纷不承担责任，但出口保理商可以要求进口保理商予以协助。尤其在出口商发生破产倒闭的情况下，进口保理商的这种协助对收回债款、减少损失将发挥非常重要的作用。

（4）对于进口商来讲，它仅需同本国的进口保理商打交道，也免除了在语言、法律、商业习惯等方面可能存在的困难。

（5）有了进口、出口两个保理商，才能使出口商的债权得到保障，督促进口商清偿债务。

国际双保理业务流程如图 13-5 所示。

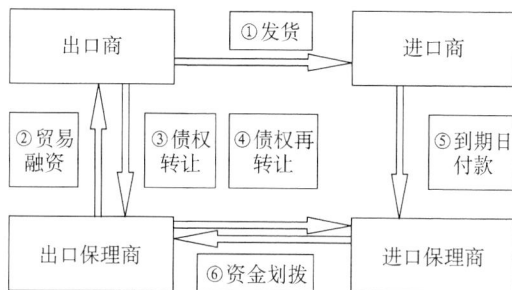

图 13-5 国际双保理业务流程图

当然，双保理模式也存在一些不足之处，由于两个保理商均要提供销售账务管理服务，所以管理费用一般比单保理模式要高。对于资金的划拨，由于增加了进口保理商这一中间环节而速度较慢。如业务量较小，出于费用方面的考虑，进口保理商往往采用定期划拨而不是逐笔划拨的做法，这将使速度更慢。

2. 国际保理的详细流程（双保理）

国际保理中双保理详细流程如图 13-6 所示。

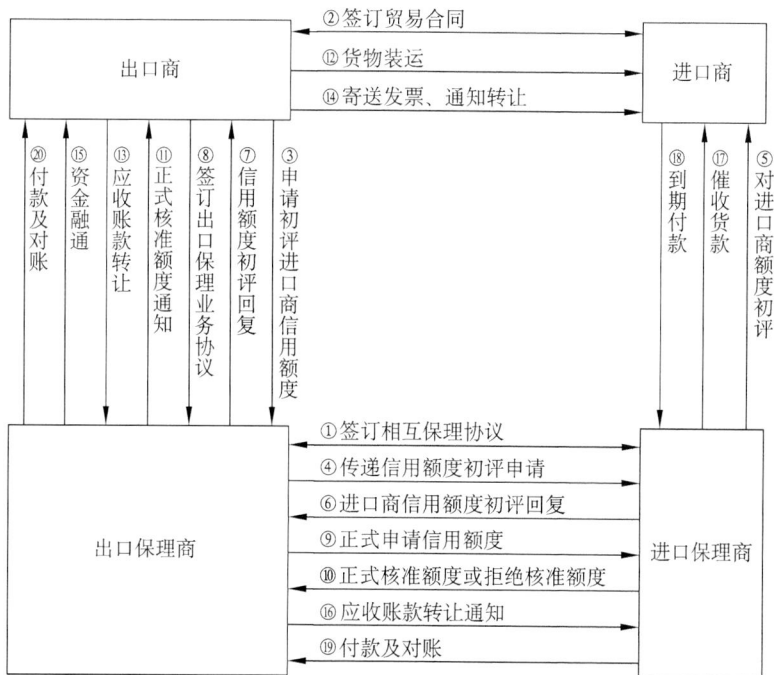

图 13-6 国际双保理详细流程图

三、国际保理业务运作中的注意事项

国际保理业务动作中应注意以下事项。

（1）出口商应保证所出售的应收账款都产生于正当交易。

（2）由于出口保理商只承担信用额度内的风险担保，所以出口商与进口商签订贸易合同时，应确保贸易金额在保理商提供的信用额度之内。

（3）对于因出口商提供的货物在质量上不合格、交货期不符合合同规定等情况所引起的进口商拒付、少付情况，保理商不予担保，因而出口商要严格按照贸易合同提供货物，以避免因贸易纠纷而失去保理商担保，丧失自己的权利。

（4）进口商不能是出口商的附属机构、控股公司或集团成员，因为出口商对其附属机构、控股公司、母公司和集团成员的销售属于不合格应收账款，保理商不予收购。

（5）未经保理商以书面认可同意，出口商不得以任何方式将应收账款抵押给第三者。若在协议签订时已存在对应收账款的某种抵押，应保理商的要求，出口商必须负责解除这种抵押。

（6）未经保理商以书面认可同意，出口商不得转让保理协议；签订保理协议后，出口商不得再与任何第三者签订类似的协议。

第五节　应用实例

【例 13-1】 出口押汇

上海某纺织品进出口企业 A 公司年营业额超过 5 亿元，常年向欧美出口毛纺织产品。金融危机后，纺织业受到冲击，从前通常采用的赊销交易方式风险加大，且进口商的资金亦不宽松，其国内融资成本过高。经商议，双方达成以开立远期信用证的方式进行付款。该做法虽在某种程度上避免了 A 公司收不到货款的风险，但从组织货物出口到拿到货款仍需较长一段时间，这让 A 公司的流动资金出现了短缺。另外，A 公司担心较长的付款时间会承担一定的汇率风险。

分析：银行认为，A 公司出口一向较为频繁，且该公司履约记录良好。结合具体情况，设计融资方案如下。在押汇总额度内，为 A 公司提供 50% 的出口押汇和 50% 的银行承兑汇票，借以降低客户的融资成本。A 公司按美国某银行开立的金额为 200 万美元、期限为提单后 90 天付款的远期信用证出运货物后，公司将全套单据提交给某商业银行浦东 B 分行，申请办理出口押汇业务。而后，B 银行将单据寄往美国开证行，对方向我国银行开来承兑电，承诺到期付汇。于是 B 银行答应放款，并与 A 公司协商以人民币押汇，以免除客户的汇率风险。融资金额扣除自贴现日至预计收汇日间利息及有关银行费用后，总计 1 400 万元人民币，提供 700 万元人民币贷款，700 万元银行承兑汇票额度支付给出口商。待进口信用证到期，B 银行将汇票提交开证行托收，按期收到信用证项下款

项,除归还银行押汇融资外,余款均划入 A 公司账户。

【例 13-2】 打包放款

广州市一家经营家具的 A 公司,2002 年开始接美国 B 公司的皮具业务。近日,A 公司又接到 B 公司一批价值 125 多万美元的订单,约定结算方式为信用证。但受金融危机影响,A 公司赊账进行原料采购的模式受到严重冲击,原料迟迟无法到货,公司急需贷款,却又苦于缺少有效抵押物,陷入了手握订单却为资金周转发愁的窘境。

分析:经审核,银行同意给 A 公司发放信用证金额 80% 的打包贷款授信额度。收到美方开立的 125 万美元即期付款信用证后,A 公司凭正本信用证向银行提出叙做打包贷款申请,假定期限为 90 天,同期的美元贷款利率仅为年息 2.987 5%。则企业需要付出的利息计算如下。

$$125 万美元×80\%×2.987\ 5\%×90 天÷360 天＝0.746\ 8 万美元$$

生产结束后,A 公司向银行交单,单证相符,银行向开证行寄单索汇。银行收到该笔信用证项下的出口货款 125 万美元,在归还银行打包贷款本息 100.746 8 万美元后,余额入 A 公司结算账户。

【例 13-3】 福费廷

瑞士某汽轮机制造公司向拉脱维亚某能源公司出售汽轮机,价值 3 000 000 美元。因当时汽轮机市场很不景气,而拉脱维亚公司坚持延期付款,因而瑞士公司找到其往来银行 ABC 银行寻求福费廷融资。该银行表示只要拉脱维亚公司能提供拉脱维亚 XYZ 银行出具的票据担保即可。在获悉拉脱维亚 XYZ 银行同意出保之后,ABC 银行与瑞士公司签署包买票据合约,贴现条件是:6 张 500 000 美元的汇票,每隔 6 个月一个到期日,第一张汇票在装货后的 6 个月到期,贴现率为 9.75% p.a.,宽限期为 25 天。瑞士公司于××年12 月 30 日装货,签发全套 6 张汇票寄往拉脱维亚公司。汇票于次年 1 月 8 日经拉脱维亚公司承兑并交拉脱维亚 XYZ 银行出具保函担保后,连同保函一同寄给 ABC 银行。该银行于 1 月 15 日贴现全套汇票。由于汽轮机的质量有问题,拉脱维亚公司拒绝支付到期的第一张汇票,拉脱维亚 XYZ 银行因保函签发人越权签发保函并且出保前未得到中央银行用汇许可,而声明保函无效,并根据拉脱维亚法律,保函未注明"不可撤销",即为可撤销保函。而此时,瑞士公司因另一场官司败诉,资不抵债而倒闭。

分析:此案例中的包买商 ABC 银行受损基本成为定局。按照福费廷业务程序,ABC 银行在票据到期首先向担保行拉脱维亚 XYZ 银行提示要求付款。但由于该银行签发的保函因不符合本国保函出具的政策规定及银行保函签发人的权限规定而无效,并根据该国法律的规定,即便有效,因未注明"不可撤销",该行如不愿付款,也可随时撤销保函下的付款责任。因此,ABC 银行通过第一收款途径已不可能收回款项。如果转向进口商要求付款,进口商作为汇票的承兑人,应该履行其对正当持票人——包买商的付款责任,该责任不应受到基础合同履行情况的影响。但由于拉脱维亚属于外汇管制国家,没有用汇许可,进口商也无法对外付款,因而,虽然包买商在法理上占据优势地位,但事实上从进口商处收款同样受阻。福费廷属于无追索贴现融资,即便为了防范风险,ABC 银行已与出口商瑞士公司事先就贸易纠纷的免责问题达成协议,但由于瑞士公司已经倒闭,从而,即使 ABC 银行重新获得追索权,也难以通过追索弥补损失。

启示：福费廷公司在签订福费廷协议、办理福费廷业务之前，一定要重视对出口商、进口商以及担保人本身资信情况和进口商所在国情况的调查。这些情况对于福费廷公司判断一笔业务的风险、确定报价、甚至决定是否接受这笔业务都具有非常重要的意义。担保人的资信尤为关键，因而在实务中，担保人通常由包买商来指定。此案中，ABC 银行也是自己指定了一家担保行，但实际上对这家担保行的资信并非特别重视。至本案发生时，该行成立也才两年多时间，办理业务的时间非常短，业务经验包括业务办理程序方面都不是很成熟，对于福费廷这样的复杂业务，接触更少。也正是因为此种原因，办理过程中出现了许多违反政策及业务规定的问题。其次，本案中的包买商对进口国的相关政策法律也不十分清楚，对基础交易情况、货物情况不具足够的了解，对客户资信也未作必要的审查和把握。另外，还有一点很重要的是，在包买时，包买商对一些重要的单据文件如用以了解交易背景的合同副本、用以防范进口国政策管制风险的进口及用汇许可证等也未做出提交的规定和要求。此案中包买商的教训告诉我们，风险的发生就源自于对风险的疏于防范。

【例 13-4】 国际保理

经营日用纺织品的英国 Tex UK 公司主要从我国、土耳其、葡萄牙、西班牙和埃及进口有关商品。几年前，当该公司首次从我国进口商品时，采用的是信用证结算方式。最初采用这种结算方式对初次合作的公司是有利的，但随着进口量的增长，他们越来越感到这种方式的烦琐与不灵活，而且必须向开证行提供足够的抵押。为了继续保持业务增长，该公司开始谋求至少 60 天的赊销付款方式。虽然他们与我国出口商已建立了良好的合作关系，但是考虑这种方式下的收汇风险过大，因此我国供货商没有同意这一条件。之后，该公司转向国内保理商 Alex Lawrie 公司寻求解决方案。英国的进口保理商为该公司核定了一定的信用额度，并通过中国银行通知了我国出口商。通过双保理制，进口商得到了赊销的优惠付款条件，而出口商也得到了 100% 的风险保障以及发票金额 80% 的贸易融资。目前 Tex UK 公司已将保理业务推广了 5 家中国的供货商以及土耳其的出口商。公司董事 Jeremy Smith 先生称，双保理业务为进口商提供了极好的无担保迟期付款条件，使其拥有了额外的银行工具，帮助其扩大了从中国的进口量，而中国的供货商对此也应十分高兴。

虽然出口商会将保理费用加入到进口货价中，但 Jeremy Smith 先生认为对进口商而言，从某种角度看也有它的好处。当进口商下订单时，交货价格就已确定，他们不用负担信用证手续费等其他附加费用。而对于出口商十分关心的保理业务中的合同纠纷问题，相对而言，虽然理论上说信用证方式可以保护出口商的利益，但实务中由于很难做到完全的单证一致、单单一致，因此出口商的收汇安全也受到挑战。Jeremy Smith 先生介绍，该公司在与中国供货商合作的 5 年时间里仅有两笔交易出现一些货物质量方面的争议，但问题都很快得到解决，且结果令双方满意。

日本轮胎制造商 Shimano 公司为了开拓北欧这一新市场，于 1984 年首次采用出口保理的结算方式。目前该公司已对许多国家的出口采用了此方式。据公司的一位发言人介绍，出口保理作为一种价廉高效的结算方式，帮助公司抓住了出口机遇，改善了公司的资金流动性，减少了坏账，同时也节省了用于销售分户账管理、资信调查、账款回收等管理费用。该公司认识到，仅靠公司规模以及产品声誉不足以应付跨国贸易中的各种问题,与日本出口保理商的合作以及 FCI 全球网络提供的服务构成了公司成功开发海外市场的一个组成部分。

第六节　实训操作

资料 1　出口押汇申请书

APPLICATION FOR NEGOTIATION OF DRAFTS UNDER L/C

出　口　押　匯　申　請　書

To：BANGKOK BANK Public Company Limited □Taipei Branch □Taichung Branch □Kaohsiung Branch □OBU Branch
致：泰國盤谷銀行台北分行/台中分行/高雄分行/國際金融業務分行

Dear Sirs：
敬 啓 者

We send you herewith for negotiation our draft, details as belows：
茲 隨 函 附 奉 本 公 司 所 開 匯 票，明 細 如 下：

> 貴公司辦理押匯送件時敬請自
> 備 L/C, INVOICE 及 B/L 影本各
> 一 份 供 本 行 留 底 參 考 用

出口商名稱				交易類別	□ 即期信用狀
營利事業統一編號		L/C No.			□ 遠期信用狀
盤谷銀行帳　　號		開證銀行			□ 遠期外匯
出口押匯金　　額		*匯款	請電匯至 ___ 銀行 ___ 分行 ___ 有限公司　　　帳號 ___

accompanied by the relative documents as required in the said credit.
及 各 項 有 關 單 據 即 請 查 照 並 希 准 予 辦 理 押 匯。

For the proceeds, please have it settled in accordance with the Foreign Exchange Regulations as promulgated
上 項 貨 款 請 按 照 外 匯 管 理 之 有 關
by our government authorities concerned.
規 定 結 付 。

In consideration of your negotiating the above mentioned documentary draft, we agree to be bound by the terms and conditions
本 公 司 接 受 出 口 押 匯 約 定 書 所 載 之 條 款 並 補 償
in the General Letter of Hypothecation and Assurance and undertake to hold you harmless and indemnified against
貴 行 買 入 上 項 票 據 而 致 遭 受 任 何 損 害 如 發 生
any discrepancy which may cause nonpayment and/or non-acceptance of the said draft, and we shall refund you in original
退 票 拒 付 等 情 況 本 公 司 於 接 獲 貴 行 通 知 後 願 立 即 如 數
currency the whole and/or part of the draft amount with interest and/or expenses that may be accrued and/or incurred
（ 不 論 該 票 金 額 為 或 一 部 份 ） 以 原 幣 加 息 償 還 並 願 負 擔 一 切 因 此 而
in connection with the above upon receipt of your notice to that effect. And such refund may also be executed
支 出 之 費 用 茲 授 權 貴 行 得 自 本 公 司 在 貴 行 之 存 款 帳 內 逕 行 扣 除 應 歸 還
by means of drawing unconditionally from our account with your bank.
之 全 部 或 部 份 款 項 無 異 議 。

We further make it known that we agree to bear any loss which may occur through fluctuation of the
本 公 司 同 意 因 單 據 上 之 欠 缺， 瑕 疵 或 因 單 據 上 正 由 貴 行
exchange rates during the time you are checking the documents before negotiation or due to delays in
審 核 中 致 不 能 及 時 買 入 上 項 票 據 而 使
negotiation upon your discovery of some shortfalls or discrepancies in the documents, and we undertake that you
本 公 司 因 匯 率 之 變 動 而 蒙 受 損 失 時， 由 本 公 司 負 一 切 責 任，
you will not be held responsible for any such losses.
概 與 貴 行 無 關 。

Custom Brokers：___
報關行名稱

Applicant's Address：___
地　址

Tel：___
電話

Tel：___
電話

Disposition of Proceeds（Please indicate）
付 款 方 式 （請務必填寫）打☑

□ 1. Please credit the proceeds to our NT$ Account No. ___ with you
請存入 貴行臺幣存款戶 第 ___ 號帳戶。

□ 2. Please credit the proceeds to our FX Account No. ___ with you
請存入 貴行外幣存款戶 第 ___ 號帳戶

□ 3. Please make a check on ___ Bank
請開 ___ 銀行支票

□ 4. Please apply the proceeds to loan(s) in our name.
請償還本公司對貴行之(外幣)/(新臺幣)貸款。

□ 5. * 匯款

Yours faithfully,

_____
Authorized Signature
（請蓋印鑑章）

VERIFIED

押匯號碼　F　HGBP ___

资料2　打包放款合同（以中国工商银行业务为例）

中国工商银行打包放款合同

合同编号:（　）字第_____号

借款人:_____

贷款人:中国工商银行_____分行

借款人和贷款人根据国务院颁发的《借款合同条例》,共同签订本打包放款合同,并共同严格遵守。

第一条　借款人在本合同有效期内,按照《中国工商银行信用证项下出口打包放款暂行办法》(以下简称《办法》),向贷款人申请信用证项下出口打包放款(以下简称"贷款")。

第二条　贷款金额:（大写）人民币_____

　　　　　　　　　（小写）人民币_____

第三条　贷款用途:仅限用于有关信用证项下出口商品的备货备料、生产和出运,不得挪作他用。

第四条　贷款期限:从_____年_____月_____日起至_____年月_____日。

第五条　放款

一、借款人每次放款前必须向贷款人提交信用证正本,贷申请书和借款凭证。

二、每份信用证项下的放款金额为信用证总金额(当时银行买入价)的_____%。

第六条　利息

一、借款利息为年利率_____%,利随本清/按季结息。

二、借款人授权贷款人,在结息日主动从借款人信用证项下的押汇收入,结汇收入或存款账户中扣收上述利息。

第七条　还款和提前还款

一、借款人授权贷款人,在借款人办理出口押汇或信用证项下单据议付时,从押汇收入或结汇收入中扣收该使用证项下打包放款的本金和其他费用。

二、借款人可在贷款到期前主动归还贷本金和利息,但必须提前三个营业日通知贷款人。

第八条　逾期还款

如借款人在每笔放款到期时未能按期偿付本息,贷款人可按《办法》规定,对逾期贷款加收逾期利息20%,并有权从借款人的其他信用证项下的出口押汇或收妥结汇货款或其存款账户中扣收本金、利息,逾期利息和其他费用。

第九条　借款人承诺

一、借款人的全部资产均向贷款人认可的保险机构投保。如发生意外损失,保险机构支付给借款人的赔偿金应首先用于归还本贷款本金、利息及费用。

二、借款人保证按本贷款合同有关信用证的条件,按时出运商品,并将有关单据提交贷款人议付。

三、借款人愿按贷款人的要求提供自己的财务报表,有关贷款使用情况和出口商品准备情况的资料,并为贷款人了解上述情况提供方便。

第十条 违约

借款人如违犯本合同第二条、第八条和第九条即为违约,如发生违约,贷款人可根据《办法》规定停止向借款人放款,对违约贷款加收罚息_____%和限期收回违约贷款本息。

第十一条 其他

一、本合同任何条款的修改须经双方同意,在双方未达成一致前,仍按本合同条款执行。

二、本合同未尽事宜由双方协商解决。

三、本合同从借贷双方法定代表共同签字之日起生效,至全部贷款本息还清之日止。

本合同一式两份,借款人、贷款人各执一份。

贷款人:(公章)_____

法定代表或授权代表:(签章)_____

_____年_____月_____日

借款人:(公章)_____

法定代表或授权代表:(签章)_____

_____年_____月_____日

资料3 出口保理申请书(招商银行)

出口保理申请书

Factoring Application

致:招商银行   保理商业务编号 Reference

To:China Merchants Bank

No. EF _____

我司兹申请以下出口保理服务(We hereby apply for export factoring service as below,with the choice marked with ×)。

双保理服务要求(Two-factor Service Required)			
□ 无追索权 Non-recourse	□ 仅需保理商催收 Collection only	□ 有追索权 Recourse	□ 需要融资 Financing
单保理 Single-Factor service	□ 有追索权单保理(发票贴现)Invoice Discounting		

现提供以下真实资料,以便贵行通过进口保理商评定买方的信用额度。

The true information is provided for assessing the buyer's Credit through your import factor.

（一）出口商资料（Seller's Information）

保理商给卖方编号 Seller Number：_____

1. 公司名称（中文）：_____负责人（Chairman）：_____
   Business Name（英文）：_____
2. 地址（中文）：_____
   Address（英文）：_____邮政编码（Zip）：_____
3. 开户银行（Bank）：_____账号（a/c）：_____
4. 行业分类（Industry）：
   出口产品或服务的中英文名（products or services）：_____

5. 付款期限（Net payment terms）：O/A _____ days from［ ］shipment date，［ ］invoice date；
   others：_____
   如已约定宽限期，请填写（Grace Period，if any）：
   若提前若干天支付，允许买方折扣率 Discount days _____ and discount pct _____%。
6. 发票币种（Invoice Currency）：
7. 预计出口年销售额（Expected Total Seller Turnover）：
8. 预计进口国购货买家数（Expected No. of Buyers in the Import Country）：
9. 预计对进口国发票总张数（Estimated Number of Invoices）：
10. 预计对进口国的年赊销额（Expected Open Account Turnover）：
11. 预计其他方式出口年销售额（Expected Other Turnover）：
12. 与申请额度的买方的年交易额（Expected Annual Sales）：_____
13. 招商银行以外的其他出口保理商（Other Factors）：
14. 通常价格条款（General Terms of Delivery）：［ ］FOB ［ ］CFR ［ ］CIF

（二）买方信用额度评估申请（Credit assessment Request）

保理商给买方编号 Buyer No.

1. Buyer Company Registration No. ：_____ or VAT Number：_____
2. 名称（Name）：_____
   地址（Street and Number PO Box）：_____
   城市（City）：_____省/州（Province/State）：_____邮编（Postcode）：_____
   国家（Country）：_____
3. ［×］允许进口保理商与进口商直接联系（Buyer Contact Allowed）
   联络人（Contact Name）：_____电话（Tel No.）：_____
   传真（Fax No.）：_____ E-mail：_____
4. 往来银行账号（a/c No.）：
   银行名称（Name of Bank）_____
   分行（Name of Branch）：_____
   往来保理商（Factors）：
5. 申请额度（Amount of Credit Assessment Request）：_____
6. 额度启用时间（Valid from Date）：_____
7. 合同/订单号码（Sales Contract/Order Number）：_____
8. 最迟发货日期（Latest Shipment Date）：_____
9. ［ ］本公司在进口国没有代理商（We have not any agent in buyer's country）

[　]本公司在进口国有以下代理商(We have the agent in buyer's country as below)：

名称(Name)：_____

地址(Address)：_____

联络人(Contact name)：_____ 电话(Tel No.)：_____

_____

_____

公司联系人 Contact：　　电话 Tel：　　传真 Fax：　　E-mail：

_____

银行要求 填妥后请交正本,并将电子版发送至：____和____@oa. cmbchina. com

公司签章(Signature & Stamp)

日期(Date)：

出口保理申请书填写要求如下。(仅供参考,此页不必交给银行)

保理类型有以下方面。

(1) 无追索权保理。根据贵公司的选择,我行提供全面的保理服务,即坏账担保、发票催收、账户管理或保理融资(仅限于贵公司另外提出申请并经我行同意后叙做)等。

(2) 仅需保理商催收。我行仅提供货款托收、货款催收服务。

(3) 有追索权单保理(发票贴现)。根据贵公司的申请,我行在没有对应的进口保理商及未核定买方信用额度的情况下直接为贵公司提供除坏账担保外的各项保理服务。

(4) 有追索权保理。根据贵公司的选择,我行提供坏账担保以外的各项保理服务。

各项业务的具体释义以我行有关保理业务的规章制度规定为准。

1. 出口商资料

(1) 公司名称。公司英文名称必须与贸易合同、形式发票/订单上名称完全相同。

(2) 公司地址,要求同上。

(3) 开户银行,若在招行开户,填写分支行名称及账号;他行开户,则填写主账户。

(4) 行业分类,参考"中国出口商品交易会"商品行业分类(见附表)。

出口产品或服务的中英文名称:填写商品统称多种商品。

(5) 付款期限。提单日期或发票日期之后 O/A 若干天;或者如实改为 D/A。有如 30 天、60 天、90 天的,则填写最长的,但一般不超过 90 天。

宽限期指在付款到期日后,贵公司额外还给予买家的付款宽限天数。若未商定过,一般不填写。

(6) 发票币种。若出现多种货币,如实填写货币代码。

(7) 预计出口年销售额,以下预计数尽可能准确,不应与今后实际数相差过大。

(8)～(11)项(略)。

(12) 与申请额度的买方发生的年交易额不可浮夸,以免实际转让发票额相差过大,让保理商有理由减责或追加费用。

（13）招商银行以外的出口保理商，是指贵公司是否还通过其他金融机构叙办理保理业务。

（14）通常的价格条款，是指贵公司与境外买家之间的贸易合同所规定的价格条件。

2. 买方信用额度评估申请

（1）买方的注册登记号码或增值税号码。为便于进口保理商的信息搜集工作，请您尽量提供买方的上述号码。

（2）买方名称地址，请如实填写，必须与贸易合同、订单或形式发票等合约一致。

（3）允许进口保理商直接联系。我行现在提供的主要是公开型的保理业务，因此一般允许进口保理商与进口商联系并请提供买方的联系人和联系方式。

（4）往来银行和账号。填写的目的是便于进口保理商掌握买家的信用评估信息。往来的保理商，若有，请提供。

（5）申请额度，指无追索权保理下，进口保理商为买方承担坏账担保的信用额度。计算公式如下。

$$信用额度 = 贵公司对该买家的年销售额/360 \times OA\ 天数 \times 1.5$$

若申请有追索权保理或仅作催收，该额度填写为 0。

（6）额度启用时间，请填写您期望启用该额度的时间。

（7）合同订单号码，如果现在已与境外签约，请提供。

（8）最迟发货日期，若贸易合同规定了最迟发货日期，则填写。

（9）如果贵公司在买方所在国有代理商或经销商，请提供其名称和地址。

附表

中国出口商品行业类别

行 业 分 类	Industry
1 建材行业	Construction Industry
2 矿产化工	Mineral/Chemicals
3 机械及工业制品	Industrial Supplies
4 交通运输	Transportation
5 家用电器	Consumer Electronics
6 电子电工	Electronics/Electrical
7 通信产品	Telecommunications
8 电脑、软件	Computers/Software
9 食品饮料	Food/Beverage
10 医药保健	Medicine/Health/Beauty
11 日用品	Daily Use
12 陶瓷	Ceramics
13 纺织、裘皮革、羽绒	Garments/Leathers
14 服装、服饰	Garments/Apparels
15 礼品、工艺品	Crafts/Gifts

续表

行 业 分 类	Industry
16 珠宝首饰	Jewellery/Ornaments
17 办公文教	Office Supplies
18 箱包皮具	Suitcases/Leather
19 体育休闲	Sporting Good/Casual Goods
20 玩具	Toy
21 园艺	Gardening Products
22 土畜	Native Products
23 其他	Others

资料 4　福费廷申请书

福费廷申请书

我公司现委托贵社办理福费廷业务,业务情况如下。

开证行:

信用证号及金额:

出口发票编号及金额:

到期日:

信用证类型:

期限:

我公司同意贵社按如下标准收费

贴现率:

电报费:

预扣海外银行费用:

附加利息:增收三天的付款宽限期费用

我公司承诺:

1. 同意支付境外银行费用超过预扣部分,直接从我司账户中支出。

2. 当开证行实付金额少于做福费廷的金额时,我司同意支付差额部分。

3. 同意如果该单据涉及贸易纠纷、信用证商业欺诈和法院支付时,贵社有权向我方进行追索。

授权人签名:

公司盖章:

参 考 文 献

1. 黎孝先. 国际贸易实务[M]. 北京:对外经济贸易大学出版社,2008.
2. 王斌义,顾永才. 出口贸易操作20步[M]. 北京:首都经济贸易大学出版社,2008.
3. 袁永友,柏望生. 进出口单证实务案例评析[M]. 北京:中国海关出版社,2006.
4. 陈文培. 外贸实务一本通[M]. 北京:中国海关出版社,2006.
5. 曾理. 国际贸易实务操作流程[M]. 成都:西南财经大学出版社,2007.
6. 幸理. 国际贸易实务实训教程[M]. 武汉:华中科技大学出版社,2006.
7. 刘文广,张晓明. 国际贸易实训[M]. 北京:高等教育出版社,2009.
8. 常改姣. 国际贸易实务实训教程[M]. 上海:上海交通大学出版社,2003.
9. 刘耀威. 进出口商品的检验与检疫[M]. 北京:对外经济贸易大学出版社,2006.
10. 张彦欣. 国际贸易操作实务[M]. 北京:中国纺织出版社,2005.
11. 金海水. 进出口商品检验实务[M]. 北京:化学工业出版社,2007.
12. 黄敬阳. 保险国际货物运输保险[M]. 北京:对外经济贸易大学出版社,2002.
13. 胡波. 海关报关实训[M]. 北京:对外经济贸易大学出版社,2006.
14. 海关总署关税司. 中华人民共和国进出口关税条例[M]. 北京:法律出版社,1995.
15. 庄艳. 国际结算及外贸单证[M]. 北京:对外经济贸易大学出版社,2006.
16. 梁志坚. 国际结算[M]. 北京:科学出版社,2008.
17. 罗亮. 进出口贸易操作实务[M]. 北京:中国商务出版社,2004.
18. 危英. 论国际贸易结算方式最佳选择[J]. 求索,2004(11).
19. 梁琦. 论国际结算信用管理[J]. 江苏社会科学,2000(01).
20. 严晓捷. 国际贸易结算方式的比较[J]. 中国总会计师,2004(01).
21. 孙峰. 形式多样的国际贸易结算方式[J]. 能源技术与管理,2004(05).
22. 张绪斌. 新型国际结算业务特点与选择标准[J]. 企业活力,2003(06).
23. 唐煌. 防范国际结算业务中的融资风险[J]. 西南金融,2000(10).
24. 李建春. 国际结算中的风险防范[J]. 临沂师范学院学报,2000(02).
25. 陈莹. 无纸化国际结算初探[J]. 中国外汇管理,2000(11).